近代旅大新闻统制史

JINDAI LÜDA XINWEN TONGZHISHI

虞文俊 著

辽宁人民出版社

© 虞文俊　2024

图书在版编目（CIP）数据

近代旅大新闻统制史 / 虞文俊著. — 沈阳：辽宁人民
出版社，2024.11
ISBN 978-7-205-11034-5

Ⅰ．①近…　Ⅱ．①虞…　Ⅲ．①新闻事业史—大连—
1898-1945　Ⅳ．①G219.273.13

中国国家版本馆CIP数据核字（2024）第024636号

出版发行：辽宁人民出版社
　　　　　地址：沈阳市和平区十一纬路25号　邮编：110003
　　　　　电话：024-23284325（邮　购）　024-23284300（发行部）
　　　　　http://www.lnpph.com.cn
印　　刷：辽宁新华印务有限公司
幅面尺寸：170mm×240mm
印　　张：22.5
字　　数：450千字
出版时间：2024年11月第1版
印刷时间：2024年11月第1次印刷
责任编辑：孙　雯
装帧设计：留白文化
责任校对：郑　佳
书　　号：ISBN 978-7-205-11034-5

定　　价：89.00元

前　言

近代以降，俄日先后强租我国旅顺大连地区（简称"旅大"），成立所谓的旅大租借地，并以此为据点，武装侵略东三省，其中日本将侵略战争扩大到全中国乃至整个东亚地区。俄日在侵占旅大的过程中，无不以新闻媒介为文化侵略工具，先后创建新闻社、杂志社、电报局、出版社、通讯社、电影院与广播电台等各种新闻媒体。在俄日的统制下，近代旅大新闻业以鼓吹"黄俄罗斯"或"经营'满洲'"为宗旨，充当维系殖民统治与动员侵略战争的工具。

本书主要探讨近代旅大的新闻统制，即俄日殖民统治者如何管理与控制新闻业。通过对大量中外文献的爬梳与比较，一方面，纵向梳理近代旅大新闻统制史，具体围绕管理机构的设计、调整与新闻法制的颁布、实施两方面，勾勒新闻统制变迁之过程，另一方面，以经验移植为切入点，横向比较同为日本控制的东亚、太平洋各地区（旅大、朝鲜、中国台湾、南库页岛、南洋群岛、伪满洲国）新闻统制之过程，同时以法律文本、行政实践、司法运作为对象，回归新闻法本体，从法律的官方表述，比较旅大与中国台湾、朝鲜、南库页岛、南洋群岛及伪满洲国新闻法的异同。通过纵横之探讨，试图厘清新闻统制与殖民、战争之间的关系。本书将近代旅大的新闻统制史分为萌芽与试验期、创建与确立期、扩展与深化期、调整与终结期四个时期。

第一时期（1898—1905年）为近代旅大租借地新闻统制的萌芽与试验期，在沙俄以"扶植"与"限制"为主题的新闻统制下，旅大租借地的新闻媒体从问世之初便是沙俄"黄俄罗斯"计划的报信者，即殖民统治的工具。然而，尚处于试验阶段的旅大租借地新闻统制受到日俄战争的冲击。军事战与新闻战双双大胜的日本"夺回"对辽东的"控制权"，陆续将日本的新闻业扩张至此，取代沙俄的新闻业，将"黄俄罗斯"的报信者变成"经营'满洲'"的国策先锋，终结了沙俄在旅大租借地的新闻统制。

　　第二时期（1905—1931 年）为近代旅大新闻统制的创建与确立期，日本殖民统治者通过复制中国台湾经验，引入许可与保证金制度，同时以日本法为移植与创制的蓝本，确立旅大租借地的新闻统制，其新闻法之"立法"水平堪称日本海外控制地区之最高。日本统治者通过设置创办门槛，划定报道禁区，规范一套有利于殖民统治的新闻业务标准，即引导旅大新闻业服务于日本国家利益，规范新闻业以日本为参照的经营模式。在日本以引导与规范为主题的新闻统制下，旅大租借地新闻业从"重建"到"发展"再到"繁荣"，都充当着"国策机关"的角色。

　　第三时期（1931—1937 年）为近代旅大新闻统制的扩展与深化期，日本殖民统治者的新闻统制以"检查"与"防堵"为主题，一方面，继续以日本及其殖民统治地区为参照，修正与完善新闻法制，强化新闻检查系统的机构建设，加大事前检阅的投入，防范"反'满'抗日"之"不稳者"危害作为"王道乐土"的"新天地"之安全，新闻媒介从"经营'满洲'"之"国策先锋"偏向为"建设新天地"之"弘报机关"，削弱新闻媒介的资本经营属性，变成殖民统治的舆论工具。另一方面，日本殖民统治者积极向外输出旅大新闻统制的经验，不仅将新闻法令的核心内容"复制"到日本对外标榜的"满蒙独立新国家"——"满洲国"，而且，以旅大新闻业为主体，通过所谓的日"满"合作形式，成立新闻经营的垄断公司，彻底控制旅大租借地与伪满的新闻机构，使之完全丧失新闻媒体应为之监督政治的功能，沦为关东军殖民统治中国东北的帮凶。

　　第四时期（1937—1945 年）为近代旅大新闻统制的调整与终结期，日本殖民统治者调整统制策略，以"动员"与"统合"为主题，对新闻与出版进行结构统合、经济统制与人员统制，同时诉求于"筑建思想国防"，从立法上调整取缔范围，从结构扩大检查力度，企图使各种新闻媒体成为建立"大东亚共荣圈"的协助者，即充当侵略战争的工具。然而，在苏联的干预下，日本的战败使得旅大租借地的新闻统制彻底终结。

　　旅大作为租借地的新闻统制史，始于沙俄，发展于日本，终结于苏联。这是一部新闻媒体沦为殖民统治工具与侵略战争武器的历史。旅大租借地的新闻统制不仅是中国近代新闻媒体史的不可或缺的一部分，而且还是东亚各国新闻媒体互相重叠的典型代表。通过旅大近代新闻统制史的梳理，既勾勒出中国近代新闻史鲜为人知的一面，又为建构东亚近代新闻史提供了个案。

目　录

引　言

近代以来，沙俄与日本对中国的侵略甚于他国，前者割去几百万公里中国领土，后者发动多次侵略中国战争，其中两国共同侵略与争夺的对象是中国东北，先后强租旅顺、大连（简称"旅大"）为其租借地，擅自命名为"关东州"。沙俄视旅大为实施"黄俄罗斯计划"的据点，日本视旅大为实施"大陆政策"的据点。两国为了将中国的旅大地区变成其"殖民地"甚至"领土"，先后创建报社、杂志社、电报局、出版社、通讯社、电影院与广播电台等各种现代传播媒体，旨在鼓吹"黄俄罗斯"或"经营'满洲'"。旅大租借地的新闻业，不论是"黄俄罗斯"的"报信者"，还是"经营'满洲'"的"国策先锋"，均在侵略者的统制下，彻底沦为殖民统治与军事侵略的宣传工具。本书在唯物史观的指导下，利用租借地时期的档案、报刊、著作及相关原始资料，尝试在还原俄日占据下旅大新闻业基本面貌的基础上，详细考察旅大租借地新闻统制的历史。

一

近代旅大地区的新闻统制史是中国近代新闻统制史及新闻史不可或缺的一部分。旅大作为沙俄侵华的据点与日本侵华的起点，尤其是日本实施"大陆政策"的"大本营"。虽然，旅大并非日本在华新闻业的源头，但是，凭借完全"统治权"的获得而成为日本系统有效控制在华新闻业的源头与样本，是研究作为中国新闻史组成部分的日本在华新闻史的重要内容。另一方面，旅大作为俄日对东北文化渗透、经济掠夺、武力入侵的切入点，"从经济力量到言论力量都是全'满'的根源"①，俄日殖民者在旅大租借地颁布各种法规，施行严厉的新闻控制，并复制至东北各地，开始了东北新闻业不同时期由俄国或日本势力所控制的 47 年历史，使得东北新闻史成为中国新闻史中颇具特殊性的一部分。

同时，旅大作为"日本帝国开发中国大陆的基地"，"守护着北方"的屏障②，抑或被视为"'满洲'之正大门（表玄関）"③，其新闻立法、新闻政策后来无不成为伪满洲国的直接来源或参照，正如当时日人所言："'满洲国'成立以来，'关东州'统治经验的法规、典例、土木、产业等制度技术作为建设'新国家'的良好资料而被采用"④，"几多施设与诸制度为'满洲国'所采用"⑤，这种观点也得到西方学者的认同⑥。1937 年以后，在日本关东军宣称"'满洲国'非日中之间的沟渠，而是日中之间的桥梁"的精神指导下⑦，伪满洲国新闻统制又成为伪蒙疆新闻统制的参照，如伪蒙疆新闻株式会社、伪蒙疆电气通信设备株式会社、伪出版法、伪弘报局等无不是伪满相关内容的"蒙疆"版，甚至日本在华北、华中、华南等占领地的新闻统制都能看到旅大与伪满新闻统制的痕迹。因此，旅大租借地新闻统制是其他日伪政权新闻统制溯源的不可或缺的内容。

其次，近代旅大地区的新闻统制是了解近代东亚新闻史的重要窗口，揭示日本近代对东亚、太平洋各地区的文化侵略与新闻统制的本质与影响。旅大租借地作为战前日本直接控制地区之一⑧，其新闻统制与中国台湾、朝鲜半岛、南库页岛、南洋

---

① 「南関東軍司令官 大連における第一声」『満洲日報』1935 年 2 月 1 日夕刊、第 1 版。

② 『満洲経済政治年報・昭和十八年版』日本政治問題調査所、1943 年、388 頁。

③ 「満洲の表玄関 大連から見た満洲国発展テンポ」『新京日日新聞』1933 年 6 月 28、29、30 日夕刊、第 1 版。

④ 共存社編『大東亜共栄圏』共存社出版部、1944 年、311 頁。

⑤ 「都督府、関東庁を経て関東局に至る拮据三十年 わが施政沿革大観」『東京日日新聞』1936 年 10 月 1 日。

⑥ Nieh Christopher T.Japan's Manchuria policy from the Kwantung leased territory to the formation of Manchukuo, thesis（Ph.D.）——Johns Hopkins Universtiy, 1993.

⑦ 「南関東軍司令官 大連における第一声」『満洲日報』1935 年 2 月 1 日夕刊、第 1 版。

⑧ 二战前日本在中国台湾、朝鲜半岛、南库页岛（日本二战前擅自将之命名为"桦太"）、旅大与南洋群岛施行异于本土统治表现为：（1）行政组织与日本内地分离；（2）立法权与行政权并不对立；（3）法治主义并非严格适用；（4）国法的属人主义某种程度存在（美濃部達吉『行政法総則』日本評論社、1940 年、48—50 頁）。

群岛具有颇高相似性，均是对日本新闻统制的移植与改造。但是，由于法律地位不同，旅大租借地的新闻统制又具一定的独特性。

因此，研究旅大租借地新闻统制的历史，既有利于了解日本近代新闻统制的历史，又可以观察日本新闻统制在东亚地区的扩张，进而深挖日本新闻业在东亚地区的活动，探讨日本在东亚的新闻业何以服务于日本建构的"东亚新秩序"，换言之，通过研究旅大租借地的新闻统制，可以为研究东亚近代新闻史提供一个侧面，指出东亚近代各国新闻业交叉或互动的历史是一部日本在东亚各地区展开新闻统制的历史。可以说，通过对旅大租借地新闻统制史的梳理，既清晰地展现出中国近代新闻史的复杂面向，又为书写中国视角的东亚近代新闻史提供一个可行的个案。

进一步来说，研究近代旅大地区新闻统制的历史，有利于回应当下日本右翼分子的歪曲言论。时至今日，许多政客、学者仍然否认南京大屠杀、慰安妇等战争罪行，以缺乏"同时代第一手资料"及"战时未曾报道"等为由，诬蔑南京大屠杀是中国政府为宣传反日而"捏造"的"谎言"[1]。"缺乏资料"是日本战败前有组织地销毁档案的结果，"未曾报道"是战时日本新闻统制的结果。本书笔者坚持唯物史观，结合各国的史料，揭示近代日本在新闻业的侵略本质，证实了日本利用新闻统制掩盖战争罪行的真实存在，有力地回击日本右翼分子的歪曲言论，使之对这些事实无法再用"谎话"和"捏造"予以否定。

二

旅大作为近代中国东北的重要一部分，其新闻业及其统制不限于本地区，随着俄日对华侵略的扩大而延伸至整个东北甚至中国关内各地区。目前，中日韩三国的

---

[1] 鈴木明『「南京大虐殺」のまぼろし』現代史出版会、1976 年；田中正明『「南京事件」の総括』小学館、2007 年。

确出现了不少中国东北新闻史的研究①，但不论与同沦为外国控制地区的台湾、香

---

① 1949 年以前：哈爾浜公所编『哈爾浜露字新聞界の現勢と主筆及主要記者歴』（膽写版）哈
爾 浜 公 所、1923 年；Крылов, В. Н.Японская литература о Китае, Маньчжурии и Монголии.
Харбин ,1926；満鉄庶務部調査課编『哈爾浜新聞雑誌の現勢』（膽写版）満鉄庶務部調査
課、1927 年；Тюнин,М. С.Труды Общества изучения Маньчжурского края : Библиография
Маньчжурского края. Вып. 1-. Вып. 1 : Указатель периодических и повременных изданий,
выходивших в г. Харбине на русском и др. европейских языках на русском и др. европейских
языках по 1-е января 1927 года.Харбин: О-во изуч. Маньчжурск. края,1927；満鉄庶務部調査
課编『哈爾浜露支新聞の内情』（膽写版）満鉄庶務部調査課、1925 年；末木儀太郎『満洲日
報論』日支問題研究会、1932 年；中村明星『動く満洲言論界全貌』新聞解放満鮮支社、1936
年；Тюнин, М. С.Указатель периодической печати г. Харбина, выходившей на русском и других
европейских языках, с 01 января 1927 г. по 31 декабря 1935 г. Харбин:Экон. бюро Харбин. упр.
гос. ж/дорогами, 1936；赵新言：《倭寇对东北的新闻侵略》，东北问题研究社，1940 年；1945
年 3 月，"满洲新闻界"提议编写《满洲新闻五十年史》，组织成立"满洲新闻史"编纂委员
会，并在大连、奉天、哈尔滨三地成立地区编纂委员会，但是未来得及完成就迎来伪满洲国的
覆灭；1949 年以后：谷胜军：《〈满洲日日新闻〉研究》，东北师范大学博士论文，2014 年；祝
力新：《〈满洲评论〉及其时代》，商务印书馆，2015 年；赵建明：《近代辽宁报业研究（1899—
1949）》，吉林大学博士论文，2010 年；张瑞：《〈大北新报〉与伪满洲国殖民统治》，吉林大学
博士论文，2014 年；董迎轩：《日本军国主义对我国东北沦陷区人民的思想控制研究》，中国矿
业大学（北京）博士论文，2011 年；蒋蕾：《精神抵抗：东北沦陷区报纸文学副刊的政治身份
与文化身份——以〈大同报〉为样本的历史考察》，吉林大学博士论文，2008 年；佟雪：《沦陷
初期（1931—1937）的东北文学研究：以〈盛京时报〉〈大同报〉〈国际协报〉文学副刊为中
心》，东北师范大学博士论文，2012 年；李相哲『中国東北地方（旧満州）における日本語新
聞の研究』上智大学博士学位論文、1995 年；代珂『「満洲国」のラジオ放送事業に関する研究』
首都大学東京博士論文、2015 年；白戸健一郎『満州電信電話株式会社のメディア史』京都大
学博士学位論文、2014 年；栄元『租借地大連における日本語新聞の事業活動：満洲日日新聞
を中心に』総合研究大学院大学博士論文、2017 年；李相哲『満州における日本人経営新聞の
歴史』凱風社、2000 年；貴志俊彦『満洲国のビジュアル・メディア：ポスター・絵はがき・切
手』吉川弘文館、2010 年；岡村敬二『満洲出版史』吉川弘文館、2012 年；全京先『전시체
제 하 滿洲國의 선전정책』부산대학교 대학원、2012 年；Тамазанова Роза Павловна:Журнал
«Вестник Азии» в системе русскоязычных периодических изданий в Маньчжурии (Харбин,
1909-1917 гг.) ,Москва,2004；КРАСНОВА Татьяна Ивановна,Оппоэитивность газетного
дискурса русского зарубежья 1917-1922 гг. (идеологическая модализация и структура) ,Санкт-
Петербург,2013；Фоменко,Вера Михайловна.Социокультурная политика Японии в Маньчжоу-
Го:1932-1945 гг.ИРКУТСКИЙ ГОСУДАРСТВЕННЫЙ УНИВЕРСИТЕТ Иркутск, 2015.

港、澳门、青岛等中国其他地区相比[①]，抑或与同沦为日本控制地区的朝鲜半岛及南库页岛相比[②]，尚缺乏专门的旅大租借地新闻史论著，同时，就本书而言，现有相关研究存在以下几方面不足：

第一，研究领域过于狭窄。目前主要以伪满洲国新闻史研究为主，宏观层面梳理与微观层面的解析较多，甚少涉及新闻法规、新闻政策、管理机制等结构层面的讨论，讨论旅大新闻业及其统制更是少之又少，即便是以旅大为主的研究，也都是以梳理报纸与广播的发展脉络为主，缺乏专门系统的旅大租借地新闻统制史研究，通常将它们视为日本帝国主义压迫的常识，然而却浑然不知其具体内容及隐藏于背后的各种权力。换言之，现有的研究成果尚停留在告知读者"是什么"层面，且多是结论式的简单重复，未曾触及"为什么"与"怎么样"层面。

第二，研究对象有待扩大。目前主要围绕伪满洲国政权统治下的新闻业，其他行政机构下的新闻业未受到足够重视，特别是延续了47年旅大租借地新闻业。诚然，在地理空间上，旅大租借地与东北三省不可分割。但是，在政治版图上，1898—1945年"主权"与"治权"的"分离"使得旅大租借地处于一个特殊而"独立"的地位[③]。这种特殊性在作为"治权"范畴的新闻统制方面体现得淋漓尽致。所以，将旅大的新闻统制完全置于伪满洲国框架下，这既是对基本史实的曲解，更是对伪满洲国新闻业及其统制的误判。

第三，研究时段欠缺完整。旅大作为租借地先后持续了47年，分为沙俄

① 高瑩瑩『コロニアル都市青島の近代新聞業1898—1922』神戸大学博士論文、2008年；林玉凤：《鸦片战争前的澳门新闻出版事业》，中国人民大学博士论文，2006年；王天滨：《台湾报业史》，亚太图书出版社，2003年；李谷城：《香港中文报业发展史》，上海古籍出版社，2005年。

② 金璋煥『日帝下 言論統制의 實態分析：東亞日報 押收社說 및 內容分析을 中心으로』서울大學校、1975年；金圭煥『日帝의 對韓言論・宣傳政策』二友出版社、1982年；鄭晋錫『日帝卜 韓國 言論鬪爭史』正音社、1975年；金根洙編『日帝治下 言論出版의 實態』永信아카데미韓國學研究所、1974年；全泳杓『韓國 出版의 史的 研究：開化期 및 日帝期를 中心으로』中央大學校、1981年；정진석，『극비 조선총독부의 언론검열과 탄압：일본의 침략과 열강 세력의 언론통제』커뮤니케이션북스、2008年；황유성『초창기 한국방송의 특성：일제 및 미 군정기 방송』法文社、2008年；이연『일제강점기 조선언론 통제사』박영사、2013年；功刀真一『北海道樺太の新聞雑誌：その歩みと言論人』北海道新聞社、1985年。

③ 満洲国法制研究会『満洲国警務全書』春陽書店、1939年、28頁。

（1898—1905）与日本（1905—1945）两个时期。目前针对旅大租借地新闻业的研究全部以日侵占时期为对象。尽管，日侵占时期的新闻业及统制占去整个旅大租借地新闻史的绝大部分内容，但是，梳理历史会发现日本在旅大租借地的新闻业及其统制建立于与沙俄抢夺的过程中，因此，缺少俄侵占时期的内容是不完整的。

第四，研究史料来源单一。目前，不论是中国还是日韩，研究史料多以1945年以前公开出版的官方日文文献为主，特别是新闻统制的内容，更是完全依赖引用租借地当局出版的统计年鉴，缺乏征引这些法令起草、颁布及实施的全过程的相关文献，进而使得研究问题既未阐述清楚，又缺乏解释力度。

本研究集中于呈现历史事实，旨在纵向梳理沙俄与日本殖民统治旅大租借地47年新闻统制的历史，基于连续性考虑，对俄日占据旅大前俄日本土的新闻统制史与1945年之后苏军管制时期的新闻统制也有所涉及。本书在比较日俄在旅大租借地新闻统制异同的基础上，横向比较旅大租借地与中国台湾、朝鲜、日本等新闻统制的异同，进一步从经验移植的角度切入，勾勒旅大租借地新闻统制对伪满洲国的新闻统制产生的影响，最终对旅大租借地新闻统制做出客观的评价。

围绕研究对象及目标，本书的总体思路侧重两个方面：其一，从新闻业与政治、战争、殖民的层面，梳理旅大租借地在日俄统治下新闻统制变迁的历史轨迹。利用中日韩俄档案资料与史料汇编，梳理旅大租借地新闻统制的变迁过程，配合其时中日学人的专书论著与报刊的时事评论，解读旅大租借地新闻统制的内容特点、历史影响及历史地位。其二，以法律文本与司法运作为对象，回归新闻法制本体，从法律的官方表述，借用日本学者提出的"统治样式的迁移"（統治樣式の遷移）[①]，比较旅大租借地与伪满洲国、中国台湾、朝鲜半岛、日本统制历史发展中的异同；从法律的实践层面，比较新闻实务与新闻法律设想间的一致或背离。为了完成研究目标，本研究以史料为基础，进行文献梳理，然后采取比较方法。

---

① "统治样式的迁移"（統治樣式の遷移）是日本学者山室信一在建构"帝国史"中提出的概念，指"'满洲国'以前，日本的军政、殖民地经营及权益扩张等所使用的统治模式，为'满洲国'统治所继受之时，在接受者一方的条件限制之下，受到某些变化，逐渐异样的统治模式为新的地域所继受，这个样态的变移称为统治模式的迁移"。详见：山室信一「植民帝国・日本の構成と満洲国——統治樣式の遷移と統治人才の周流——」『帝国という幻想』青木書店、1998年、155—156頁。

　　旅大租借地的新闻统制作为殖民统治的重要一环，同步于俄日对旅大殖民统治的历史。沙俄与日本作为两个独立国家，对旅大的统治策略存在明显区别，因此，笔者认为有必要将两者分开论述。由于沙俄统治时段较短（1898—1905），而且各种制度尚未完全建立，因此笔者不再对该时期进行切分。而日本的殖民统治共40年（1905—1945），故有进一步划分时段的必要。日本学者冈村敬二划分"满洲"出版史的研究时段明显以日本在东北的殖民统治机构变化为依据，他给出的解释是："'满洲'出版的统制色彩颇浓，出版自身未必有较大的特征。鉴于此，试图以监督官厅的变更为依据，将'满洲'出版史划分为几个政治色彩明显的时段。"① 笔者大体赞同冈村氏的观点，本书按照旅大租借地新闻业发展与日本殖民政策发展的脉络，以九一八事变与七七事变为切分点，将日本殖民统治40年的新闻统制分为1905—1931、1931—1937 与 1937—1945 三个时期。在第一个时期，日本以旅大为据点，经过日本殖民当局的统制，新闻业被视为"经营'满洲'"的"国策机关"；在第二个时期，日本越出旅大侵占全东北，扶植建立傀儡国家"满洲国"，经过日本殖民当局的统制，新闻业被视为"建设新天地"的"弘报机关"；在第三时期，日本全面走出东北，武力侵略全中国乃至全东亚，经过日本殖民当局的统制，新闻业被视为"协助战争"的"思想武器"。

　　基于以上的研究思路，本研究内容主要纵向梳理新闻统制发展历史，具体内容围绕管理机构的设计、调整与新闻法制的颁布、实施两方面，分为新闻统制的萌芽与试验期（1898—1905）、新闻统制的创建与确立期（1905—1931）、新闻统制的扩展与深化期（1931—1937）、新闻统制的调整与崩溃期（1937—1945）四个时期，同时，横向比较旅大与其他地区新闻统制的异同。

三

　　了解旅大租借地的新闻统制，对于读者而言，有必要先了解旅大作为租借地的简史。

---

① 冈村敬二『満洲出版史』吉川弘文館、2012 年、8 頁。

　　"旅大"即"旅顺"与"大连"的合称，最早出现于 1898 年中俄两国签订《中俄会订条约》。第一条内容将"旅顺、大连及其附近水面租与俄国"，随后签订的《中俄旅大租借地续约》，将"旅顺""大连"合并称为"旅大"，成为沙俄租借地①。1899 年 8 月 16 日，沙皇敕令颁布旅大租借地"临时统治规则"时，擅自将"旅大"命名为"Квантунская область"（クワントウンスカヤ・オーブラスチ）②，当时中日韩不同学者译为"关东省""关东州""辽东省"等不同汉字③，中国多用"关东省"一词，转译于日本。日本官方正式将旅大命名为"关东州"始于1905 年 6 月 9 日，日本天皇公布《"关东州"民政署官制》时，将日俄战争期间所使用的"占领地"改为"关东州"（関東州）④。西方学者译为"Kwantung"⑤，后来日本外务省将它的英文定为"Kwantung Leased Territory"⑥，"满铁"有时将它翻译为"Kwantung Province"⑦。

　　然而，清末以来所有中国政府从未承认"关东省"或"关东州"一名。1906 年8 月，日本设置关东都督府时继续沿用"关东州"一名，清政府对此抗议日本违反中俄两国间《旅大租地条约》等租借原约。其要旨声明：（1）以上行为违背了原约中清政府主权不可侵犯的规定；（2）都督的官名与原约中规定不得出现的总督名目相似，

---

① 关于租借地与租界的区别，民国以来中外学者已论述颇多，故本书不再赘述。它们详细之区别的相关论述可以参考『支那に於ける租界の研究』（植田捷雄著、巌松堂、1941 年、836—838 頁）、The international legal status of the Kwantung leased territory(by C.Walter Young, 1931) 等。

② 「露国の遼東省に関する勅令」『地学雑誌』第 11 卷第 11 号、1899 年、832 頁。

③ 《西伯利亚铁道说略》，《新民丛报》，第 2 卷第 40—41 号，1903 年 12 月，第 236 页；「露国の遼東省に関する勅令」『地学雑誌』第 11 卷第 11 号、1899 年、832—833 頁；「露領支那関東省の近況」『地学雑誌』第 13 卷第 4 号、1901 年、222 頁；「満洲及関東省露国電信料改定」『官報』1902 年 8 月 14 日；「満洲及関東省並薩哈嗹島発小包郵便物臨時検査規則制定」『官報』1902 年 9 月 12 日；『ダルニー事情』外務省印刷、1904 年 2 月 2 日、1 頁；「遼東半島의 俄國總督」『皇城新聞』1899 年 11 月 7 日、3 면；「俄國極東統制의 改革」『皇城新聞』1903年 9 月 13 日、1 면。

④ 内田寛一『地理講座（日本篇・第六卷）朝鮮・関東州』改造社、1933 年、367—368 頁。

⑤ Yale Review, by K.Asakawa, Nov, 1908, p.272.The international legal status of the Kwantung leased territory, By C. Walter Young, 1931, pp.184—185.

⑥ 「帝国海外領土ノ名称及順序並ニ同欧文表示方統一ニ関スル件」（B04120040600）『一般文例、文格ニ関スル先例』（Z—1—5—0—4）外務省外交史料館。

⑦ Report on Progress in Manchuria, by South Manchuria Railway Co, 1929, p.54.

不可使用；（3）"关东州"的名目实难承认；（4）日本的行政制度与州内的清朝人无关[①]。日本政府则回复称有关租借地的事项遵守中俄原约，日本完全是沿袭沙俄时代制度的，没有必要变更以往的惯例。清政府对日本的观点未予以回复。1908 年 9 月，日本公布《"关东州"裁判令》《"关东州"裁判事务取扱令》及其他附属法令，清政府再次引证中俄原约中界内华民"设有案犯，该犯送交就近中国按律治罪"的规定，就日本侵害主权，居住在"关东州"内的清朝居民当然应该由清朝官员审判，不能承认州内的日本法权一事，向日本政府提出抗议，同时再次要求取消"关东州"名称。但是，日本却蛮横地声称对租借地内清朝人行使审判权，是俄占以来的惯例，得到清政府的长期承认，至于"关东州"的名称也不过是依据俄国惯例，因此对清政府的抗议亦予断然拒绝[②]。结果，直至日本战败，旅大始终被冠以"关东州"之名。本书站在中华民族的立场上，将俄日先后占领的地区简称为"旅大租借地"，实际上涵盖了沙俄统治时期的"关东省"与日本统治时期的"关东州"。但是，本书在征引资料、论述法令、机构之时，基于保证史料的原貌，仍然会直接使用"关东州"一名。

沙俄占据旅大 7 年间（1898—1905），先后在旅大设置"军政部"（1898—1899）、"关东州厅"（1899—1903）与"远东总督府"（1903—1905），对旅顺市（亚瑟港，俄文 Порт—Артур，英文 Port Arthur）、大连市（达里尼市，日文「ダルニー」，英文 Dalny）、金市州、貔子窝市及旅顺行政区、金州行政区、貔子窝行政区、亮甲行政区、岛屿行政区等四市五行政区施行直接统治。日本占据旅大 40 年间（1905—1945），先后在旅大设置"军政署"（1904—1905）[③]、"关东州民政署"（1905）、"关东总督府"（1905—1906）、"关东都督府"（1906—1919）、"关东厅"（1919—1934）、"关东局"及"关东州厅"（1934—1945）等机构，对大连（Dairen）、旅顺（Ryojun/Port Arthur）、金州（Chinchou）、貔子窝（Pitzuwo）、普兰店（Pulantien）施行直接统治，另有领事馆、南满洲铁道株式会社、关东军司令部等日本机构可以

① 関東都督府官房文書課『関東都督府施政誌：自明治三十九年至大正五年』東京築地活版製造所、1919 年、209 頁。

② 関東庁編『関東庁施政二十年史』満洲日日新聞社、1926 年、115 頁；「清國의 抗議」『皇城新聞』1908 年 11 月 17 日、1 면。

③ 时间涵盖日俄战争期间，当时日本在军事占领地区设置军政署。

影响到旅大租借地内外的事务（表1[①]）。俄日侵占的47年间，旅大租借地最高行政长官由沙皇与日皇亲任，统辖旅大租借地内一切政务。

表1　沙俄与日本在"关东州"及"满铁附属地"统治机构演变

机构	主要职能	备注
"关东州厅"	在陆军部的管辖下统管旅大租借地内诸般政务，但涉外事务经沙皇批准，遵照外交大臣的训令、命令行事。	1903年改为远东大总督府。
"关东都督府"	总理大臣监督下统理诸般政务，但外交方面，承外务大臣之指挥监督： （1）"关东州"行政及司法（府令制定权）。 （2）"南满洲铁道株式会社"业务之监督。 （3）"南满洲"铁道线路警务上之取缔（为管辖区域之安宁秩序的保持或铁道线路之警护，必要时向关东军司令官请求兵力使用权）。 （4）"南满洲"通信行政。 （5）"铁道附属地"之下列事项：针对银行监督及会社担保附社债信托契约之监督；重要物产取引市场的取引办法及担保之制定；神社、寺院设立之许可；在外指定学校之认可。	1919年，改为关东厅。1934年，改为关东局[②]，设于日本驻"满"大使馆内，增设"关东州厅"。
日本领事馆	（1）附属地外一切领事职务。 （2）附属地内之下列事项：涉外交涉事务；领事裁判权；所管事项之命令权；其他关东长官权限所属事项除外之一切事项。	1932年8月，奉天成立"满洲全权府"。
"南满洲铁道株式会社"	（1）"满洲"地方铁道运输业及附属事业。 （2）附属地土木、教育、卫生设施（其相关手续费用征收及费用分赋）。	

① 顾明义主编：《大连近百年史》（上），辽宁人民出版社，1999年，第175—176页；『满州行政機関統一問題　警察権統一問題特別委員会第八回会議』（謄写版）1925年6月19日、1—4页；《南次郎关于贯彻对满政策的意见》（1934年1月30日），《日本帝国主义侵华档案资料选编伪满傀儡政权》，中央档案馆编，中华书局，1994年，第69页；The Kwantung Government,Its Functions & Works,Kwantung Leased Territory,Printed by the Manchuria Daily News（Dairen）,1929,p.2.

② 关东局主管事务：监督"关东州厅"及其他"关东州"相关政务的管理；监督"南满洲铁道株式会社"及"满洲电信电话株式会社"业务。驻"满"全权大使权限（关东局长官是"满洲国"驻扎特命全权大使，受关东局总长辅佐行使下列权限）：总理关东局事务（受内阁总理大臣监督，涉外事务承外务大臣监督；发布关东局令（依权限或特别委任）；请求陆海军司令官兵力使用（为管内安宁秩序必要时）。

机构	主要职能	备注
关东军司令官	（1）"关东州"及"南满洲"陆军诸部队之统率； （2）"关东州"的防备及"南满洲"铁道线路的保护； （3）基于关东长官的请求出兵，及在紧急场合，单独出兵权。 注：关于"满洲国"指导事项（"内面指导"，不对外公开）。	1934 年后，关东军司令官与驻"满"大使为同一人。
除了以上各机关，在"满洲"地区，还有军事特务机关及顾问、朝鲜总督府派遣员、内务省派遣员，等等。		

  沙俄占据时期，由于统治时间不长，沙俄在旅大租借地的法律制度尚未完全建立，相关法令多以沙俄行政长官以命令的形式颁布。日本占据时期，由于旅大仅是租借地，并非日本领土，所以法律事项不以法律规定，而是以敕令定之。[①]"敕令指定内地（案：即日本，下同）之某法律或敕令，而规定于'关东州'亦应准据之旨趣。即依「'关东州'依某々之法令」等之言施行之也。于此场合，内地之发令，并非延长其施行区域，而发生同一之结果者，乃系对于内地具有不同法域之'关东州'，将与内地同一内容之法规，作为自家之法规而适用者也"[②]，同时其当地殖民长官不得代发法律之命令，限发纯属行政命令的府令（厅令、局令）[③]。

  最初，日本政府参照曾讨论制定《台湾统治法》（法律案）的经验[④]，拟公布《辽东租借地统治令》（敕令案），表示"关于辽东租借地法律事项以敕令公布之"，"法律的全部或一部施行于辽东租借地以敕令定之"，"于临时紧急情况，关东总督得于其管辖区内发布代替敕令的命令"等，然而"关东州"的地位毕竟异于台湾的地位，"因《辽东租借地统治令》无制定之必要而成为废案"[⑤]。关东总督代发相当

---

① 关于"关东州"之敕令，究竟系日本宪法上之敕令，抑或应系与朝鲜之政令权、台湾之律令权置于同列者，日本学界多有论争，本书对此无暇涉及（筒井雪郎：《"关东州"所行之司法法规》，《法曹杂志》，第 5 卷第 4 号，第 86 页；「第五 勅令（法律に相当する命令其の三）」『内外地法令対照表』208 頁）。

② 平井庄壹：《"关东州"之司法制度（汉文）》，《法曹杂志》，第 3 卷第 7 号，第 443 页。

③ 松岡修太郎『外地法』日本評論社、1938 年、31—43 頁；山崎丹照『外地統治機構の研究』高山書院、1940 年、321；黄静嘉：《春帆楼下晚涛急：日本对台湾的殖民统治及其影响》，商务印书馆，2003 年，第 62—63 页。

④ 「台湾統治法」『秘書類纂・第 18 巻』伊藤博文、秘書類纂刊行会、1936 年、153 頁。

⑤ 「原案ニ対スル修正要項」『分割 2』（B15100702300）『帝国一般官制雑件 / 関東都督府官制之部 第一巻』外務省外交史料館。

于敕令效力的命令的规定得到《关东都督府官制》的继承，同时租借地不适用日本国内法的精神在《"关东州"诸般成规之件》得到体现。后者于 1906 年 7 月 31 日由天皇敕令第 203 号颁布，规定旅大施行的诸般成规单独制定，不直接施行日本法律。这些单独制定的成规以天皇敕令或殖民统治地区行政长官命令发布，虽然两者名称不同，前者称之为"令"，如《"关东州"不稳文书临时取缔令》(1941 年)，后者称之为"规则"，如《"关东州"新闻纸等揭载制限规则》(1942 年)，但是内容均以日本法律为基础，"'关东州'的法制比照日本内地"[1]。"日本法律原则上不及于'关东州'及'铁道附属地'，只有必要场合时，由最高行政官以局令发布特别法或全部援用。"[2]

因此，旅大租借地的法律体系颇为复杂，既有天皇发布的敕令，又有当地行政官发布的命令，还有在某些民事纠纷援用中国习惯法（表2）。如有人所言：

> 从法律制度上，"关东州"异于日本法域，但是实质上却是日本法域，而从经济原则的立场上来说的话，又可谓是"满洲国"的法域。它们之间关系混杂不明场合颇多。原则上，除了中国人习惯法之外，"关东州"实质在施行着内地法令，但是"关东州"与内地相互不同的异法域，一法域的法令效力当然不及于他法域。[3]

由此观之，旅大租借地与中国台湾、朝鲜半岛一样，法律体系由"法律、敕令、府（厅/局）令、州（道）令、训令、习惯法"构成[4]，不过由于法律地位不同，旅大租借地缺少像台湾律令、朝鲜制令具有与法律同一效力的命令[5]。

---

① 産業組合中央会編『産業組合年鑑・昭和十八年版』太陽印刷株式会社、1943 年、435 頁。

② 『満洲概観』帝国在郷軍人会本部、1937 年、105 頁。

③ 横浜正金銀行編『大連読本』1939 年 6 月 5 日、3 頁。

④ 王泰升：《台湾法律史的建立》，台湾大学法学丛书编辑委员会，2006 年，第 114—128 页；金昌禄「植民地 被支配期 의 法制 基礎」『법제 연구』8 건、1995 年、66—77 頁；『外地法令制度の概要』外務省条約局第三課、1957 年、212 頁。

⑤ 山田武吉「帝国憲法と植民地」『日本及日本人』1930 年 10 月 15 日、11 頁。

表2　日本殖民统治时期"关东州"的"法律"体系

种类	所指内容	举例
法律	即适用于"关东州"的日本法律，分为（1）以敕令施行于"关东州"的法律与（2）不经敕令直接施行于"关东州"的法律。	《"关东州"及帝国行使治外法权之外国关于特许权、意匠权、商标权及著作权保护之敕令》（1）《共通法》（2）
敕令	即指依天皇大权或法律的委任，经敕裁所发布的专门针对"关东州"的命令。	《"关东州"及"南满洲铁道附属地"出版物令》《"关东州"不稳文书临时取缔令》
阁令、省令	即指由内阁总理大臣、各省大臣基于其权限或特别委任所发布的适用于"关东州"的命令。	《"关东州"军机保护之件》（陆军省）
府令（厅令或局令）	即指关东都督、关东长官及驻"满"大使依其职权或特别委任发布的命令。	《营业取缔规则》（府令）《普通出版物取缔规则》（厅令）《"关东州"新闻纸等揭载制限规则》（局令）
州厅令	即指"关东州"厅长官，就"关东州"行政事务，依其职权或特别委任发布的命令。	—
署令	即指民政署长依其职权或特别委任，对辖区内发布的命令。	《保甲制度地方规约准则》（金州民政署支署）
训令	即指关东都督、关东长官对于下级官署发布之职务上的命令。	《代书业取缔规则取扱手续》
习惯法	即中国居民的有些民事诉讼遵从中国习惯办理。	《不许利用新闻纸广告谢罪的场合》

尽管俄日都企图将旅大变成自己的领土（"黄俄罗斯"或"日本外地"），不时使出各种小动作，如日本国内教科书擅自将旅大列为日本领土，"'关东州'虽是租借地，但施政三十余年来，国防、经济、文化诸般设施逐渐完备，育成我帝国之重要地域，特别是'满洲'事变及中国事变发生后，此地域愈发置于确固不动之态

势"①，"在日本人看来，'关东州'作为巨大的租借地，类似英国持有香港的感觉"②。但依据租借条约，两国均不得不承认旅大非俄日领土，在住原居民非俄日臣民，即便日据后期当局炮制了所谓"关东州民籍"③，但是始终保留着中国（或所谓的"满洲国"）国籍。总体而言，俄日统治旅大47年，从未改变旅大主权隶属中国之事实，即俄日对旅大的统治本质上是一种殖民统治。

伪满洲国成立以后，诚然日本与旅大租借地当局都曾讨论"改变'关东州'作为租借地而归还'满洲国'"的问题④，但是这些问题始终停留在讨论层面，不仅"关东州"厅长官公开否认"关东州"属于"满洲国"⑤，而且伪满当局直接承认旅大为日本租借地，默许日本政府的直接统治，明确表示旅大租借地非属于"满洲国"，如1934年10月24日，伪满土地局测量部公布的"国土"面积也排除了"关东州"⑥。即便1937年以后，基于日本"新大陆政策"的期望，日"满"协议解决旅大租借地行政问题，抛出"'关东州'行政权的'满洲国'委任经营问题"，企图实现"'满洲国''关东州'一元化，即确立'新京'中心主义"⑦，然而，直至日本战败投降，"关东州"与"满洲国"之间始终存在一道"州界"线，两者互不隶属，旅大租借地始终作为一个独立的"行政"地区，拥有独立完整的"法律"体系。因此，研究旅大租借地的历史须特别注意与伪满洲国的区别，有将旅大租借地视为单独个体的必要。

---

① 1941年7月8日，在"关东州"民籍制度调查委员会，当局发表的"关东州"民籍制度制定的理由（川畑源一郎『関東州民籍手続と州内慣習』1944年10月、第二章2頁）。

② 宮脇淳子「大連・旅順だけ特別扱いなのはなぜ？」『真実の満洲史（1894—1956）』ビジネス社、2013年、254—255頁。

③ 『関東州民籍規則』（1942年2月11日局令第10号）第1条：関東州ニ於ケル満支人ノ民籍ニ関シテ本令ノ定ムル所ニ依ル。

④ 「関東州の管轄問題 特別市制の存廃可否」『満洲日日新聞』1936年10月6日。

⑤ 大野惣一「柳井関東州庁官に森岡経済部長に 東亜共栄圏確立促進と 関東州の重要性を訊く」『大東亜』第12巻第4号、1943年4月、65頁。

⑥ 「満洲国の面積 十三億三百十四萬平方粁」『満洲日報』1934年12月2日夕刊、第2版；《伪组织竟公布领土面积》，《东北消息汇刊》，1934年第1卷第2期，第37—38页。

⑦ 「関東州行政権問題 解決へ一歩前進」『満洲日日新聞』1938年7月17日。

第一章
新闻统制的萌芽与试验期
（1898—1905）

中日甲午战争结束后，1898 年沙俄以所谓的"还辽有功"强迫中国签订《旅大租借地条约》，使得刚逃出日本魔爪的旅顺、大连又落入沙俄虎口，成为沙俄行使完整"行政权"的旅大租借地，直至日俄战争后的 1905 年"转租"日本。在沙俄殖民统治 7 年间，旅大成为中国东北最早拥有现代新闻业的地区，也是沙俄在华新闻业的起点，而且还是旅大新闻统制的源头。为达到殖民目的，沙俄统治者颁布一系列军令与法规，施行严厉的新闻控制，并将这一套经验复制至东北各地，开始了东北新闻业不同时期大半或全部由俄国或日本势力所控制的 47 年历史，使得东北新闻史成为中国新闻史中颇具特殊性的一部分。本章重点梳理沙俄在旅大地区试验新闻统制的过程。

第一节
"黄俄罗斯"的"报信者"：旅大新闻业起点

沙俄向远东扩张的过程中，军事侵占领土在先，殖民同化人民在后。对于 18 世纪就已熟练操控报刊的沙俄来说[①]，报刊（Газета/Gazeta）俨然成为其领土扩张的

① マーカー・ゲーリー（Marker Gary）『ロシア出版文化史——十八世紀の印刷業と知識人』白倉克文訳、東京：成文社、2014 年、278 頁；エーシン（Б.И. Есин）『ロシア新聞史』（Русская дореволюционная газета：1702—1917 гг.：краткий очерк）阿部幸男、阿部玄治訳、未来社、1974 年；Б. И. Есин.История русской журналистики（1703—1917 гг.）.Флинта, Наука, 2006.С. 9—18.

助手。这一套在侵占波兰、高加索、西伯利亚等地使用过的也毫无例外地被复制到旅大地区①，企图将中国的旅大变成"黄俄罗斯"（Желтороссия）。为此，沙俄在旅大地区一是创办报刊，二是建设发行机构，即打造沙俄学者口中的"报信者"②。

一、报信主体：创刊俄文《关东报》

关于旅大最早的俄文报刊，现在学界公认的是俄文《关东报》（《Новый Край》）③，由沙俄太平洋舰队司法官彼得·亚历山大·阿尔捷米耶夫（П.А. Артемьев）在旅顺临时发行。关于它的创刊时间，根据二战前的日本资料的记载，大约是1899年8月④，这个时间为当下中日学者所采用。不过，根据现在的俄罗斯"Газеты России（1703—1917）"的检索与《ГАЗЕТЫ ДОРЕВОЛЮЦИОННОЙ РОССИИ 1703—1917》的记载显示⑤，1899年第2号时间是3月11日。进一步参考日文资料，笔者发现1898年8月22日的日本《读卖新闻》以《在旅顺口的新刊报纸》为题报道："据近期的俄文报纸，旅顺口计划不日将发刊俄文报纸，其体裁以

① Власть и пресса в России : К истории правового регулирования отношений : (1700—1917) : Хрестоматия. М. : Изд—во РАГС, 1999.

② 德米特里·扬契维茨基（Д.Янчевецкий）:《八国联军目击记》，许崇信等译，福建人民出版社，1983年，第9页。

③ 现在俄罗斯国立图书馆（Российская государственная библиотека）藏有 Новый край, Порт—Артур, 1900, № 1（1 янв.）, 1901, № 1（1 янв.）— 147（25 дек.）, 1902, № 1（1 янв.）— 140（25 дек.）, 1903, № 1（1 янв.）— 148（25 дек.）, 1904, № 1（1 янв.）—20, 23—25, 27—50, 52—90, 93, 96—98, 100—101, 104, 106, 108, 110, 112—113, 117, 120, 122—123, 125—128, 130—134, 138, 140, 142—163, 165—172, 174—180, 183—202, 204, 206—207, 212, 242, 247（22 дек.）; 另外日本北海道大学附属图书馆收藏有 Год 2., № . 1（1. янв. 1901）。

④ 南満洲鉄道株式会社調査課『露国占領前后ニ於ケル大連及旅順』満洲日日新聞社、1911年、31—32, 51頁。

⑤ Российская национальная библиотека.ГАЗЕТЫ ДОРЕВОЛЮЦИОННОЙ РОССИИ 1703—1917. САНКТ—ПЕТЕРБУРГ.2007.С. 257.

海参崴发行的《海参崴》《Владивосток》① ）为模板"②，笔者大胆将创刊时间推定在1898 年 8 月。

诚然，学者认为《关东报》的创刊"打破了东北地区长期以来'不知报纸为何物'的历史"不无道理。③ 但是，笔者认为更应该看到，《关东报》作为俄军御用刊物，企图把辽东乃至整个东北变成俄罗斯新边疆的宣传与辩解工具，即协助完成"黄俄罗斯"的想象。《关东报》从创刊之初，即被赋予"厚重"文化的任务，主要反映在以下几个方面：

从报刊宗旨来看，灌输"黄俄罗斯"之理念是其终极追求。诚如该报俄文名（图 1—1）"Новый Край"中"Край"一词是"边疆区"的意思，是沙俄的地方行政名称，主办者将辽东地区称作"新的边疆区"，大肆渲染占领中国领土的欢乐气氛④，说明他们已经把该地区看作是沙俄领土的一部分⑤，宣传"黄俄罗斯"为其使命，而非"断不侵中国大皇帝主此地之权"⑥。《关东报》与俄国国内的《新时报》遥相呼应，主张"驯治满洲居民"，将其土地变成"黄俄罗斯"⑦。《关东报》毫无疑问是沙俄殖民统治旅大，侵略全东北的代言人，如它所言："西伯利亚毗连蒙古，平时往来甚为亲密，边疆警备未甚施设；且西伯利亚牲畜贸易甚大，大都仰给于蒙古，俄商贩运红茶，亦取道其间……以此二故，蒙古改设行省，于我有种种不便，为俄国计，盖非保存其独立不可。"⑧ 更甚者表示："俄国的满洲不许外国人居住。"⑨这些论述将沙俄企图变中国的东北为沙俄的"黄俄罗斯"的野心表露得一览无遗，无不体现出报刊宣传"黄俄罗斯"理念的宗旨。

---

① 《Владивосток》1883 年开始正式发行，是海参崴地区第一份现代报刊（周刊）。

② 「旅順口に於ける新刊新聞」『読売新聞』1898 年 8 月 22 日朝刊、第 2 版。

③ 赵永华：《〈新边疆报〉：一份宝贵的历史资料》，《中华新闻报》，2007 年 7 月 25 日，第 F03 版。

④ 《Новый край》. Порт—Артур, 1900. 1 янв. № 1.

⑤ 赵永华：《〈新边疆报〉：一份宝贵的历史资料》，《中华新闻报》，2007 年 7 月 25 日，第 F03 版。

⑥ 1898 年 3 月 27 日清政府与沙俄签订的《旅大租借条约》中第 1 条。

⑦ 吉林师范大学历史系编：《沙俄侵华史简编》，吉林人民出版社，1976 年，第 294 页。

⑧ 「論俄伺蒙古」『朝日新聞』1902 年 12 月 27 日。转引自《外交报》，壬寅第三十一号，光绪二十八年十一月二十五日，第十九页。

⑨ 「満洲問題와 各新聞」『皇城新聞』1903 年 3 月 27 日、1 면。

图1—1：《Новый Край》1904.№ 18（23 янв.）—01

从报道内容来看，传达"黄俄罗斯"之声音是其首要任务。1900 年《关东报》得到许可后，由新闻简报改为定期刊行，一周三次，六栏，刊登官衙告示命令、一般法规和旅大租借地内及相邻的远东各地时事为主，兼载中国与日本报纸上的相关报道[1]，也会在第 4 或第 6 版登载不少广告，即由新闻（НОВОСТИ）、广告（РЕКЛАМА）、交易广告（ТОРГОВАЯ РЕКЛАМА）与公告（ОБЪЯВЛЕНИЯ）组成。在让《关东报》推进政策服务于租借地"内政"之同时，利用它施加压力于"外敌"，会不时反驳北京、天津、上海等地报纸的反俄国报道与言论，极力维护俄国在远东地区的殖民利益[2]。如韩国《皇城新闻》（황성 신문）指出：《关东报》所论往往按俄国意向发展。"[3] 其日常报道经殖民者精心设计，"为避开威胁，护守良机而监视环境"[4]。也正因如此，当日军进攻旅顺时，刚从旅顺回莫斯科养病的主编急速回社，认为"此乃为操觚者尽其天职之时，不得不回归前去鼓舞士气"[5]。

① 旅順外国私有財産整理委員会事務所翻訳「第四十七 極東新聞（ノーウィ・クライ）」『千九百年千九百一年ニ於ケル関東州統治状況ニ関スルアレクセーフ総督ノ上奏文』関東都督府民政部臨時調査系謄写、1908 年 2 月 6 日；南満洲鉄道株式会社調査課『露国占領前后ニ於ケル大連及旅順』満洲日日新聞社、1911 年、59 頁。

② 「俄清密約과 關東報」『皇城新聞』1901 年 3 月 29 日、1 면；「關東報의 所論」『皇城新聞』1903 年 8 月 1 日、1 면；「關東報의 美清条約反對論」『皇城新聞』1903 年 11 月 17 日、1 면。

③ 「關東報의 所論」『皇城新聞』1903 年 8 月 1 日、1 면。

④ J. 赫伯特 . 阿特休尔：《权力的媒介》，华夏出版社，1989 年，第 6 页。

⑤ 笹川潔「関東報主筆」『大観小観』弘道館、1906 年、44 頁。

图1—2：《关东报》书店的广告（Новый Край，1904.№ 13）

　　从事业经营来看，推行"黄俄罗斯"之实践为其指导策略。关东报社以出版与发行报纸为核心，为了刺激报纸的发行，印刷免费提供给订户《新边疆、辽东、关东省、大连湾、大连》画册[1]。此乃一举两得，一方面提高报纸的销量，使之能完成灌输"黄俄罗斯"之任务，另一方面将对"黄俄罗斯"的想象"具体化"，提升读者对俄国"新国土"的认知，强化"黄俄罗斯"的认同，即将自身对"黄俄罗斯"的想象转移到旅大占地读者身上，并塑造他们自我对"黄俄罗斯"的想象。同时，关东报社还经营书店、图书馆、印刷所，其中大连印刷所两家、书店一家、旅顺书店两家、活版制本业四家[2]，刊行了《西摩尔回忆录》《俄国海军军官在俄国远东的功勋》《涅维尔斯科伊》《关东的占领》及《Русскiй Китай：очерки занятiя Квантуна и быта туземнаго населенiя》《Опытъ руководства для изученiя китайскаго языка》等，从今时中国立场来看，它们是"攻击和丑化中国人民、为沙俄侵华分子树碑立传的黑书"[3]，而从当日沙俄立场来看，它们却是展示俄军之英勇换来旅大租借地今天的证据，即论证"黄俄罗斯"的合法性。

---

① Пайчадзе С.А. Русская книга в странах Азиатско—Тихоокеанского региона. Новосибирск，1995 .C. 88—91；转引赵永华：《在华俄文新闻传播活动史（1898—1956）》，中国人民大学出版社，2006 年，第 47 页。

② 南满洲铁道株式会社调查课『露国占領前后ニ於ケル大連及旅順』満洲日日新聞社、1911 年、31—32、51 頁。

③ 辽宁师范学院政史系历史教研室编：《沙俄侵占旅大的七年》，中华书局，1978 年，第 40 页。

图1—3：《关东报》编辑Артемьев在书店及印刷厂前

　　沙俄在旅大租借地创办俄文《关东报》以后，又相继创办了英文《关东报》与中文《关东报》。尽管在沙俄统治时期，旅大租借地的新闻业无法与沙俄的彼得堡、莫斯科相比（1903年彼得堡报纸72种、杂志274种，莫斯科报纸31种、杂志96种①），也比不上俄控海参崴（1901年日刊2种、周刊1种、周三刊1种、不定刊1种②），但是，"当时俄罗斯有1280座城市，而有报纸的城市只有112座，不用说不大的县级市，就是许多大城市也没有自己的报纸"③，由此可见旅大地区未必十分落后，而且作为东北报纸的源头，其历史意义更为重大。同时，它作为沙俄在华新闻业的起点，肩负着辅助沙俄侵略中国的报信任务。

　　依据沙俄殖民当局的文化政策——"在这个偏远的郊区创造俄罗斯文化，在这里加强俄罗斯的影响"④，报刊成为落实"创造俄罗斯文化"的工具。正如《关东报》记者将驰骋于俄国所建"满洲铁路"上的火车发出的汽笛声比作"满洲文明"的"报信者"一样⑤，《关东报》也是这种"满洲文明"的"报信者"，当然，这种

---

① 「俄國의 新聞」『皇城新聞』1903年5月8日、1면。

② 外務省「定時刊行物」『西伯利及満洲』民友社、1904年、425—426頁。

③ 戈隆布·芬格尔特：《报刊在革命前的俄国和苏联的推广发行》，莫斯科，1968年，第13页，转引自韩天艳：《19世纪末20世纪初俄罗斯远东的报刊和图书出版业》，《西伯利亚研究》，2006年第3期，第89页。

④ РГИА. Ф. 733. Оп. 166. Д. 159. Л. 45—48 об.

⑤ 德米特里·扬契维茨基（Д.Янчевецкий）：《八国联军目击记》，许崇信等译，福建人民出版社，1983年，第9页。

"满洲文明"绝非中华文明，而是"黄俄罗斯"文明。《关东报》与各种图书及其他输入报刊被收藏在图书馆，成为旅顺中上层社会文化消费品，维系与俄罗斯国内精神上的联系[1]，给单调的中国生活添加几分快乐[2]。翻阅1904年的《关东报》，笔者发现每期报纸上都登载了大量广告。这些广告形式颇具多样化，不同于中国中文报，而是向沙俄国内俄文报靠拢，颇具俄罗斯风格。从内容上来看，除了少量广告有华人色彩（图1—4），试图争取当地华人的支持外，大部分广告使用大量女性形式作为广告的承载者（图1—5），旨在更好地服务在华的俄国人士，即可以说明在旅顺也可体验与俄罗斯本土一样的文化生活，为完成"黄俄罗斯"的想象提供可能。

图1—4：《关东报》广告1904.№ 2（3 янв.）—03

---

① 上田恭輔『露西亜時代の大連』大阪屋号書店、1924 年、60 頁。

② 椿山学人「露領関東省現況（承前）」『地学雑誌』第 13 巻第 4 号、1901 年、224 頁。

图1—5：《关东报》广告

图1—6：《关东报》1904,№ 2

顺带一说，关于《Новый Край》（罗马音为 Novgi Kra）的中文译名，1900 至

1901 年间，由于该报未给出自己的官方译名，中日韩三国多将 "Новый Край" 翻译为《关东报》[1]，其中 1900 年韩国汉城《皇城新闻》(황성 신문) 曾短暂译为『노웨구라이報』(關東總督아렉쉽 氏의 機關新聞노웨구라이 報)[2]，1901 年，日本学者曾将其音译为「ノウキ・クライ」，或翻译为『新領土』。1905 年，日本按照 1900—1901 年沙俄的官方文件也将它译成《极东新闻》。当下，中国学者一般将它意译为《新边疆报》。笔者认为 1900 至 1901 年的学者尚可以根据偏好使用音译或意译，但是，今天的学者再按照自己的选择并不合理。因为 1904 年的时候，《Новый Край》就给出了官方中文译名——《关东报》(图 1—6)，并将其印在头版报头上，所以，笔者认为今天应该统一使用《关东报》。

二、报信渠道：扩建现代通信机构

沙俄侵占旅大后，在旅顺创建现代报纸，使之灌输 "黄俄罗斯" 的殖民观点。然而，偏安一隅的旅顺不具备像上海这种文人汇集的大城市影响全国舆论的条件，其报刊唯有主动对外输出才可能受到外地读者的关注，进而完成 "黄俄罗斯理念" 的报信成功。在当时的新闻实践中，邮政局与电报局俨然是保证报信渠道畅通的不二选择。

1878 年，清政府在营口成立书信馆，开始办理新式邮政业务。1884 年，天津经山海关至旅顺电报线路竣工，开设旅顺、金州、营口、锦州电报分局，隶属于设在天津的北洋官电报局[3]。固然此时辽东半岛通信事业发展规模不大，但依然是在中央政府的有效管理下有序地发展着。沙俄的入侵改变与打乱了东北通信事业的发展格局与成长步伐。1899 年，沙俄在旅顺与大连湾设邮政电信局。根据《"关东州" 管理临时规则》(《Временных положений об управлении Квантунской

---

① 《东京朝日新闻》从 1900 年 8 月 22 日 (「牛莊方面の戦況（旅順口発刊関東報所載）」) 就开始使用《关东报》转载《Новый Край》的内容；日本《读卖新闻》(「山海関の状況」旅順口発兑露字新聞) 从 1900 年 12 月 3 日开始转载。

② 「清國賠償問題와 俄國」『皇城新聞』1900 年 12 月 22 日、1 면。

③ 殷维国主编：《辽宁省志 邮电志》，辽宁民族出版社，2002 年，第 48、62 页。

областью》），旅大租借地邮政电信局隶属俄国内政部，从法律层面保证了旅大租借地通信隶属俄国通信的可能。同时，违背1898年签订的《中俄接线条款草约》[1]，私自利用东清铁路沿线的线路，增加电报线线杆，旅大租借地与俄控西伯利亚成功联结，从实践层面确保了法律层面的可能变成现实。1900年义和团运动发生后，俄军趁机非法占领整个辽东半岛，"强占奉天、铁岭、凤凰城、安东等电报局"[2]，在此基础上各地遍设俄国野战地邮政电信局（见表1—1），进一步扩大了在华通信版图。

表1—1：1903年前后俄在旅大租借地内外设置的邮政电信局概况

州内	局名或业务	性质	州外	局名或业务	性质
旅顺	邮政局	永久	铁岭	野战电信支局	临时
旅顺	旅顺及芝罘间海底电信局	永久	奉天	野战电信邮政局	临时
大连湾	邮政局及野战电信支局	永久	山海关	野战电信邮政局	临时
大连市	野战邮政局	临时	沙河子	野战电信支局	临时
旅顺口	野战电信邮政局	临时	辽阳	野战电信邮政局	临时
貔子窝	野战电信邮政局	临时	凤凰城	野战电信邮政局	临时
			营口	野战电信邮政局	临时

　　邮政局与电信局的创办与扩建为租借地内外的信息流通提供便利。1901年前含旅大在内的整个辽宁省只有《关东报》一份报纸，每期发行量1900年638份、1901年1251份，1周出版3次，粗略估计年发行量约99528份、195156份。由表1—2可见，1900年与1901年报纸邮局投递量为179006件与1292098件，通过对比以上两组数据，可以发现这些投送报纸不可能全是本地报纸，应该大

---

① 東亜同文会『東亜関係特種条約彙纂·初版』丸善株式会社、1898年、680—682頁。

② 殷维国主编：《辽宁省志 邮电志》，辽宁民族出版社，2002年，第71页。

部分来自外地，具体来自何处，目前缺乏史料无从说明，但是不容置疑的是彻底改观了"不知报纸为何物"的落后状态。进一步来说，现代通信系统的创建与完善，使得报纸的"通中外"不再是纸上谈兵，使报信者完成报信使命成为可能，从技术层面上保证读者可以获得报信者企图传递的信息。现代通信系统由殖民者一手把持，使得企图将中国东北变成"黄俄罗斯"获得舆论支持成为一种可能性。

表1—2：1900—1902年俄在旅大租借地内外邮政局报纸投递情况（单位：件）

局别　　　　　　　　时间	1900 年	1901 年	1902 年
旅顺局	168618	1011877	—
大连湾局	9345	12776	—
ダルニ一局（青泥洼，即大连）	—	5580	41844
营口局	—	75072	—
南满洲各野战邮便局	1043	7797	—
合计	179006	1113092	41844

　　《关东报》每期千余份的发行量的确不算高，不仅低于中国与日本主要报纸的发行量，甚至低于韩国的《皇城新闻（황성 신문）》与《帝国新闻（제국 신문）》每期约二千份的发行量[1]，但是通过邮递与电报，《关东报》的内容延伸至整个东亚地区，从在中国出版的《北洋官报》（天津）、《大公报》（天津）、《北支那每日新闻》（天津）、《申报》（上海）、《东方杂志》（上海）到在日韩出版的《朝日新闻》（东京 / 大阪）、《读卖新闻》（大阪）、《皇城新闻》（汉城）等报纸都会经常转译与评论《关东报》的报道与社论，以《皇城新闻》为例，《关东报》为其头版"外报照誊"（외보 조등）栏的转译对象之一。由此看来，《关东报》俨然成为东亚各国了解沙俄官方

---

[1] 車相瓚「朝鮮新聞發達史」『朝光』1936 年 11 月、45 頁。

动态的重要窗口。正因如此，该报记者扬契维茨基（Д.Янчевецкий）自称："在远东出版了大量的各种文字的报纸（英文报、德文报、法文报、中文报和日文报），它们一唱一和，笔锋逼人，可《新边疆报》在此中却成为俄国利益的当之无愧的表达者。"① 换言之，沙俄在旅大租借地创建起来的新闻业，是其侵略中国事业中的一环，旨在鼓吹殖民理念。

第二节
报信者的"驯治"：俄国对旅大新闻业的统制

沙俄将在旅顺的报刊视为推行其"黄俄罗斯"计划的报信工具，如果它被中国人或反对沙皇的俄国人掌握②，势必挑战或消解这种报信功能。于是乎，沙俄殖民当局采取与本国不尽相同的手段，对旅大租借地的新闻业加以统制，使之驯服成为绝对的御用者。

一、占据旅大前俄国在本土与占领地的新闻统制

在强租旅大之前，沙俄国内的报纸与杂志已有近 200 年的历史（1703 年彼得堡发行首份报纸）③，至 20 世纪初沙俄的新闻事业已经发展较为成熟（1903 年日刊报纸 595 种、杂志 724 种）④。在这 200 年间，沙俄政府制定了一系列的新闻法规，逐

---

① 德米特里·扬契维茨基（Д.Янчевецкий）：《八国联军目击记》，许崇信等译，福建人民出版社，1983 年，第 261 页。

② 19 世纪末 20 世纪初，俄人在西伯利亚的报刊大量由政治反对派或革命派所创办，攻击沙皇专制，产生颇大社会效果。详见徐景学主编：《西伯利亚史》，黑龙江教育出版社，1991 年，第 389—393 页。

③ 足立北鸥「新聞紙取締の苛酷」『野蛮ナル露国』集成堂、1904 年、191 頁；アナトール・レルア・ボリュー「第五編 出版及検閲」『露西亜帝国』林毅陸訳、朝鮮銀行調査課、1901 年、404—407 頁。

④「俄國의 新聞」『皇城新聞』1903 年 5 月 8 日、1 면。

渐完善新闻与出版检阅制度，并随着对外的领土扩张，沙俄将国内的新闻统制陆续复制到各殖民地与占领地。

（一）层出不穷的新闻与出版法令

诚如日本学者松本君平所言："欧洲诸国，其言论出版之最穷蹙者，厥惟俄国。故其国之新闻，无不缚束于其《出版法》也。"[1] 沙俄在本土、占领地、殖民地统制新闻事业的主要法令为《出版法》。该法在不同时期内容不尽相同，始终承担着统制新闻业的任务。

1702 年 12 月 16 日，彼得一世颁布关于"为周知国内外大事"印刷报纸的敕令——"为向莫斯科及周边诸国人民报告军事或所有事情，应印刷 Куранты（案：即报纸，出自拉丁语 Currens，受到荷兰语 Courant 的影响）。为了印刷报纸，各个官厅将现在开始与将来预期的某些事情及时向僧院局（Монастырскаго приказа）报告，由僧院局将这些报告送交印刷所"[2]。次年 2 月 2 日，为俄国读者提供的《报知》正式问世[3]，即《Вѣдомости（Ведомости）》，该报曾关注过中国的消息[4]。1783 年 1 月 15 日，女皇叶卡捷琳娜二世颁布《自由出版法》（《О вольных типографиях》），敕令"给予未获得政府特许的个人印刷机所有者操业的权利"[5]，一扫沙俄压制个人出版所成长的主要障碍，由此带来俄国印刷业的繁荣，在 18 世纪的后 25 年里，个人出版社所出版的图书占全部俄语图书的三分之一[6]。

然而好景不长，18 世纪末，在法国大革命的影响下，俄国农民起义此起彼伏。

---

[1] 松本君平「露国新聞事業」『新聞学：欧米新聞事業』博文館、1899 年、291—292 頁。

[2] Полное собрание законов Российской империи.Серия 1，том 4，No 1921，стр.201.СПб.，1830.

[3] エーシン（Б.И. Есин）『ロシア新聞史』（Русская дореволюционная газета：1702—1917 гг.：краткий очерк）阿部幸男．阿部玄治訳、未来社、1974 年、19—20 頁。

[4] Монастырёва О.В.РУССКОЯЗЫЧНЫЕ СМИ КИТАЯ：ИСТОРИЯ И ПЕРСПЕКТИВЫ，Журналистский ежегодник，C.96.

[5] マーカー・ゲーリー（Marker Gary）『ロシア出版文化史——十八世紀の印刷業と知識人』白倉克文訳、成文社、2014 年、141 頁。

[6] マーカー・ゲーリー（Marker Gary）『ロシア出版文化史——十八世紀の印刷業と知識人』白倉克文訳、成文社、2014 年、141 頁。

叶卡捷琳娜二世惶恐不安，转而对刚兴起的民间新闻出版业采取了镇压措施。1792年，她下令逮捕诺维科夫（创办《雄蜂》《画家》等杂志），并查封他创办和编辑的刊物。1796年叶卡捷琳娜二世去世前，又发布关闭私人印刷厂的命令，禁止私人出版印刷品；她还建立了书刊预审制度，规定书刊出版前均须报政府审查。在沙皇政府的严格控制下，传播民主思想的进步刊物全部被查封，进步的新闻工作者一一被放逐①。由下图可见②，受到官方出版法令的影响，沙俄19世纪的出版物数量不断出现波动，1785年以后逐渐走向衰落，这一点说明了新闻统制对沙俄的出版市场产生直接的影响。

表1—3　1776—1880年俄国的俄语书籍出版统计表

年份	出版书籍数量	年平均	世俗文字书籍数量	旧字体书籍数量
1776—1880	1198	240	1087	111
1781—1785	1315	263	1220	95
1786—1790	1936	387	1852	84
1791—1795	1865	373	1761	104
1796—1800	1531	306	1422	109
合计	7845	314	7342	503

1826年6月10日，尼古拉一世制定了被称为"铁的法典"的审查法令，全文18章206条，该法第3条规定："无论有意或无意，均不得攻击宗教、君权、政府当局、法律、道德以及国家和个人的荣誉"，第6条规定由公共教育部、内政部与外交部三位部长组成最高的书刊审查委员会，由该委员会负责"指导舆

① 张允若编著：《外国新闻事业史教程》，高等教育出版社，2003年，第170页。
② 出典『総目録』とジョールノヴァ『キリル文字書籍総目録』の掲載資料に依拠（マーカー・ゲーリー）（Marker Gary）『ロシア出版文化史——十八世紀の印刷業と知識人』白倉克文訳、成文社、2014年、142頁。

论，使其符合现实政治形势与政治观点"。该法对新闻出版的打击十分大，1830年俄罗斯全国定期发行的报纸不过 13 种[1]。1848 年，欧洲革命进入高潮时，为了防止革命思想的传入，是年 2 月 27 日，尼古拉一世又亲自下令成立出版监督委员会[2]，对新闻出版物进行极其苛刻的挑剔和检查，其后又专门设置针对军事、宗教的检阅官[3]。因而从 1848 年出版监督委员会成立到 1855 年尼古拉一世去世，这七年被学者 М.К. Лемке 称为"这也许是整个俄罗斯新闻史上最黑暗、最困难的时期"[4]。

随后，更多专门的新闻出版法令得以颁布。1868 年 6 月 14 日，沙俄当局授权内政部禁止零售报纸。1872 年，表示大臣会议有权对报纸限制出售，甚至没收，禁登广告和勒令停刊，同时授权内政部把该部所认为"特别有害的"出版物禁止发行的问题，不提交法院，而提交大臣委员会。1873 年规定期刊编辑人不得涉及政府所认为"不便"于在报刊上公开讨论的那些问题，否则会遭受暂时停刊处分。1879 年临时条例又授权总督，不但可以临时停止，而且可以永远停止报刊出版[5]。1882 年又颁布《暂时出版条例》，规定报纸受三次警告即令其停刊。

由上可见，从 18 世纪后期至 19 世纪末，沙俄政府颁布了各种新闻与出版法令。从内容侧重上来看，18 世纪后期的出版法令主要内容旨在控制出版机构、出版物的创办与出版权，19 世纪的出版物法令主要内容旨在控制出版物的出版内容，其中 19 世纪后期强化出版物惩罚力度的规定。尽管它们不同时期法令主要内容有所不同，但是它们控制新闻与出版的目的无异。

---

① アナトール・レルア・ボリュー「第五編 出版及検閲」『露西亜帝国』林毅陸訳、朝鮮銀行調査課、1901 年、404—407 頁。

② 27 февраля 1848 г. Министерство народного просвещения получило《собственноручно написанное》императором распоряжение :《Необходимо составить комитет, чтобы рассмотреть, правильно ли действует цензура, и издаваемые журналы соблюдают ли данные каждому программы》(Русская старина. 1903. № VII. C. 137—138) .

③ アナトール・レルア・ボリュー「第五編 出版及検閲」『露西亜帝国』林毅陸訳、朝鮮銀行調査課、1901 年、411 頁。

④ Жирков Г.В. История цензуры в России XIX — XX вв.Аспект Пресс，2001.

⑤ 涅奇金娜主编：《苏联史·第二卷·第二分册》，生活·读书·新知三联书店，1959 年 1 月，第 138 页。

（二）日益完善的新闻与出版检查制度

沙俄的新闻与出版检查制度历史悠久。早在叶卡捷琳娜二世（1729—1796）时代就已建立起刊物预审制度，规定出版前须接受政府审查。在她的继任者手中，这种检查制度得到发扬光大。除了上文提到的相关法令或多或少会涉及检查条款之外，沙俄政府还颁布了专门的新闻与出版检查法令。1857年，沙俄政府就把改订报刊检查条例的问题提上日程，1862年5月12日通过《审查暂行规则》，1865年4月内政部特设委员会批准通过《著者及定期出版物相关的法律》（日文翻译「出版物に関する臨時法」[1]、又译《新闻纸条例》或《出版检阅规则》），它被俄罗斯学者称为沙俄第一部专门的新闻法[2]，一直到1905年保持着它的全部效力。该法废除了160页以下著作及320页以下翻译著作的事先检查[3]，"为政府及学会的发行物与古书的出版及翻译著作给予方便"。但是对于预计大量推销的文学书籍，虽然篇幅不大，预先检查制度仍然没有废除。即未预先获得许可而出版的书籍，在上市发卖数日前，必须向检阅官纳本。当检阅官认为存在危险时，可以临时扣押。根据1865年的敕令，解除扣押与否由裁判所判决。定期刊物也可免行预先检查，但须经过内政大臣特别允许。对于免行预先检查的出版物，只有依司法程序才可以追究破坏法律的责任。不仅作者或编者，就是出版者，印刷所东家和书商，都可以受法庭传讯。此外，定期刊物也可以受到行政方面干涉，引进法兰西第二帝国的新闻取缔法中的"警告"，取决于记事内容加以"警告"[4]，如"警告"临时停刊达6个月，或完全封闭。最后，这个新条例又只施行于彼得堡与莫斯科两处。对于地方报纸，则采用旧的检阅法，即预先检查办法仍然保有先前的效力（除了政府和科学机关的出版物），教会的特殊检查办法仍然有效。

---

① エーシン（Б.И. Есин）『ロシア新聞史』（Русская дореволюционная газета：1702-1917 гг.：краткий очерк）阿部幸男、阿部玄治訳、未来社、1974年、59頁。

② Б.И. Есин.История русской журналистики（1703—1917）. 2000.

③ 原文：即ち十シート（一シートは八ツ折の紙にて十六頁なり）以下の著作及二十シート以下の翻訳書は前以て検閲を受けざるも可なることと為したり。

④ アナトール・レルア・ボリュー「第五編 出版及検閲」『露西亜帝国』林毅陸訳、朝鮮銀行調査課、1901年、412頁。

在颁布专门新闻出版检阅条例的同时，沙俄政府在圣彼得堡、莫斯科、乌拉尔、里加、第比利斯、华沙、基辅、敖德萨等地设置检阅委员会，在多尔帕特、瑞威尔、加森三市设置支部检阅官，其中出版检查所的人员配置：圣彼得堡市 10 人、莫斯科 5 人、乌拉尔 9 人、里加 4 人、华沙 5 人（内设 2 人专门负责欧洲书的检阅）、基辅 3 人（内设 1 人专门负责欧洲书的检阅）、敖德萨 3 人。在各检阅机关的努力下，沙俄国内的新闻与出版受到严密监控。1865 至 1870 年间，受到警告者，达 167 件，受中止零售处分者 60 件[①]。1870 至 1880 年，期刊遭到 180 次警告，81 次禁止零售，41 次临时停刊，有 3 种期刊则完全不经法律所订程序，遭了封禁[②]。另一个统计数据显示，从 1863 到 1904 年，对定期刊物增加了 715 次花样层出的书刊检查处罚，总共封闭 27 种杂志和报纸，有 153 种杂志和报纸被迫在长短不等的时期内停了刊[③]。并且，沙俄政府的检阅对象不仅针对本国出版物、由境外输入的外国出版物，而且包含境内外国人创办的出版物。如沙俄海参崴当局查禁日本新闻杂志，严禁当地外文新闻杂志刊登当地的风景、地理等内容[④]。

除了利用颁布新闻与出版法令，完善新闻与出版检查制度，沙俄政府还利用经济手段控制新闻与出版，一方面，沙俄通过给予资金补助扶植政府机关报的出版。沙俄政府只拨付经费给政府机关出版物。"如果说在改革以前，在俄国的定期出版物中多一半是官方的（政府机关的）刊物，而报纸完全是官办的"[⑤]。另一方面，沙俄要求民间报刊缴纳一定数额的保证金。根据 1865 年颁布的法令，刊物在出版前须缴纳保证金，日刊报纸 5000 卢布，其他出版物 2500 卢布[⑥]。

---

① アナトール・レルア・ボリュー「第五編 出版及検閲」『露西亜帝国』林毅陸訳、朝鮮銀行調査課、1901 年、413 頁。

② 涅奇金娜主编：《苏联史·第二卷·第二分册》，生活·读书·新知三联书店，1959 年 1 月，第 137—138 页；Г.В. 日尔科夫（Жирков Г.В）История цензуры в России XIX—XX вв, 2001.

③ 涅奇金娜主编：《苏联史·第二卷·第二分册》，生活·读书·新知三联书店，1959 年 1 月，第 507 页。

④ 松本謙堂「露国に於ける日本字雑誌の禁止」『露西亜之大勢：附・英仏独三国形勢』河合卯之助、1896 年、60 頁。

⑤ 涅奇金娜主编：《苏联史·第二卷·第二分册》，生活·读书·新知三联书店，1959 年，第 507 页。

⑥ 「俄國의 新聞」『皇城新聞』1903 年 5 月 8 日、1 면。

总而言之，沙俄在国内的新闻统制颇具多样化，颁布一系列新闻与出版的法律法规，控制新闻与出版的创办权，划定新闻与出版的禁载内容，授予行政长官处分刊物的权力，创建与完善的新闻检查机构，事前预防与事后追惩并用，同时使用给予资金补助与强迫缴纳保证金等经济手段，从立法、行政与经济各方面强化对传播媒介的统制，并随着对外的领土扩张，沙俄将其新闻统制陆续复制到波兰、乌克兰、高加索、西伯利亚等各殖民地与占领地。

二、俄国在旅大统制新闻业的主要手段

俄国强租旅大之后，以国内及其殖民地的媒介管制政策为经验参考，陆续在中国的旅大地区实施各种手段的新闻统制。

（一）大力扶植官报的出版，打造御用报信者

与俄属西伯利亚报刊以私营为主诉求于开通民智不同，沙俄在旅顺的报纸肩负维系殖民统治的职责。鉴于此，扶持官报为推行统治之必要，主要有两方面的措施：

其一，以经济为手段，壮大御用报纸的报信机能。与在国内拨出经费扶植政府机关报一样[1]，沙俄在旅大地区也利用经济手段扶植出版物。《关东报》虽然由军官个人创办，但获得军方的绝对支持，每年由陆军部补助 3000 卢布、海军部补助 2000 卢布。1902 年，沙俄中央财政当局在关于开发远东财政计划中，预计拨给《关东报》编辑 1.5 万卢布，出版报纸 4 万卢布。沙俄利用经济补助将《关东报》变成殖民政府的御用报纸，并试图利用经济手段扩大官报体系。看到旅大租借地民众以中国人为主的现实，俄文报纸的报信功能无法得以施展，殖民当局不断向俄中央政府建议创刊中文报纸，表示财政来源无论怎么困难，都要对中文报纸作出大力经济补贴，提供其购买必要设备器材、准备充足的中文活字。1903 年，俄主管远东事务的国务大臣别佑勃拉佐夫拨款 3.5 万卢布给《关东报》，要求其再办一份英文报纸或

---

① 涅奇金娜主编：《苏联史·第二卷·第二分册》，生活·读书·新知三联书店，1959 年，第 506 页。

刊物，来抵消远东一些英文报纸的反俄宣传[①]。

其二，以法律为手段，树立御用报纸的报信权威。1901 年 4 月 7 日，关东总督公布《旅顺市有地区公卖规则施行细则》，规定"旅顺地区土地竞买者须于一个月前在当地新闻纸《关东报》登载相关信息"。6 月 18 日，关东总督命令第 39 号《临时"关东州"矿业规则》第 3 条："交付矿业许可时，以州内新闻纸即《关东报》代县报（县府发行之官报）而公告之。"1902 年 2 月 28 日（俄历）旅顺特权地区委员会第四项议事是"在地方报纸广告 3 月 11 日第一次地区转让公物分配之施行的要点"[②]。由此看来，《关东报》更是从法律层面获得官方报纸的地位，彻底成为殖民政府的权威报信者。

旅大沙俄当局以经济与法律为手段，强化对新闻业的控制，使之成为官报或御用报纸，造成官方报纸处于绝对垄断地位，与沙俄远东地区以个人报纸占据重要地位相比（1901 年俄属远东地区定期刊物 56 种：各州县公报及教务公报 20 种、各学会刊行物 18 种、个人报纸杂志 18 种，其中发行量最大为个人报纸杂志）[③]，呈现出截然不同的媒介生态。

（二）垄断信息接收与传递，控制越境报信者

作为信息越境传播的必须渠道，邮政局与电报局保证了内外交流的畅通。在沙俄的垄断经营下，旅大的这种报信渠道成为沙俄控制信息越境传播的手段。1902 年，旅顺升格为邮政电信总局[④]，承担起管理旅大租借地及南满俄属邮政电报事业的功能。7 月 5 日，沙俄在"满洲"的野战邮政电信局长根据俄皇敕令颁布《"满洲"及"关东省"电报费用修正之件》，修改"满洲"及"关东省"与俄领西伯利亚电报费同价的规定，表示"用纸费 15 戈比以外，俄与欧洲间每语 15 戈比，俄与亚洲间每语 10 戈比，以上每寄一语清国得 5 戈比；满洲及关东省电

① 安德鲁·马洛泽莫夫：《俄国的远东政策》，商务印书馆，1977 年，第 230—233 页。
② 「旧露国公文書類翻訳関東都督ヨリ送付一件（1）」（B13080686300）『旧露国公文書類翻訳関東都督ヨリ送付一件 第一卷』（7—1—8—23_001）、外務省外交史料館。
③ 外務省「定時刊行物」『西伯利及満洲』民友社、1904 年、420—426 頁。
④ 外務省調査「郵便電信行政」『露国絶東行政一斑』1904 年、83 頁。

报费用用纸费 15 戈比之外每语 5 戈比，其中电报费及用纸费清国得半额"①。同年，俄国野战邮政局从丹麦公司认购芝罘与旅顺间的海底电缆，旅顺经芝罘、海参崴或上海直接同俄属欧洲地区电报建立联系。8 月 1 日（俄历）公布关于认购事务之主旨，对通过该路线发送电报的价格作出规定，限于以俄文发送。旅顺与芝罘海底电缆的接通，形式上是将旅大租借地纳入国际通信网络。实际上是将旅大租借地纳入俄帝国通信版图，造成旅大租借地成为"黄俄罗斯"的"现实"，使之丧失独立发声的可能，彻底沦为沙俄官方传播系统的附庸。

（三）严格控制出版与发行，驯治叛逆报信者

正如当时俄国鼓吹将殖民统治高加索、波兰等地的经验复制到旅大租借地②，被延伸至殖民地的俄国新闻控制法规与管理经验③，无不被沙俄殖民当局实践到旅大租借地。

首先，沙俄殖民当局严格控制报纸的出版，新闻与出版的创办须事先得到当局的批准。依据俄国 1865 年颁布的《新闻纸条例》④，彼得堡与莫斯科新办报纸须得内务大臣许可，日刊报纸保证金 5000 卢布，其他刊物 2500 卢布⑤。《关东报》也是得军方批准后才正式出版。旅大租借地书籍的出版与销售不仅须得陆军大臣批准，而且在资金的运转、图书的供给无不受到军方控制。更甚者，军方直接出面经营图书出版与销售。1900 年，旅大租借地军官消费合作社开办图书销售部，后因与在营业的书店签订契约，得到该合作社的会员购买图书享受优惠的承诺而关闭图书销售部⑥。

其次，新闻与出版的内容须事先接受当局的审查。正如关东总督阿列克耶夫向

① 「20．満洲及関東省ニ於ケル電報料改定ノ件 同年八月」（B12081286200）『電信事務関係雑件 第三ノ一巻』（B—3—6—11—2_003_001）外務省外交史料館、明治三十五年七月三十日。
② 吉林师范大学历史系编：《沙俄侵华史简编》，吉林人民出版社，1976 年，第 294 页。
③ 「魯国出版検閲条例」『泰西集会出版条例彙纂』内務省警保局、1888 年、173 頁。
④ 日本学者村井启太郎把它翻译为《检阅规则》。详见村井啓太郎「出版集会言論の自由」『露国憲法』東京、文明堂、1904 年、35—38 頁。
⑤ 「俄國의 新聞」『皇城新聞』1903 年 5 月 8 日、1 면。
⑥ 旅順外国私有財産整理委員会事務所翻訳「第四十八 書籍ノ販売」『千九百年千九百一年ニ於ケル関東州統治状況ニ関スルアレクセーフ総督ノ上奏文』関東都督府民政部臨時調査系謄写、1908 年 2 月 6 日。

俄皇上奏："本地报纸须预先经政府之检阅。"这无疑贯彻了俄国《新闻纸条例》的规定——"每日报纸印刷前须将原稿送达政府接受逐字检阅"①。《关东报》出版前须接受当局检查。1901 年，沙俄在旅顺实施警戒，不仅在邮政局对来往书信施行开封检阅，而且表示"诸新闻纸不问英字、清字，均要经过检阅，其检阅之际，如果判断有对俄国利益不利之事，将禁止其发行"②。1904 年 2 月 7 日，《关东报》要求远东总督发表俄首都俄日断交的电报，遭到拒绝，其理由是"不让社会上感到恐慌"③，换成法律语言即是"扰乱善良风俗者"。这正是被评价为"欧洲诸国，其言论出版之最穷蹙者"④——俄国《出版检阅条例》的内容。除上条禁载事项外，该法还有"与东正教教会教训、古传仪式或耶稣一般真理及教条抵触者"；"触犯皇帝独裁权的独尊及皇室的尊荣或背弃俄国宪法者"；"以不当言辞或丑公示辱，而使他人的德义及其生活名誉损毁者"⑤。这些俄国禁载条款与日本《新闻纸条例》《出版条例》相关规定相比⑥，前者更严格，无怪乎日本学者称"俄政府其所以用此手段者，无非欲压束人民言论出版之自由耳"⑦。的确，俄国利用检查驯治报刊，使之成为维护专制统治的工具。

最后，颁布属于旅大租借地的控制出版与言论的法律，加强言论管制。在俄国内新闻法对旅大具有法律"效力"之同时，沙俄也颁布了专门针对旅大的法律。1899 年 8 月 16 日，沙皇批准《"关东州"管理临时规则》，该规则洋洋洒洒 138 条，内容包含总督及其职权、行政、司法、财政及法律的施行等事项，可谓称得上"殖民地统治法"，确立沙俄对旅大的殖民统治基本制度，其中规定的犯罪事项包含："对于基督教的犯罪""对于官员的犯罪""违反官厅法令的犯罪""对于官厅及公权的犯罪""对于一般制定的秩序及安宁的犯罪即违反卫生规则等""妨害公安及秩序

① 足立北鸥「新聞紙取締の苛酷」『野蛮ナル露国』集成堂、1904 年、190 頁。

② 「旅順에 俄人의 警戒」『皇城新聞』1901 年 6 月 22 日、1 面。

③ 黑龙江日报社新闻志编辑室编著：《东北新闻史》，黑龙江人民出版社，2001 年，第 5 页。

④ 松本君平「露国新聞事業」『新聞学：欧米新聞事業』博文館、1899 年、291—292 頁。

⑤ 「鲁国出版検閲条例」『泰西集会出版条例彙纂』内务省警保局、1888 年、174 頁。

⑥ 『新聞紙及出版物取締法規沿革集』内务省警保局、1925 年。

⑦ 松本君平「露国新聞事業」『新聞学：欧米新聞事業』博文館、1899 年、291—292 頁。

的犯罪"等等①。其后颁布的《违警罪》更是明确规定:"在公众场合、喧哗、争吵或其他粗暴行为,搅乱一般公共秩序,对官员轻举妄动或侮辱,对父母不顺从与侮辱,以及对军人侮辱"等行为均以"违警罪"论处②。这些犯罪事项的界定无不是言论与出版之禁区,进而内化为言论与出版的行动准则,承担起直接驯治旅大出版与言论之角色,大力扼杀潜在的叛逆报信者。

与沙俄国内成熟的新闻出版法相比,旅大租借地的确尚未颁布专门的"新闻法",但是通过延长国内法规与颁布一般行政管理法令及各种军令,仍然足以应对旅大十分幼稚的新闻业。同时,值得注意的是,沙俄侵略者还将言论控制的范围扩大至整个辽东半岛。相对外来的沙俄殖民者利用报纸、电报等现代传播方式灌输殖民理念而言,当地的中国人利用揭贴、檄文、流言等传统传播方式抵制沙俄的统治③,它们在义和团运动期间得到较多利用,为此沙俄殖民者不仅在旅大租借地施行戒严令,"对传播来自中国的有关义和团运动的任何消息,均处以重罚。如旅顺有一中国居民因持有一份义和团发布的檄文,就被罚以重金"④,而且将这种统制言论扩大到整个辽东半岛。1901 年 1 月 19 日,俄国钦命营口事务兼海关监督格贴出告示:

> 出示严禁谣言、以靖人心事、自俄国管辖营街、时如保护、民无不安靖、无知近来竟有无知之徒、诬造开战谣言、煽惑人心、以致生意停办、若不亟行严禁、于商势大有关碍、为此出示晓谕、抑尔通埠商民人等一体知悉、并无决裂之情、务各安业、倘再有布散流言、煽惑人心者、一经查出、或被指控、本监督定行徒重法办、决不姑息、其各位凛

---

① Высочайше утвержденное, 16 августа 1899 года,《Временное Положение об управлении Квантунской области》// Саввич Г.Г. Законы об управлении областей Дальнего Востока. СПб. : Типография И.Н. Скороходова, 1904. С. 60—61. 瀬川領事調査「関東州仮管理規則」『満洲二於ケル露国施政一斑』外務省、1904 年、39—42 頁。

② 「旧露国公文書類翻訳関東都督ヨリ送付一件(2)」(В13080686400)『旧露国公文書類翻訳関東都督ヨリ送付一件 第一巻』外務省外交史料館。

③ 王希智、韩行方:《大连近百年史文献》,辽宁人民出版社,1999 年,第 108 页。

④ 顾明义等主编:《大连近百年史》(上),辽宁人民出版社,1999 年,第 165 页。

遵、切々特示。[①]

俄军以保护为借口，将本土与旅大统制言论的强制性规定推至军事占领区，不仅侵犯中国行政权，也暴露出独占东北的野心。

与上海等租界地区新闻业因多国背景且相互竞争而难以控制不同[②]，沙俄依条约掠夺到旅大租借地的行政权，得以有效地控制新闻业。有学者指出"沙俄对中国的文化侵略和精神奴役都是为其政治压迫、军事扩展和经济掠夺服务的，其共同的目的就是妄图把中国的东北变成沙俄的'黄俄罗斯'"[③]。毋庸置疑，新闻业的创建与新闻统制的施行服务于殖民观点——"黄俄罗斯"的推销。然而，从史料来看，这种新闻实践的成效无不遭人质疑。据俄历 1903 年 1 月 23 日沙俄对旅顺市的临时人口调查，中国人通俄语者 1206 名，其他外国语 85 名，相对于全旅顺的 23494 名中国人来说，1206 名可谓绝对少数[④]。以俄语刊行的《关东报》显然不可能真正深入当地中国人，更不可能培养出真正意义上的当地"受众"，旅顺的中国民众拒绝成为沙俄的臣民，"反对俄国领有满洲，示威运动昨今日（注：1910 年 4 月 15 日）准备中"[⑤]。鉴于此，当日本对俄在"满"利益发起挑战时，沙俄旋即调整与扩建舆论机关，将中国人作为首要争取者，为迎接日本舆论攻势做准备。也正因如此，沙俄在旅大的新闻业因并未深植于当地的语言文化土壤，唯有依托于尚未稳固的殖民政权的支持，注定了在沙俄与日本战争败北之日，被日军连根拔起，犹如昙花一现。

① 外务省编「日露開戦前満州情報雑纂」『日本外交文書』（第 37 卷第 1 册）日本国際連合協会、1957 年、606—609 頁。

② 魏舒歌：《中国租界区的英文报与南京国民政府战前的国际宣传》，《传播研究与实践》第 5 卷第 1 期，2015 年 1 月。

③ 吉林师范大学历史系编：《沙俄侵华史简编》，吉林人民出版社，1976 年，第 281 页。

④「在旅順口各国人数等」『官報』1903 年 6 月 4 日、13 頁。

⑤「旅順の 不穏」『皇城新聞』1901 年 4 月 15 日、1 面。

第三节
从沙俄到日本：日俄战争中的新闻业及统制

中日甲午战争以后，沙俄迫使日本"放弃"辽东，而将其变成自己的租借地，在此创办新闻业，大行新闻统制，使之成为鼓吹"黄俄罗斯"之报信者。沙俄种种独占"满洲"之行径，严重妨碍了日本的对外扩张。日俄矛盾已到唯战争方可解决的地步。双方在战争来临前后，以新闻为工具在"满洲"内外大造损人利己之舆论，特别是随着战争的爆发，这种以新闻报道为武器、以获取舆论支持为诉求的新闻战由战场中心向外围扩散。由此，新闻战构成了沙俄统治旅大晚期新闻业最核心的部分，亦很好地呈现出俄日两国在旅大新闻业的消长之过程。

一、俄国强化新闻业控制，迎接对日本舆论战

日俄开战前后，作为防守一方的俄国，从本土到远东，以旅顺与奉天为中心，北达海参崴、伯力与哈尔滨，南至北京、天津与芝罘，扩张新闻业，强化新闻控制，建立起一道舆论防线。

首先，在俄控远东地区，扩建整理新闻业，准备对日宣传的攻势。在旅大地区，一方面，强化俄文《关东报》的战争动员角色。在旅顺遭日海军封锁变成牢笼之城时，《关东报》不仅是俄军、俄民获知内外新闻的"报信者"，还是安抚民心、军心的"慰藉者"，"制止旅顺市民的动摇，毫无疑问贡献颇大"[1]，更是动员战争、塑造军威的"鼓动者"，"陈述马卡洛夫（Степан Осипович Макаров/ マカロフ）之智慧，道出康得拉坚科（Роман Исидорович Кондратенко/ コンドラチンコ）之英勇，称赞 Gabon（ガボン）之壮举，歌颂 Gorky（ゴルキー）之忠烈"[2]。另一方面，扩建新闻业，壮大反日宣传队伍。俄文《关东报》出版后，时任关东总督阿列克耶夫向沙皇提议创办"清语"报纸，其一，认为报纸具有教化华民、传达政令的功

---

① 「砲火中の新聞発行」『台湾日日新報』1905 年 1 月 21 日、第 1 版。

② 笹川潔「関東報主筆」『大観小観』弘道館、1906 年、44 頁。

能，以它为登载法律规则、州内告示的机关报，俾中国居民知晓俄国事情，借此可以向中国居民灌输具俄罗斯主义的文明思想。其二，认为此时中国定期出版物多为受外国政府资助的传教士所办，他们向中国读者传递捏造与不敬之事实，宣传不利俄国的内容与观点，急需创办自己的刊物抵消外国人的不利宣传[1]。同时，俄高官计划拨出 3.5 万卢布，筹备英文报纸，"来抵消远东一些英文报纸的反俄宣传"[2]。1903年 11 月，英文报纸计划再次提出，"《关东报》社拟于来月中旬或来年初着手刊行英字新闻"，以图"鼓励英俄同盟"[3]。据《日俄战记》报道（2 月 26 日大阪电）："俄国自开战以来，发行机关新闻，名曰《远东报》。力图反对日本，煽惑华人。但以以购阅者少。致无效力，现拟另创一有力之大报。以期贯彻目的。目下访求主笔者，然无应之者。"[4]

在中国东北其他地区，创建舆论机关，积极进行反日宣传。在北"满"中心城市哈尔滨，1903 年 6 月创刊俄文《哈尔滨日报》，"两日以内活字备齐，拟用华俄两国文字云"。自此，旅顺《关东报》与《哈尔滨日报》呈现"南北并峙"之势[5]，虽然《哈尔滨日报》声称："推进俄中商业交流"[6]，但仍不时评论日俄问题，1904 年 2 月7 日即日俄开战前一日，声称："吾人绝非好战者，事关我威信之损害，侵害我国祉者，当必速以手持干戈奋起对抗。"[7] 开战后，作为旅顺外的另一个战场——奉天，1904 年 3 月创刊中文周报《盛京报》，聘请中国人黄石芴[8]为记者，利用该报登诸如"俄军大胜日军""日军溃不成军"之类的消息，其中第 4 号、第 5 号印刷了数万份，

---

① 旅顺外国私有财产整理委员会事务所翻訳「第四十八　書籍ノ販売」『千九百年千九百一年ニ於ケル関東州統治状況ニ関スルアレクセーフ総督ノ上奏文』関東都督府民政部臨時調査系謄写、1908 年 2 月 6 日。

② 安德鲁·马洛泽莫夫：《俄国的远东政策》，商务印书馆，1977 年，第 230 页。

③ 「關東報와 英字新聞」『皇城新聞』1903 年 11 月 27 日、1 면；《联络英俄》，《大公报》，1903年 12 月 3 日。

④ 《俄报记闻》，《日俄记事》第 21 期，第 77 页。

⑤ 罗家伦主编：《国民日日报汇编》，中国国民党中央委员会党史史料编纂委员会印行，1983 年，第 443 页。

⑥ 黑龙江省地方志编纂委员会编《黑龙江省志·报业志》，黑龙江人民出版社，1993 年，第 255 页。

⑦ 折田重任编「開戦前のハルビン日報所論」『日露戦争列国の視線』戦事外交評論社、1904 年、89 頁。

⑧ 时任上海税关书记黄声雏之父。

携带至山海关城内外派发[①]。

其次，在本土与各占领地，加紧舆论控制，防范日本散布谣言。在俄属欧洲地区，俄新闻界对潜在的俄日战争表示出不屑的态度，如《新时代》报道："对日本来说，同我国作战等于不折不扣的自杀。"[②]与新闻界的自大相比，沙俄政府似乎显得"实务"，1904 年 1 月 16 日，千言电报送达俄属欧洲各首府，特别嘱咐相关通讯员废除同情日本之借口[③]；2 月 28 日，颁布战时禁制品规则，其中禁制品包括"关于电话电信及铁道物料"[④]。疏堵结合为潜在的战争作宣传准备，加强了对日舆论的引导。

在俄属远东地区，取缔与扶植涉外报纸与杂志。甲午战争后，海参崴的日本居留民以"交换智识"为宗旨的日文杂志《西伯利亚》(《シベリア》/《Siberia》)发行至第 23 号时，被海参崴当局以"外文报纸、杂志严禁记载当地之风景地理"为由取缔。[⑤]随后剩有《远东新闻》(《ダーリニイ・ウオストーク》/«Дальний Восток»)、《极东报知》(《ウオストーチヌイ・ヴエストニック》/«Восточный вестник»)与《东镇》(《ウラジウオスーク》/«Владивосток»)等[⑥]，与在伯力《沿黑龙总督府公报》一起成为在"满"俄军大后方的主要反日宣传发信者[⑦]。日俄开战前夕，海参崴沙俄当局一方面计划拨出 2.35 万卢布在东方学院开办中文报纸[⑧]，另一方面禁止报纸刊登"满洲"问题的记事[⑨]，开始检查由外国寄入的外文报纸、杂志，欧洲语由当地检查官负责，东洋语（中日韩）由通东洋语者负责，最终由彼得堡通盘把关，检查无误后才能投递给读者，为此常常导致迟缓十余天才能收报纸杂

① 「清国駐屯司令官報告特報」『自明治 37 年 臨密書類 陸軍省』(C06040041900)、防衛省防衛研究所。

② 波克罗夫斯基：《俄国历史概要》，贝璋衡等译，生活・读书・新知三联书店，1978 年，第 527 页。

③ 「露国の新聞政略」『新聞集成明治編年史・第 12 巻・日露戦争期』財政経済学会、1936 年、168 頁。

④ 松本隆海「露国の戦時禁制品」『日露開戦紀念』巌迺舎書院、1904 年、52 頁。

⑤ 松本謙堂「露国に於ける日本字雑誌の禁止」『露西亜之大勢：附・英仏独三国形勢』河合卯之助（発行者）、1896 年、60 頁。

⑥ 角田他十郎『浦潮案内』日露経済会、1902 年、60—61 頁。

⑦ 折田重任編「露領公報の愚論」「浦潮東報の所論」『日露戦争列国の視線』戦事外交評論社、1904 年、68—70，85—87 頁。

⑧ 「西藏語學課의 新設」『皇城新聞』1903 年 12 月 26 日、1 면。

⑨ 「海蔘威方面의 俄國行動」『皇城新聞』1903 年 5 月 28 日、1 면。

志①。韩国《皇城新闻》1903 年 12 月 15 日报道："海参崴由各地到着的报纸、杂志须一一接受检查，并且要把一切与时事相关的记事抄写下来。"②

在旅大租借地及其他中国东北地区，颁布各种军令政令法规，取缔可能传递对俄军不利信息的新闻媒体与记者。1904 年 5 月 3 日，旅顺口要塞司令长官发布《戒严令》，表示"要塞之地不得摄影（第 4 条）"，"未经该官许可，不得设置文件或地图的印刷所（第 7 条）"，"有散布流言，传播对政治有害的言论，故意煽动良民者，得向宪兵队或警察署申告（第 10 条）"③。次日，营口俄军贴出告示："……现值俄日开战，无论何信息不准传递，如违者拿获，照俄战例办理。为此特示仰尔良民留心察访，遇有奸人传递信息，拿获送官惩办……"④同时，利用俄控电报局，实施电报检查，在事先检查的基础上加上事后追惩，《关东报》因痛陈庸将之无能，触当局之忌惮而招致停止发售之厄运"⑤。8 月，又公布从军记者规范，表示国内外记者未得到军方许可不得进入战地中心⑥，凸显出俄军以审查的方式将潜在对己不利的记者排除在外。

最后，在战场外围的京津与山东地区，创建与收买报纸，扩大反日宣传。1904 年 5 月，俄清银行沙俄总办利用"华胜道银行"资金与北京顺天府尹陈璧合作，在北京东单牌楼二条胡同创办中文《燕都报》，对抗日本外务省在北京收买的《顺天时报》的"对俄主战立场"⑦，《东京朝日新闻》1904 年 6 月 16 日报道："（15 日北京特派员发）俄国之机关新闻昨日第一号发行，体裁、内容均极其幼稚"⑧，外国驻京记者认为第一期就是"力图表明俄国在满洲的自我牺牲行动应该得到中国的支持"⑨，日本驻华司令官仙波太郎也认为《燕都报》"为日俄战场上的俄军辩护，摘

① 「外国語新聞雑誌検閲ノ件」（B03040812300）『浦塩二於ケル外国語新聞雑誌検閲一件』（1—3—2—14_001）、外務省外交史料館。

② 「海蔘威의 近況」『皇城新聞』1903 年 12 月 15 日、1 면。

③ 「大海情第百九拾五号」『日露戦二於ケル帝国陸軍戦闘情報／旅順包囲軍』（B07090607400）、外務省外交史料館。

④ 辽宁档案馆编：《日俄战争档案史料》，辽宁古籍出版社，1995 年，第 41 页。

⑤ 笹川潔「関東報主筆」『大観小観』弘道館、1906 年、44 頁。

⑥ 「従軍記者의 待遇」『皇城新聞』1904 年 8 月 9 日、1 면。

⑦ 国史大辞典編集委員会編集『国史大辞典 第 7 巻』吉川弘文館、1986 年、422 頁。

⑧ 「露国機関新聞」『東京朝日新聞』1904 年 6 月 16 日朝刊、第 1 版。

⑨ 骆惠敏编：《清末民初政情内幕》（上卷），刘桂梁等译，知识出版社，1986 年，第 332 页。

发日军的恶行"，"常登载不利日军之消息"，"以此蛊惑清国民心，防止亲俄流失之同时，扼杀亲日之势力"①。《燕都报》与同年创刊的旅顺中文《关东报》、奉天中文《盛京报》呈内外呼应之势。对此，韩国的《皇城新闻》以《俄国的新闻政略》报道："俄国利用在天津、北京等地的新闻，掩败为捷，欺瞒威吓愚蠢的清人。"②

表1—4：日俄开战前后俄国在华北、东北与俄属远东地区的主要报纸

地区	报名	用语	地区	报名	用语
旅顺	《关东报》	俄文	芝罘	《快报》	英文
旅顺	《关东报》	中文	哈尔滨	《哈尔滨日报》	俄文
旅顺	《关东报》	英文	海参崴	《极东新闻》	俄文
沈阳	《盛京报》	中文	海参崴	《极东报知》	俄文
北京	《燕都报》	中文	海参崴	《东镇》	俄文
天津	《中国评论》	英文	伯力	《沿黑龙总督府公报》	俄文

备注：据统计，19世纪90年代初到1904年末，在远东共发行了23种报纸和6种杂志。其中州级和县级的私营报纸占有相当的份额（15种）。在外贝加尔州和中东铁路地带也出现了私营报纸。除了私营报纸外，还有官方（政府、军队、教会）报纸（8种）（详见《19世纪末20世纪初俄罗斯远东的报刊和图书出版业》，韩天艳，《西伯利亚研究》2006年第3期）。而据韩国《皇城新闻》1903年的报道西伯利亚地区报纸与杂志共有20种。本书的讨论未涉及全部，只列出经常成为日本军方翻译对象的刊物。

沙俄在创办中文与俄文报刊，争取中国读者支持之外，也试图利用英文报争取西方读者的支持。在天津，1904年9月沙俄驻津武官创刊小型英文报《中国评论》（The China Review/《チャイナ・レヴユウ》），"明确标榜为俄国机关报之旗帜"，《京

---

① 「明治三十八年一月十五日特報」『明治三十八年自一月至四月 臨密大日記』（C10071778600），防衛省防衛研究所。

② 「俄國의 新聞政略」『皇城新聞』1904年3月25日、3면。

津泰晤士报》（The Peking & Tientsin Times/《北京及天津タイムス》）虽然由英国人经营，但是在俄国股东的影响下对俄国态度暧昧①。在山东芝罘，收买由美国人主持的周刊《快报》（Express/《エキスプレス》），虽然 1904 年 1 月 9 日《快报》曾认为："日俄间如若开战，最后的胜利将会属于日本"②，但是开战后被收买的《快报》成为日本人口中的"俄国政府机关报"③。与此同时，俄国在上海、美国、英国、德国、法国、墨西哥等地收买记者与报纸，企图影响所属报纸对日本的立场④。另外，在俄国与法国结盟的情况下，天津法国人经营的法文报刊《天津邮报》（Le Courrier du Tientsin/《クリール・デウ・テンシン》）颇为亲俄，"对日不利言行有之"⑤，以及受法国影响颇多的《大公报》，日本人认为"日俄开战前后如俄国机关报般倾向于俄国"⑥。

　　总而言之，沙俄在旅大租借地内外创建与扶植新闻业，颁布统制法规，强化对内外舆论的控制，试图打造起一道"坚固"的舆论防线。然而，这道防线并未真正发挥抵制日本的功效并最终被日本所摧毁。

二、日本积极建设新闻战队，击垮俄国舆论防线

　　日俄战争前后，作为进攻一方的日本，整合内外新闻力量向俄开炮。一方面，从本土到朝鲜再到战场外围，加强新闻控制，统合新闻舆论，派遣本国记者与准许外国记者随军进入战场内部，另一方面，在各国报纸聚焦的北京，操纵报纸向沙俄

---

① 松村正義「日露戦争における日本在外公館の『外国新聞操縦』——アジアと大洋州で何をどう広報したのか」『法学研究』第 81 巻第 9 号、2008 年 9 月、65 頁。

② 折田重任編「芝罘新聞エキスプレスの日露開戦談」『日露戦争列国の視線』戦事外交評論社、1904 年、89 頁。

③『清国ニ於ケル新聞紙ニ関スル調査』外務省政務局第一課、1909 年、25 頁。

④『日露戦役ノ際露国ニ於テ各国新聞操縦一件』（B08090028400）外務省外交史料館。

⑤ 松村正義「日露戦争における日本在外公館の『外国新聞操縦』——アジアと大洋州で何をどう広報したのか」『法学研究』第 81 巻第 9 号、2008 年 9 月、65 頁。

⑥「露国機関紙新聞北京及奉天ニ独国機関新聞天津ニ於テ発刊ノ件」（B08090028400）『日露戦役ノ際露国ニ於テ各国新聞操縦一件』外務省外交史料館。

报纸直接开战，同时在全世界范围内操纵与收买报纸，培植当地亲日言论。

首先，日本扩展在大陆的新闻业，由韩国向中国东北进行新闻渗透。中日甲午战争后，日本一边迫使中国放弃与朝鲜的宗藩关系，一边将"独立"为韩国的朝鲜变成了自己的势力范围，迈出实践其"大陆政策"的实质步伐。在此背景下，为维护日本利益与防止俄国对韩野心，1895年2月在日本外务省与驻朝日本公使馆支援下创刊《汉城新报》，1902至1903年在日本的干预下，韩国多次拒绝俄国试图将其远东电报线路延伸至韩境内的提议①。与此同时，日本也将新闻传播业拓展到中国东北地区。1900年，日本递信省规范日本与旅顺之间的电报往来。1901年8月，日本递信省在牛庄设置邮政局。1902年，日本人在营口创刊日文《营口新闻》，被日本人称为"满洲新闻界的先驱"②。日俄开战后，《营口新闻》身处被俄军占领地而不得不停刊。

在失去战场中唯一的新闻机关后，日本在战场外围扩建新闻机关，企图由外而内击垮俄形成舆论攻防线。在紧邻战场且为日俄抢夺对象的韩国，日本以仁川、汉城与釜山为重点，扩建新闻业，成为日本之外对俄舆论重地（见表1—5）。在辽东隔海相望的芝罘，日本认为：

> 此地既是山东及辽东商业上之咽喉，又因辽东人民多半来自山东，当地人心走向势必影响山东及辽东，当前日军不断取得战事告捷之情势下，山东与辽东人民因疑惧百出而不明是非者定会不少，而芝罘当地某国（指俄国）之机关报（即《快报》）常常谗诬中伤日本、煽动当地人心。

对此，日本表示绝不能袖手旁观，1904年9月外务省出资1800日元创刊《山东报》，"对抗俄国英字机关纸"，"一方面战事实情之传达，日本威信之树立，另一方面中日官民之疏通，贸易发达之谋求，略以裨益时局"③。在战争初期，日本记者无法进入战地内部的情况下，处在战场外围的仁川与芝罘，成为日本通信员向日本

---

① 「照請聯線」『皇城新聞』1901年2月3日、2면;「拔撤俄桿」『皇城新聞』1902年2月24日、2면;「韓俄電線連接의 提案」『皇城新聞』1902年4月21日、2면。

② 营口市地方志编纂委员会办公室编:《营口市志·第五卷》,远方出版社,1999年,第5页。

③ 『新聞雜誌操縱関係雜纂／在芝罘山東報』(1—3—1—1_12_001),外務省外交史料館。

本土传送战地报道的最前线。①

表1—5：日俄开战前后日本在华北、东北与韩国的主要报纸

地区	报名	用语	地区	报名	用语
营口	《营口新闻》	日文	汉城	《大韩日报》	韩文
北京	《顺天时报》	中文	汉城	《汉城新报》	日文
天津	《天津日日新闻》	中文	釜山	《朝鲜日报》	日文
天津	《北清时报》	日文	釜山	《朝鲜日日新闻》	日文
天津	《北支那每日新闻》	日文	仁川	《朝鲜时报》	日文
芝罘	《山东报》	中文	仁川	《朝鲜新闻》	日文
汉城	《大东新报》	日文	元山	《元山时事》	日文

备注：日俄战争期间，上海、福州等地缺乏俄国机关报，同时又远离辽东日俄战场，故本书未将上海《同文沪报》、福州《闽报》等日本在华报纸列入与俄新闻战的讨论。

其次，颁布新闻法规，统制内外新闻而营造利己舆论。"攘外必须先安内"，日本加强对国内新闻传播活动的控制。临战前的 1904 年 1 月 5 日陆军省与海军省分别发布第 1 号省令："依《新闻纸条例》第 22 条②，当前我军舰（我舰队舰船军队）之进退及其他军机军略相关事项，新闻纸及杂志禁止记载，但预先得陆军大臣（海军大臣）许可者不在此限。"③ 随后，内务省成立新闻检查委员会，按时发布"报纸杂志禁止登载军事军略事项"的行政命令，整肃国内新闻报道。战前就已争论是否

---

① 当时战地报道多从芝罘、仁川发出。详见：『新聞集成明治編年史·第 12 卷·日露戦争期』財政経済学会、1936 年。

② 《新闻纸条例》第 22 条：外务大臣、陆军大臣及海军大臣得特发命令，禁止刊登关于外交及军事事项 / 外務大臣陸軍大臣海軍大臣ハ特ニ発シテ命令ヲ外交又ハ軍事ニ関スル事項ノ記載ヲ禁スルコトヲ得。

③ 「新聞記事の取締」『新聞集成明治編年史·第 12 卷·日露戦争期』財政経済学会、1936 年、160 頁。

对俄作战的日本新闻界，此时在政府的新闻管制下，"战争一打响，各报齐上阵，致力于统一全国的舆论"①。随着战争的进行，日本陆续将新闻与言论统制延伸至各军事占领区。1904 年 2 月后，驻韩日本宪兵司令部以维持治安与保护机密为名先后颁布《军事警察训令》《关于军事警察施行之内训》《军律》等，检查与取缔韩国的言论与出版活动②；同时，日本驻韩公使馆要求韩国政府设置新闻检阅官，禁止韩国新闻纸揭载日军军事行动③，得到的答复是④：

> 敬覆者，接准来函。悉为新闻上禁载军情一事，当经招致皇城帝国两社员严行饬禁。嗣后，另定相当官精密检阅，凡系军略军机，庶免漏泄之处，尚望照谅。仍颂，台安。
>
> 四月十三日 金嘉镇 顿

6 月，日军发布《内外人占领地出入禁止之件》，表示："为军机保护，不问内外人，未得大本营陆军部许可者，禁止出入一切占领地区（韩国平壤以南除外）。"⑤7 月，日军占领营口，即刻开始检查邮件与电报，操纵市内民营电报电信机构，检查芝罘、上海以及华南等港口的往返书信，以保护"军机"为由，将滞留的俄国随军记者中的英美通讯记者引渡予各本国领事；10 月 16 日，贴出的告示含有禁止散布俄军胜利或日军大败之谣言的内容⑥。

最后，整合内外新闻队伍，积极地在战地内外与俄展开新闻战。日俄开战后，

---

① 内川芳美、新井直之：《日本新闻事业史》，张国良译，新华出版社，1986 年，第 26—28 页。

② 『訓令』明治三十七年七月二十日 韓国駐剳憲兵隊長へ：第二条 集会若ハ新聞ノ治安ニ妨害アリト認ムルモノヲ停止シ関係者ヲ處分スルコト但新聞ハ発行前予メ軍司令部ノ検閲ヲ受ケシムルヲ要ス。『軍事警察施行ニ関スル内訓』第五条第一款 新聞、雑誌、広告等ノ治安ニ妨害アルト認ムルモノハ之ヲ停止シ又ハ禁止スルコト（金正明『朝鮮駐剳軍歴史 日韓外交資料集成 別冊 1』巌南堂書店、1967 年、212—217 頁）。

③ 「韓國新聞 의 日軍事行動揭載禁止 및同檢閱官選任要求」『駐韓日本公使館記録 二十四』國史編纂委員會、1998 年、19—20 頁。

④ 「日軍事의 新聞報道 禁止措置准行 回答」『駐韓日本公使館記録 二十四』國史編纂委員會、1998 年、74 頁。

⑤ 『外務省警察史 在南満洲領事館 自明治九年至明治四十一年』不二出版社、402 頁。

⑥ 営口軍政署『営口軍政志』小林出張所、1907 年、119、252—253 頁。

日本陆军省、海军省陆续颁布《海军新闻通信员心得》《从军外国通信员海上通信规定》《陆军从军新闻记者心得》《从军外国通信员酒保规程》《关于战地情报告示内规》等[1]，要求随军记者须严格履行申请登记制度，表示"在向陆军省提出申请的从军记者履历书上，须附上社主的身份保证书；外国人则需要通过帝国驻本国公使、领事，并通过外务省申请"。与甲午战争派遣66家新闻社、114名记者的随军报道规模相比[2]，此次从军社数与人数均受到限制，"在新闻社已从事一年之实务者为限"，结果派出从军记者的新闻社在全国160社中，东京15社、含大阪在内的地方社36社，合计52社。军方对从军作出限制，利用特约关系的地方报、杂志名义者限1社1名，其他各社派遣特派员限在10名以内[3]。不过，随着战火的持续，日本新闻界打破了军方限制，各社从军申请不断增加，各报社皆派出10余名内外记者，以《朝日新闻》与《大阪每日新闻》人数最多[4]。同时，各报社加大战争投入，以《大阪每日新闻》为例，1904年2月至1905年1月在"号外发行""从军记者各费""临时国务特派员通信"等十四项业务上，共支出"日元三十四万四千四百八十四元九十钱二厘"[5]，对于1914年资本金才为"日元五十万"的《大阪每日新闻》来说[6]，战争中的投入不可谓不大。

不仅如此，日军还积极邀请或放行美国、英国、奥匈、瑞士、法国、德国、意大利等外国记者进入前线战场观战[7]，试图借助西方记者的笔墨将有利于日本的消息传播到世界各地。同时，以外务省为主导，由驻外机构执行，在各主要国家收买与操纵本地报纸，影响当地对日舆论[8]，其中以紧邻战场的京津与山东为日本所重视。

---

① 「従軍外国武官及新聞記者取扱内規等制定の件」明治三十七年『満大日記2月　押甲』（C03025452800）、防衛省防衛研究所。

② 参謀本部編纂『明治二十七八年日清戦史・第8巻』東京印刷、1907年、140頁。

③ 大津昭浩「日本における新聞記者資格制度導入までの考察」『情報化社会・メディア研究』第4号、2007年、19頁。

④ 小野秀雄『日本新聞発達史』大阪毎日新聞社、1922年、289頁。

⑤ 中村謙三編『三十七・八年役大阪毎日新聞戦時事業誌』大阪毎日新聞、1908年、177—178頁。

⑥ 『新聞総覧・大正四年版』日本電報通信社、1915年、95頁。

⑦ 松村正義「日露戦争と外国新聞従軍記者」『外務省調査月報』第2号、2004年9月、19—44頁。

⑧ 松村正義『日露戦争と日本在外公館の「外国新聞操縦」』成文社、2010年。

在北京,《顺天时报》"揭露俄国内幕,在政府及民间传播俄国不足畏的思想","开战以来,更每日以报纸及号外,派人到城门去免费分发"①。虽然《燕都报》本身存在"编辑得一塌糊涂而使人不屑一读"的问题,但是依然遭到《顺天时报》围攻,当时驻北京西方记者观察道:"《燕京报》刊登所有彼得堡发布的战争消息,就我所知,没有谁去看这张报。事实上,在北京很难买到这张报,因为琉璃厂的大部分报贩子都接受了日本报纸的贿赂,不卖这张报。"② 在天津,《天津日日新闻》《北清每日新闻》与收买的英文《中国时报》等对抗《中国评论》;在芝罘,《山东报》对抗俄国收买的《快报》。在旅顺,由于日军封堵死旅顺与外部沟通的渠道,切断旅顺与芝罘间海底无线电信,《关东报》与俄随军记者无法向外界传递消息,与之相反的是,日本即时维持新占领地邮政船、邮政船畅通,如《报知新闻》记者随军顺利抵达占领地,保证了日本军兵能及时地获得来自日本的新闻纸,第一时间知晓战争与国内新闻③。

三、"向几百万人宣传"的日本完胜"向几万人宣传"的俄国

日俄在战场内外经过一年多的较量后,俄国不仅在有形军事战场上输给日本,无形新闻战场也是败得一塌糊涂。与甲午战争期间,英美法奥等国报纸抨击日本在旅顺乱杀无辜的暴行截然相反④,此次日本获得国际舆论的同情,"各报均赞日本仁德,实为世界各国所矜式"⑤,当时自称中立的西方记者觉得"俄国人讲的有关那个要塞的谎话,我想,比从前在全世界在同一时间里所讲的谎话多得多"⑥,而之后的日本学者更是认为"俄国是世界憎恨的对象。掌握泰晤士、路透社通信社机构那样

---

① 东亚同文会编:《对华回忆录》,胡锡年译,商务印书馆,1959 年,第 496 页。

② 骆惠敏编:《清末民初政情内幕》(上卷),刘桂梁等译,知识出版社,1986 年,第 332 页。

③ 国木田独步「大連湾占領後の海軍通信」『愛弟通信』左久良書房、1908 年、88—90 頁。

④ 外務省編「旅順口戦闘関係雑件」『日本外交文書』(第 27 巻第 2 冊)、日本国際連合協会、1952 年、606—609 頁。

⑤ 《列国舆论》,《日俄战纪》第 30 期,第 30 页。

⑥ 骆惠敏编:《清末民初政情内幕》(上卷),刘桂梁等译,知识出版社,1986 年,第 352 页。

国际性情报网的英国也憎恨俄国。英国的报道机构密切关注、报道日本的胜利。那方面的消息在各国的报纸上登载"①。与沙俄国内报纸讨伐政府截然相反，日本国内报纸出现战时发行所，为确保信息及时到达读者手上，一日发行几次号外②。在韩国，报纸齐声讨伐俄国，支持日本对俄作战，韩国政府对俄政策无不受其影响，经短暂"中立"后，终与俄国断交③。

与日本赢得西方舆论支持呈鲜明对比的是，俄国宣传部队从旅大到东北其他地区再到关内节节败退。在俄军大本营旅顺，"《关东报》社自几度遭遇战火以来，其屋舍被破坏、其印刷机器被捣毁，其社员更是多有死伤"④。1904 年 9 月 7 日，《关东报》暂时停刊。⑤10 月 25 日，日军第二次炮轰旅顺，一枚炮弹刚好落在《关东报》印刷所，12 名职工当场毙命，《关东报》不得不彻底停刊⑥。在奉天，日军攻陷后，《盛京报》停刊。在北京，《燕都报》勉强维持到 1905 年，除了继续登载《论日谣之隐衷》《论满洲之征税》等类似的反日论说之外⑦，内容多为"社会上流传的各种谣言"，发行量仅有"两百余份"⑧，与此时日发行一千三百份的《顺天时报》形成鲜明对比⑨，因招架不住《顺天时报》的恶性竞争而不得不匆匆关门⑩。同时，外围支持俄国的报刊也不复存在，与俄国暧昧的天津《大公报》在日本陆续取得军事胜

---

① 司马遼太郎『坂の上の雲』分春文庫、1978 年、346 頁，转引谷胜军:《〈满洲日日新闻〉研究》，东北师范大学博士论文，2014 年，第 9 頁。

② 横井円二『戦時成功事業』東京事業研究所、1904 年、48 頁。

③「韓国中立無効」「韓国の対露国断交絶」『新聞集成明治編年史・第 12 巻・日露戦争期』財政経済学会、1936 年、186，250 頁。

④ 笹川潔「関東報主筆」『大観小観』弘道館、1906 年、44 頁。

⑤「通報 9 月 22 於柳樹房 支那船に乗り避難の露国商人拿捕尋問 第 3 軍参謀長より」（C06041196400）『旅順攻囲軍参加口誌別綴 明治二十七年』、防衛省防衛研究所。

⑥ 旅順民政署『旅順要覧』満洲日日新聞社、1927 年、90 頁。

⑦《论日谣之隐情》,《燕都报》,1905 年 4 月 8 日;《论满洲之征税》,《燕都报》,1905 年 4 月 12 日。

⑧「明治 38 年 3 月 3 日特報」（C10071783900）『明治 38 年自 1 月至 4 月　臨密大日記』、防衛省防衛研究所。

⑨ 国史大辞典編集委員会編集『国史大辞典・第 7 巻』吉川弘文館、1986 年、422 頁。

⑩ 东亚同文会编:《对华回忆录》，胡锡年译，商务印书馆，1959 年，第 496 頁。

利后，馆主英敛之多次拜访日驻津领事①，"转变了对日本的态度"②，受俄国资助的芝罘《快报》遭到日驻芝罘领事馆的报复而停刊③。俄军内的从军记者更是受到内外夹击，在内是俄军猜忌对象，终与俄司令官不相容而退出军营④，在外是日军逮捕对象，相继沦为日军俘虏，直至战后得以释放，如1905年3月一次释放英美法德四国新闻通讯员⑤，同年8月扣押了《盛京报》记者黄石芗。面对军事战与新闻战的惨败，沙俄当局竟自毁长城，表示"所有电报凡言旅顺舰队受创者"，"均不许在圣彼得堡颁发"⑥。

总而言之，就有效宣传对象而言，日本在华的各种报纸向国内、韩国与华北、东北各地区民众展开积极宣传，有效地影响到大量民众对日本的态度，而沙俄在旅大的报纸无法走出去，在华北的报纸遭到日本的围攻，中外读者大量流失，并且封锁由战场传回国内的信息传播渠道，最终真正有效宣传对象仅限于少数在华的俄国军民，两者相比，差距颇大。一言以蔽之，"向几百万人宣传"的日本完胜"向几万人宣传"的俄国⑦。

1905年9月，日本与俄国签订《朴次茅斯和约》，"俄国政府以中国政府之允许，将旅顺、大连并其附近领土、领水之租借权内一部分之一切权利及所让与者，转移与日本政府"⑧，之后日本与清政府签订《中日会议东三省事宜正约》及附约，迫使清政府"一切概行允诺"⑨。该条约的签订，不仅象征着沙俄彻底终结了旅大的直接统治，旅大从沙俄的租借地变成日本的租借地，而且代表着旅大新闻业的统制

---

① 方豪编录：《英敛之先生日记遗稿：自光绪廿八年至三十年·影印版》，文海出版社，1974年，第929、944页。

② 「露国機関紙新聞北京及奉天ニ独国機関新聞天津ニ於テ発刊ノ件」（B08090028400）『日露戦役ノ際露国ニ於テ各国新聞操縦一件』外務省外交史料館。

③ 山东省地方史志编纂委员会编：《山东省志·报业志》，山东人民出版社，1993年，第23页。

④ 「露国従軍記者ノ境遇（維也納「ヂー、ツアイト」所載）」『日露事件外評一斑』第5号、227—279頁。

⑤ 「露国従軍ノ新聞通信員及外国武官従僕ノ解放」『日露事件要報』第5号、1905年5月、125頁。

⑥ 《禁发败报》，《日俄战纪》第16期，第97页。

⑦ 《〈旅顺口的陷落〉一文提纲》，《列宁全集》（第九卷），人民出版社，1987年，第369页。

⑧ 褚德新、梁德主编：《中外约章汇要 1689—1949》，黑龙江人民出版社，1991年，第371页。

⑨ 褚德新、梁德主编：《中外约章汇要 1689—1949》，黑龙江人民出版社，1991年，第378页。

者正式易主。10 月 25 日，主张"文章报国"的日本人末永纯一郎利用沙俄留下的印刷设备，在大连正式创刊《辽东新报》。12 月 18 日，满洲军总兵站监男爵儿玉源太郎鉴于《辽东新报》作为'满洲'经营上有利机关"，准其认可为"第三种邮便（邮件）物"。[①]由此开始，旅大租借地新闻业的创办者彻底从俄国人更换为日本人，其功能也从"黄俄罗斯"的报信者变为"经营满洲"的"国策先锋"，而本质依然是文化殖民旅大人民的工具。

小结

1898 至 1905 年，沙俄强租旅顺、大连地区，建立起旅大租借地。在这片中国的土地上，沙俄通过经济扶植、政策倾斜，创办了报社、出版社与书店，建立起一套现代媒介传播系统。客观而言，沙俄开启了旅大地区的新闻业，填补了东北地区新闻业的空白。但是，沙俄通过垄断信息接收与传递、控制出版与发行等统制措施，完全控制了旅大的新闻业，将它们打造为为鼓吹将旅大乃至全东北变成"黄俄罗斯"的报信者。尽管沙俄在旅大的新闻统制未完全建立，缺乏系统的新闻法令与完整的统制机构，尚处于萌芽与试验期，但是作为旅大新闻业由外国势力控制的屈辱历史的开始，其研究价值不言而喻。

总体来说，旅大地区的当地读者对于沙俄苦心经营的报信者的依赖程度明显弱于沙俄殖民者。正因如此，为了驯治这个报信者，沙俄在移植本土新闻法规与管理经验的基础上，创制属于旅大租借地的法规，并随着俄军事侵略而延伸至整个辽东半岛。固然，俄国因占据权力的实践领域，成功地向旅大输出新闻业及其管理模式，但是，沙俄企图凭借新闻业输出殖民理念以失败而告终，一则是由于沙俄在旅大的新闻业并未深植当地的文化空间，与当地民众格格不入，无法施展报信功能，二则是由于旅大的新闻业遭到日本的挑战。

日本为抢回因沙俄而"失去"的"满洲"而发起对俄战争。两国在战场里外展开了新闻战，作为防守一方的俄国以旅顺与沈阳为中心，北达海参崴、伯力与哈尔

---

① 「野戦郵便局に於て定期刊行物送受の件」（C03026861100）、『明治三十八年「満大日記 12 月上」』、防衛省防衛研究所。

滨，南至北京、天津与芝罘，扩张新闻业，强化新闻控制，建立起一道舆论防线。虽然，日本在日俄战场中心缺乏报纸，但是，其整合国内外新闻力量向沙俄发起进攻，一方面，从本土到朝鲜，加强新闻控制，统合新闻舆论，派遣本国记者与准许外国记者随军进入战场内部，保证了传播战争消息的主导权，另一方面，在各国报纸聚焦的北京，操纵报纸向沙俄报纸直接开战，同时在全世界范围内操纵与收买报纸，培植当地亲日言论，击垮沙俄的宣传机关，挫败沙俄的宣传计划。军事战与新闻战双双大胜的日本"夺回"对辽东的"控制权"，陆续将日本的新闻业扩张至此，彻底取代沙俄的新闻业，将"黄俄罗斯"的"报信者"变成"经营满洲"的"国策先锋"，由此旅大租借地的新闻统制进入了下一个时期。

第二章
新闻统制的创建与确立期
（1905—1931）

日俄战争后，随着日俄、中日之间一系列条约的签订，旅大从沙俄的租借地变成日本的租借地。日本侵占旅大初期，由于当时旅大尚无新闻业，及旅大作为战场中心，军事并未完全结束，日本未像在南库页岛一样，第一时间以军令的形式颁布类似《新闻纸取缔规则》[1]的新闻统制法令。不过，随着《辽东新报》的申请获准与租借地"民政"的开展，新闻与出版成为日本统治者管理的对象，开启了日本统制旅大新闻业的历史。本章的研究时段限于日俄战争后至九一八事变前，这个时期中日围绕东北三省纠纷不断，两国舆论交恶，促使双方加强统制内外舆论机关[2]。旅大租借地作为日本直接统治地区，成为日本在华有效实施新闻统制的典型代表。本章探讨日本在旅大租借地创建与确立新闻统制的过程，指出日本统治者引进日本国内成熟的新闻法令，确认新闻业的合法地位，规范其业务标准，推动了旅大新闻业的发展，与此同时，日本通过新闻统制，引导旅大新闻业服务于日本殖民利益，将旅大新闻业变成日本侵华政策——"经营满洲"的"国策先锋"。

---

[1] 1905 年 10 月 25 日，"桦太"（南库页岛）守备司令官颁布《新闻纸取缔规则》（『日本外交文书第 37 卷·第 38 卷别册日露战争 III 』日本国际连合协会、1959 年、942 页）。

[2] 诚如日本驻华公使日置所云："自两国（中日）报纸观之，舆论之感情极为相反"（《六十年来中国与日本》第六卷，第 86 页）；1914 年中日交涉"二十一条"谈判期间，日本驻华公使日置质问中国外交总长："今日之言论界，极为乱暴。自本国政府观之，似贵国政府未经取缔，且或利用报纸以助交涉之进步。贵国政府向以政府之势力取缔报纸，并颁有严重之报律，今若任其随意言论，恐将生出枝节，于两国邦交及此次谈判均有不利。故谈判万一决裂，皆系贵国政府不取缔报纸之故。甚望严加约束，俾交涉得以圆满进行。"（《六十年来中国与日本》第六卷，第 115 页）

第一节
新闻业的扩张与成长

近代日本国内新闻业发展颇为迅速，其中 1875 年至 1905 年增速达 320%[①]。随着日本国力对外的武装侵略，日本新闻业也不断地进行着空间上的扩张。从甲午战争到日俄战争，日本新闻业及新闻记者，在辽东半岛与台湾岛之间来往转移。日本从殖民统治台湾地区到占据旅大地区，不仅将本土新闻业扩张到其占领地，也将台湾新闻经营经验移植到旅大租借地。

一、从台湾到辽东：新闻业的空间扩张

一场发生在辽东半岛的甲午战争，使得中国的台湾省变成受日本殖民统治的地区。正因如此，台湾前五任总督都来自参与指挥甲午战争的高级将领。不仅参加甲午战争的将领成为日本驻台湾首批官员，而且大量参加甲午战争的将领与随军记者也成为台湾首批办报人。"日本政府为了便于对台殖民统治，引进大众传播事业，对台湾人民禁止殖民思想的传递与统治命令的指示，近代化报纸与报业因而在台湾出现"[②]。1896 年 6 月，曾任日本大阪府警务部长的山下秀实，借与首任台湾总督桦山资纪的同乡之谊，在台北创立《台湾新报》，为台湾第一份近代化的报纸[③]。而再次发生在辽东半岛的日俄战争，使得中国的旅大由沙俄的租借地变成日本的租借地。这一次历史转变，原台湾总督儿玉源太郎与政务官后藤新平成为"'满洲'经营方案"的制定者，在他们的带领下，台湾向辽东转移新闻业与新闻记者。

首先，中国台湾向旅大输出创办官方御用言论机关的经验。日俄战争后，中国的旅大地区被迫从沙俄租借地变成日本租借地，俄军方在旅顺的《关东报》停刊。

---

① 1875 年 53 种、1985 年 321 种、1895 年 753 种、1905 年 1775 种（The Japan Year Book 1934, by The Foreign Affairs Association of Japan，1934，p.952.）。
② 王天滨：《台湾报业史》，亚太图书出版社，2003 年，第 11 页。
③ 王天滨：《台湾报业史》，亚太图书出版社，2003 年，第 36 页。

新闻经营作为"统治样式"的内容之一①，由来自中国台湾的日本官员重新引入新占领地，对重建的报刊采取台湾式管理——"批准制＋保证金"。原台湾总督府参事官、时任"关东州"民政署长官的石塚英藏批准《辽东新报》的申请。原台湾总督、时任"满洲"军总兵站监男爵儿玉源太郎鉴于《辽东新报》作为'满洲经营'上有利机关"，准其认可为"第三种邮便物"。殖民当局给《辽东新报》提供资金，使之充当御用言论机关，聘请甲午战争随军记者、《辽东新报》创办人末永纯一郎担任"关东州"民政署嘱托；1906 年 9 月 1 日，关东都督府府令第 1 号表示："关东都督所颁一切谕令均揭载《辽东新报》附录《府报》上用昭公告。"

图2—1：关东都督府第1号府令

1907 年 11 月 18 日，对"'满洲经营'上报纸的重要性有充分认识"的后藤新平提议创刊《满洲日日新闻》②，不仅从事报纸出版、发行，还经营印刷所、报纸贩卖等事业③，践行后藤新平的殖民理论——"文装的武备"，"就是以文事设施，以备外来的侵略，以便在突发事变时，兼可有助于武力行动"，"殖民政策，归终

① 山室信一「植民帝国・日本の構成と満洲国——統治樣式の遷移と統治人才の周流」『帝国という幻想』ピーター・ドウス、小林英夫編、青木書店、1998 年、155—156 頁。

② 鶴見祐輔『後藤新平伝・満洲経営篇・下』京屋印刷所、1943 年、119 頁。

③ 河東田経清『朝鮮満洲支那本土紙況調査』出版不明、1911 年、55 頁。

就是'文装的武备',打着王道的旗帜,行其霸术,本世纪的殖民政策只能是这样的。对这个问题究竟需要怎样的设施,则取决于帝国的殖民政策"[1],毫无疑问报纸为其最佳选择。"作为事业的性质,难以盈利为目的。对内对外要介绍'满洲'、报道'满洲',为产业交通、社会家庭做出贡献。同时为公司的事业提供方便"[2],它被称为"纸面整美、记事公正、报道敏速","不仅遍布'满洲'、朝鲜、日本,甚至从俄领西伯利亚至西欧诸国均得见"[3],"'满洲'最大的有力纸"[4],与中国台湾的《台湾日日新报》、朝鲜的《京城日报》一样[5],被视作日本殖民政府的御用纸、半官报,类似《台湾日日新报》附出台湾总督府《府报》,也附出关东都督府的《府报》,旅顺、大连民政署的《署报》[6]。与此同时,由于日本历来重视海外的外文报纸[7],继 1907 年 2 月在韩国汉城(京城)创办《The Seoul Press》(日文名《セウル・プレス》)后,1908 年 11 月 17 日《满洲日日新闻》也增设英文栏[8],英文记事每次大概 4 至 5 条[9]。

---

① 原载于鹤见佑辅:《后藤新平传》第二册,第 814 页,译文引自苏崇民本卷主编:《日本的大陆政策与满铁》,社会科学文献出版社,2011 年,第 333 页。

② 『南満洲鉄道株式会社十年史』満洲日日新聞社、1919 年、681 頁。

③ 『新聞総覧・明治四十四年版』日本電報通信社、1911 年、401—403 頁。

④ 春山行夫『満洲の文化』大阪屋号書店、1943 年、289 頁。

⑤ 春原昭彦《日本统治下的台湾报纸》,刘明华译,《新闻研究资料》,第 43 辑,1988 年,第 166 页。

⑥ 「『満洲日日新聞』1907(明治四十)年記事件名目録」『国研紀要』第 144 号、2015 年 1 月、95 頁。

⑦ 山県五十雄「日支親善を実現する一手段」『朝鮮公論』第 5 巻第 4 号、1917 年 3 月 25 日、10—11 頁。

⑧ 本预定于 1908 年 2 月开始英文栏,但是实际开始于 1908 年 11 月 17 日(「英文欄新設」『満洲日日新聞』1908 年 1 月 6 日、第 2 版;「The Manshu Nichinichi shinbum」『満洲日日新聞』1908 年 11 月 17 日、第 2 版)。「『満洲日日新聞』1907(明治四十)年記事件名目録」『国研紀要』144 号、2015 年 1 月、97 頁。

⑨ 据滨村善吉 1918 年 10 月 17 日的《关于英文版满洲日日新闻改组为财团法人的请愿书》显示:"本报是在十年以前,从明治四十一年十月中旬在《满洲日日新闻》设英文栏时,经满铁理事犬冢信太郎提议,和总裁中村是公阁下承认,即由本人担任。当时,本人处理完报社事务后,晚上在家里起稿,翌日晨经犬冢信太郎理事审阅后发行,但自从英人卡托入社后,犬冢理事便不再审阅。明治四十二年秋伊藤幸次郎任满洲日日新闻社社长时,改为正版,继于明治四十三年一月一日又改为四版,于是从形式上与满日新闻分开(解学诗本卷主编:《满铁附属地与"九一八"事变》,社会科学文献出版社,2011 年,第 419 页)。

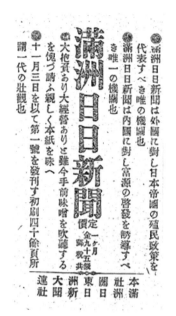

图2—2：《东京朝日新闻》1907年9月26日关于《满洲日日新闻》的广告[1]

其次，中国台湾向旅大输出办报人员及新闻记者。"关东州"的"行政"机构——关东都督府成立之际，对于人才的需求不得不依赖外部，其中有力的人才供给源是中国台湾总督府[2]。随着一批来自中国台湾的日本官员进入旅大租借地，作为追随者的新闻记者也随之而至。这种新闻记者的流动，并非由资本导向的自发流动，而是一种"统治人才的环流"（统治人才の周流）[3]，他们作为"国策先锋"部队在日本殖民统治地区内横向流动。在前台湾总督府民政长官后藤新平的引导下，原《台湾日日新报》社长守屋善兵卫担任满洲日日新闻社长，被日本舆论评论为"由曾经成功经营《台湾日日新报》，展示'殖民地'新闻经营典范的守屋善兵卫接手"[4]，并且他带领一批中国台湾报社的新闻记者进入旅大租借地。

---

① 「（広告）満洲日日新聞社」『東京朝日新聞』1907 年 9 月 26 日朝刊、第 5 版。

② 加藤聖文「植民地官僚の形成と交流」『国際シンポジウム第 30 集 日本の朝鮮・台湾支配と植民地官僚』松田利彦編、2008 年、33 頁。

③ 山室信一「植民帝国・日本の構成と満洲国——统治様式の遷移と統治人材の周流」『帝国という幻想』ピーター・ドウス、小林英夫編、青木書店、1998 年、155—156 頁。

④ 『新聞総覧・明治四十四年版』日本電報通信社、1911 年、403 頁。

表2—1：从《台湾日日新报》进《满洲日日新闻》的人员

氏名	生卒年份	《台湾日日新报》职务	《满洲日日新闻》职务
守屋善兵卫	1866—1930	社长	社长
村田诚治	—	取缔役副社长	副社长兼主笔、社长
永田善三郎	1886—1950	记者	经济部记者、编辑长
田原祯次郎	1863—1923	主笔	副主笔

无独有偶，1908 年 10 月 18 日，曾随军参加中日甲午战争、奉职于台湾总督府为后藤新平担任翻译的金子雪斋与大连公议会合作，收买《辽东新报》的汉文栏，改刊为《泰东日报》。正如金子雪斋认为在中国弘扬日本"王道精神"，"建设王道乐土"，不能实行"霸道"，主张改变"轻视中国"的做法，"遵照各自的是非观念，不恃强凌弱，压制对方"等思想，《泰东日报》标榜立论基本公允，多以报道国内外形势、市场行情、金融状况等消息和为华商开展业务提供参考为主。[1] 在金子雪斋的经营下，《泰东日报》成为旅大乃至全东北的重要中文日报，标榜为中国人代言，但它依然是在日本人的实际控制下运营，曾得到日系台湾银行大连支店的经济援助。1913 年 6 月，金子雪斋又主持创刊日文杂志《大陆》[2]，被称为"（满洲）最早的杂志，一时以财力丰厚而称雄于满洲言论界"[3]。

---

① 郭鐵椿「日據時期大連報刊業狀況論述——以『遼東新報』『滿洲日日新聞』和『泰東日報』為重點」『石堂論叢』52 집、2012 年、94 頁。

② 金子雪斎「発刊の宣言（大陸）」『雪斎遺稿』振東学社、1937 年、89—90 頁。

③ 向陽散人「大連の新聞及び雑誌」『日本及日本人』第 38 号、1925 年秋季増刊、453 頁。

图2—3：《盛京时报》1908年10月23日关于《泰东日报》的广告①

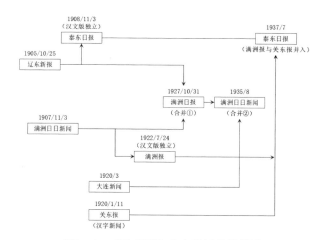

图2—4："关东州"中文报纸的沿革图

二、旅大新闻业的"壮大"与"繁荣"

日本占领以后，旅大原有的新闻媒介格局出现改变，创造者由沙俄军人变成日

---

① 《泰东日报之出现》，《盛京时报》，1908 年 10 月 23 日朝刊，第 1 版。

本报人，创办地由政治中心及军事重地的旅顺转移至作为经济中心的大连。同时，在中国台湾经验与人员的支援下，旅大租借地新闻业得到迅速"壮大"。

（一）新闻媒体形态种类齐全

与沙俄期间媒体形态单一不同，日本占领后，旅大租借地逐渐建立起门类齐全的新闻业，报纸、杂志、通讯社（通信社）与广播电台（放送局）先后创办。

首先出现的是报纸、杂志。旅大地区的报纸以刊登时事与否分为两种，前者刊登时事，最早的是《辽东新报》（大连），1905 年 10 月 25 日正式发行，初为周二刊，次年 4 月 3 日起改为日刊，附出汉文版。嗣后，《满洲日日新闻》《泰东日报》《英文满报》《关东新闻》《关东报》《满洲报》《大连新闻》等中日英文报纸在大连先后创刊；后者不刊登时事，如《满洲重要物产商况日报》《大连株式商品日报》《日清兴信所日报》《满洲兴信所日报》等，它们发行量不高，多数不超过千份。此外，《满洲新报》《大阪朝日新闻》《大阪每日新闻》《奉天每日新闻》《朝鲜新闻》《福冈日日新闻》《京城日报》等境外报刊在大连设立分社或派驻通讯员[1]。旅大地区最早的杂志——《大连实业会报》诞生于 1907 年 2 月 18 日，月刊，发行量 500 份。嗣后，《大连教会月报》《桂》（旅顺）、《"关东州"》（旅顺）、《交通时报》（大连）、《大连时报》、《满蒙研究汇报》（旅顺）等先后在旅大地区创刊。

其次出现的是通讯社。1919 年 1 月，《大阪新报》大连特派员以欧美通讯员横行于"满洲"而传播对日本不利言论为由，计划筹办"满洲"联合通信社，本社设于大连，支局设于旅顺、奉天、长春、哈尔滨、郑家屯、海参崴等地[2]，不过该社最终是否在大连成立尚缺乏史料支撑。旅大租借地官方文献所记载最早的通信社诞生于 1920 年 8 月，日本电报通信社在大连创立支社，9 月 1 日，该社得到关东厅的通信发行许可[3]，出版《日本电报通信》。1921 年 5 月 27 日，日本人津上善七在大连创办"日满通信社"，出版《日刊满洲通信》[4]。1921 年 7 月，原满洲日日新闻社写真班长荻野顺次创办满洲写真通信社，当时是"满洲"唯一的写真通信社，向中国各地

---

① 南满洲铁道株式会社庶务部调查课编『満洲に於ける言論機関の現勢』小林又七支店、1926年、89—90 頁。

② 「対外通信社設立趣旨」『満洲聯合通信社』1919 年 8 月 26 日。

③ 大連市役所編『大連市史』小林又七支店印刷部、1936 年、762 頁。

④ 高橋邦周『朝鮮満洲台湾実状要覧』東洋時報社、1924 年、633 頁。

（关内、关外、台湾）、朝鲜乃至美国、德国、法国等地新闻社供应照片稿件[1]。1924年，总部位于东京的帝国通信社在大连创建分局。1926 年 5 月 1 日，日本新闻联合社在大连创建分社[2]。同时期，日本电报通信社、日本商业通信社等在大连、旅顺成立分社或分局。

表2—2：伪满洲国成立前日本在"关东州"通信社一览表[3]

地区	通信社名	创立时间	地区	通信社名	创立时间
大连	电通	1920 年 8 月	大连	日满通信	1921 年 4 月
大连	帝国通信	1924 年 3 月	大连	商业通信	1924 年 12 月
大连	联合通信	1926 年 6 月	大连	满洲写真通信	1921 年 7 月

最后出现的是广播电台。1925 年 8 月 9 日午后 7 时，关东厅递信局组建的大连放送局开始试验播音（"试验放送无线电"）[4]，呼号"JQAK"，以"JQAK！JQAK！这里是大连放送局（JQAK、JQAK、こちらは大連放送局であります）"作为开头语，发射功率 500 瓦，频率 465 千周，它既是中国东北的第一座广播电台，也是日本"'殖民地'放送事业的开始"[5]。该放送局由关东厅递信局利用已有设备创办（官营），不同于日本最早的东京与名古屋放送局由私人创办（民营）。不过，它初期与日本国内一样，置教化、娱乐于首位（日本放送协会初代总裁后藤新平所演说的理想广播：文化の机会均等、家庭生活の革新、教育の社会化、経济活动の活敏化[6]），新闻报道被轻视，随着战争对媒介影响的加深，大连放送

---

[1] 大陸出版協会編『大連市』1931 年版、450 頁。

[2] 南満洲鉄道株式会社庶務部調査課編『満洲に於ける言論機関の現勢』小林又七支店、1926年、78—79 頁。

[3] 中日文化協会編『満蒙年鑑・昭和五年版』満洲日報印刷所、1929 年、481 頁；大陸出版協会編『大連市』1931 年版、450 頁。

[4]《递信局试放无电招请官民观览其实况 与会各要人致词祝贺》，《满洲报》，1925 年 8 月 11 日，第 7 版。

[5]「大連放送局沿革及び現勢」『ラヂオ年鑑・昭和六年版』誠文堂、1931 年、51—52 頁。

[6] 日本放送協会史編集室『日本放送史』上巻、日本放送協会出版部、1965 年、18 頁。

局才开始承担更多新闻报道的任务，毫无疑问地成为新闻业（ジャーナリズム）一员①。后来，旅大租借地还成立了大连放送协会，于 1935 年 8 月 8 日开始出版《J·Q·A·k·サンデー·ラチオ》（《JQAK 星期日无线电》日文周刊，负责人为公濑登）②，该刊免费赠送给大连放送局的听众，于 1938 年 11 月 15 日，改名为《放送满洲》，由"满洲电信电话株式会社"放送部事业课以中日双语面向全"满"广播听众免费发行（中文版赠送给"满洲"听众，日文版赠送给日本、朝鲜及其他外国听众）③。

表2—3：大连放送局基本情况④

放送所名	沙河口放送所
位置	"关东州"西山会西山屯（E121°34'0"；N38°54'52"）
呼出符号、呼出名称	JQAK 大连放送局
周波数 KC	760
空中线电力 kW	0.5
空中线效果 MA	100

（二）新闻媒体总数与从业人员众多

与沙俄统治时期旅大租借地新闻业纯粹作为官方御用机关不同，日本统治时期旅大新闻业在自封"国策先锋"的同时，也标榜为商业机构，这同步于明治末期日本新闻业的"商业化"⑤。如《泰东日报》《满洲报》与《关东报》三家中文报纸 1925 年收支月 5000 元，《满洲日日新闻》1926 年上半期盈利 15000 元⑥，尽管《辽东新报》情况不稳定，但是总体上还是以盈利为多（表2—4）。作为一种利润颇丰

① 林進「放送におけるジャーナリズム論」『新聞学評論』第 18 号、1969 年 3 月 1 日、18 頁。

② 『満洲年鑑·昭和十一年版』満洲日日新聞社、1935 年、51 頁。

③ 《规定类纂·"满"文放送篇》，"满洲电信电话株式会社"，1940 年，第 76—77 页。

④ 逓信省工務局『本邦無線電信電話局所設備一覧表·昭和十一年三月末日現在』逓信協会、1936 年、140 頁。

⑤ 山路愛山「東京の新聞記者及び新聞経営」『太陽』1910 年 2 月 1 日発行。

⑥ 『日本新聞年鑑·大正十四年版』新聞研究所、1925 年、78 頁；『日本新聞年鑑·昭和二年版』新聞研究所、1926 年、97 頁。

的营业，必然带来新闻媒体总数与从业人员的不断增多。

表2—4：《辽东新报》盈利情况统计（元）

决算期	盈利	决算期	盈利
1921.6—1921.11	5736.07	1924.12—1925.5	−3709.2
1921.12—1922.5	6859.9	1925.6—1925.11	1221.89
1922.6—1922.11	5809.58	1925.12—1926.5	−6718.38
1922.12—1923.5	5344.66	1926.6—1926.11	4897.16
1923.12—1924.5	3238.1	1926.12—1927.5	1942.38
1924.6—1924.11	98.23		

　　1910 至 1930 年，旅大租借地报纸及杂志按刊期可以分为日刊、周刊、月刊、年刊、不定刊与其他（如旬刊、半月、隔月刊、半年刊等），发展速度分为两个阶段，如表 2—5 显示，1910 至 1919 年发展速度十分平稳，1920 至 1930 年发展速度加快，呈现逐年增加之势，其中 1930 年达到最高水平，日刊（种）36、周刊 11、月刊 114、年刊 26、不定刊 3，合计 190。根据《英文中国年鉴 1919—1920 年》的记载[1]，当时中国报纸的粗略估计，北平 54、太原府 9、开封 10、西安府 6、天津 45、奉天 9、牛庄 2、吉林 3、济南府 14、芝罘 5、汉口 19、南昌 7、安庆 15、南京 6、镇江 5、苏州 10、上海 98、广州 39、杭州 13、桂林 6。由于该年鉴未明确统计年份与方法，笔者无法将它们与旅大租借地做具体比较，但是可以确定的是，旅大租借地报纸杂志规模不落后于全国大部分城市。

表2—5：1910—1930年"关东州"新闻纸与杂志统计表

年份	日刊	周刊	月刊	年刊	不定刊	其他	合计
1910	3	0	7	0	0	3	13
1911	4	0	12	0	0	3	20
1912	4	0	11	1	1	5	22
1913	5	0	11	0	1	5	22

---

① The China Year Book，1919—1920，p.697.

年份	日刊	周刊	月刊	年刊	不定刊	其他	合计
1914	5	1	11	3	1	7	28
1915	5	1	8	4	0	4	22
1916	5	1	11	4	0	0	21
1917	5	0	13	3	0	0	21
1918	6	0	12	3	0	0	21
1919	5	0	13	3	0	0	21
1920	11	1	20	4	0	0	36
1921	18	1	32	8	0	0	59
1922	12	2	42	10	1	0	67
1923	19	2	48	12	3	0	84
1924	22	5	63	19	9	0	118
1925	36	12	77	22	1	0	148
1926	36	13	62	36	2	0	149
1927	37	8	84	28	2	0	159
1928	35	8	81	39	2	0	165
1929	37	9	103	29	2	0	180
1930	36	11	114	26	3	0	190

在新闻业逐年增加的同时，依附新闻业而生存的报纸、杂志发行商与新闻记者也呈现逐渐递增的趋势。如表2—6[①]显示，随着《营业取缔规则》的颁布，旅大租借地及"满铁附属地"在警察署登记在案的从事报纸、杂志发行的营业者逐年增加。据大连市商工会议所统计，1923、1924、1925、1934年在大连从事"记者著述业者"（Journalists）分别是919人、965人、1271人、1314人，呈现逐年增加之势，其中以日本人居多，中国人次之（表2—7[②]）。

---

① 『関東都督府統計書』（明治三十九年—大正七年）、『関東庁統計書』（大正八年—昭和八年）、『関東局統計書』（昭和九年—昭和十五年）、『関東局統計三十年誌：明治三十九年—昭和十年』。

② 『大連商業会議所統計年報·大正十二年版』大連商業会議所、1923年、6—7頁；『大連商業会議所統計年報·大正十三年版』大連商業会議所、1924年、6—7頁；『大連商業会議所統計年報·大正十四年版』大連商業会議所、1925年、6—7頁；『大連市政二十年史』大連市役所、1935年、18頁。

表2—6：1906—1940年"关东州"与"满铁附属地"的新闻、杂志、印刷相关营业者统计表

类目\年份	"关东州"			"满铁附属地"		
	新闻发行	杂志发行	印刷业	新闻发行	杂志发行	印刷业
1906	1	—	7	—	—	—
1907	2	—	11	—	—	—
1908	4	1	20	—	—	—
1909	3	—	19	1	—	9
1910	3	16	13	—	3	6
1911	3	16	10	—	2	6
1912	4	13	20	—	3	8
1913	4	17	25	—	3	13
1914	4	18	28	—	2	12
1915	4	18	34	1	2	21
1916	4	18	34	1	2	21
1917	4	18	38	4	4	21
1918	5	15	53	1	1	21
1919	6	16	62	2	2	26
1920	8	36	81	3	1	31
1921	10	55	83	9	10	40
1922	74	—	108	35	—	39
1923	78	—	111	29	—	51
1924	25	91	115	25	16	50
1925	38	114	120	20	28	59
1926	37	107	124	25	27	59
1927	43	114	132	24	16	54
1928	37	125	147	20	23	63
1929	47	132	151	25	20	73
1930	42	148	140	28	33	81
1931	32	160	143	37	29	82
1932	41	152	161	41	39	89
1933	96	109	181	33	55	107
1934	92	122	195	31	67	127
1935	86	153	231	52	87	134
1936	83	132	228	33	93	152
1937	39	190	255	—	—	—
1938	40	163	239	—	—	—
1939	74	132	225	—	—	—
1940	75	107	230	—	—	—

表2—7：大连从事记者、著述业者（Journalists）统计表

年份	日本人		朝鲜人		中国人		外国人		合计
	本业	从属	本业	从属	本业	从属	本业	从属	
1923	326	440	—	—	56	97	—	—	919
1924	350	452	4	4	54	101	—	—	965
1925	362	505	1	2	204	177	9	11	1271

新闻记者人数的增加也推动了新闻记者组团结社的热情[1]。1912 年，《满洲日日新闻》（儿玉多一）、《辽东新报》（伊东秀藏）驻吉林通讯员与当地中国记者组织成立中日记者恳话会[2]；次年，《泰东日报》《满洲日日新闻》《辽东新报》与东三省其他的中日记者联合成立东三省中日记者大会；之后，《满洲日日新闻》《辽东新报》《大连新闻》等又相继加入日本新闻协会[3]。随着记者的增加，旅大内出现独立的记者组织。1913 年 2 月，大连各报记者及通讯员协议组织以"融洽感情"为宗旨的新闻记者团[4]。1922 年 6 月，由佐藤四郎、宝性确成、马场力等，将在大连的新闻社及通信社的记者组织起来，成立"大连记者协会"[5]，满洲日报社、大连新闻社、泰东日报社、满洲报社、关东报社、英文满报社、日满通信社、新闻解放支社、大每支局、大朝支局、电通支社、帝通支社、奉天每日支社、奉天新闻支社、奉天日日支局、满洲新报支局、京城日报支局、远东时报社（遠東タイムス）、满洲商业新报社等加入"大连记者协会"。[6]

---

[1] 笔者需指出的是，1902 年 6 月，日本在韩国的新闻社结成"在韩新闻协和会"，以"气脉相通、亲睦"为主旨（「新聞社會」『皇城新聞』1902 年 6 月 12 日、2 면）。

[2] 「在吉林中日記者懇話会組織ニ関スル件」『帝国諸外国間外交関係雑纂・日支間ノ部』（第一卷）、1904 年至 1914 年、470 頁。

[3] 「新聞通信各団体」『新聞総覧・大正六年版』日本電報通信社、1917 年、19 頁；「新聞通信各団体」『新聞総覧・大正十五年版』日本電報通信社、1926 年、7 頁。

[4] 《组织新闻记者团》，《盛京时报》，1913 年 2 月 5 日，第 6 版。

[5] 《辽宁新闻志资料选编》（第 1 册），内部出版，第 42 页。

[6] 『満洲朝鮮新聞雑誌総覧・昭和四年版』新聞解放満鮮支社、1929 年、313—314 頁。

（三）新闻媒体受众范围广、人数多

日本殖民统治期间，随着旅大新闻业的发展，媒体受众的规模与范围也不断扩大。与沙俄时期军队控制出版发行不同，日本时期旅大租借地内报纸、杂志发行与销售由各报社、新闻店或杂货店负责。各报社作为营利机构，颇重视报纸发行量，1927 年 11 月 10 日，10 名在连新闻贩卖店主在得到满洲日报社谅解的情况下，"以联合贩卖《满洲日报》为目的"，特成立"株式会社满洲日报社联合贩卖店"（资本金 10 万元，代表者山崎清吉，主要业务为《满洲日报》的贩卖与广告办理）[①]。在他们的努力下，旅大报纸被带到租借地内各地区，同时，各报社还在中国与日本遍设分支机构，将报纸远销东亚、西伯利亚乃至欧美各地。以《满洲日报》为例，1929 年除了旅大租借地境内的大连、旅顺与金州之外，还在奉天、哈尔滨、抚顺、长春、上海、北平、瓦房店、熊岳城、大石桥、营口、鞍山、开原、铁岭、公主岭、四平街、本溪湖、安东、吉林、京城（汉城）、青岛、吉林、天津等地设有分局[②]，承担报纸的销售与推广工作。

虽然旅大报纸发行量落后于日本[③]，但相比中国其他地区，优势较明显。根据日本外务省的调查统计[④]，1928 年中国报纸发行量超过 1 万份 17 种，上海 5 种，大连 4 种，广州 3 种，天津 2 种，南京、北平、奉天各 1 种，超过 5 万份 5 种，大连 3 种、上海 2 种。如表 2—8 显示，旅大报纸发行量排在全中国前列。这样看来，西方学者将《泰东日报》列入主要中文报纸名单也具有一定公正性[⑤]。

---

① 『満洲会社年鑑·昭和四年版』満洲商業新報社，1929 年，207 頁。

② 『新聞総覧·昭和四年版』日本電報通信社、1929 年、525 頁。

③ Martin, Frank L.The Journalism of Japan, The University of Missouri Bulletin, Vol.19, No, 10.1918, p.11;「我国新聞紙の発行部数」『日本及日本人』1929 年 7 月 1 日号、54—58 頁。

④ 『外国に於ける新聞·昭和四年版（上巻 亜細亜の部）』外務省、1929 年、1—118 頁。

⑤ Williams, Walter.A New Journalism in a New Far East, The University of Missouri Bulletin, Vol.29, No, 45.1928, Dec.1, p.10.

表2—8：1928年中国报纸发行量万份以上者统计表（单位：万份）

排名	报名	地区	发行量	排名	报名	地区	发行量
1	新闻报	上海	15	10	泰东日报	大连	1.5
2	申报	上海	12	10	公评报	广州	1.5
3	满洲日报	大连	8	10	京报	南京	1.5
4	大连新闻	大连	7	13	民国日报	上海	1.2
5	满洲报	大连	5.8	14	大公报	天津	1.2
6	时事新报	上海	4.5	15	图画报	广州	1
7	晶报	上海	3.8	15	广州民国日报	广州	1
8	盛京时报	奉天	2.5	15	益世报	天津	1
9	顺天时报	北平	2				

从报纸在本地发行量来看，不考虑多人阅读一份报纸的情况，单看报纸在本地的销售量，1929年末报纸与杂志在旅大租借地内发行量总数为576907份，日刊报纸271490份[1]，当年旅大总人口为1225788人，即100人中47人拥有报纸或杂志，100人中22人拥有日刊报纸。根据黄天鹏推算，当时日本6人中1人读报，中国400人中1人读报[2]；另根据1939年的调查，伪满境内一份汉文报纸对应"满"人292人，一份日文报纸对应日人8人[3]。与各地区相比，旅大的数据依然颇为可观。

① 『関東庁統計書·昭和四年版』満洲日報印刷所、1930年、2、344頁。

② 黄天鹏：《中国新闻事业》，上海联合书店，1930年，第163页。

③ 満洲鉱工技術員協会編『満洲鉱工年鑑·昭和十九年版』亜細亜書房、1944年、26頁。

表2—9：1930年日本及其各控制地区报纸杂志规模比较[1]

类目	"关东州"	朝鲜	中国台湾	南库页岛	南洋群岛	日本
报纸杂志	190	550	173	97	5	4135
总人口	939114	21057969	4594161	295187	69627	64447724
万人拥有数	2.02	0.26	0.38	3.29	0.72	0.64

在广播方面，大连放送局播音覆盖范围颇广，勿论管内各地区，连北海道、桦太等地都可以清晰收听[2]。1925年底，关东厅辖区内申请者架设收听设施者达1800人，1926年底2500人，1927年12月增至3050人[3]。尽管这个数字低于日本国内放送局的听众人数，但是却远多于此时上海Kellogg Radio的听众人数，该电台1926—1928年听众600人[4]。两者相比，说明当时大连广播的发展处于中国的领先地位。正因如此，1925年10月10日，辽东新报社为迎合收音机爱好者不断增加的热情，特别创办日刊《满洲广播新闻》（满洲ラジオ新聞），并取得了不错的发行量。

（四）新闻媒体传播内容多元化

不同于沙俄时期刊物类型与内容单调，日本统治时期，不仅重建后的刊物类型多元化、内容多样化，而且首次出现的广播电台，也传播着花样百出的节目。

旅大刊物内容多样化，新闻时事（《满洲日日新闻》《泰东日报》）、财经金融（《钱钞日报》《大连经济日报》）、政治法律（《满洲公论》《法律时报》）、教育文化

---

[1] 旅大的数据（未含"满铁"附属地）来自《関東庁統計書 昭和五年版》第3、346页；台湾的报纸杂志数据来自《警察年鑑·昭和五年版》第412—442页；朝鲜的报纸杂志数据来自《警务彙報》第297号（1931年1月）第17页；南库页岛的报纸杂志数据来自《樺太庁統計書 昭和五年版》第150页；南洋群岛的报纸杂志数据来自《南洋群島警察概要·昭和十年》第58页；日本的报纸杂志数据来自《国民年鑑·昭和七年版》第207页；日本、朝鲜、台湾、南库页岛及南洋群岛的人口数据来自《国民年鑑·昭和七年版》第45页。

[2] 『満蒙年鑑·大正十六年版』満洲日日新聞社印刷所、1926年、197頁。

[3] 『満蒙年鑑·大正十六年版』満洲日日新聞社印刷所、1926年、197頁；『満洲の電政』満洲日報社、1930年、431頁。

[4] China Handbook，1937—1943，p.278.

（《东北文化》《南满教育》）、生活服务（《满鲜旅行案内》《满洲运动界》）、家庭女性（《家庭タイムス》《满洲女性界》）等样样齐全；同时具备西方学者所认为的东亚报纸一大特色——用语多元化[①]，旅大报纸日文为主，中文为辅，英文次之，拥有自我标榜全"满"唯一的英文日报《Manchuria Daily News》（《マンチユリヤ·デーリーニウス》/《英文满报》）[②] 及英文杂志《Manchuria》（《マンチユリヤ》）[③] 与《The Light of Manchuria》（《满蒙之文化》英文版）[④]。以《满洲日日新闻》的记事为例，"从大连的局部地区记事及于'满铁'沿线、'南满'全部，乃至普及于'满蒙'全地区，最终将成为世界的大报纸"[⑤]。

初期旅大报纸一般四版一周二次，伴随着在"满"日人的增加与日本大报（大新聞）的进入，日文报纸多改为日出早刊（朝刊）与晚刊（夕刊）[⑥]，以《满洲日日新闻》为例，早刊八版，一版政治，二版社会、政治，三版家庭、学术，四版经济，五版地方版，六版广告，七版社会，八版小说，每版广告 4 至 11 行不等；晚刊四或八版，四版时，一版政治、小说，二版社会，三版小说、演艺，四版商况，八版时，一版政治、小说，二版社会，三版综合版，四版广告，五版体育，六版广告，七版小说、演艺，八版商况，每版广告 2 至 10 行不等[⑦]。

大连放送局平时播音 230 分钟，节假日播音 160 分钟，内容以新闻报道、股市财经（特产、钱钞、公立市场价格、股市、各地行市）与生活服务（广播体操、演艺、职业介绍事项、讲座、气象通报等）为主[⑧]。同时，为了吸引到中国听众，还增

---

① Williams, Walter.A New Journalism in a New Far East, The University of Missouri Bulletin, Vol.29, No, 45.1928, Dec.1, p.6.

② 事实上，东北三省的英文报纸除了大连的《Manchuria Daily News》，还有哈尔滨的《Harbin Daily News》（美国系）与《Harbin Observer》（英国系），详见『外国に於ける新聞·昭和七年版（上卷）』23 頁。

③ マンチユリヤ·デーリーニウス社除了发行『マンチユリヤ·デーリーニウス』之外，还出版『マンチユリヤ』（每月二回，每月一日与十五日发行，售价一份廿五钱，一年六元）与《时文英语学习号》（每月二回，每月第一与第三个周日发行，售价一份五钱，一年一元）。

④ The China year book 1925, p.1061.

⑤ 旭東方「祝満日十周年」『満洲日日新聞』1917 年 11 月 2 日。

⑥ 関東局编『関東局施政三十年史』凸版印刷株式会社、1936 年、846 頁。

⑦ 『アドマンの必携新聞広告便覧·昭和十一年版』日本新聞情報社、1936 年、84—85 頁。

⑧ 『ラヂオ年鑑·昭和八年版』日本放送出版協会、1933 年、692 頁。

加了中国语讲座、中国戏剧等具有地方色彩的节目。

三、旅大新闻业的殖民性与侵略性

有学者指出，在1928年东北易帜前，在"满"日本人关注点在于内部问题——"'满铁'系与非'满铁'系的对立"[1]。这种观点在"满"新闻业的发展上也可以得到印证。在伪满洲国成立前，日本在"满"新闻业重点发展租借地及附属地业务。诚然，从各种指标数据来看，日本在"满"新闻业得到较快发展。但是，我们不仅要看到新闻业成长背后的各种因素，第一次世界大战后东亚经济的景气，及大量日本人与日本商品涌入东北地区，新闻广告需求的高涨给当地各报带来了丰富的资金（表2—10），推动了新闻业的发展，可以说它们本质上是日本入侵中国东北的副产品。而且，还要看到数字背后隐藏的殖民性与侵略性。

表2—10：1907年《满洲日日新闻》揭载广告主一栏表[2]

全年总量	542 家团体，另有 27 则广告无法判定团体				
地区	"关东州"（240）	"满洲"（114）	日本（152）	清国（3）	朝鲜（2）
广告登载	50 次以上者 6 个	20 次以上者13 个	10 次以上者28 个	2 次以上者200 个	1 次者 293 个
前三者	日本邮船株式会社大连出张所 60 次	大阪商船株式会社大连支店60 次		横滨正金银行大连支店56 次	
广告料	一行，普通 15 钱，特别 1 日元				
售价	一个月 75 钱（含邮资）				

一方面，旅大新闻业接受日本殖民统治者的扶植。日本统治时期，旅大租借地报纸无一不接受日本方面的政策扶植或经济津贴。《辽东新报》不仅得到租借地当局政策支持，初期获得关东总督府 1.2 万元的补助，后来代发关东都督府的公文、公

---

① 高媛「租借地メディア『大連新聞』と『満洲八景』」『Journal of Global Media Studies』第4号、2009 年、21-33 頁。

② 「『満洲日日新聞』1907（明治四十）年記事件名目録」『国研紀要』144 号、2015 年 1 月、111—112 頁；『新聞総覧・明治四十四年版』日本電報通信社、1911 年、402 頁。

告而长期获得一定数额广告资金，如 1906 年关东都督府令第 1 号《关东都督府公布款式》明确表示："关东都督府所颁布一切谕令均揭载《辽东新报》附录《府报》上用昭公告"①，而且接受日本驻奉天领事馆"每月 100 元"的津贴②。《满洲日日新闻》由"满铁"直接创办，获得关东都督府支持，1912 年 8 月发行《关东都督府府报》③；具有华商背景的《泰东日报》也接受日本资本家的经济援助④。

旅大租借地放送局的经营模式，既不同于当时美商在上海创办的 Kellogg Radio Company 的个人经营模式⑤，也不同于日本国内的东京、大阪、名古屋放送局的合资经营模式⑥（后转为公益团体经营即社团法人日本放送协会），甚至也异于同受日本殖民统治的朝鲜与中国台湾、南库页岛及南洋群岛，朝鲜的京城放送局以社团法人经营（后成立社团法人朝鲜放送协会），中国台湾的台北放送局虽暂由官营但也不拒绝将来可能出现的民间经营⑦（后成立社团法人台湾放送协会），南库页岛的丰原（Южно—Сахалинск）放送局（JDAK）、南洋群岛的パラオ（Palau）放送局（JRAK）归属日本放送协会，旅大租借地完全由"关东厅递信局"一手包办，即采用了当时世界各地区极少采用的"官营主义"⑧。

另一方面，旅大新闻业服务于日本的殖民统治。如表 2—7 显示，媒体从业人员均以日本人为主，他们的收入是中国人收入的几倍⑨，他们毫不忌讳地自称是日本侵略东北的代言人，与日本人在其他国家的报纸以减少身为移民者的孤独感为目的

① 《府令第 1 号》（汉文版），关东都督府，1906 年 9 月 1 日。

② 『新聞雑誌操縦関係雑纂／遼東新聞』（1—3—1—1—19—001）外務省外交史料館。

③ 「関東都督府府報ハ満洲日日新聞社ヲシテ発行セシム」『官報』1912 年 8 月 14 日。

④ 『新聞雑誌操縦関係雑纂／泰東日報』（1—3—1—1—38—001）外務省外交史料館。

⑤ China Handbook，1937—1943，Published by The Chinese Ministry of Information（Chungking），1943，p.278.

⑥ 『日本放送協会史』日本放送協会、1939 年、8—11 頁。

⑦ 『ラヂオ年鑑·昭和六年版』誠文堂、1931 年、49 頁。

⑧ 中山龙次：《广播无线电事业报告书（续）》，《电友》第 3 卷第 8 期，1927 年，第 140 页。

⑨ 以 1942 年 10 月活版印刷工为例，日本人最高 8.80 元，最低 2.33 元，普通 3.38 元；中国人最高 3.54 元，最低 1.00 元，普通 2.08 元（「大連労働賃銀」『経済統計月報』第 328 号、9 頁）。

不同①，甚至也不同于在华的其他日文报纸多数为各地居留日人的互助机关②，在旅大的日本人鸠占鹊巢，鼓吹"在'关东州'内必须以日本人为主体，将汉民族视为侨民，这是最根本的认识"，"必须依据'关东州'是我们的母国这一信念，作为开发的根据和出发点"，③报纸自我标榜为"满蒙开拓者"，"《满洲日报》是'满蒙'开拓的指针。《满洲日报》是我对'满蒙'舆论的代表者。《满洲日报》是我对外第一线活跃战士的伴侣与后援者"④，《大连新闻》也自称是"民众进路、开拓'满蒙'的唯一机关"⑤。

图2—5：《满洲日报》与《大连新闻》宣传广告

① 蛯原八郎『海外邦字新聞雑誌史』学而書院、1936 年、7 頁。

② 田中中将「対支経営私見」『建言雑纂 二巻』000569 頁、日本外務省・陸海軍省文書、MT（明治・大正文書）。

③『大連時報』第 45 号、1933 年 8 月 16 日、4—5 頁，转引自《大连近百年史》（上），辽宁人民出版社，1999 年，第 405 页。

④『新聞総覧・昭和七年版』日本電報通信社、1932 年、448 頁。

⑤『新聞総覧・昭和七年版』日本電報通信社、1932 年、451 頁。

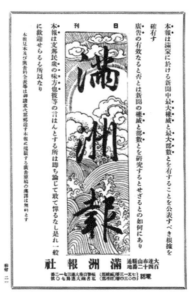

图2—6：《英文满报》与《满洲报》宣传广告

大连的放送局的创办时间之所以仅晚于东京、名古屋放送局，是由于大连所拥有的地缘政治的优势，可以作为日本对"满蒙"施展文化支配的桥头堡[1]。从其呼出符号"JQAK"来看，虽然"J"源于"Japan"的第一个英文字母，标志着大连放送局的主权隶属，但是"QAK"并非按照日本国内的编号方式，即英文"OK"中加表示创办顺序的英文字母，如东京放送局"JOAK"、大阪放送局"JOBK"、名古屋放送局"JOCK"等[2]，而采取独立编号（1937年12月开播的安东放送局为"JQBK"），又标志着大连放送局的特殊性，承担着与日本国内放送局不同的职责。

总而言之，不论是报纸、杂志，还是通信社、放送局，均被日本统治者视作"贯彻国策的先锋"[3]，即是代表"日本国家意志"的"媒介机关"，当时的中国官员

① 竹村民郎「一九二五年近代中国東北部（旧満州）で開催された大連勧業博覧会の歴史的考察：視聴化された満蒙」『日本研究』第38号、2008年9月30日、113頁。

② 菊谷秀雄「呼出符号の話」『子供の無線学』電子社、1943年、171—173頁。

③『関東州治概要』1937年7月、110頁、転引自《日本侵占旅大四十年史》、辽宁人民出版社，1991年，第496页。

与绅商也无不将它们看成"日本的代表机关"[1]，如中国学者所言："哪一种报纸杂志，不为它调查东北实情，谋开展侵略的门径？哪一种报纸杂志，不为它鼓吹自己人民向东北来掠夺？哪一种报纸杂志，不为它挑拨中国内乱？不为它麻醉我们人民的思想？"[2] 日本在旅大的新闻业无不是侵略中国的工具。为了使它们更好地贯彻"国家意志"——"开拓满蒙"，配合殖民政策，日本占据旅大地区后，颁布新闻相关法令，实施新闻统制成为一种维系统治的必要手段。

第二节
新闻法令的移植与创制

日俄战争以后，旅大从沙俄的租借地变成日本的租借地。日本将旅大作为图谋"满蒙"乃至全中国的根据地，"要把这个地方变成向清国普及文明的策源地"[3]。为了实现这个野心，紧跟日本军队之后的日本新闻业成为"普及文明"的先锋部队。与建设新闻业同步出现的是，日本陆续将国内及其殖民统治地区新闻统制法令"延长"到旅大租借地，改变了沙俄时期新闻统制尚处于萌芽与试验阶段的状况，创建与确立了属于旅大租借地的新闻法令。

一、占据旅大前日本在本土与台湾的新闻立法

尽管日本出版物管制法令可追溯至1673年（宽文十三年、延宝元年）[4]，但是真正意义上近代法令出现于明治维新以后[5]，1868年颁布《新闻纸私刊禁止补告》，次年颁布《新闻纸印行条例》与《出版条例》，1875年将所有新闻纸法令合并为《新

---

① 『日本新聞年鑑·昭和二年版』新聞研究所、1926 年、97 頁。

② 赵新言：《倭寇对东北的新闻侵略》，东北问题研究社，1940 年，第 19 页。

③ 草柳大藏：《满铁调查部内幕》（中译本），刘耀武等译，黑龙江人民出版社，1982 年，第 41 页。

④ 中村喜代三『近世出版法の研究』日本学術振興会、1972 年、49 頁。

⑤ The Japan year book 1936，p.917.

闻纸条例》，1893 年将所有出版法令合并为《出版法》，基本完成新闻与出版的立法工作。1895 年占据中国台湾后，又将这些法令条文有选择性地复制到中国台湾，成为取缔中国台湾新闻业的主要依据。

（一）日本在本土的新闻立法

截至占据旅大前夕的 1904 年，综合日本内务省警保局与司法省的统计，日本政府共颁布关于新闻与出版方面的法律文件 63 个[①]，它们如图 2—7 所显示主要由《出版条例》与《新闻纸条例》及其相关文件构成。

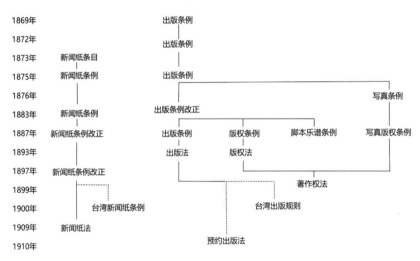

图2—7：日本新闻纸及出版物主要法规沿革图

1.《出版条例》的主要内容

《出版条例》颁布于 1869 年，经历多次修正，1893 年升格为《出版法》，主要内容如下：

（1）出版物的界定。关于出版物的界定，最早颁布的《出版条例》（1869 年）限于图书、肖像、剧本。1872 年，修正通过的《出版条例》扩大到"凡活字出版者均适用本条例，同新闻纸、图画、肖像、剧本等亦准用之"（第 11 条）。1879 年，

①『新聞紙及出版物取締法規沿革集』内務省警保局、1925 年；『新聞と其取締に関する研究』司法省調査課、1936 年 2 月。

增加"小说歌谣""雕刻图画类"。1893 年《出版法》作为集大成者，对出版物的界定是"无论用机器石印，凡印刷文书、图画发卖或颁布者，皆谓之出版"。《出版法》的适用范围"除了新闻纸及定期发行杂志外，一切文书、图画之出版"，且规定"转载学术、技艺、统计、广告之杂志，亦可依《出版法》出版"。由此可见，日本出版物的管理对象越来越多样。

（2）出版物的手续。日本对出版物的管理主要采取纳本制度，最早见于 1869 年的《出版条例》，"刻成后应向学校纳五部"。1872 年修正的《出版条例》改为"刻成后向文部省纳本三本"。1893 年的《出版法》规定："文书、图画出版时，除发行之日，可以到达之日数外，当于三日前，将制本两部，届出内务省"，"官厅出版之文书、图画，该官厅当备制本两部于未发行前送呈内务省"。另外 1872 年 3 月 22 日，太政官特别告示："兵书的出版，海军书应向海军省申请，陆军书应向陆军省申请。"

（3）出版物的禁载。禁止出版内容包括："曲庇犯罪及救护恤赏犯刑事者，或刑事裁判中者之文书，不得出版""关于重罪、轻罪之预审事项，未公判以前，不得出版。不许旁听之诉讼事项，不得出版""关于外交、军事及其他官厅之机密、未公布之文书及官厅之议事，非经该官厅许可，不得出版。依法律不许旁听之公会议事，不得出版""将认为妨害安宁秩序、坏乱风俗之文书图画出版者，可禁其发卖颁布，扣押其刻板印本""在外国印刷之文书图画，如认为妨害安宁秩序、坏乱风俗，内务大臣可禁其在内国发卖颁布，扣押其印本""关于机密军事之文书图画，非有该官厅许可，不得出版。"

（4）出版物的罚则。违反相关规定，将受到"扣押、分割、罚金、禁锢"等四种处罚，前者属于行政处分，指出版物违反警察取缔法规，或其内容有反社会性，为防止对社会可能造成的危害发生或扩大而防患未然，由行政官厅加以制裁；后者属于司法处分，指依司法裁决加以制裁。《出版法》规定的司法处分中处罚最重的是"将欲变坏政体、紊乱国宪之文书图画出版者、著作者、发行者、印刷者，处以二月以上二年以下之轻禁锢，附加二十元以上二百元以下之罚金"。

2.《新闻纸条例》的主要内容

与《出版法》主要针对一般出版物不同，《新闻纸条例》主要针对新闻纸及杂志，其主要内容如下：

（1）新闻纸的界定。日本多次颁布的新闻纸法令均未明确何谓新闻纸，仅限定了作为新闻纸须具备的条件，如《新闻纸条目》规定："各个新闻纸应具有各个的题号"（第1条）、"每号应记载印行的年月日、印行的地名、编辑者、印刷者的姓名及号数"（第5条）。直至1909年颁布的《新闻纸法》才明确界定："本法所称之新闻纸指使用一定题号定期或六个月以内定期发行的著作物及定期以外的使用同一题号临时发行的著作物。"

（2）新闻纸发行的手续。1868年闰月四月太政官布告第358号及同年六月太政官布告第451号规定："未经官厅许可之刊物与新闻纸，禁止发卖。未得官厅许可之版本与制本，一概没收"，次年的《新闻纸印行条例》，也规定"未得官厅之特许而出版者，概予禁止"，这种批准制度（許可主義、検閲主義）在1875年及1883年的《新闻纸条例》依然得到体现，直至1887年颁布的《新闻纸条例》才改为申报制度（届出主義、自由主義），日本学者认为日本新闻出版法规发展史中"最引人注目的是从检阅主义进化到自由主义"。[1] 具体要求为发行人与持主（持有人）或其法定代理人以书面形式联署经管辖地方官厅向内务大臣提出备案，时限为"第一次发行日期的十日前"，内容为"题号、记载、发行日期、发行所及印刷所、发行人、编辑人及印刷人之姓名、年岁"等信息。

在备案的同时，新闻纸发行人还须向行政官厅缴纳一定数额保证金，标准为："东京1000元，京都、大阪、横滨、兵库、神户、长崎700元，其他地方500元，月发行三次以下者比照减半"，免缴纳者，依据1883年颁布的《新闻纸条例》："专于学术、统计、官令及物价报告者"，1887年修正的《新闻纸条例》："记载学术技艺、统计、官令及物价报告等事项者。"保证金制度曾经为法国、奥匈帝国所认可，前者以现行法为之，后者于1894年7月4日废除以来，各国均不得见。然而，日本的保证金制度却直至二战以后才取消，因此日本学者将"保证金制度"称为日本新闻法制之一大特色[2]，抨击为"时代错误之制度"[3]。

（3）新闻关系人资格。从1875年开始，日本政府规定的法定新闻关系人之资格须具备一定条件。纵使这种条件从逐渐收严转变为逐渐放宽，1875年只需日本

---

[1] 生悦住求馬『出版警察法概論』松華堂書店、1935年、7頁。

[2] 宇野慎三『出版物法論』巌松堂書店、1923年、35頁。

[3] 白鳥健「新聞保證金制度の時代錯誤」『日本及日本人』1925年2月1日、18頁。

人即可（持主或社主及编辑人或临时编辑人应限于内国人），1883 年除了国籍之外还有性别、年龄等其他的限制（非内国人满二十岁以上男子不得为持主、社主、编辑人、印刷人；被剥夺公权者不得为持主、社主、编辑人、印刷人，被停止公权及禁止演说者于停止、禁止期间亦同），1899 年又删除性别与国籍的限制（非年满二十岁以上居住帝国内者、被剥夺公权者或被停止公权者，于停止期间内，不得为发行人、编辑人、印刷人），但从未将新闻纸的发行人资格无条件给予所有的民众。

（4）新闻纸的禁载与罚则。虽然日本新闻法规对于揭载事项的限制条款逐渐增多，涉及国家安全、社会公益与个人权益，处罚力度也逐渐加大，包含体刑与金刑，但是比较具体的条款经过 1873 年、1875 年、1887 年与 1894 年多次修正，如从 1873 年的"诽国体、议国律"到 1894 年的"冒渎皇室尊严、变坏国体、紊乱朝纲"，从 1873 年的"不论在官者官中事务，抑或外国交际之事，不论琐细，不得记载"到 1894 年"外务大臣、陆军大臣得特发命令，禁其记载关于外交及军事事项"，这些限制条款从最早的表述宽泛逐渐具体更利于操作与遵守。同时，从 1873 年的"按律处断"到 1894 年的"行政处分（内务大臣执行）与司法处分（裁判所执行）"分工明确，扩大了日本政府依法处分违法的新闻与出版行为的可能性，由此可见日本新闻法规的立法水平逐渐提高。这一点显然同步于明治维新后日本法制改革。

（二）日本在台湾地区的新闻立法

如图 2—7 显示，日本占领中国的台湾岛后，参考国内《出版条例》《新闻纸条例》，颁布了《台湾出版规则》《台湾新闻纸条例》等台湾岛专属的法规。关于日本在台湾岛的新闻立法，日本学者曾发表过一段客观而精准的评论：

> 台湾采取不同于内地新闻纸法的特殊法令，直接且露骨地查禁言论，发挥着诅咒文明的野蛮精神……制定新闻纸条例规定台湾新闻纸的发行须得到总督府许可，其以后至今日台湾新闻纸处于不可名状的抑压之下。新闻纸发行须得官宪许可的制度是只存在于日本的不合理制度。现在勿论欧

美文明国家，连清国也很少见此类。①

如其所述，日本在中国台湾的新闻立法不同于日本国内，截至 1905 年后颁布了《台湾新闻纸条例》（1900 年 1 月 24 日律令第 3 号）、《关于新闻纸发行保证金规程》（新聞紙発行ノ保證金ニ関スル規程，1900 年 2 月 3 日府令第 9 号）、《台湾出版规则》（1900 年 2 月 21 日府令第 19 号）、《台湾保安规则》（1901 年 11 月 19 日律令第 21 号）等②。

对于《台湾新闻纸条例》的颁布，日本《读卖新闻》（1900 年 2 月 2 日）宣称："由于过去台湾没有一个取缔报纸的规定，所以报纸上出现了不三不四的报道，现在正是为了取缔这类报道，才制定了《台湾新闻纸条例》，以便通过行政手段，对其加以禁止。"③笔者不完全认同这种观点，果真是为了限制"不三不四"，大可以完全照搬日本国内已成熟的新闻法制。然而，由表 2—11 可见，在各项指标上，《台湾新闻纸条例》均严于日本的《新闻纸条例》。其中最受人瞩目的莫过于管理制度，在日本国内的新闻法里，批准主义早于 1887 年就被呈报主义所取代，但是当新闻法规适用于中国台湾时，日本殖民统治者舍弃新近的呈报主义，而是恢复十多年前的批准主义，此种倒退无不说明当局限制新闻与出版而实现扫除殖民统治障碍的明显意图。

表2—11：《新闻纸条例》与《台湾新闻纸条例》比较

类目	《新闻纸条例》	《台湾新闻纸条例》
法令层次	敕令	律令
管理制度	呈报主义	批准主义
保证金缴纳	东京 1000 元，京都、大阪、横滨、兵库、神户、长崎 700 元，其他地方 500 元，一月发行三次以下者比照减半	统一 1000 元

---

① 「例外なる新聞紙法」『新聞総覧・明治四十四年版』1911 年、日本電報通信社、499—500 頁。

② 张晓锋：《日本殖民统治时期台湾地区新闻法制的历史考察》，《江海学刊》，2012 年第 6 期，第 199 页。

③ 春原昭彦：《日本统治下的台湾报纸》，刘明华译，《新闻研究资料》总第 43 辑，1988 年，第 167 页。

续表

类目	《新闻纸条例》	《台湾新闻纸条例》
关系人资格	非年满二十岁以上，居住帝国内者、被剥夺公权者或被停止公权者，于停止期间内，不得为发行人、编辑人、印刷人	公权剥夺者、公权停止中者、未成年者、本岛无住所者不得为发行人
禁载事项	曲庇违背刑律罪犯之论说、救护或赏恤刑事被告人或违背刑律之犯罪人文书不得记载；未经公布之官文书及建议请愿书，非经官厅许可，无论详略，不得记载；官厅之议事及依法律禁止旁听之公会议事，无论详略，不得记载；冒渎皇室之尊严、变坏政体、紊乱朝纲之论说，不得记载；坏乱社会秩序及风俗事项，不得记载	未公判前的重罪轻罪的预审相关事项及禁止旁听的诉讼相关事项；救护或体恤刑事被告人或犯罪人，或曲庇犯罪的事项；未经公布之官文书及建议请愿书，非经官厅许可；禁止旁听之公会议事；外务大臣、陆军大臣或海军大臣特别禁止记载的外交或军事相关事项；冒渎皇室之尊严、变坏政体、紊乱朝纲之论说等等，不得记载
行政处分	禁止发卖颁布、扣押、禁止发行、取消发行许可	禁止发卖颁布、禁止发行
司法处分	罚金（元）：5—100、20—200、20—300、50—300 体刑（轻禁锢）：1—6个月、2个月—2年	禁止发行 罚金（元）：10—200、20—300，50—500 体刑（轻禁锢）：1—6个月、3个月—3年

　　另外，被日本学者称为与欧美相比的日本新闻法制特色内容："（一）保证金制度，（二）行政官厅的发卖颁布禁止权，（三）司法官厅的发行禁止权"[①]，无一不被复制到中国台湾，甚至可谓将它们"发扬光大"，其中《新闻纸条例》规定的："裁判所可视犯罪情形，禁止（中略）新闻纸之发行"被学者称为"对于出版报道界而言相当于死刑的最高刑"[②]，与之比较，《台湾新闻纸条例》规定的"台湾总督（中略）得取消其许可"可以直接称为"死刑"。

　　由上可见，尽管日本本土的新闻立法水平逐渐提高，法律规定的内容日益合理，但是这些进步并未对中国台湾的新闻立法产生影响，日本在移植新闻法到中国台湾的过程，完全以服务殖民统治作为取舍标准，开始日本利用法规控制新闻业、服务殖民统治

① 宇野慎三『出版物法論』巌松堂書店、1923年、35頁。

② 中園裕『新聞検閲制度運用論』清文堂出版、2006年、20頁。

的新闻统制的历史，在随后新占领的地区，中国台湾的这套经验持续得到"发扬光大"。

二、透过台湾复制日本的发行许可与保证金制度

日本侵占旅大初期，由于军事占领尚未结束，"日本占领地方的行政，基于参谋总长的训令，遵由陆战法规惯例相关条约，旧俄国占租借地（旅顺、大连、金州等地）举行之诸般设施，大体上效仿俄国之施政方法"[①]，因此，日本统治者并未急于新闻立法。不过，随着《辽东新报》的申请获准与"民政"的开展，新闻出版成为当局管理的对象，其中有两个人的角色非常重要，一个是前台湾总督儿玉源太郎，时任"满洲"军总参谋长，另一个是前台湾民政长官后藤新平，时任"南满洲铁道株式会社"总裁。当时有人认为统治中国台湾，"言论统制比产业统制更重要，'殖民地'建设期不论采取何种产业政策，如果缺乏相关言论统制作为配套，都会有崩溃的危险"，因此他们在中国台湾制定《台湾新闻纸条例》《台湾出版规则》，施行"一市一报"，禁止日本报纸进入中国台湾[②]，"儿玉总督时代的言论取缔，新闻杂志许可发行，当发表对统治不利言论时，不受约束地碾压之，要不然的话尽可能怀柔地终止之"[③]，特别是后藤新平在台期间训练出一套颇为奏效的"新闻对策"[④]，采取日本《新闻纸法》例外的法令限制中国台湾报纸议论殖民政府[⑤]，与此同时，他对在"满"新闻纸的重要性有清晰认识[⑥]，对"新闻记者的势力""新闻的权威"有充分的理解，十分注重"新闻政策"，认为"今日之时代乃为新闻记者之时代"[⑦]。他们一手策划与部署旅大租借地的民政方案[⑧]，可以说中国台湾管制新闻

---

① 『遼東守備軍管内施政一斑』（C06040129000）『明治三十七・八年戦役に関する満密受書類 補遺 陸軍省』防衛省防衛研究所。

② 岡田益谷「輿論指導と新聞政策（上）」『宣撫月報』第4巻第1号、1939年1月、12—13頁。

③ 安藤盛『台湾の言論界』拓殖通信社支社、1926年、21頁。

④ 鶴見祐輔『後藤新平伝・台湾統治篇・上』京屋印刷所、1943年、87—90頁。

⑤ 「例外なる新聞紙法」『新聞総覧・明治四十四年版』日本電報通信社、1911年、498—500頁。

⑥ 鶴見祐輔『後藤新平伝・満洲経営篇・下』京屋印刷所、1943年、119頁。

⑦ 菜花野人『後藤新平論』統一社、1919年、107—109頁。

⑧ 黄福庆：《论后藤新平的满洲殖民政策》，《近代史研究集刊》，第15期，第38—384页。

的经验通过他们与关东都督府的暧昧关系被复制到旅大租借地。这个过程大体上可以分为两个阶段。

（一）明确新闻与出版的行政管理

日俄战争期间，与驻韩国日本宪兵司令部及日本驻南库页岛守备军颁布各种法令直接统制新闻出版不同，前者以维持治安与保护机密为名颁布《军事警察训令》《关于军事警察施行内训》《军律》[①]，后者颁布《新闻纸取缔规则》，日本辽东守备军未对言论作明确统制，虽然也颁布了《军律》[②]，但缺少韩国《军律》取缔报纸、杂志及言论等相关条款[③]。在颁布《远东守备军行政规则》的同时，基于维护对原俄国租借地社会秩序的需要，军政委员会在援用当地旧法规的基础，参酌日本法令管理当地违法事件。[④] 又颁布《大连湾出入船舶及渡航商人取缔规则》（1905 年 1 月 14 日陆军省告示第 1 号）《辽东守备军管辖地域内出入船舶及渡航商人取缔规则》（1905 年 2 月 7 日）与《大连渡航者在留心得》，规定渡"满"者只要遵守军队的命令，不侵犯公益、紊乱风俗、破坏治安者，填具包括"营业的种类及商号、开店的场所、物品贩卖价格表等"内容的营业申请书正副两份，经军政长官批准者可以在占领地从事除军队专属的酒保业（军营中的一种小卖部）以外所有营业[⑤]。参考此时日本营业种类包含报纸、杂志及普通出版物的发行，这些日军颁布的法令间接默许与认可新闻纸的出版与发行。

---

① 「軍事警察訓令」（1904 年 7 月 20 日、駐韓国憲兵隊長）：二の 2. 集会若ハ新聞ノ治安ニ妨害アリト認ムルモノヲ停止シ関係者ヲ処分スルコト但新聞ハ発行前予メ軍司令部ノ検閲ヲ受ケシムルヲ要ス。「軍事警察施行ニ関スル内訓」（1905 年 1 月 3 日、駐韓国憲兵隊長）：五の第 1 新聞、雑誌、広告等ノ治安ニ妨害アル認ムルモノヲ停止シ又ハ禁止スルコト。金正明『朝鮮駐剳軍歴史 日韓外交資料集成 別冊 1』巌南堂書店、1967 年、212、217 頁；金泰賢『朝鮮ニ於ケル在留日本人と日本人経営新聞』神戸大学博士論文、2011 年、14—15 頁。

② 《辽东守备军律》，《外交报》，第 5 卷第 16 期，1905 年，第 6—7 页；「遼東守備軍軍律」『国際法雑誌』第 3 卷第 7 号、1905 年、30—32 頁。

③ 「軍律」：「如左記ノ各項ニ該当スル罪ヲ犯シタル者及従犯、教唆者未遂犯者、并予備、陰謀者ハ情状ニヨリ及時態ノ必要ニ従ヒ死刑、監禁、追放、過料又ハ笞刑ニ処ス。十五、集会、結社又ハ新聞雑誌、広告等其ノ他ノ手段ヲ以テ公安秩序ヲ紊乱シタル者」（金正明『朝鮮駐剳軍歴史 日韓外交資料集成 別冊 1』巌南堂書店、1967 年、181—183 頁）。

④ 「遼東守備軍行政規則進達ノ件」『明治三十八年 満密大日記 明治三十八年一月二月』（C03020250400），防衛省防衛研究所。

⑤ 「分割 2」『日露戦役ニ依ル占領地施政一件』（B07090727400）外務省外交史料館。

1905 年 6 月，"关东州"民政署代替军政署，台湾总督府参事官石冢英藏兼任民政长官[①]。7 月 1 日，训令第 1 号颁布《"关东州"民政署分课规则》，规定民政署警务部保安系掌管"关于出版事务"[②]。1905 年 10 月，关东总督府的成立，又重回军事管制，对新闻与出版采取软硬兼施的政策。

硬的方面，以军事安全为借口，打压言论与出版自由。1905 年 10 月 23 日，《大连湾港则》与《旅顺口港则》声明："不得探知或漏泄本港境域内的兵备状况及其他军机军略""不得在本港区域传播流言蜚语，侵害安宁秩序或风纪"[③]。软的方面，以开发民智为标榜，鼓励民众接近与使用官方报纸。1905 年 1 月 26 日，神尾参谋长致信外松经理长官，在大连设施方面必要的营业种类，应许可"书籍、杂志、新闻商"的营业。3 月，末永纯一郎来到大连，他曾于甲午战争中在"满洲"担任从军记者，一直主张"文章报国"，此时希望能在大连创办一份报纸，这种想法得到"关东州"民政署民政长官石塚英藏和陆军主计监辻村楠造的支持[④]。5 月 4 日，末永向辽东守备军提出办报申请——《新闻纸发行特许愿》：

> 辽东守备军司令官 陆军大将男爵 西宽二郎殿
>
> 鄙人以人文之开发、世务之献替为目的，在大连发行汉文及日文两样之新闻纸，同时将印刷配布贵管内各官衙之公文。务请诠议后，特许保护。另纸添附雏形、要项及见积书。特此申请候也。
>
> 明治三十八年五月四日
>
> 东京市赤坂区溜池町二番地 大连有马组出张所内宿泊 末永纯一郎

与 1905 年 5 月 5 日营口军政署认可《满洲日报》申请时表示准用日本现行《新

① 『関東州民政署職員録』1905 年 12 月末調、3 頁。

② 『関東州民政署法規提要』関東州民政署官房、1905 年、81 頁。

③ 『関東州民政署法規提要』関東州民政署官房、1905 年、8—12 頁。

④ 郭鐵椿「日據時期大連報刊業狀況論述——以『遼東新報』『滿洲日日新聞』和『泰東日報』為重点」『石堂論叢』52 集、2012 年、88 頁。

闻纸条例》等日本新闻法规不同①，1905年10月，"关东州"民政署民警第55号要求获得发行许可的《辽东新报》遵守以下命令条项②：

第一条　初号发行五日前，须将发行时期、发行所、印刷所及发行人、编辑人、印刷人向民政署报备，受其承认，其变更时亦同。

第二条　新闻纸每号须登载发行人、主要编辑人、印刷人之氏名、印刷所。

第三条　发行次数应在每周两回以上。

第四条　论说其他登载一切事项须事先提交其原稿受民政署之检阅。

第五条　陆海军备相关诸般设施、军用官衙、家屋粮秣的配置、军队或将校之往复，其他全部军队之动静相关记事不得记载。

第六条　未公开之官方文书或官衙记事，未获该官衙许可者，不论详略均不得登载。

第七条　以诽谤为目的的恶事丑行之记事不得记载。

第八条　有妨害治安、坏乱风俗之虞的论说、记事及广告不得登载。

第九条　每次发行前须向"关东州"民政署纳本二部。

第十条　"关东州"民政署所发之署令、训令、告示及其他公示等官方文书之记载时，须用四号活字于本纸开头登载。

第十一条　违背此命令条项时，民政署应禁止其新闻纸之发卖颁布或应情况，取消其发行许可。

第十二条　此许可，依民政署之必要，可以随时取消。

明治三十八年十月八日

"关东州"民政署长官　石塚英藏

---

① 「願之趣認可ス（明治二十八年五月五口）」：但日本帝国现行新聞条例及右ニ関スル諸规定（明治二十年勅令第75号、同八年九月太政官達第58号、同三十七年一月陸軍省令第1号及海軍省令第1号、同九年六月司法省令第10号、同三十二年六月内務省告示第62号）ヲ準用シ殊ニ軍政及軍事上ノ件ニ関シテハ当署ノ検閲ヲ経タル后ニアラサレバ掲載スルヲ許サス（下略）。

② 「発児玉総参謀長 宛長岡参謀次長 遼東新聞発行の報告に関する件」（C06040745000）『明治三十八年十月 大本営陸軍副官管 副臨号書類綴』防衛省防衛研究所。

从上述命令可见，日本统治者试图以日本国内新闻法为参考，规范报纸创办过程，明确规定禁载内容，同时，增加日本国内新闻法没有的内容，如第4条内容从未出现在日本国内新闻法里[1]，新增的内容将实施新闻审查公开化与合法化。

10月25日，末永利用沙俄留下的印刷设备，正式将报业宏图延伸到"大陆"，创刊《辽东新报》，初期每周发行两次，次年4月3日起，改每日出版，在旅顺设立支局。1905年12月18日，"满洲"军总兵站监男爵儿玉源太郎鉴于《辽东新报》作为'满洲经营'上有利机关"，准其认可为"第三种邮便物"。[2]同时，日本递信省与陆军省联合发出《关于"满洲"及"桦太"发行定期刊行物第三种邮便物认可之件》，要求认可者须得到军政长官批准，"以得到陆军官宪发行许可者为限"，填具申请内容——"记载事项性质""发行定日""发行所""发行人住所、氏名"等。

1906年4月，关东总督府制定《军政实施要领》，其中《细说》第四节《当地居民之启发及教育》（土民ノ启発及教育）第五款：

> 四月三日以后，《辽东新报》增加发行《关东总督府府报》，以该报作为总督府公报。该报努力立足于地方人民的善行奖赏，在新报上刊登符合本社利益的事项，承诺以为民办报、帮助启发百姓、因地制宜为主旨，期盼各方面向新报投合适的文稿进行刊登[3]。

这种双重策略体现出日本统治者既需要严格遵循新闻业务的基本要求，又试图打造侵略者的文化爪牙，即致力于引导与规范报纸，使之服务殖民统治。

（二）承认新闻与出版的法律地位

伴随着日本在旅大的新闻业的建立，日本统治者颁布相关政策法规，确认新闻与出版的合法地位，开启依法统制新闻业的历史。

---

[1] "日本的新闻纸，自始在法律上没有每号受将检查的规定"。详见榛村专一：《新闻法制论》，袁殊译，上海群力书店，1937年，第12页。

[2] 「野戦郵便局に於て定期刊行物送受の件」（C03026861100）『明治三十八年 満大日記 十二月上』防衛省防衛研究所。

[3] 大山梓「関東総督府『軍政実施要領』」『国際政治』第28号、1965年、122页。

1906 年 3 月 9 日，关东总督府颁布《关东总督府管内居住民取缔内规》（日文「取締」为中文"管理"之意），首次明文规定报纸、杂志发行的合法性，规定关东总督府管内（"关东州"、营口、安东县、新民县及龙岩浦除外）日本人欲经营"报纸、杂志之发行"（甲种第九号），须事先将"营业的种类""营业的方法""营业资本"（应添附资本证明材料），"与清国人共同营业者，须提供其住所、氏名、资本"，接受关东总督的许可，不过由名称可知该法令主要针对"关东州"以外的日本占领地区，仅在第八条规定"第二条第一、第二、第九号的营业，'关东州'、安东县、新民及龙岩浦依第三条受关东总督之许可"，即"本邦人居住营业得许可时，其地方由关东总督随时指定"（第三条）[1]。

同年 4 月 5 日，关东总督府府令第 3 号公布《关于新闻电报发受应注意要件》，表示对由新闻社、通信社或新闻通信员发给新闻社、通信社，以登载于新闻纸为目的，对"满洲"与日本间发受新闻电报者加以规范。6 日，"关东州"民政署训令第 6 号公布《"关东州"民政署警察汇报规程》，规定由民政署警务部每月发刊《警察汇报》，登载事项包含"报纸、杂志、出版物"[2]。17 日，"关东州"民政署训令第 10 号公布《"关东州"民政署警察处务细则》，规定"主任警部"掌管"关于高等警察事务"[3]。虽然该细则未对高等警察作具体界定，但按照日本法学界的解释，"如政治暴动、危险思想流布等，直接危害社会全体安全，干扰社会生活秩序，处理与之相关事务的警察，即为高等警察"[4]，掌管"集会、结社、出版"[5]，或言之："高等警察系指政治警察、集会警察、出版警察而言。"[6] 可知此时日本统治者将新闻与出版纳入了日常的行政管理。

随着日俄军队从东北的撤退，日本在辽东半岛着手取消军事管制[7]。1906 年 7 月 31 日，日本第 203 号敕令颁布《关于"关东州"诸般成规之件》，表示"'关

① 『外務省警察史・在南満洲領事館・自明治九年至同四十年』不二出版社、1996 年、449、453 頁。

② 『関東州民政署法規提要』関東州民政署官房、1905 年、73 頁。

③ 『関東都督府法規提要・明治四十四年十一月現行』満洲日日新聞社、1911 年、563 頁。

④ 佐々木惣一『警察法概論』日本評論社、1940 年、32 頁。

⑤ 久米金弥『高等警察論』比昇社、1886 年。

⑥ 松井茂：《警察学纲要》（中译本），吴石译，商务印书馆，1936 年，第 125 页。

⑦ 顾明义等主编：《日本侵占旅大四十年史》，辽宁人民出版社，1991 年，第 71 页。

东州'诸般成文规则制定专门规定"①，与1896年3月30日法律第63号《关于应施行于台湾之法令的法律》的法律主旨一致②，即"日本内地法律并不直接适用于此"③。9月1日，日本仿效往年俄国经略东方的象征之远东总督的制度④，在旅顺设置取代关东总督府的关东都督府，宣称结束"军政"而开始"民政"，该日被称为"始政纪念日"。同日，关东都督府令第8号颁布《"关东州"在留者取缔规则》，训令第35号颁布《关东都督府官房并民政部分课规程》，前者规定"在留者被认定为有妨害治安或扰乱风俗时，所辖民政署长得禁止其一年以上三年以下在留关东都督管内"⑤，后者规定民政部警务课保安系负责"关于出版事项"，即表示保安警察掌管出版物之取缔，"保安警察者，乃以保持公共安宁秩序为目的，而预防及排除一切天然或人为的危害之警察作用也，其作用有施于特殊行为者，如结社、集会及出版等"⑥。

在"军政"向"民政"过渡的过程中，日本统治者逐步明确官制机构管理出版事务。与此同时，1906年10月26日，关东都督府令第27号颁布《营业取缔规则》，再次确立规定新闻纸、杂志发行的合法性。该令的颁布在旅大租借地四十多年的新闻统制中颇具历史意义。

其一，它是旅大租借地第一部与新闻直接相关的法令。虽然上文已提到的《辽东守备军管辖地域内出入传播及渡航商人取缔规则》《大连渡航者在留心得》等间接将日本国内职业种类延伸到旅大地区，以及《关东总督府管内居住民取缔规则》也规定了"新闻、杂志之发行"，但是它们都限于在"满"居住的日本人，并未给旅大租借地所有住民创业提供合法依据。与它们不同，《营业取缔规则》适用所有旅大租借地在住居民，所以它是第一部真正意义的新闻法令。

---

① 「関東州ニ於ケル諸般ノ成規ニ関スル件」『官報』1906年8月1日。

② 「台湾ニ施行スヘキ法令ニ関スル法律」『官報』1896年3月31日。

③ 七戸克彦「旧・外地裁判所判例の今日的意義・序論：活きている台湾高等法院・関東高等法院・朝鮮高等法院判決」『Hosei kenkyu or Journal of law and politics』第79巻第3号、2012年12月27日、348頁。

④ 解学诗主编：《满铁档案资料汇编第十三卷满铁附属地与"九一八"事变》，社会科学文献出版社，2011年，第65页。

⑤ 「関東州在留者取締規則」『官報』1906年9月15日。

⑥ 张恩书编：《警察实务纲要》，中华书局，1937年，第101页。

其二，它是旅大租借地首次以法令形式认可新闻业的商业性质，并对新闻业务加以规范。正如该令的名称为"营业取缔规则"，关东都督府认可新闻纸、杂志发行的商业性质。虽然日本早在国内与海外居留地颁布过"诸营业取缔规则及罚令"[①]、"居留民营业规则"[②]等，但将"新闻、杂志之发行"列入营业取缔中却是首创，且为营业列表中的第一种，规定"欲为新闻、杂志发行者"，应将营业"种类、商号、场所"、营业者"本籍、住所、商号（作为法人的话，其名称、事务所地址、代表者氏名、章程等）"等信息提交给所辖民政署长，得到关东都督批准发放许可证后方可营业。同时，该法令是旅大租借地首次立法规范新闻业务，表示"如果涉及破坏社会公共秩序与妨害社会善良风俗，取消营业许可证，并视情节处以五百元以内罚金、拘留等处罚"[③]。

其三，它是旅大租借地新闻法令最主要、最直接的法源。对比同一年清政府颁布的《大清印刷物专律》对报纸恐吓大于保护、限制多于促进，《营业取缔规则》算是给尚未起步的旅大新闻业营造了一个较为宽容的法律环境。同时，虽然《营业取缔规则》并非专门的"新闻法"，而且关系新闻业的条款不多，但却是之后旅大租借地"新闻立法"最主要、最直接的法源，如后续章节涉及的《"关东州"及"南满洲铁道附属地"出版物令》《"关东州"言论、集会、结社临时取缔令》等无不以《营业取缔规则》为法源。

由上可见，日本殖民统治者在旅大租借地逐步确立对新闻与出版的行政管理，承认新闻与出版的"法律"地位。在这过程中，与当时作为日本保护国的韩国相比，旅大租借地与中国台湾相似程度颇高，一方面两地在日本人占领前尚未有成熟的新闻业与完整的新闻法令，另一方面两地由同一批日本人确立殖民统治模式。与之相比，韩国在日韩"合并"前，韩国报纸已经营多年，早在1898年10月韩国政府就提议制定《新闻条例》(신문 조례)[④]，后在伊藤博文的操控下颁布《新闻纸法》(신문지법)与《出版法》(출판법)，虽然明显有日本新闻出版法的

---

① 冈田英郎编『沿革類聚官民要覧・第1編』東洋社、1879年、書目24—26。

② 「居留人民営業規則」『外務省警察史・韓国ノ部』不二出版社、2222頁。

③ 「営業取締規則」『官報』1906年11月2日。

④ 「官報抄録」『皇城新聞』1898年11月2日、1面。

痕迹①，但是它们作为一个国家的法律而颁布，同时韩国新闻界对出版自由已有充分的认知②，所以，日本对韩国的新闻统制侧重于加强取缔由外国输入与外国人在内国发行的新闻纸③，明显不同于旅大租借地侧重于逐步确立一套新闻与出版管理模式。换言之，日本统治者通过确立保证金与批准制度引导旅大的新闻业服务于日本的统治。

三、以日本法为基础创制专属旅大的新闻法令

尽管在占据旅大之前，日本国内的各种新闻法令已十分成熟。但是，日本殖民统治者按照统治中国台湾的经验，并未将日本国内法直接适用于旅大租借地，而以日本法为蓝本④，创制了各种专属旅大租借地的新闻法令。

（一）关于新闻与出版的一般法规

按照法律效力范围划分，法令分为一般法与特殊法。日本及其各殖民统治地区的新闻法也可以分为一般法与特殊法。旅大租借地关于新闻与出版的一般法规如下：

1.《警察犯处罚令》对言论与出版物的规定

在日本的法律体系中，不仅专门的新闻与出版法属于警察法规类，而且专

---

① 한영학「광무신문지법과 일본 신문지법의 비교」『한국언론학회』55 권 1 호、2011 年、359 頁。

② 「論說：報筆의 自由로 以觀國之盛衰」『皇城新聞』1906 年 10 月 16 日、2 면；「論說：新聞條例에 對해 感念」『皇城新聞』1907 年 7 月 12 日、2 면；「論說：新聞束縛의 條例」『皇城新聞』1907 年 10 月 12 日、2 면。

③ 「新聞紙取締」『統監府において施行又は計劃なる主要事務の概要調書』11 頁、국회전자도서관。

④ 在对日本统治有利的前提下，日本统治当局也会采用中国制度。如 1909 年 6 月 1 日，金州民政支署以"马贼横行"为由，启用中国古制——保甲制度，通过《保甲制度地方规约准则》，第七条、左ノ事項アリタル場合ニハ各家長ハ即時之ヲ甲長ニ報告スヘシ、（二）謠言蜚語又ハ地方ノ安寧風俗ヲ紊乱スヘキ行為アル者甲内ニ人込タルトキ。第八条、会内住民ハ常ニ左ノ事項ヲ恪守スルモノトス：（三）他人ノ身上行為ニ対シ誹毀讒謗又ハ官庁ニ虚偽ノ申告ヲ為ササルコト（関東庁編『関東庁施政二十年史』満洲日日新聞社、1926 年、314—315 頁）。

门的警察法规也有许多条款涉及新闻与出版[①]，其中以日本及其殖民统治地区都有的警察犯处罚法规最具代表性。1908 年 10 月 1 日，关东都督府令第 58 号颁布《警察犯处罚令》，部分条款对言论传播活动作出规定。与日俄战争期间辽东守备军颁布的《违警罪目》相比，《警察犯处罚令》涉及新闻与出版的条款更明显，《违警罪目》仅第 2 条第 34 款的"关于道路上猥亵放声高歌者"与言论出版有些许关系[②]，《警察犯处罚令》明文对出版物销售与广告作出规范，"配布无购读请求之出版物或揭载无请求之广告，要求其代价或强行要求广告委托者"，与"造作谣言或虚报者"被视为"违警犯"，予以"拘留"或"罚款"[③]，这些条款都可以称为新闻法规。

从颁布时间与主要内容来看，旅大租借地的《警察犯处罚令》（都督府）与韩国的《警察犯处罚令》（统监府）、中国台湾的《台湾违警例》（总督府）一样无不是早两天日本颁布的《警察犯处罚令》（内务省）的翻版，但是通过比较可以发现[④]，日本母版涉及出版与言论的条款4处，由它衍变出的旅大版、韩国版、台湾版分别是 2 处、4 处、4 处，可见旅大版删减的内容最多，显然减弱了违警法令对新闻与出版的管理力度。另外须指出的是，按照旅大租借地的立法制度，由关东都督府（关东厅、关东局）制定的府令（厅令、局令）应该称之为"规则"而非"令"（"令"限指"敕令""律令""制令"）[⑤]。该法令 1922 年再颁布时，关东厅才将《警察犯处罚令》改为《警察犯处罚规则》[⑥]。

---

① 「第五编 高等」『警察法令判例集』内务省警保局、1928 年、161—229 頁。

② 「分割 2」『日露戦役ニ依ル占領地施政一件』（B07090727400）、外務省外交史料館。

③ 関東都督府官房文書課『関東都督府法規提要・明治四十四年十一月現行』満洲日日新聞社、1911 年、740 頁。

④ 「警察犯処罰令・内務省」『官報』1908 年 9 月 29 日；「警察犯処罰令・統監府」『官報』1908 年 10 月 6 日；「台湾違警例」『官報』1908 年 10 月 7 日；「警察犯処罰令・関東都督府」『官報』1908 年 10 月 14 日。

⑤ 佐藤亀城編『軍用公文書式』武揚堂、1909 年、15—16 頁；另根据『規則細則等ノ区別』（明治四十二年十二月二十五日官文第 387 号通牒），对法律、敕令与省令的名称作出规定，"法律"指"何々法"，敕令指"何々法施行勅令""何々令（単独）"，省令指"法施行細則""法施行規則""何々令施行規則""何々規則（単独）"。

⑥ 「警察犯処罰規則」『官報』1922 年 10 月 23 日。

2.《"满洲"内邮便规则》关于报纸投递的规定

1910 年 4 月 1 日，关东都督府令第 4 号颁布《"满洲"内邮便规则》，对作为"第三种邮便物"的定期出版物的费用规定："每重量 13 匁之瑞数，金 1 钱"①，高于日本《邮便规则》的定价（1 个每重量 20 匁或 20 匁之瑞数，金 5 厘；2 个以上一束每重量 20 匁或 20 匁之瑞数，金 1 钱）②，直到 1923 年响应日本新闻协会第 11 回大会及新闻记者大会（朝鲜"满洲"大会）减轻新闻纸邮资的呼吁，修改定价而减至金 5 厘。③ 而根据 1905 年 12 月 14 日日本递信第 80 号省令的规定，"《第三种邮便物认可规则》准用于'满洲'及'桦太'"④，以及根据《"满洲"内邮便规定》第一条规定："关东都督府管内相互投寄邮便物，除本规则有特别规定外，准用明治三十三年九月递信省令第 43 号《邮便规则》及其关于内国邮便的规定"⑤，无异于《邮便规则》关于"妨害公安、坏乱风俗之文书图画及其他物件"为"邮便禁制品"与日本递信省 1900 年第 73 号省令《第三种邮便物认可规则》的相关规定直接适用于作为租借地的旅大地区⑥。其中《第三种邮便物认可规则》表示："可为第三种邮便物之定期刊行物，要具备下之条件：一、每月一回以上逐号定期发行者。二、记载事项之性质不可预定终期者。三、不有书籍之性质者。四、以报道论议政事、时事、商事、学术、技艺、统计等公共性质之事项为目的而发行，且汛卖于公众者"，"依本规则欲受认可之定期刊行物之发行人，当差出记载下之事项之愿书：一题号。二记载事项之种类。三发行之定日。四发行所。五发行人之住所氏名"。《满洲内邮便规则》的颁布无异于将日本国内管理定期出版物的标准适用于旅大地区。

---

① 「满洲内邮便规则」『官報』1910 年 4 月 16 日。

② 《邮便法》,《新译日本法规》（点校本·第 10 卷），南洋公学译书院初译，商务印书馆，2008 年，第 524 页。

③ 「满洲内邮便规则改正」『官報』1923 年 6 月 18 日。

④ 「满洲及樺太ニ於テ发行スル定期刊行物ニシテ第三種邮便物ノ认可ヲ受ケントスルモノニ关シ逓信省令準用ノ件」『官報』1905 年 12 月 14 日。

⑤ 「满洲内邮便规则」『官報』1910 年 4 月 16 日。

⑥ 《新译日本法规》（点校本·第 10 卷），南洋公学译书院初译，商务印书馆，2008 年，第 530、547—548 页。

（二）关于新闻与出版的专门法规

按照日本制定的"关东州"立法制度，旅大地区作为租借地，并非日本领土，"法律事项"不以"法律"制定，而是由"敕令"或"命令"代替。因此，在旅大租借地，专门针对新闻媒体的法律多以"敕令"或"命令"。其主要法规如下：

1.关于《出版物命令条项》的相关规定

1908 年 10 月 25 日，关东都督府警务部参照日本当时实施的《新闻纸条例》，以《营业取缔规则》为法源，制定了适用于新闻纸发行的《出版物命令条项》（一般称为《命令》）（图 2—8[1]），全文 17 条[2]。

图2—8：《读卖新闻》《台湾日日新报》对《"关东州"新闻条令》的报道

《出版物命令条项》具体内容如下（由于无法找到关东都督府版本，所以只好用关东厅版本）：

第一条　下列情况，发行人填具事由向关东长官发出申请，接受其许

---

① 『関東庁要覧・昭和二年版』満洲日報印刷所，1928 年、245 頁。但是在关东都督府、日本驻奉天领事馆与日本外务省的书信来往中多次提及 1908 年制定的名称是《新闻纸取缔规则》，另根据《读卖新闻》1908 年 10 月 22 日朝刊第 2 版以《新闻条令》为题报道"都督府发布新闻条令"；同日的《台湾日日新报》第 2 版以《关东新闻条例》为题报道；同日的《盛京时报》第 5 版以《关东颁布报律》报道：关东都督府于二十五日颁布报律章程以便界内各报之遵守，然据此而行，凡关东州内各报均须纳保证金一千元或五百元，始能发刊云。

② 「新聞条令発布」『読売新聞』1908 年 10 月 22 日朝刊、第 2 版。

可：

一、题号变更时；

二、揭载事项变更时；

三、发行次数增加时；

四、发行人、编辑人、印刷人变更时；

五、发行所或印刷所转移到所辖警察官署管辖区域以外时；

前项第四号许可愿书应添附新发行人、编辑人或印刷人的履历书

第二条　发行人、编辑人或印刷人死亡时，应在七日依前条履行手续，但其手续终止前，可呈报临时担当者，继续发行。

第三条　发行时期变更时，应无迟滞地呈报其旨。

第四条　发行人、编辑人或印刷人不得兼充。

第五条　发行人应制作从事其事务的主笔、记者及社员的名簿呈报关东厅，其名簿发生异动时亦同。

第六条　揭载时事相关事项的出版物许可发行时，应向关东厅缴纳保证金千元（一周一次以下者保证金五百元），但可以公债证书、国债证券或劝业债券充之；

发行人非完纳保证金后，不得发行出版物；

保证金非停刊或取消许可时不得退还。

第七条　出版物休止发行时应呈报其旨。

第八条　发行许可日起过五十日仍未发行，或暂且发行尔后其发行期日起休刊三月以上时，丧失其许可效力，但受发行延期或休刊许可时不在此限。

第九条　出版物每次发行，应向关东厅警务局纳本二部，所辖警察官署及关东厅地方法院检察局各一部。

第十条　出版物每号应记载发行人、编辑人、印刷人的氏名及发行所。

第十一条　出版物不得揭载下列事项：

一、外交、军事或行政上的机密事项；

二、预审中被告事件的内容；

三、赏扬或曲庇、陷害刑事被告人或犯罪人事项；

四、未公开的诉讼辩论或会议议事；

五、意图侵害公安或坏乱风俗事项；

六、关东长官揭载禁止事项。

第十二条　官公署未公开文书、建议或请愿等，非受相关官公署许可，其内容不论详略不得揭载。

第十三条　出版物揭载事项，由本人或直接关系者请求正误或正误书、辩驳书揭载时，应无迟滞正误或揭载正误书、辩驳书全文，但正误、正误书或辩驳书字数超过原文二倍时，可以拒绝。

第十四条　正误、正误书人或辩驳书揭载在原文揭载同样版面，且以使用原文同大活字为主。

第十五条　由官报或其他新闻纸或杂志等所抄录事项，该官报或新闻纸或杂志等已揭载正误或正误书、辩驳书时，应速正误或揭载正误书、辩驳书。

第十六条　关东长官认为取缔上必要时，可以随时向发行人发布命令。

第十七条　认为发行人违背此命令时，关东长官可以禁止出版物的发卖颁布，停止其发行或取消其发行许可。

所辖警察官署扣押前项出版物，必要时可以废弃。

第十八条　发行人伪造第五条的名簿或名簿记载者胁迫营业或私事及其他不正当行为，不问其事项出版物揭载与否，关东长官应有必要戒告该发行人。

关东长官认为必要时，可以不为戒告而直接处分。

虽然它作为命令条项，只不过是例规，尚无资格称为相当于法令的"府令"[1]，但却是租借地及"满铁附属地"各民政署管理新闻纸及杂志营业最直接的办法，

---

[1] 「営業者ニ対シ命令条件ノ新設、改定ノトキ報告方」「営業者ニ対シ命令条件ノ改定ノトキ通報方」『関東都督府例規類纂·明治四十四年版』満洲日日新聞社、1911 年、226 頁。

规定新闻纸的发行须经都督府批准，并交纳保证金——新闻纸 1000 元、杂志 500 元，违反命令或认为必要时，禁止发行及取消发行许可[①]。如《辽东新报》因违反《命令》的规定，1908 年 9 月 5 至 9 日、1916 年 1 月 7 至 9 日遭到禁止发行的处分[②]。该《命令》延续了《营业取缔规则》对新闻纸与杂志的发行采取批准制度。日本国内的《新闻纸条例》（1883 年太政官布告 21 号 /1887 年敕令第 75 号）早已放弃批准制度，采取比较宽容的呈报制度，只是日本初占中国台湾时，重新把批准制度写进《台湾新闻纸条例》（1900 年律令第 3 号），"对于对岸中国思想、政情颇为敏感是为现在之岛情，今当即允许自由发行之时机尚未达到，设若彻废许可制将招来统治上的种种弊害"[③]，"是等殖民地，比及内地，文化程度尚低，且领有之日尚浅，有加以特别取缔之必要"[④]，显然关东都督府吸收了台湾总督府的经验。

关于保证金数额的规定，异于日本《新闻纸条例》与朝鲜《新闻纸规则》采取的地区差别对待，而是照搬《台湾新闻纸条例》的统一缴纳 1000 元（表 2—12[⑤]）。对比旅大与日本的保证金额度，显而易见殖民统治者采取最高的金额要求其殖民统治地区。另外，与 1908 年《大清报律》的每月发行四回以下者，保证金银 500 元，每月发行三回以下者，保证金银 250 元相比，1907 年中日银汇价为"30 片 16 分 ノ 3"[⑥]（按中日汇价换算方法即是 100 日元 /52.96 中国银元[⑦]），这样折合下来，可见旅大报纸保证金略高于清朝报纸。

---

① 「関東新聞条例」『台湾日日新報』1908 年 10 月 22 日、第 2 版；「満鉄附属地外ノ新聞取締ノ件」『新聞雑誌出版物等取締関係雑件（第一巻）』（1—3—1—4—001）外務省外交史料館。

② 「遼東新報発行停止内情」『東京新聞』1908 年 9 月 8 日朝刊、第 2 版；「遼東新報発行停止」『読売新聞』1916 年 1 月 9 日朝刊、第 2 版。

③ 鈴木清一郎『台湾出版関係法令釈義』杉田書店、1937 年、4 頁。

④ 生悦住求馬「植民地と出版警察法」『出版警察法概論』松華堂書店、1935 年、11 頁。

⑤ 「新聞紙条例改正ノ件」『官報』1887 年 12 月 29 日；「台湾新聞紙条例」『官報』1900 年 2 月 1 日；「新聞紙規則」『官報』1908 年 5 月 6 日。

⑥ 大島堅造『外国為替講話』大阪織物同業組合、1925 年、245 頁。

⑦ 大島堅造『外国為替講話』大阪織物同業組合、1925 年、235—236 頁。

表2—12：旅大与日本、中国台湾及朝鲜保证金额度比较

地区	额度	法规
旅大	统一 1000 元	《营业取缔规则》
日本	东京：1000 元；西京、大阪、横滨、兵库、神户、长崎：700 元；其他地方：350 元；每月发行三回以下者，各照前额减半	《新闻纸条例》
中国台湾	统一 1000 元	《台湾新闻纸条例》
朝鲜半岛	京城、仁川与釜山：1000 元；前者以外设有理事厅处：500 元；前两者以外：300 元；每月发行五回以下者，各照前额减半	《新闻纸规则》

1919 年 4 月，关东厅成立，取代关东都督府。此时日本调整殖民统治政策，采取"内地延长主义"，即逐渐采取同化，也影响到旅大租借地的治理。[1] 关东厅参照日本《新闻纸法》，修正针对新闻纸、杂志的管理命令[2]，《命令》全文 17 条，延续以前的管理模式，不过细化保证金数额与纳本手续，规定"登载时事的出版物须缴纳 1000 元保证金，一周发行一次以下 500 元。出版物每次发行前，呈送关东厅警务局二份，该管警察官署、关东厅地方法院检察局各一份"。值得注意的是，《命令》重申在旅大租借地明文规定出版物禁止揭载的事项："关于外交、军事或行政之机密事项；预审中的被告事件；赞赏、曲庇、陷害刑事被告人或犯罪人的事项；不得公开的诉讼辩论或会议内容；扰乱安宁秩序或败坏风俗的事项；由关东长官禁止的其他事项"，以及"官公署未准公开的文书、建议或请愿书，非受相关官公署许可，不拘事之详略，不得刊登"，"发行人被认定违背此命令时，关东长官将禁止其出版物禁止发卖颁布，停止其发行，取消其出版许可"[3]。如 1931 年 5 月 28 日，作为限于刊登经济记事的《满洲商业新报》，因被认定为一再违规刊登时事，结果遭

<hr>

① 「5. 関東庁州外（満鉄附属地）警察権ヲ外務省ヘ移管ノ件」『南満洲鉄道附属地行政権並司法権ニ関スル雑件 第二巻』（B02031199900）外務省外交史料館。

② 関東庁警務局警務課『関東庁警務要覧』満洲日日新聞社、1922 年、134 頁。

③ 『関東州及南満洲鉄道附属地出版物令』（2A—12—10—D612）国立公文書館。

关东长官依《出版物命令条项》第 16 条取消其发行许可[1]。

这些禁载条款与处罚规定并非关东厅首创，而是从日本、中国台湾的《出版法》《新闻纸法》与《台湾新闻纸条例》复制而成，其中禁载内容综合了《出版法》与《新闻纸法》的禁载内容，"取消许可"由行政长官直接裁决的"行政处分"却是复制自《台湾新闻纸条例》(韩国统监府颁布的《新闻纸规则》使用的表述是"取消认可"[2])。《新闻纸法》里并无"取消许可"的表述，只有"禁止发行"的表述，且属于裁判所决定的"司法处分"。由此再次印证了中国台湾的新闻立法通过同一批官员对旅大租借地的新闻立法产生影响。

日本在租借地内统制新闻纸的同时，也将这一套统制策略向外输出。1909 年 3 月 3 日，日本驻长春领事馆颁布《新闻纸取缔规则》(馆令第 1 号)，全文 19 条，对新闻纸管理模式的规定与关东都督府一致，即保证金与批准制度，新闻纸的发行须填具"题号、记载种类、发行时期、发行所及印刷所、发行人编辑人及印刷人原籍住所及年龄"等向领事馆提出申请，第 10 条规定"新闻纸每期发行前须同时向领事馆与关东都督府呈报样本"[3]。1909 年 7 月，关东都督府与日本驻长春领事馆联合召开事务官联合会议，讨论"关于新闻纸的管理办法"，最终制定《新闻纸之件》：

（1）都督府准许或拒绝新闻纸发行，应通报给领事馆；

（2）领事馆准许或拒绝新闻纸发行时，应与都督府协议；

（3）领事馆拒绝新闻纸发行时，应通报给都督府；

（4）领事馆内及附属地通信员有不道德行为应由都督府或相关领事馆将取缔方法通令本社；

（5）都督府与领事馆在取消新闻纸发行许可方面应该互相通报。

同时强调"新闻纸的发行许可须得到批准"，承诺管理新闻纸与通信员方面，

---

① 「満洲商業新報へ突如廃刊令下り　新聞界に俄然一大衝動起る」『日刊新聞興信報』1931 年 5 月 30 日、第 2 版。

② 『統監府法規提要 明治四十三年三月三十一日現行』統監府印刷局、1910 年、673 頁。

③ 外務省通信局『領事館令集』元真社、1916 年、144—145 頁。

务必"相互合作、互报情况"①。1918 年 6 月，印刷所设在大连、发行所设在长春的《满洲时报》（满洲タイムス）表示"遵从馆令《新闻纸取缔规则》"，填具申请书向长春领事馆提出申请，其中申请书的内容包括："发行所、编辑人、印刷人、发行所、印刷所、题号、记载事项、发行时期"等信息②。这种跨地区合作凸显了当时日本在"满"机构对新闻业的管理已走上有序的轨道。

2. 关于新闻检查的相关规定

日本殖民统治初期，由于未制定《新闻纸法》与《出版法》，旅大租借地缺乏专门新闻检查法规。现存资料最早关于新闻检查的规定是 1911 年 2 月 20 日的《关于新闻记事的调查报告方法》，由关东都督府警务局制定，要求警察机关调查报纸日常记载内容，及时报告上级机关③。当年发生的辛亥革命成为租借地当局检查报纸的重要原因。10 月 21 日，关东都督向日本外务省报告："今回清国事件，报纸、杂志的报道，各地民政署长及州外事官，认为此有阻碍国交，于是采取报纸发行前检阅，对不当之内容进行抹杀或修正，加以严加监督。"④

随着中日关系的紧张，关东厅认为"奉天言论界常玩弄毒笔，是为排日之急先锋"，表示"东三省言论机关的风潮，此倾向转换，需要细心注意排除"⑤，收紧对新闻与出版的检查。1925 年 6 月 10 日，在大连活动的杨志云、傅景阳至团中央信："自上海事件（五卅事件）发生以后，此处日本政府立时紧急起来，对于中国人之团体

---

① 「明治四十二年七月九日から明治四十二年八月三十一日」『関東都督府政況報告並雑報（第二巻）』（1—5—3—12—002）、外務省外交史料館。

② 「9. 雑誌『満州タイムス』発行許可ノ件」（B03040700900）『新聞及雑誌発行許否関係雑件』（1—3—1—30_001）、外務省外交史料館。

③ 「新聞記事ニ関スル調査報告方」『関東都督府例規類纂·大正二年版』満洲日日新聞社、1913年、310—311 頁。

④ 「清国動乱事件ニ際シ各新聞、雑誌ノ国交ニ関スル記事取締ノ件」『新聞雑誌出版物等取締関係雑件（第二巻）』（1—3—1—4—002）、外務省外交史料館。

⑤ 1924 年 9 月 5 日，关东厅警务局长致亚细亚局长、拓殖事务局长、关东军参谋长、关东宪兵队长——「奉天各界ノ対日感情」：（上略）六 言論界 当地ノ言論界ハ常ニ毒筆ヲ弄シ排日ノ急先鋒トナリ日支事件ヲ曲解シ之レヲ誇大ニ報道シテ宣伝ヲ怠ラサハ（中略）東三省ニ於ケル言論機関ノ風潮ナリ此ノ傾向ノ転換ニ関シテハ細心ノ注意ヲ払フノ要アリ（下略）。

监视异常严重。而对于信件印刷物检查更严"①;9月23日，傅景阳至团中央信:"此地对出版物检查甚严，宣言传单没法发行"②。虽然，囿于史料的缺乏，笔者无法知晓租借地当局检查报纸的具体标准。但是，笔者可以肯定的是，在日本拓殖局（拓务省）主导下，旅大租借地与朝鲜、中国台湾、南库页岛及南洋群岛一样实施日本新闻检查标准③。最初旅大地区的新闻检查无不参照20年代日本的新闻检查（検閲）标准④。如由关东厅所主编的《关东厅要览》所言:"关于时局及其他记事取缔，与内地策应，内地揭载禁止或发卖颁布禁止者，本辖区内亦采取同一方针取缔之"⑤，"关于记事取缔，与内地、朝鲜联系，揭载禁止或发卖禁止等，在相互同一步调下实施取缔。"⑥

如表2—13⑦显示，日本政府1920年代围绕关系"国家安全"的"公安"与关系"社会稳定"的"风俗"两方面，制定了新闻检查的"一般标准"与"特殊标准"。具体来看，前者内容颇为烦琐，具有一定的操作性，可以指导检查官员的工作，但是后者表述含糊，需要检查官员对新闻业务有较高的理解能力。或许正因如此，勿论日本国内，各殖民统治地区对新闻检查的批评不绝于耳⑧，其中关东厅的新闻检查业务情况不断遭到日本学者及报人的攻击，"官方对报纸的检查，与其说严格，莫不如说是不懂，没有常识"⑨，"关东厅的取缔方针支离破碎，在文艺方面更是全无理解之能力"，"吾人希望关东厅当局的报纸杂志取缔能够在统一与顺应时代的

---

① 大连市史志办公室编:《中共大连地方组织文献选编·1926—1949》，中共党史出版社，2009年，第14页。

② 大连市史志办公室编:《中共大连地方组织文献选编·1926—1949》，中共党史出版社，2009年，第17—18页。

③ 「拓務省所管地域ニ於ケル『三民主義』輸入禁止ニ関スル概況」拓務省次官崛切善次、昭和六年一月二十八日。

④ 中園裕『新聞検閲制度運用論』清文堂出版、2006年、49頁。

⑤ 『関東庁要覧・大正十二年版』満洲日日新聞社、1923年、765頁。

⑥ 『関東庁要覧・大正十四年版』満洲日日新聞社、1925年、720頁。

⑦ 『新聞と其取締に関する研究』司法省調査課、昭和十一年二月、47—50頁。

⑧ 「朝鮮言論界の一瞥」『東洋』1922年3月、192頁;清柳綱太郎『総督政治史論』京城新聞社、1928年、85頁;『台湾の言論界』『台湾・南支・南洋パンフレット』第19号、1925年。

⑨ 高橋勇八『大連市』大連出版協会、1930年、121頁。

方针下行事"①。另外，与此时奉天军当局偶尔表态"废止极端的新闻检查，给予言论完全的自由"②不同，关东厅当局从未放松对租借地新闻的检查。

表2—13：日本涉及安宁与风俗内容的新闻检查标准

类目	安宁秩序紊乱记事	风俗坏乱记事
一般标准	1. 冒渎皇室尊严事项 2. 否认君主制事项 3. 宣传共产主义、无政府主义理论及战术战略或煽动其运动实施，或支持此种革命团体事项 4. 提高法律、裁判等国家权力之阶级性及其他明显曲说其之事项 5. 煽动恐怖、直接行动、大众暴动事项 6. 煽动殖民地独立运动事项 7. 非合法地否认议会制度 8. 意图动摇国军存立之根基事项 9. 毁损外国君主、总统或日本外派使官之名誉，因之招来国交上重大障碍事项 10. 军事上外交上招来重大障碍之机密事项 11. 煽动或曲庇煽动犯罪、赏恤救护犯罪人或刑事被告人事项 12. 对重大犯人的搜查产生甚大障碍，如由于不检举而引起社会不安事项 13. 搅乱财政界及其他如引起社会不安事项 14. 有挑拨战争之虞事项 15. 其他被认为显著妨害治安事项	1. 猥亵事项 （1）春画淫本 （2）性欲或性爱关联之记述，引起猥亵羞耻之情，败坏社会风教之事项 （3）露出阴部之照片、绘画、明信片之类 （4）未露出阴部但以丑恶挑拨表现裸体之照片、绘画、明信片之类 （5）男女相抱、接吻之照片、绘画、明信片之类 2. 乱伦事项 3. 介绍堕胎方法事项 4. 残忍事项 5. 持续以煽情手法介绍花街柳巷或挑拨好奇心事项 6. 其他妨害社会善良风俗事项
特殊标准	1. 新闻纸之目的 2. 读者之范围 3. 新闻之发行数量及社会势力 4. 发行当时之社会情况 5. 颁布区域 6. 不稳内容之分量	1. 新闻纸之目的 2. 读者之范围 3. 新闻之发行数量及社会势力 4. 发行当时之社会情况 5. 颁布区域 6. 不稳内容之分量

① 「関東庁の不統一な言論取締り（大正十二年三月）」『黎明の半島と大陸』早川巳之利、満洲公論社出版部、1925 年、31—32 頁。

② 「言論은 完全自由 極端의 新聞検閲廃止」『中外日報』1928 年 7 月 3 日、1 면；「極端な新聞検閲廃止」『朝鮮新聞』1928 年 7 月 3 日夕刊、第 1 版。

这种以日本法为检查依据的状况直到 1925 年才得到改变。是年 5 月 27 日，关东厅令第 30 号、第 31 号颁布《普通出版物取缔规则》①与《"关东州"及"南满洲铁道附属地"输入或移入出版物取缔规则》，彻底改变旅大无专门新闻法规的历史。

前者将管理范围扩大到报纸、杂志以外的一般出版物（含书简、定款、社则、学则、引札、番付、诸用纸、证书、绘叶书、文书及写真类）②，与管理报纸、杂志采取"批准主义"不同，管理普通出版物采取"呈报主义"，要求它们正式刊行前三日，制本两部呈报关东长官，规定"出版物的发行人、著作人及发行人的住所氏名、发行年月日、发行所、印刷人的住所氏名、印刷年月日及印刷所"等必须刊登，而"扰乱社会秩序或破坏善良风俗的内容不得刊登"，"外交、军事以及其他官厅的机密，未经官厅许可的官方文件、官厅议事均不得刊登"，关东长官认为违反时，可以"禁止发卖""扣押原版"，处著作人与发行人"六个月以下禁锢或二百元以下罚金或罚款"。③

后者规定输入或移入"关东州"及"南满洲铁道附属地"的出版物，刊登有"紊乱社会秩序、败坏善良风俗之虞者"，"关东长官应禁止其发卖或扣押之"（第 1 条），"依前条扣押之出版物，扣押两年以上而未得解除之时，得由执行扣押之官厅处分之"（第 2 条），"依第 1 条扣押之出版物，其扣押之部分与其他部分应分割之情况，有关系者请求之时则分割之，并可返还无需扣押之部分，但因此产生之必要费用由发行人承担"（第 3 条）。首次将境外出版物列入管理范围，明令"禁止输入或移入可能扰乱社会秩序或破坏善良风俗的出版物。"④1927 年 11 月 1 日关东厅令第 62 号修正，增加"禁止输入、移入"的处罚⑤。

出版物取缔法规颁布后，从关东厅到大连民政署都增配警察职员，加大对输移入出版物的检查，前者"保安课中高等警察系原有三名警部分担事务，近时高等事务激增，特别是随着日俄恢复修交，俄人往来出版物输入增加，专门再配置一名警

---

① 同一日，日本内务省公布《普通出版物取缔规则》。

② 『判决要録・第 23 巻・昭和 8 年版』法律新闻社、1933 年、131 頁。

③ 「普通出版物取缔规则」『官報』1925 年 6 月 15 日。

④ 「関東州及南満洲铁道附属地ニ輸入若ハ移入スル出版物取缔规则」『官報』1925 年 6 月 15 日。

⑤ 「関東州及南満洲铁道附属地ニ輸入若ハ移入スル出版物取缔规则中改正」『官報』1928 年 1 月 13 日。

部分担过激思想及出版物取缔"，后者"现在高等系警部一名警部补一名分担一般高等事务，但随着昨年普通出版物及移入出版物取缔法制定，及日俄恢复修交带来的俄人往来出版物输入激增，基于取缔之必要，配置警部一名警部补一名，从事取缔之"。[①] 两部专门法的制定与取缔人员配置的增加，凸显出旅大租借地以法令为手段统制新闻媒体的做法日趋成熟。

3. 关于广播收听的相关规定

日本将为播送与收听时事、音乐及其他节目而架设的私设无线电话称为放送用无线电话，其中以放送为目的者称放送无线电话，以收听目的者称听取无线电话[②]，分为中国所言的广播电台与收音机。1923 年 12 月，"鉴于欧美放送无线电话发展速度惊人，放送通报、音乐、讲演、气象、警报及其他时事，可作为社会娱乐机关或公益机关而大加利用之实况"[③]，日本递信省第98号省令颁布《放送用私设无线电话规则》，"为放送或听取时事、音乐及其他内容而私设无线电话设施者依照本令办理"，基于放送事业的公共性与扩散性，相对于其他无线电话事业，对设办与放送收听无线电话都作出严格规定[④]，要求设办放送与收听放送无线电话设施须得到官方批准，前者向递信大臣提交包含"起业目论见书、工事设计书、工事费概算书、收支概算书及说明书"的申请书，后者依照架设在邸宅内、机构内或移动的区别，每个机器装置场所，均须提交设施许可申请书及听取契约书，得到递信局长的批准，其中申请书的内容包括："设施的目的；机器装置场所〔府县郡市区町村字番地（何方或何建筑物何号室）〕；工事设计〔机器种类、装置方式、电柱（墙）的高度〕；机器装置场所为船舶时，其种类、总吨位、所有者等；落成周期。"

1925 年 1 月 28 日，在关东厅递信局的主导下，大连召开放送用私设无线电话局筹备协议会议，计划在大连设立放送局，广播范围可及长春地区，计划组织性质为"社团法人"或"株式会社"。参加人员除了关东厅递信局人员，还有大连无线电放送局设立发起人总代（渡边严）、"满洲电气合资会社"代表（副岛善文）、长

---

① 「関東庁官制中ヲ改正ス」（A01200551900）『公文類聚·第五十編·大正十五年—昭和元年·第十二卷·官職八·官制八（関東庁·樺太庁·南洋庁）』国立公文書館。

② 柳瀬良幹『交通·通信法』日本評論社、1940 年、175 頁。

③ 関東庁『関東庁施政二十年史』満洲日日新聞社、1926 年、371 頁。

④ 柳瀬良幹『交通·通信法』日本評論社、1940 年、175—176 頁。

春和登洋行（和登良吉）、日本电报通信社代表（内海安吉）、"满洲商业通信社"（市川肇）、大连无线电机株式会社创立委员（矶山直藏）、"南满洲无线电话株式会社"创立发起人总代代理人（齐藤鸳太郎）、"南满洲铁道株式会社"（田村半三）等[1]，鉴于以服务全东北为目的，协议会决定打破日本放送局限于160千米内的普通规定，计划设置范围及于500千米，可达长春地区的最强力放送局。[2]不过，最终旅大租借地内的放送局经营模式，既不是社团法人的公营模式，也不是株式会社的商营模式，而是采用官方包办的官营模式。3月，关东厅递信局在"满铁"大连埠头事务所内的无线电话设施公开广播实验[3]。在旅大租借地放送局组建的过程中，日本统治者也颁布了一系列法令，确立了对旅大广播事业的统制。

首先，确立广播收听许可制度。当时世界上通行的广播收听取缔方针，大体上为自由主义与核准主义，前者以美国为代表，后者以日本为代表。旅大作为日本的租借地，毫无例外地沿用了日本的取缔方针。1925年7月19日，在大连放送局尚在筹备之时，关东厅令第40号公布《关于实行试验无线电话放送听取之件》，表示架设设施收听关东递信局试验的无线电话放送按照《放送用私设无线电话规则》中的"听取无线电话"条款办理[4]，即表示在旅大租借地架设收音机收听广播须得相关官署批准，由此在旅大租借地确立起广播收听许可制度。

其次，规范广播收听费用标准。1925年8月9日，尚在继续研究技术的关东厅递信局开始试验播音。由于当时收音机价格不菲（如美国造 Codel 四球一一型收音机120元），最初的家庭听众限于"满铁"高级管理职员、高级军人、高级官僚以及中产阶级[5]。不过，恰逢当时大连召开劝业博览会，向递信局提交收听广播的申请不断攀升。鉴于听众的增多，1928年3月31日，关东厅第11号厅令表示"关东州"关于无线电话听取施设之规定，除依用日本《放送私设无线电话规则》外，另规定

① 「17.放送用私設無線電話局設置計画ニ関スル件」『本邦電話関係雑件／支那電話之部』（B12081426200）、外務省外交史料館。
② 「満洲にも放送無電　全満出願者の協議会で　愈々株式組織で経営に決定」『朝鮮新聞』1925年2月7日、第3版。
③ 貴志俊彦、川島真、孫安石『戦争・ラジオ・記憶』勉誠出版社、2006年、318頁。
④ 「実験ノ為行フ無線電話ノ放送聴取ニ関スル件」『官報』1925年8月14日。
⑤ 竹村民郎「一九二五年近代中国東北部（旧満州）で開催された大連動勧業博覧会の歴史の考察：視聴化された満蒙」『日本研究』第38号、2008年9月30日、113、114頁。

"听取无线电话施设者，获许可翌年度以降，每会计年度开始后二十日内，每施设应向关东厅递信局指定官署交纳许可费用1元"[1]。与当时世界其他地区相比[2]，旅大租借地的广播收听费用颇为低廉。

由上可见，旅大租借地的广播管理办法基本上以日本国内为参照，这是旅大作为日本租借地的必然结果。但比较两地广播管理办法，也可以发现旅大租借地缺乏对广播电台创办的办法。这一点可以参考两地广播事业实情作出解释，与日本国内多家公司、团体参与经营放送局不同，旅大租借地的放送局由关东厅递信局一手包办，因此当时对于关东厅而言尚无作出相关规定的必要，直到1933年"满洲电信电话株式会社"出现后，才授予其垄断经营广播事业的资格。

四、旅大租借地对日本国内新闻法的"扬"与"弃"

作为日本直接统治的租借地，旅大的新闻法令不可避免受到日本法令的影响，具体来说，旅大租借地对日本国内新闻法进行了一番扬与弃，前者表现在移植与依用大量日本新闻法，这对推动旅大新闻业的发展、维护日本的殖民统治可谓"功不可没"，后者表现在为了维护殖民统治，旅大租借地又对日本新闻法进行有选择性的舍弃与改造。

（一）旅大租借地移植或依用的日本新闻法

旅大租借地被日本视为所谓的"外地"，日本内地法经敕令、省令、府令（厅令或局令）可以全部或局部实施于旅大租借地。日本统治旅大租借地初期，直接移植或依用[3]日本新闻法主要体现在以下几个方面：

---

[1] 「関東庁逓信局ニ於テ実験ノ為行フ無線電話ノ放送ヲ聴取ノ為ニ施設スル私設無線電話ニ関スル件」『官報』1928年6月1日。

[2] 当时德国每年征收24马克（12元），英国每年10先零（5元），日本每年12元（最初东京名古屋24元），丹麦（真空管式）15先零（7.5元）。详见中山龙次，《广播无线电事业报告（续）》，《电友》第3卷第8期，1927年，第141页。

[3] 「依用」一词是日本殖民统治地区法律用语，一般多指当地相关法律事项依照日本国内法律办理（清宫四郎「外地における『法律の依用』について」『京城帝国大学法学会論集』第12集、1941年、56—81頁）。

关于治安与风俗方面的相关新闻出版法规，致力于促进社会的"和谐"发展，如《刑事民事处分令》（1905 年军令），《"关东州"裁判事务取扱令》（1908 年敕令第 243 号），它们规定以日本的《民法》《刑法》《刑事诉讼法》作为审理侵犯他人名誉、散布猥亵出版物、干扰司法独立等不良事项的法律依据。[①]《民法》（1896 年）第三类第五章《不法行为》第 723 条规定："对毁损他人之名誉者，裁判所得因被害者之请求，命为适当之处分，或使以他法代损害赔偿，或使为损害赔偿，并恢复名誉。"[②]《刑法》（1907 年）第三十四章《关于名誉之罪》规定："公然摘示事实损人之名誉者，不问其事实之有无，处一年以下之惩役或禁锢，或五百元以下之罚金。毁损死者之名誉者，非出于诬罔，不罚之。""虽不摘示事实，公然侮辱人者，处拘留或科料。""本章之罪，待告诉而论之。"据日本法学界解释，"出版物的发布"理所当然属于"公然"的行为。[③] 第三十五章《关于信用及业务之罪》："流布虚伪之风说，或用伪计毁人之信用，或妨害其业务者，处三年以下之惩役，或千元以下之罚金"；《刑事诉讼法》（1922 年法律第 75 号）第 55 条明确规定："关于诉讼的文件于公判开庭前不得公开之。"

据日本判决例调查所统计关于名誉毁损罪与新闻报道之间可能发生的关系有："新闻记事与名誉毁损罪；《新闻纸法》第 45 条的'私行'的意义；《新闻纸法》的私行与辩护士的报酬契约；告诉状的转载与名誉毁损罪；新闻通信员或投书者与名誉毁损罪；名誉毁损事实的揭载与名誉毁损罪；名誉毁损记事的提供者与揭载者的共犯；新闻记者关于名誉毁损的教唆；新闻纸上的名誉毁损与正当业务；新闻社代表者的赔偿责任。"[④] 虽然日本《新闻纸法》并不适用于旅大租借地，但是名誉毁坏之罪的刑法规定适用旅大租借地，所以这些情况对关东法院审理可能出现的名誉毁坏与新闻报道之间的纠纷依然具有法律参考价值。实际情况确实如此，不得毁损他人名誉成为旅大中日报纸要求记者及投稿人必须遵循的基本原则，1913 年 1 月《泰

---

① 小林次郎『新聞関係法規：昭和九年八月一日現在』朝日新聞社、1934 年、49—62 頁。

② 关于中国人之间民事纠纷涉及不法行为多引用中国惯例判决，如"被侮辱人以请求为刑事上处分为通例，亦不妨要求登报谢罪""亲戚间所生纷议且无必要者不得要求登报谢罪"。（司法部民事司『関東庁ノ法廷ニ現ハレタル支那ノ民事慣習』1936 年、80 頁。）

③『判決総攬·続刑法』判決例調查所、1933 年、519 頁。

④ 判決例調查所編『判決総攬』判決例調查所、1933 年、959 頁。

东日报》刊登"本社紧要广告"欢迎社会各界人士踊跃赐稿，表示"其体裁不拘文话、白话"，"发挥意见者俱所欢迎，并照旧刊载"，仅一条不得违反，即"惟不得挟嫌或捏造事实及毁损正人名誉之事"①。

关于治安与风俗方面的相关新闻出版法规，致力于维护现行体制的"稳定"。1925 年 12 月 13 日，关东长官以"妨害治安"为由，停止奉天附属地《大陆日日新闻》的发行②。租借地取缔新闻与出版多以此为借口，相关类似条款多引自日本国内法规。1908 年，大连民政长官解释"菊御纹章"的使用标准表示："参照内地《关于菊御纹章之件》规定的取缔方法，管理文书图画、印刷描绘等使用菊御纹章的使用标准。"③无异于将日本皇室视作旅大中国人的效忠对象，这是殖民色彩的显著体现。在这种法令的影响下，旅大新闻人自觉地维护日本天皇的尊严，甚至日本投降初期《泰东日报》某些工作人员依然告诫刊登"裕仁哭祖庙"短篇讽刺小说为"大逆不道"④。另外，《关于"关东州"及南洋群岛治安维持依治安维持法之件》（1925 年敕令第 176 号）、《关于"关东州"及"南满洲铁道附属地"治安警察之件》（1925 年敕令第 317 号）等，前者以"10 年以下徒刑或拘役"的重刑，处罚"凡以变更国体或否认私有财产制度为目的之组织或加入者"⑤，后者以"1 个月以下的轻禁锢，或 30 元以下的罚金"，处罚不听警察禁止命令而在街头及其他公共交通场合，"利用文书、图画、诗歌，揭示、颁布、朗读、放吟或以其他言语形式传播有紊乱社会安宁秩序或侵害风俗的内容者"⑥。

关于审查与取缔方面的相关新闻出版法规，致力以重罚惩处违法者。1908 年 10 月 12 日天皇敕令第 257 号颁布《关于"关东州"刑事之件》，规定"关东州"适用《陆军刑法》《海军刑法》等⑦，前者第 99 条与后者第 100 条："战时或事变之

① 《本社紧要广告》，《泰东日报》，1913 年 1 月 7 日号外，第 1 版。

② 「大陸日日新聞發行停止」『東亞日報』1925 年 12 月 15 日、1 면。

③ 関東都督府『関東都督府例規類纂・大正二年版』満洲日日新聞社、1913 年，310 頁。

④ 王丙炎：《新旧社会两重天》，《大连报史资料》，内部发行，1989 年，第 299 页。

⑤ 「治安維持法」『官報』1925 年 4 月 22 日；「関東州及南洋群島二於テハ治安維持二関シ治安維持法二依ルノ件」『官報』1925 年 5 月 8 日。

⑥ 「治安警察法中改正」『官報』1922 年 4 月 20 日；「関東州及南満洲鉄道附属地ノ治安警察二関スル件」『官報』1925 年 11 月 18 日。

⑦ 「関東州二於ケル刑事二関スル件」『官報』1908 年 10 月 13 日。

际，为关于军事造言蜚语者，处 3 年以下禁锢。"①1909 年 7 月 8 日，关民警第 3606 号公布《禁止文书图画发售之处理办法》，施行日本内务大臣颁布的关于文书图画禁止发卖的办法②。1914 年 8 月，日本外务省转令关东都督府在"关东州"及"南满洲铁道附属地"执行《新闻纸揭载禁止事项标准》（海军省令第 8 号）、《揭载禁止标准》（陆军省令第 12 号），它们以《新闻纸法》第 27 条为参照，禁止新闻纸刊载直接与间接的军事机密③。1915 年,《关于"关东州"及"南满洲铁道附属地"戒严及征用之件》（敕令第 73 号）规定施行日本《戒严令》，"戒严时期，停止出版妨害局势的报纸、杂志与广告等"④，为统治者特殊时期取缔新闻业提供法律依据。

表2—14：1905—1931年旅大租借地新闻相关法令

颁布时间		法令性质		法令对象		内容与日本法异同	
1905—1910	10	敕令	7	出版物	9	独立创制	8
1911—1915	4	省令	2	新闻电报	4	完全一致	5
1916—1920	0	府令·厅令	13	放送用无线电话	2	实施日本法	8
1921—1925	9	署令·其他	2	言论·出版活动	7	参考日本法	3
1926—1930	2	国际条约	1	电影	2	其他	1
合计	25	合计	25	著作权	1	合计	25
				合计	25		

（二）旅大租借地舍弃与改造日本新闻法

尽管日本新闻法通过移植与依用大量进入旅大租借地，但是毕竟日本法并不直接适用旅大租借地。所以，还有许多日本新闻法令从未对旅大租借地产生影响。

首先，日本政府始终拒绝新闻法中最核心最精华的成分——《宪法》对言论自由的保障⑤——移植到旅大租借地。根据《旅大租借条约》与《朴次茅斯和约》，

① 「陆军刑法」『官报』1908 年 4 月 10 日；「海军刑法」『官报』1908 年 4 月 10 日。

② 关东都督府『関東都督府例規類纂・大正二年版』満洲日日新聞社、1913 年、310 頁。

③ 『新聞雑誌出版物等取締関係雑件／大正三、四年事件（第一卷）』外務省外交史料館。

④ 三橋惇編『戒厳令徵発令徵発事務条例』内外兵事新聞局、1883 年、5—6 頁。

⑤ 1898 年《大日本帝国宪法》第 29 条：日本臣民于法律范围内有言论著作印行集会及结社之自由／日本臣民ハ法律ノ範囲内ニ於テ言論著作印行集会及結社ノ自由ヲ有ス。

旅大主权属于中国，沙俄与日本对此不容异议，如 1935 年 1 月，日本第六十七次帝国议会上，内阁法制局回答"'关东州'及'铁道附属地'作为日本领土，日本政府所见如何"时，表示"'关东州'是为日本租借地，依条约有明确期限而异于领土"[①]。但是，日俄战争后，日本朝野却经常讨论日本宪法是否适合于"满洲"这个严重侵犯中国主权的议题，一种观点认为"天皇所依帝国宪法统治者，日本帝国也。'满洲'非日本帝国，故应引受'满洲'委任统治之须，实有追加帝国宪法之必要也"，另一种观点认为"帝国宪法第一条日本帝国由天皇统治之规定，并非意味天皇之统治限于日本帝国，依外国君主之委托，统治其一地方，天皇之自由也"[②]。1918 年春，日本帝国议会更是明确讨论"帝国宪法是否施行于'关东州'"，政府委员公然宣称"'关东州'之'治权'属于日本，但是并非日本之领土"，故明确表示"帝国宪法当然不施行于'关东州'"[③]。固然，日本法学界对于此议题存在观点分歧[④]，而日本官方的发声无异于从根本上否定了旅大民众的新闻与出版自由[⑤]，这也是日据旅大 40 年没有华人报纸的根源，在这一点也是旅大租借地与朝鲜半岛、中国台湾的最大不同，朝鲜半岛与中国台湾在日本殖民统治时期都有本地人创办的"民族纸"（朝鲜如《东亚日报》，中国台湾如《台湾民报》）[⑥]。

其次，日本国内新闻法令条款中积极内容未曾或推迟进入旅大租借地。如日本国内的《众议院议员选举法》等对利用媒介干预选举作出限制[⑦]，暂且不论立法效果

① 『第六十七議会議会答弁資料・第一輯』1935 年 1 月、50 頁。

② 有賀長雄「満洲の委任統治と日本国法」『満洲委任統治論』早稲田大学出版部、1905 年 6 月、40 頁。

③ 美濃部達吉「帝国憲法は関東州に行はるるや否や」『時事憲法問題批判』法制時報社、1921年、145—153 頁。

④ 如穂积八束主张帝国宪法效力当然不及于"关东州"租借地，而佐佐木惣一主张当然施行于统治权所及的"关东州"（穂積八束『憲法提要・上』有斐閣、1910 年，331 頁；佐佐木惣一『日本憲法要論』金刺芳流堂、1934 年、157 頁）。

⑤ 日本占据旅大期间，日本殖民当局始终拒绝中国政府颁布的任何法律适用于旅大地区。

⑥ 李相哲「植民地統治下の抵抗ジャーナリズム：戦前朝鮮半島における『民族紙』の系譜を辿る」『国際社会文化研究所紀要』第 8 号、2006 年、303—319 頁；金大煥『斎藤実の「文化政治」と朝鮮民族ジャーナリズム史研究：1920—1940』上智大学博士論文、2003 年。

⑦ 『新聞関係法規：昭和九年八月一日現在』大阪朝日新聞社調査部、1934 年、63、65 頁。

如何，至少给予了日本人讨论言论自由的空间[①]，给日本新闻法令增加了一些积极成分，为保护个人与公共利益提供法理依据。但由于旅大民众缺乏真正意义上的选举权，当局制定的《大连市会议员选举规则》根本没有限制媒体报道的必要[②]。又如早在 1922 年日本国内就已制定《少年法》，出于保护未成年人，限制报道未成年人审判案件，然而旅大租借地直到 1944 年 11 月才制定《"关东州"少年令》，禁止报道未成年人审判案件，其颁布时间甚至晚于《朝鲜少年令》[③]。由此可见，这些日本国内的积极新闻法令条款长时间内遭到旅大租借地的舍弃。

同时，即便是移植或依用的日本新闻法，旅大租借地也对它们的内容进行一番改造。具体来说，日本统治者引进日本法，是以保护日本臣民权益为目的，如在发生以《著作权》尚未施行于旅大租借地为由拒绝该法作为请求保护著作权法律依据的判决后[④]，1908 年天皇第 201 号敕令规定日本的《著作权法》适用于旅大租借地，对象仅限于日本帝国臣民及韩国臣民[⑤]，在日本统治者拒绝一切中国法律适用于旅大租借地的情况下（如《大清著作权律》），旅大的中国公民的著作权俨然毫无法律依据，这种状况直到 1929 年才得到改变，是年 11 月 15 日颁布的敕令，才删除"帝国臣民及韩国臣民"等字样，只提"著作权之效力及于'关东州'""关于著作权法中罪的规定对于在'关东州'者适用之"[⑥]，即代表将法律实施对象扩大到所有旅大租借地在住者。

另外，日本殖民统治者引进日本法的标准是对殖民统治有利，而不是对促进正面规范新闻业有利。诚如 1922 年 7 月关东厅将日本国内的《警察犯处罚令》变成《警察犯处罚规则》时，有意或故意将"以新闻纸杂志及其他之方法，为夸大或虚

---

① 「総選挙に反映したる言論の自由」『日本及日本人』第 147 号、1928 年 4 月 1 日、17—22 頁。

② 「大連市会議員選挙規則」『官報』1921 年 12 月 14 日。

③ 「関東州少年令」『官報』1944 年 11 月 11 日；「朝鮮少年令」『官報』1942 年 4 月 10 日。

④ 「著作権侵害禁示請求ノ件（明治四十年四月二十五日判決）」『関東都督府高等法院民刑事判決例』満洲日日新聞社、1915 年、10—11 頁。

⑤ 「関東州及帝国ノ治外法権ヲ行使スルコトヲ得ル外国ニ於ケル特許権、意匠権、商標権及著作権ノ保護ニ関スル件」『官報』1908 年 8 月 13 日；『殖民地ニ於ケル内地法律施行調：大正五月三日末現在』1916 年、9 頁。

⑥ 「関東州ニ於ケル特許権、意匠権、商標権及著作権ノ保護ニ関スル件」『官報』1908 年 8 月 13 日。

伪之广告，以图不正之利益者"中的"以新闻纸杂志及其他之方法"删掉了[①]，删去之后的条文明显减少了对新闻出版的威慑力，不利于为刚刚起步的新闻业树立一套正面标准。这也造就旅大租借地的新闻业只要不挑战殖民统治，其他内容都有恃无恐的地步，常常因传播中国与苏联的谣言，招来中苏官方向日本领事发出抗议。

第三节
未完成的所谓"新闻立法"

　　日本殖民统治旅大初期颁布的"法令"中颇多条款涉及新闻与出版，它们尽管也可以称为"新闻法规"，但真正可以称为"新闻法"非《关东州"及南满洲铁道附属地出版物令》（下简称《"关东州"出版物令》）莫属。《"关东州"出版物令》由日本中央政府以敕令形式制定，综合了旅大与日本当时新闻和出版法令的主要内容。尽管该敕令最终未得以公布，但它作为日本控制地区"立法"水平最高的"新闻法"，既直接体现出日本统制旅大新闻业的主要策略，又间接影响到后来的伪满及其他地区的"新闻立法"。

一、《"关东州"及"南满洲铁道附属地"出版物令》的制定始末

　　日本占据旅大以后，日本人陆续在旅大地区创建各种报纸与杂志，充当所谓"'满洲'经营的急先锋"。日本中央当局与旅大租借地当局为了使新闻业更好地服务于殖民统治，先后颁布《营业取缔规则》《警察犯处罚令》《关于出版物发行的命令条项》等，引进批准与保证金制度，对新闻业及新闻纸发行加以"行政"管理，但它们始终只是"行政"规定，不具备专门新闻法的稳定性与全面性。对此缺乏专门"新闻法"的现状，关东厅与旅大新闻界都觉得有必要尽快改变。

---

① 「警察犯処罰規則」『官報』1922 年 10 月 23 日。

关东长官官房文书课在其所编著的《关东厅要览》里，介绍出版物管理办法时先会强调："本厅尚未制定新闻纸法及出版法"[1]，字里行间无不体现此乃不合理的现象，表示"以不完备的取缔法规管理言论，到底还是不理想，颁布单行的取缔法规实属必要"[2]。同样，大连新闻界对制定专门新闻法充满期望。1922 年 10 月 18 日，在"满铁"新任理事的主持下，大连新闻界主要负责人召开会议，围绕出版物管理办法与名誉损毁诉讼等议题展开讨论，决议推动当局修正出版物管理办法，向关东长官和民政署长呼吁"在'关东州'施行内地《新闻纸法》，但是关于发行部分条文除外"[3]。1923 年 5 月 13 日至 20 日，日本新闻协会第十一次大会及全国（日本）新闻记者大会在大连召开，辽东新报社与关东长官均出席参加，决议"内地及帝国'殖民地'新闻纸法规及新闻检查的统一、建设通信设施、减低电报费用"等议题。[4] 该会议再次传达出旅大租借地需要一部"新闻法"的信息。

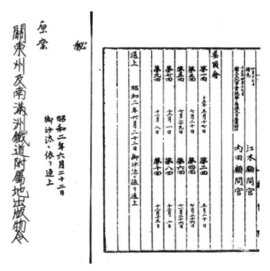

图2—9：《"关东州"出版物令》档案

① 関東長官官房文書課編『関東庁要覧・大正十二年』満洲日日新聞社、1923 年、719 頁。

② 関東庁警務局警務課『関東庁警務要覧』満洲日日新聞社、1922 年 8 月、134 頁。

③「雑／1 昭和三年八月十八日から昭和九年十月一日」『在外本邦通信員関係雑件（新聞記者ヲ含ム）』（A—3—6—0—4）、外務省外交史料館；大陸出版協会『大連市』1931 年版、446 頁。

④「新聞通信各団体（日本新聞協会）」『新聞総覧・昭和十四年版』日本電報通信社、1939 年、11 頁；「大連에서記者大會 선언과 결의서』『毎日申報』1923 年 5 月 20 日、3 면；岡島松次郎『新聞記者の旅』大阪朝報社出版部、1925 年、8 頁。

对于民间的呼吁，关东厅也认为"鉴于一般言论界的进步发达"，"辖区作为特殊地域，新闻业对于政治外交及一般言论的国策的影响极大，而且新闻业的发达，以现行法规无法合法施以管理之实"，"制定单行法规为当务之急"，"为求作以根本之改正，1923 年以来反复慎重研究"[①]。1925 年 6 月，《"关东州"及"南满洲铁道附属地"出版物令》敕令案浮出水面。同年 9 月 14 日，拓殖局表示"'关东州'及'南满洲铁道附属地'关于出版物的管理规定极不完备，带来管理上的诸多不便"，秘第 401 号禀请内阁制定新闻法。11 月，在关东厅与拓殖局推动下，日本内阁法制局参考旅大、日本、中国台湾与朝鲜的新闻与出版法令（表 2—15），起草《"关东州"及"南满洲铁道附属地"出版物令》，当时有新闻报道称："《'关东州'出版物令》合并统一内地的《新闻纸法》与《出版法》，是对报纸、杂志与一般出版物的管理办法"[②]，《"关东州"出版物令》原案全文 43 条，修正案全文 44 条，综合了日本及其殖民统治地区新闻与出版管理办法，不仅将适合于"关东州"内在留者与"满铁附属地"的日本人[③]，日本外务省也明确表示一律适用于"满铁附属地"的中国人[④]。

表2—15：《"关东州"出版物令》起草所参考的法令

地区	法规
旅大	《营业取缔规则》《普通出版物取缔规则》《関東州及南満洲鉄道附属地ニ輸入若ハ移入スル出版物取缔规则》《命令》
日本	《出版法》《新聞紙法》《出版物法案》
朝鲜	《出版法》《新聞紙法》《新聞紙规则》《出版规则》
中国台湾	《台湾出版规则》《台湾新聞紙令》

① 関東長官官房文書課編『関東庁要覧・大正十四年』満洲日日新聞社、1926 年、719 頁；関東長官官房文書課編『関東庁要覧・昭和二年』満洲日日新聞社，1928 年，246 頁。

② 「出版物令骨子」『毎日新聞』1925 年 11 月 11 日。

③ 按照《"关东州"在留者取缔规则》的规定（1906 年 9 月 1 日府令第 8 号），"关东州"内的中国人、日本人（含朝鲜人）与外国人统一称为"在留者"。

④ 「治安警察法・行政執行法・出版物令ノ三勅令関東州及附属地適用／3 大正十四年十一月から昭和二年八月二十四日」『南満洲鉄道附属地行政権並司法権ニ関スル雑件 第一巻』（請求記号：A—4—4—0—1_001），外務省外交史料館。

关东厅、拓殖局与法制局共同参与《"关东州"出版物令》的起草与讨论，其中关东厅最为积极。然而该法令最终并未得以颁布，因被撤回而成为废案。或许正因如此，当今中日学界未曾提到这部《"关东州"出版物令》，更无人知晓成为废案的内幕。笔者在翻阅大量日本档案与文献的基础上，认为《"关东州"出版物令》的撤回与当时日本新闻立法的环境及日本对"满"政策或许存在因果关系。重新回到《"关东州"出版物令》制定的时间，笔者发现当时在日本及其势力范围内讨论的新闻法除了《"关东州"出版物令》之外，还有《日本出版物法》与《朝鲜出版物令》①，它们与《"关东州"出版物令》一样将所有出版物作为立法对象，《朝鲜出版物令》企图合并《新闻纸法》《出版法》（二者适用于朝鲜人）、《朝鲜出版规则》《朝鲜新闻纸规则》（二者适用于在朝日本人）②，《日本出版物法》企图合并《出版法》《新闻纸法》。1926年1月，日本第五十一次帝国会议，内务省警保局提出颁布《出版物法案》的议案，主要内容四点："一、保证金制度的存废。二、关于正误书（案：即答辩与更正）事项。三、揭载禁止事项。四、责任者相关事项。"③不过会议讨论结果为"搁置再议"。1927年1月，日本第五十二次帝国会议，经过修正的《出版物法案》再被提出，结果仍是"搁置再议"。虽然，后来成立了所谓官民合作的"警保调查会"，旨在推动修正《出版法》与《新闻纸法》等法令④，但是，合并了《新闻纸法》与《出版法》的《出版物法案》却从此被束之高阁⑤，日本学者

---

① 本节使用的各地区新闻法条文如未作出特别说明即是指《"关东州"及"南满洲铁道附属地"出版物令》《"桦太"新闻纸取缔规则》《日本出版物法案》《朝鲜新闻纸规则》《台湾新闻纸令》与《南洋群岛新闻纸取缔规则》（原法名称并无"桦太""日本""朝鲜"，笔者为了区分才特意加上）。

② 「朝鮮出版令 参事官室で目下審査中」『京城日報』1924年1月17日朝刊、第2版；「出版物令制定」『毎日申報』1926年2月26日、1면；「朝鮮出版物令의 内容 閣議上程說은 虚報」『毎日申報』1926年3月26日、1면；「審議室 에廻附 된 新聞紙法改正案」『東亞日報』1926年5月15日、1면；「新出版法 은 許可制 日本서 發行 한 出版物」『東亞日報』1926年8月1日、1면；「朝鮮出版物令은」『毎日申報』1926年8月15日、1면。

③ 「出版法新聞紙法を出版物法に一括」『中外商業新報』1926年1月12日。

④ 「出版物法の立案やり直し」『国民新聞』1927年7月21日。

⑤ 「出版法等の改正に誠意のない政府 来議会提案は困難か」『大阪朝日新聞』1927年11月25日。

称"（'关东州'出版物令）结局与日本出版物法相同，未见制定而终"①。同样，尽管 1926 年 8 月 4 日朝鲜《东亚日报》乐观地报道："关东厅《出版物令》制定后，9 月（《朝鲜出版物令》）预定实施"②，然而结果也未逃过搁置不议的命运③。因此，《日本出版物法》与《朝鲜出版物令》的双双立法失败，也就不难理解《"关东州"出版物令》的废案命运了。

此外，《"关东州"出版物令》的立法失败还与日本对"满"政策直接相关。原本《"关东州"出版物令草案》经过 1926 年 5 月 17 日至 12 月 15 日的十次讨论、二次修改草案，准备交由国会决议，此时海内外报纸对它的出台十分乐观，如《顺天时报》1926 年 12 月 20 日以《"关东州"出版物令须待来年颁行》为题报道："《'关东州'出版物令》，预年内经枢密院稽查委员会审查竣事，交本届国会议决，但因值皇帝不豫之故，或将展至来年办理。"然而，实际情况并非如此，尽管作为《"关东州"出版物令》的力推者——关东厅希望"尽速"通过，但是围绕这部敕令案，关东厅、内阁法制局、外务省、拓殖局之间观点产生分歧，争论焦点围绕：

（1）加上"及南满洲铁道附属地"字眼是否符合日本对"满"的"亲善"政策；

（2）《出版物令》采取的"批准主义"与内地（日本）《新闻纸法》《出版法》及领事馆令的"呈报主义"是否冲突；

（3）《出版物令》规定的保证金数额是否与内地（日本）《新闻纸法》《出版法》不符；

（4）外交、军事、机密等记事限制权由谁执行；

以及适用于"满铁附属地"的争议在于：

---

① 榛村専一『新聞紙法制論』日本評論社、1933 年、89 頁；蛯原八郎『海外邦字新聞雑誌史』学而書院、1936 年、312 頁。

② 「朝鮮出版物令九月頃施行」『東亞日報』1926 年 8 月 4 日。

③ 장신「1920 년대 조선의 언론출판관계법 개정 논의와 '조선출판물령'」『韓國文化』46 집、2009 년、261—282 頁。

（1）保证金征收与附属地外发行之关系；

（2）批准主义与附属地内外之关系；

（3）揭载禁止事项与中国人之关系；

（4）外交及军事机密事项与关东长官的权限等。

最终以与"对'满'根本政策——日'满'亲善"不符为由[1]，导致这部本将会成为"关东州"第一部新闻法的《"关东州"出版物令》胎死腹中。

二、《"关东州"及"南满洲铁道附属地"出版物令》的主要内容

或许因未能颁布，当今中日学者根本无人提及《"关东州"出版物令》，更遑论知晓其内容。不过，通过对该法令相关规定的分析，仍然可见当时日本统治者试图对新闻业实施规范化管理的端倪。《"关东州"出版物令》共三个版本，此处以最终修正案为主，对其相关内容进行梳理。

（一）出版物的界定

《"关东州"出版物令》界定的出版物限于新闻纸、杂志与普通出版物三种，"书简、定款、会则、事业报告、引札、张札、番附、诸种用纸、证书类、写真"不适用新闻纸、杂志与普通出版物相关纳本规定。

关于新闻纸的界定，原案称："新闻纸指刊登时事相关事项的出版物，使用一定题号，隔七日以内定期或不定期的继续发行者"（新聞紙 時事二関スル事項ヲ掲載スル出版物ニシテ一定ノ題号ヲ用ヒ七日以内ノ期間ヲ隔テテ時期ヲ定メ又ハ定メス継続シテ発行スルモノ）（第2条），审查委员会认为"新闻纸非要限于揭载时事相关事项乎"与"隔七日以内时期定期或不定期继续发行之意不明"，结果修正案删减部分文字，去掉"刊登时事"（時事二関スル事項ヲ掲載スル出版物ニシテ）

---

[1] 「治安警察法・行政執行法・出版物令ノ三勅令関東州及附属地適用／4大正十四年十一月十六日から昭和二年九月十七日」『南満洲鉄道附属地行政権並司法権ニ関スル雑件 第一巻』（請求記号：A—4—4—0—1—001），外務省外交史料館。

的限定提法，调整发行周期，变成"新闻纸指使用一定题号，每七日以内定期或不定期继续发行的出版物（新聞紙　一定ノ題号ヲ用ヒ七日以内ノ期間毎ニ時期ヲ定メ又ハ定メス継続シテ発行スル出版物）"。关于杂志的界定，原案与修正案只在周期上有差别，前者指"使用一定题号，隔三个月内定期或不定期继续发行的出版物，或不符合前项的出版物"；后者指"使用一定题号，每三个月内定期或不定期继续发行的出版物，或不符合前项的出版物"。关于普通出版物的界定，原案与修正案一致，"指不符合前两项的出版物"。

在界定出版物的同时，《"关东州"出版物令》还规定了一些务必遵循的要求："揭载时事相关内容的新闻纸或杂志，其印刷所不得设于本令施行地域以外，但受关东长官许可者不在此限。"（第14条）"新闻纸或杂志须揭载其发行者、编辑者及印刷者的氏名与发行所。"（第15条）并对一些可能状况作出补充规定，"新闻纸或杂志使用同一题号，临时发行的出版物视为其同一新闻纸或杂志"。

（二）出版物的出版手续

《"关东州"出版物令》对出版过程有详细而严格的规定，其主要内容如下：

1. 出版许可申请

发行人的届出手续，意欲发行新闻纸或杂志，由新闻纸或杂志事业主连署填具申请书向关东总官提出申请，内容包括"题号；揭载事项的种类；有无揭载时事；发行时期；第一回发行年月日；发行所、印刷所、发行者、编辑者及印刷者的住所、氏名及出生年月"等8项内容，并规定"题号；揭载事项的种类；有无揭载时事；发行时期；第一回发行年月日；发行所更改时"需要重新填具申请书，以及"印刷所或印刷者""发行者、编辑者及印刷者的住所、氏名及出生年月"出现异动时，发行者务必于五日内向关东长官提出申请。由此可见，《"关东州"出版物令》对于新闻纸及杂志的发行采取"批准主义"，虽然与《"桦太"新闻纸取缔规则》及《台湾新闻纸令》等法令一样，但是区别于日本新闻法及仅适用于在鲜日本人的《朝鲜新闻纸规则》采取的"申报主义"。诚然，日本1873年颁布的《新闻纸条目》的确采取"批准主义"，不过早在1887年的《新闻纸条例》就已改成"申报主义"，1926年的《日本出版物法》也毫无例外，而同时期准备合并适用于朝鲜人与在鲜日本人的《朝鲜出版物令》却改为"批准主义"[①]。日本将本国几十年前就已淘汰的制度沿用于旅大等控制地区，其立法意图可谓不言自明，直到1929年南洋厅颁布的《南洋群岛新闻纸取缔规则》才采取"申报主义"。

2.纳本的义务

《"关东州"出版物令》规定："新闻纸或杂志发行者，在新闻纸发行的同时，在杂志发行的前一日，应纳本关东厅两部、所辖警察官署及关东地方法院检察局各一部"（第16条）；"意欲发行普通出版物者，除到达所需之日，须发行日前三日制本两部及联署著作者呈报关东长官备案"（第17条）。纳本制度是近代出版物最主要的管理方式，至今依然为各国所延续。因此，笔者认为《"关东州"出版物令》规定的纳本并无不合理成分。

3.保证金的缴纳

保证金制度是日本学者认为的日本新闻法制区别于欧洲新闻法制的一大特色[②]，也是被日本学者抨击得最多的一项。它从一开始就随着日本人进入旅大（根据《营业取缔规则》制定的《出版物发行命令条项》要求新闻纸及杂志缴纳保证金）。通常新闻纸或杂志以缴纳保证金与否，分为有保证金新闻纸或杂志与无保证金新闻纸或杂志。前者可以刊登经济、政治及其他时事问题，后者则不容许刊登。《"关东州"出版物令》称："许可揭载时事的新闻纸或杂志的发行者"，应于"发行前向关东厅交纳新闻纸1000元、杂志500元的保证金。保证金可以国债证券充替"；"非发行废止或发行许可取消，不得请求退还或让渡其债权。但不妨碍适用准用国税法的法令，或者新闻纸或杂志因揭载内容出现针对名誉的不法行为而判决赔偿损害的执行"；"保证金发生缺额时，非填补前不得发行新闻纸或杂志，但接到缺额通知日起七日以内不在此限"（第12条）。从保证金数额来看[③]，《"关东州"出版物令》的

---

① 「朝鮮出版物令의 內容 閣議上程說은 虛報」『每日申報』1926年3月26日、1면。

② 宇野慎三『出版物法論』巌松堂書店、1923年、35頁。

③ 日本及其殖民统治地区新闻法规中仅1929年南洋厅颁布《南洋群岛新闻纸取缔规则》无缴纳保证金条款。但是笔者认为它只是一个特例，是基于南洋群岛新闻事业比其他地区落后太多的实际情况而作出的妥协，因此，笔者并不觉得它可以代表日本在殖民统治地区新闻立法的趋势。

"1000 元、500 元"与《台湾新闻纸令》一致，但低于《朝鲜新闻纸规则》[1]与《日本出版物法案》的"2000 元、1000 元、500 元"。尽管审查委员会称"保证金额不嫌过少乎"，建议"参照《日本出版物法案》"，但是最终修正案并未予以采纳。缴纳保证金的新闻或杂志以"揭载时事"为标准，官方对"时事"的解释："指现时社会上突发事件，有是否公知事实之区别"，"新闻纸的报道内容是否为时事，应以全部报道内容的记述目的作为判别标准。"[2] 另外，正如在"满"日本学者加纳三郎所认为："毋庸置疑，将性能相异的新闻纸与杂志全然同一谈论是谬误。（中略）新闻纸提供新闻，杂志提供理论与情感"[3]，日本对新闻纸与杂志的保证金额度作不同规定并非毫无道理。

4. 新闻纸或杂志的失效

《"关东州"出版物令》规定的新闻纸或杂志发行许可失效分为"自动失效"与"强制失效"两种，前者源于新闻纸或杂志自身，"新闻纸或杂志已过发行时期仍未发行，其时间达 3 个月，被视为其发行废止。新闻纸 6 个月内未满 6 次与杂志 1 年内未满 3 次亦同"（第 13 条）；后者源于行政官厅或裁判所强制执行取消发行许可的命令，"关东长官认定揭载前两条规定的事项，其他紊乱安宁秩序的事项，得禁止出版物的发卖及颁布；认为必要时得扣押及停止其发行或取消其发行许可。关东长官认为必要扣押出版物时，得扣押其原版"（第 25 条）。

（三）出版物关系人

《"关东州"出版物令》对出版物关系人的规定主要围绕以下几个方面：

1. 出版关系人的界定

《"关东州"出版物令原案》将出版关系人分为"事业主""发行者""编辑者""著作者"与"印刷者"等。修正讨论时，审查委员会对"事业主"提出颇多疑问，对于"发行者"与"编辑者"未作出界定的问题，建议参考《日本出版物法案》予以修正。结果，修正案删除"事业主"，但仍未明确各关系人的定义。参照此时正在

---

① 《朝鲜新闻纸规则》规定的保证金额度，1908 年颁布时是 1000 元与 500 元，1909 年修正时提高到 2000 元、1000 元与 500 元。

② 『特高資料・社会運動関係判例集』内務省警保局、1934 年、176 頁。

③ 加納三郎「満洲雑誌論：現地主義に確立のために」『満洲文芸年鑑・昭和十四年版』満洲文話会、1938 年、140—141 頁。

讨论的《日本出版物法案》，"发行者，管理出版物之出售散布者""编辑者，管理新闻纸或杂志之编辑者""著作者，著述或制作文书图画者""印刷者，管理出版物之印刷者"，他们在出版活动中承担相应的法律责任。除此之外，"事实发行者""编辑者以外实际担当编辑者""揭载事项署名者""正误书或辩驳书的揭载请求者""揭载事项执笔者""请他人揭载者"或"允他人揭载承诺者"等（第40条、41条），同样履行"发行者"与"编辑者"相应法律责任。

2. 出版关系人的资格限制

《"关东州"出版物令》第6条规定："一、非在本令施行地区居住者。二、未成年者、禁治产者及准禁治产者。三、受禁锢以上刑处，其尚未终止或接受执行者"，不得为新闻纸或杂志之发行者或编辑者。按照适用于旅大租借地的日本《民法》，未成年者指"未满20岁者"[①]，禁治产者指"常有心神丧失之状况者，裁判所得据本人、配偶者、四亲等内之亲族、户主、后见人、保佐人或检事之请求，为禁治产之宣告"，准禁治产者指"心神耗弱者、聋者、哑者、盲者及浪费者（prodigus），得作为准禁治产者，附其保佐人"（《民法》第3—4条、第7条、第11条）。

在修正讨论时期，尽管审查委员会提出"不合格者中缺乏缓刑者或临时出狱者妥当乎"与"在不合格者中增加现役或召集中的陆海军军人必要乎"的意见，但是最终修正案并未采纳这些建议。比较旅大与其他各地相关条款（表2—16），可见旅大租借地与朝鲜对关系人资格的限制明显少于其他地区。笔者不认为是偏爱旅大地区，特别是本应该限制的人群如军人等却未被限制，极有可能为当地日本军人参与办报提供便利（九一八事变后关东军直接介入各种报纸）。

表2—16：旅大与日本、朝鲜、中国台湾及南洋群岛新闻人或编辑人资格限定比较

地区	内容
旅大	一、非在本令施行地区居住者。二、未成年者、禁治产者及准禁治产者。三、受禁锢以上刑处，其尚未终止或接受执行者。

---

① 关东法院审理中国人之间的民事案件时，对中国人的成年年龄依据中国惯例定为16岁或18岁（司法部民事司『関東庁ノ法廷ニ現ハレタルノ支那ノ民事慣習』1936年、1页）。

续表

地区	内容
日本	一、本法施行地区内无住所者。二、海陆军人现役者（尚未入营者及归休中除外）或战时及事变之际召集中者。三、未成年者、禁治产者及准禁治产者。四、禁锢以上刑执行中者。
中国台湾	一、本岛无住所者。二、现役或召集中陆海军人者。三、未成年者、禁治产者或准治产者。四、禁锢以上刑处尚未终止者。五、禁锢以上刑处者、依本令取消许可者、禁止本岛居住者及总督告知不适当者。
朝鲜	一、未成年者。二、未在（韩国）内居住者。三、公权剥夺或停止中者。
南洋群岛	一、未在南洋群岛内居住者。二、现役或召集者海陆军人。三、未成年者、禁治产者或准禁治产者。四、惩役或禁锢刑执行中或准备执行者。

第6条可以称为消极之资格[①]，即剥夺符合者参与新闻纸或杂志之发行或编辑的权利，同时赋予非符合者参与新闻纸或杂志之发行或编辑的权利。尽管《"关东州"出版物令》与《日本出版物法案》有"非居住者（居住セサル者）"与"无居所者（住所ヲ有セサル者）"之别，"非居住者"是《日本新闻纸法》的表述，正如后来有学者指出"所谓无居住者，帝国领土内无居所之意呢？还是指无住所、居所之意呢？些许暧昧不明"[②]，《日本出版物法案》改成"无居所者"，但是两者都不问国籍情况，与当时法德等国限制出版关系人的国籍不同。[③] 由此来看，旅大租借地及"南满铁道附属地"居住的日本人、中国人及外国人都有充当新闻纸或杂志的关系人的资格。然而，实际情况却是日本统治下的旅大无一份日刊报纸由中国人创办。1925年11月15日，团大连特支书记杨志云（共产党）给北方区的报告："本地有三家日文报，三家中文报，完全是它们的工具，我们万难接近。此处决无言论出版的分毫自由，所以我们自己也决难办到出刊物，我们宣传都是秘密口头宣传为多。"[④] 具备资格并不意味着即可办报，还需要向关东官署提出申请。凭此一条，殖民当局就

① 邵祖敏：《出版法释义》，上海世界书局，1931年，第19页。

② 伊藤信道『出版法と新聞紙法に就て』『司法研究·第14辑』1931年、61页。

③ 榛村专一「新聞紙法」『現代法学全集·第34卷』日本評論社、1931年、24页。

④ 大连市史志办公室编：《中共大连地方组织文献选编·1926—1949》，中共党史出版社，2009年，第22页。

可以拒绝所有中国办报申请人。

（四）出版物刊载事项的限制

出版物揭载事项的限制具体可以分为积极的限制与消极的限制：

1. 积极的限制

所谓积极的限制，专门针对新闻纸，指澄清与纠正错误及刊登正误书及辩驳书的义务。《"关东州"出版物令》规定："新闻纸或杂志揭载内容错误，由本人或直接关系人请求正误的请求或正误书或辩驳书的揭载时，应于次回或第三回的发行之际，为其正误或全文揭载其正误书或辩驳书，但正误或辩驳旨趣违反法令时或请求者未明记其住所及氏名时不在此限。正误或正误书或辩驳书的揭载应比照原文，使用同样的版面与字号，正误书或辩驳书字数超过原文时，其超过字数，得按发行者规定的普通广告料的同一标准要求费用"（第 21 条）；"新闻纸或杂志从其他新闻纸或杂志转载或抄录事项，其新闻纸或杂志揭载正误或正误书或辩驳书时，虽无本人或直接关系之请，得到该新闻纸或杂志后，按前条为其正误或揭载正误书或辩驳书"（第 22 条）。日本所称的"正误的义务——正误或正误书、辩驳书的揭载强制"（正誤の義務——正誤又は正誤書、弁駁書の掲載の強制）即是多数国家法律所承认的"答辩与更正"，并获得联合国 1952 年《国际更正权公约》（Convention on the International Right of Correction）的认可。因此，笔者认为《"关东州"出版物令》所规定的"积极的限制"并无消极意义。

2. 消极的限制

所谓消极的限制，指禁止记载一定的事项或其记载须得到许可，它体现在《"关东州"出版物令》的第 23 条，是立法过程中争议最大的一条，原案 1 项 7 款，修正案 2 项 9 款，综合"对修正案意见"与"研究意见"后，印刷案 1 项 9 款（表2—17）。消极的限制具体又分为"绝对禁止事项"与"相对禁止事项"，以印刷案为例，前者指第 23 条第 1—6、8—9 款，绝对不得刊载于出版物；后者指第 23 条第 7 款，即代表"官公署或依法令组织纸议会之秘密文书或所不公开之会议之议事"得到相关机构许可，出版物仍可刊载而免责。

表2—17：《"关东州"出版物令》各案第23条的内容

原案	出版物不得刊载下列事项 一 意图冒渎皇室尊严者 二 意图变更国体者 三 意图否定私有财产制度者 四 煽动或曲庇犯罪、体恤犯人及陷害或体恤刑事被告人或被疑者之刊载者 五 预审之内容、其他由检察官或检事执行者所禁止之搜查中或预审中之事项或不公开之诉讼辩论之刊载者 六 官公署或依法令组织之议会之秘密文书或所不公开之会议之议事之刊载者，但受承认者不在此限 七 败坏风俗者
修正试案	出版物不得刊载下列事项 一 意图冒渎皇室尊严者　　二 意图变更国体者 三 意图不法变更否认国家组织大纲或私有财产制度 四 危害有关帝国利益的军事、外交之机密者 五 煽动或曲庇犯罪、体恤犯人及陷害或体恤刑事被告人或被疑者之刊载者 六 预审之内容、其他由检察官或检事执行者所禁止之搜查中或预审中之事项或不公开之诉讼辩论之刊载者 七 官公署或依法令组织之议会之秘密文书或所不公开之会议之议事之刊载者，但受承认者不在此限 八 引起社会不安之捏造或夸大者 九 乱伦、猥亵、残忍及其他败坏社会善良风俗者 前项第六号或第七号并即便非事实者，亦不得刊载
对修案意见	第一项 第三号 无异议 第四号 尽管希望保持原案但也不强制反对修正案 第五号 无异议 第八号 尽管希望保持原案但也不强制反对修正案 第九号 无异议 第二项 烦请再议

续表

研究意见	第三号 之意义明了乎且此规定妥当乎
	第四号 之机密者无须限定乎
	第五号 削去犯罪之事项不可乎
	第六号 关于特别检事之职权无须明定乎（参照出版物法案第三十一条）
	第六号、第七号 之事项即便并不属实，但作为禁止揭载之事项不必要乎
	第八号 之乱伦、猥亵、残忍无须明示乎（参照出版物法案第二十五条）
	本条追加惹起社会不安之捏造或夸大之事项可以乎（参照出版物法案第二十五条）
	本条追求一般扰乱安宁之事项可以乎
印刷案	出版物不得刊载下列事项
	一 意图冒渎皇室尊严者
	二 意图变更国体者
	三 意图否认国家组织大纲或私有财产制度
	四 危害有关帝国利益的军事、外交之机密者
	五 煽动或曲庇犯罪、体恤犯人及陷害或体恤刑事被告人或被疑者之刊载者
	六 预审之内容、其他由检察官或检事执行者所禁止之搜查中或预审中之事项或不公开之诉讼辩论之刊载者
	七 官公署或依法令组织之议会之秘密文书或所不公开之会议之议事之刊载者，但受承认者不在此限
	八 引起社会不安之捏造或夸大者
	九 乱伦、猥亵、残忍及其他败坏社会善良风俗者

《"关东州"出版物令》的消极限制以维护国家安全、司法独立与社会安定为主。暂且不论在日本承认其为中国领土的旅大地区里要求维护日本的国家安全是否合法合理，回到条文本身，与日本、朝鲜、中国台湾及南洋群岛相比（表2—18），首先，可以看到《"关东州"出版物令》的条款在所有殖民统治地区中最多最复杂，其次，在相同条款的具体细节上，如《"关东州"出版物令》的"意图冒渎皇室尊严者"与《日本出版物法》的"冒渎皇室尊严者"，前者日文是"皇室ノ尊厳ヲ冒渎セトスル事項"，后者日文是"皇室ノ尊厳ヲ冒渎スル事項"，两者之差体现前者"冒渎セトスル"表示一种推测（推量），后者"冒渎スル"是一种确定（完了），从字面上可以引申为前者以是否有此种意图为判定标准，后者以是否完成此种行为为判定标准，孰重孰轻无须赘言。[1] 即便日本大理院曾解释过"皇室ノ尊

---

[1] 日本学者对《新闻纸法》与《出版法》关于"冒渎皇室尊严"这一项是否需要已"着手实行"为判定标准已作过许多论述。（宇野慎三『出版物法論』巌松堂书店、1922年、307—308页）

厳ヲ冒瀆セトスル事項"限适用于"已在新闻纸刊登的事项作为冒渎皇室尊严的必要条件"（新聞紙ニ掲載シタル事項依リ皇室ノ尊厳ヲ冒瀆シタルコトヲ必要トスル）[1]，但基于日本判例不适于旅大租借地的事实，仍然会给后续执行带来诸多争辩。这种立法漏洞对于熟悉日本法律及判例的内阁法制局立法人员而言绝不可能是一时疏忽，只有可能是故意为之。

表2—18：旅大与日本、朝鲜、中国台湾及南洋群岛揭载事项限制规定的内容

地区	限制内容
旅大	出版物不得刊载下列事项： 一 意图冒渎皇室尊严者；二 意图变更国体者；三 否认国家组织大纲或私有财产制度；四 危害帝国利益的军事、外交之相关机密者；五 煽动或曲庇犯罪、体恤犯人及陷害或体恤刑事被告人或被疑者之刊载者；六 预审之内容、其他由检察官或检事执行者所禁止之搜查中或预审中之事项或不公开之诉讼辩论之刊载者；七 官公署或依法令组织纸议会之秘密文书或所不公开之会议之议事之刊载者，但受承认者不在此限；八 引起社会不安之捏造或夸大者；九 乱伦、猥亵、残忍及其败坏社会善良风俗者。
日本	出版物不得刊载下列事项： 一 冒渎皇室尊严者；二 意图变更国体者；三 否认国家组织大纲或私有财产制度；四 危害有关帝国利益的军事、外交之机密者；五 煽动或曲庇犯罪、体恤犯人及陷害或体恤刑事被告人或被疑者之刊载者；六 引起社会不安之捏造或夸大者；七 乱伦、猥亵、残忍及其败坏社会善良风俗者。出版物不得刊载公判开庭前刑事案件相关文书内容或停止公开诉讼的辩论。
朝鲜	新闻纸不得刊载下列事项： 一 意图冒渎日韩两皇室尊严事项；二 意图妨害治安、紊乱风俗事项；三 未公开官厅文书及议事相关事项；四 未付公判前重罪轻罪预审相关事项及禁止旁听的裁判相关事项；五 救护或赏恤刑事被告人或曲庇犯罪事项。

---

[1] 日本検察学会編『不穏文書臨時取締法解説と出版法・新聞紙法判例』立興社、1936 年、103—104 頁。

续表

地区	限制内容
中国台湾	新闻纸不得刊载下列事项： 一 意图冒渎皇室尊严、变更国体或意图紊乱朝宪者；二 预审中被告事件的内容、检察官禁止事件搜查中或预审中被告事件相关事件或停止公开诉讼辩论的相关事项；三 煽动或曲庇犯罪、赏恤或救护刑事被告人或被疑者、陷害被告或被疑者事项；四 未公开官方文书、上书、建议书或请愿书，或官厅议事相关事项未受许可者；五 依法组织的公会停止公开的议事。
南洋群岛	第14条 新闻纸不得刊载公判开庭前检事揭载禁止的被疑事件或被告事件相关事项；新闻纸不得刊载停止公开的诉讼辩论。 第15条 新闻纸不得刊载官署未公开的文书或未受许可的议事；未公开的请愿书或诉愿书亦同。 第16条 新闻纸不得刊载煽动或曲庇犯罪、赏恤或救护刑事被告人或被疑者、陷害被告人或被疑者相关事项。……紊乱公安或侵害风俗……

（五）行政处分

依据日本新闻与出版法规，出版物的行政处分为：发卖颁布禁止、新闻记事的刊载禁止、扣押、削除处分、分割还付等[1]，其中最主要的是发卖颁布禁止，须依据《出版法》与《新闻纸法》执行，其他由行政长官直接执行。[2]《"关东州"出版物令》对出版物的行政处分：禁止发卖颁布、禁止发行、扣押与取消许可。"关东长官认定揭载前两条规定的事项，其他紊乱安宁秩序的事项，得禁止出版物的发卖及颁布；认为必要时得扣押及停止其发行或取消其发行许可。关东长官认为必要扣押出版物时，得扣押其原版"（第25条）；"本令施行地域以外发行的出版物，被认定为揭载第23条或第24条事项，以及其他紊乱安宁秩序的事项，或内务大臣、朝鲜总督、台湾总督、桦太厅长官或驻中国帝国领事禁止发卖及颁布、输入或移入的出版

①　在日本新闻与出版法规里，"不问特定人或不特定人的多数者作为销售对象者，称之发卖"；"以多数人为贩卖目的的印刷物，即便只卖与一人也可以称之发卖（明治四十一年五月十一日日本大理院判例）"；"不问特定人或不特定人，以有偿或无偿交付多数人时，称之为颁布"（大正五年九月二十二日、大正十五年三月五日大理院判例）；"复制物制成及其发卖、颁布称之为发行"（「新聞紙法」『现代法学全集・第34卷』第59页）。

②　『昭和七年中に於ける出版警察概観』内务省警保局、1932年、25页。

物，关东长官得禁止其贩卖及颁布或输入，认为必要时得扣押"（第 26 条）；"依前两条扣押的出版物，其不妨碍发卖及颁布的部分，依受扣押者的请求，得返还之。但为之必要费用由请求者承担"（第 27 条）。

按照日本新闻与出版法规，"虽然内务省可以直接禁止出版物的发卖颁布及禁止新闻纸的输入或移入，但是新闻纸的发行禁止得依据裁判所的宣告才可以为之"。也即说永久禁止新闻纸发行的权力并非是行政权，而属司法权之列，且此种司法处分甚少被采用[1]。相比之下，旅大缺乏这些区别而全部属于关东长官的行政权力。原本"行政官厅的发卖颁布禁止权"与"司法官宪的发行禁止权"就已被日本学者批评为是日本法规相对欧洲而言的"显著特色"，"1894 年 7 月 4 日废除以来，各国均不得见"[2]。然而，《"关东州"出版物令》的行政处分更严于日本，关东长官可以凭借自己的判断对出版物作出取消永久发行许可的处罚。

（六）司法处分

按照《"关东州"出版物令》规定，针对出版物的处罚，不仅限于禁止发卖颁布、扣押等行政处分，且于一定情况下会受司法处分，即追加其法律责任，可能受到金罚与体罚，前者即指罚金，有一百元以下、三百元以下、五百元以下与一千元以下之分，后者即指有期徒刑，有六个月以下、一年以下、二年以下与三年以下。比较旅大与日本、朝鲜、中国台湾及南洋群岛司法处分的力度（表 2—19），笔者发现旅大租借地在日本海外控制地区中是最强的，不仅高于制定时间早于《"关东州"出版物令》的《朝鲜新闻纸规则》与《台湾新闻纸令》的力度，而且也高于制定时间早于《"关东州"出版物令》的《南洋群岛新闻纸取缔规则》。再进一步比较，笔者发现旅大租借地逊于日本的地方限于金罚，而体罚的标准完全与日本一样，如在原案中刊登"意冒渎皇室尊严者"与"变更国体者"受到二年有期徒刑，而在修正案中全部改成与日本一样的三年有期徒刑，因此，笔者认为《"关东州"出版物令》对于出版物的司法处分力度并不亚于《日本出版物法案》。

---

[1] 1907—1932 年，日本共 15 件运用司法权禁止报纸的案件（『昭和七年中に於ける出版警察概観』内务省警保局、1932 年、151 页）。

[2] 宇野慎三『出版物法論』严松堂书店、1923 年、35 页。

表2—19：旅大与日本、朝鲜、中国台湾及南洋群岛出版物司法处分比较（种）

区别		旅大	日本	朝鲜	中国台湾	南洋群岛
金罚	50 元以下	—	—	—	—	4
	100 元以下	1	3	14	—	12
	150 元以下	—	—	—	—	3
	200 元以下	—	—	1	10	12
	300 元以下	9	5	—	9	—
	500 元以下	12	23	—	8	—
	1000 元以下	7	5	—	1	—
	2000 元以下	—	1	—	—	—
	3000 元以下	—	2	—	—	—
体罚	3 月以下	—	—	—	—	2
	6 月以下	9	15	4	7	8
	1 年以下	4	4	3	—	2
	2 年以下	1	1	—	1	—
	3 年以下	2	2	—	1	—

（七）名誉毁损的免责

对于新闻纸或杂志报道公共利益事项而涉嫌侵犯名誉时，法律予以免责是近代西方国家的普遍做法。[①] 日本《出版法》《新闻纸法》与《出版物法案》都有明文规定，称为"名誉毁损的免责"，《"关东州"出版物令》将它首次引进日本的海

---

① 当时法国《出版法》第 41 条第 2 款，德国《宪法》第 22 条第 2 款、德国《刑法》第 12 条，以及英国判例法等均有相关规定（宗宫信次『名誉権論』有斐閣、1939 年、364 頁）。

外控制地区，"出版物揭载事项针对名誉之罪，提起公诉之时，除涉及私行外，裁判所认为其非出于恶意，专为公益而为之时，得准被告人证明其事实，若其得以证明确立，其行为免罚之。因出版物揭载事项发生的名誉之不法行为而诉其毁损赔偿，除涉及私行外，被告证明其非出于恶意而专为公益而为之时，免被告损害赔偿之义务"（第42条），确定"名誉毁损"的"免责范围""立证责任""免责要件"等，其中"免责要件"包括"出于公益"（"关乎公益""非出于恶意"）、"非涉及私行（私行，指人私生活相关的行动之统称，与法定公务员职务权限内的行动相对而言 ①）"与"报道真实"三项。

三、《"关东州"及"南满洲铁道附属地"出版物令》的定位与影响

通过对制定始末、主要内容的梳理及与日本其他殖民统治地区新闻立法的比较，笔者首先指出的是《"关东州"出版物令》不仅与旅大租借地先前新闻出版行政命令不同，也与《"桦太"新闻纸取缔规则》《朝鲜新闻纸规则》《台湾新闻纸令》《南洋群岛新闻纸取缔规则》等地单行新闻法规不同，它由日本中央政府以敕令形式制定，是日本殖民统治地区立法体制里最高层次的新闻立法，是日本中央政府首次也是唯一一次为殖民统治地区量身打造"新闻法"（后期的《"关东州"不稳文书临时取缔令》《"关东州"言论、集会、结社等临时取缔令》由《不稳文书临时取缔法》《言论、出版、集会结社等临时取缔法》直接删改而成），内容最全面同时也是与日本国内新闻法最相似，代表了日本殖民统治地区新闻立法的最高水平（表2—20）。

---

① 大阪朝日新聞社調査部編『新聞関係法規：昭和九年八月一日現在』株式会社朝日新聞社、1934年、57頁。

表2—20：旅大与日本、朝鲜、中国台湾、南库页岛及南洋群岛新闻立法的比较

类别		日本	旅大	朝鲜	中国台湾	南库页岛	南洋群岛
立法形式		法律	敕令	府令	律令	军令	厅令
立法者		帝国议会	内阁	统监府	总督府	守备军	南洋厅
立法对象		新闻纸杂志及普通出版物	新闻纸杂志及普通出版物	新闻纸杂志	新闻纸	新闻纸	新闻纸
条数		68	43	28	34	17	40
主要内容	出版物界定	√	√	×	√	×	√
	出版物要件	√	√	√	√	√	√
	责任者	√	√	√	√	√	√
	保证金	√	√	√	√	×	√
	正误	√	√	√	√	√	√
	记事限制	√	√	√	√	√	√
	行政处分	√	√	√	√	√	√
	司法处分	√	√	√	√	×	×
	名誉毁损免责	√	√	×	×	×	×

其次，笔者指出日本在旅大租借地的新闻立法采取杂糅内地延长主义与本地化相结合的策略。《"关东州"出版物令》是日本新闻与出版法在旅大租借地的本土化。一方面，日本政府企图以敕令的形式，将日本法规的主要内容毫无保留复制到旅大租借地。笔者并不认为这是国与国之间平等的立法借鉴，而是类似"宗主国"对"殖民地"的发号施令。从提议到起草再到修正，旅大的主体族群——中国人毫无知情权与参与权，由日本人一手操作，这是一种"殖民地"立法的显著表现。日本的殖民同化政策——"内地延长主义"在《"关东州"出版物令》得到淋漓尽致的体现，将日本新闻法里要求日本报纸效忠于日本皇室的条款通过《"关东州"出版物令》也要求旅大报纸遵守①，变相地要求或鼓励旅大民众服膺天皇，这是一种对大部分国籍为中国的旅大民众的精神侮辱。另一方面，日本制定《"关东州"出版物令》时又有选择性地剔除或更改《日本出版物法案》部分内容，如将"军人不

① 日本新闻与出版法规里的"冒渎皇室尊严"专指冒渎"日本皇室"不包含其他国家的皇室（榛村专一「新闻纸法」『现代法学全集·第35卷』日本评论社、1931年、192页）。

得参与报刊"与"取消报纸许可证属于司法权"等删除，将"备案制"更改为"批准制"，这些条款原本为了避免新闻与出版自由不至于被公权力所左右，而《"关东州"出版物令》恰恰被删除或修改，为公权力介入新闻与出版开方便之门。在审查委员会指出这些问题的情况下，《"关东州"出版物令》仍未做出任何修改，可见这并非是立法者的疏忽，笔者认为最有可能的解释是日本意识到旅大地区的特殊性，即日本占据旅大地区以来，当地中国人的反抗情绪未曾消除，给予公权力介入新闻与出版的权力，随时查封报纸，拒绝中国人办报，在日本人看来是一种保证日本更好地统治旅大地区的手段。正因如此，日本在制定《"关东州"出版物令》的过程中，延长日本法与考虑本地特殊性，无不是立法的出发点与最终目标。

　　再次，笔者认为日本在旅大租借地的新闻立法完全出于殖民统治需要，毫无保障新闻与出版的立法精神，对于新闻与出版而言，可谓处罚充分而保护不够。正如日本法学家榛村专一所言："思想（言论、著作、出版、兴行）法制的主体内容不必说，其一是思想自由换言之即研究及发表的自由及其限制，其二是思想的产出物的保护及统制。"[①] 也即是说，一部新闻与出版法应融保护与限制于一体。以此标准衡量《"关东州"出版物令》，它是一部限制大于保护的思想法。日本官方并未响应民间研究团体的在《出版物法案》中按照西方立法习惯直接写明"保障出版自由"的呼吁[②]，仅保留"查封报馆须由司法机关裁决"等限制公权力而可以称为"消极保护"的条款。然而，这仅有的消极保护在日本起草《"关东州"出版物令》时有意识地被删除，使得《"关东州"出版物令》给予的名誉毁损免责权利大打折扣，相比之下《日本新闻纸法》《日本出版法》规定的出版物行政处分、司法处分及揭载限制事项等条款无不一一被复制进《"关东州"出版物令》，本质上依然未摆脱被日本学者批评为"文明国之耻辱的新闻纸取缔法"形象[③]，由此笔者进一步指出《"关东州"出版物令》是一部打压与取缔新闻与出版的恶法。

---

① 榛村專一「新聞紙法」『現代法学全集・第34卷』日本評論社、1931年、49頁。

② 1926年《新闻纸法》与《出版法》修正讨论期间，日本新闻研究会在自己起草的《出版法案》中第一条即是："宪法所保障的出版自由，依本法规定外不受限制"（憲法ニ於テ保障セラレタル出版ノ自由ハ本法ノ規定ニ依ル外制限セラルヽコトナシ）（「新聞研究会作制の出版法案」『出版物法案の研究』新聞研究会、1926年、7頁）。

③ 永代静雄編『出版物法案の研究』新聞研究会、1926年、3頁。

最后，笔者认为《"关东州"出版物令》尽管被"撤回"而未能产生正式法律效力，但是后续时间里仍然发挥着实际影响力，成为旅大租借地乃至伪满洲国取缔出版物的标准。如伪奉天警务厅 1932 年 6 月 2 日制定报纸禁载事项饬各报社遵照——"对于执政涉及不敬事项；如欲导'满洲国'于不利地位；关于外交军事或行政上之机密事项；预审中之被告事件内容事项；对于刑事被告人或犯罪人之颂扬及护庇陷害等事项；未经公开诉讼之辩论事项；妨害公安或伤风败俗事项；对于官署官员未经委定乱乱揣度事项"，"其他随时应行禁载或解禁事项由本厅特务股随时通知之，并派专员与关东军司令部宪兵队关东厅等取密切之联络"等，[①]甚至极有可能成为伪满洲国《出版法》（1932 年）、伪蒙古联盟自治政府《出版法》（1938 年）与日本驻华北各领事馆《出版物取缔规则》（1940 年）的参照样本（如不限制军人办报、禁载事项等高度雷同），可谓日本在旅大租借地未完成的新闻立法最终在日本扩大侵华战争的过程中得以完成。

小结

占据旅大以后，日本在中国人的土地上创办各种新闻业，毫不忌讳地宣称是日本殖民统治旅大租借地、侵略东北的代言人。为了使新闻业更好地配合殖民政策，实施新闻统制成为一种必要的手段。

1905—1931 年，日本统治者借鉴殖民中国台湾的经验，以引进日本国内法为主，独立创制为辅，在旅大租借地逐渐创建与确立了一套新闻法制。它们不论是新颁布的，还是照搬自日本的，均重点关注与"治安""风俗"相关的内容，体现出日本统治者试图通过媒体管理制度化，规范媒体业务的实践，进而将新闻业引导到服务于稳定统治的轨道上。进一步而言，侧重于"治安"与"风俗"的特点，体现出日本殖民统治者，试图通过设置创办门槛，划定揭载禁区，规范一套有利于殖民统治的业务标准。客观来看，日本统治者的立法管理，对刚刚进步的新闻业的确有一定的推动作用，特别是引进日本新闻媒体模式，对当时东北乃至全中国的新闻业都有一定的参考价值。但是必须看到，日本统治者对新闻业的规范，目的不在于强

---

① 《关于检阅新闻杂志及其他出版物事项》，《奉天省警务辑览》，1932 年，第 65 页。

化新闻业服务在地民众的角色，而是旨在驯化新闻业，使之服务于稳定殖民统治，志不在保证新闻业的独立，创造舆论监督的良好环境，与之相反的是，斩断新闻业的叛逆基因，养成奴性十足的官方御用机关[①]，也沾上《满洲日日新闻》批评中国报纸时罗列的陋习——"不直接诉之于国民而诉之于官僚阶级，因而无力唤起舆论之形成"[②]。或许正因如此，在旅大经营新闻业并不容易，当局坦言："报纸、杂志持续发行者并不多"[③]，后来在"满"日本学者更是直接宣称："二号杂志、七号周刊、半年报纸。"[④]

　　一言以蔽之，从日本占据初期开始，旅大租借地新闻统制就已具有殖民性与专制性的特点。在这种新闻统制下养成的新闻业究竟多少竞争力，笔者无从证实。但是，可以说明一点，旅大报纸绝对无法兑现其自诩与主张的"报纸是代表舆论，有监督政府、帮道国民的责任"[⑤]，"《满洲日报》的记事及社论，绝非迎合'满铁'干部的意志，以期实现完全的独立"[⑥]。颇为吊诡的是，得到租借地当局许可的旅大报纸发行到州外以后，从日本方面的朝鲜总督府、日本青岛守备军司令部到中国方面的张作霖、北洋政府，无不以"治安"与"风俗"为由，查禁《辽东新报》《满洲日日新闻》《泰东日报》《满洲报》等旅大报纸。[⑦] 这种不约而同，是20世纪二三十年代中日各方势力博弈于新闻舆论场的表征。这种利益之争也是租借地当局还击州外新闻业的原动力。也正如此，当九一八事变进一步激化中日舆论对立后，旅大租借地的新闻统制也进入了一个新时期。

---

① 如日本报纸批评朝鲜总督府的新闻政策：其管内发行御用报纸，中立或反对总督府的报纸都不让存在。详见：「社説：朝鮮の新聞政策」『東京朝日新聞』1913年6月22日朝刊、第3版。

② 「支那新聞事業」『満洲日日新聞』1918年5月27日。

③ 関東都督府官房文書課『関東都督府施政誌：自明治三十九年至大正五年』東京築地活版製造所、1919年、146頁。

④ 「満洲評論の誕生記」『満洲評論』第17巻第8号、1939年8月19日、24頁。

⑤ 《报纸不是专为骂人的》，《泰东口报》，宣统二年十二月初八。

⑥ 「新聞紙の使命に就て　松山忠二郎演説筆記（下）」『満洲日報』1931年3月6日、第2版。

⑦ 「不許可差押削除出版物（泰東日報）」『朝鮮出版警察月報』第8号、第15号、第16号、第39号；「不許可差押削除出版物（満洲報）」『朝鮮出版警察月報』第35号；「不許可差押削除出版物（大連新聞）」『朝鮮出版警察月報』第16号、第34号、第35号；「軍々令第三十七号：遼東新報移入禁止ノ件」『青島守備軍公報』第12号、1915年4月25日；『国民外交協会排日運動概要』（極秘）関東庁警務局高等警察課、1930年5月、44—53頁。

第三章
新闻统制的深化与扩展期
（1931—1937）

1931 年 9 月 18 日后，日本关东军侵占中国东北三省全境，策划将东北三省从中国独立出去。虽然，作为幕后推手的关东军石原莞尔此时主张："撤废'关东州'，日本人皆应取得'满洲国籍'"，但是未获得重视且本人被降职。随后日本出台的《满蒙时局处理具体案要领》，表示"'关东州''铁道附属地'及'间岛'暂时作为'满蒙'特别区。'关东州'及'铁道附属地'是否归还'满蒙'政权视其统治成绩而定，暂时保留在日本帝国的统治下"。1932 年 3 月，关东军炮制了所谓的"满洲国"，随后获得日本政府的承认，两者签订所谓《日"满"协定书》，"满洲国"认可"日本在'关东州'租借地的行政权"①，日本继续保留对旅大租借地的直接统治。1934 年，日本在"满"机构进行改革，于驻"满"大使馆内成立关东局，废除关东厅，设"关东州"厅，受关东局的管辖，实际上是由关东军控制。"设置关东局的目的，在于加强'关东州'同整个东北的联系，发挥旅大的侵略基地作用。有利于日本控制伪满洲国，统治东北"②，开启了由日本关东军统治包含旅大租借地在内的全东北的时代。由此，日本在旅大租借地的新闻统制由创建与确立期进入深化与扩展期，新闻统制的深化主要表现在新闻立法、新闻统制机构及其实践情况逐一完善，新闻统制的扩展主要表现在日本不仅将新闻统制从旅大租借地扩展到伪满洲国，而且将旅大新闻统制的经验复制到伪满洲国，通过统制将新闻媒体从"'满洲'经营"的"国策先锋"变成"建设新天地"的"弘报机关"。本章旨在论述九一八事变至七七事变期间旅大租借地新闻统制的详细情况。

---

① 日本外事協会『満洲帝国総覧』三省堂発行、1934 年、45 頁。
② 顾明义等主编：《日本侵占旅大四十年史》，辽宁人民出版社，1991 年，第 76 页。

第一节
九一八事变后旅大新闻业

伴随九一八事变的发生与伪满洲国的成立，旅大租借地各界认为"报效新国家的时机来临"，新闻社、杂志社与放送局在发展州内事业之同时，纷纷将业务扩展至全东北，迎来旅大新闻业发展新的"黄金时期"。然而，机遇当下的挑战也是显而易见。为配合关东军占领与统治全东北的野心，旅大新闻业的功能发生转变，从"经营'满洲'"的"国策先锋"变成"建设新天地"的"弘报机关"。

一、旅大新闻业的北向发展

诚然，1905 至 1930 年间，旅大的新闻业在租借地当局的"引导"与"规范"下"较好"的发展，但是，由于中日关系不断恶化，东北三省官方对旅大的媒介走出租借地予以诸多限制，如 1927 年 10 月 11 日，张作霖以"时局不稳"，"外国人经营的新闻宣传赤化，扰乱治安"为由，发布不得"阅读由外国人经营的汉字新闻"——《外国人报》《泰东日报》《满洲报》《关东报》"的禁令[①]，1930 年东北国民外交会议也对准在东北的日人报纸，开展"文化设施排斥运动"，"论外报之毒""外国新闻购读禁止运动"《盛京时报》排斥运动""机关杂志的外交排斥记事"。[②] 在中日对立的情况下，旅大报纸要想真正将业务开展到租借地及"满铁"附属地以外的东北绝非易事。不过，在关东军非法越出租借地占领全东北以后，旅大新闻业走向全东北的企图最终得以实现。

九一八事变对于东三省的中国新闻业而言，带来的绝对是灭顶之灾。东北沦陷后，各地中国人的报纸纷纷遭到摧残，保留下来的不是汉奸报纸，就是名目犹昔而

---

① 「雑ノ部」『各国ニ於ケル新闻、雑誌取締関係雑件／支那ノ部（第一卷）』（A—3—5—0—6—1—001）外务省外交史料馆;「日本人を敵視した張学良の侮日政策」『满洲日報』1931 年 11 月 30 日、第 2 版。

② 『国民外交協会排日運動概要』関東庁警務局高等警察課、1931 年 5 月、44—53 頁。

实质已非①。但是，对于旅大租借地的新闻业而言，带来的却是发展时机，标榜"影响国际舆论""指导中国住民"及"为'满洲建国''官民融合'与制度组织的完成而指导舆论、统一民论"，厚实州内新闻业，如表3—1②显示，1931年底，旅大租借地与"满铁"附属地的报纸、杂志总数260种，比前一年增加11种，一次发行量达667646份，比前一年增加80784份③，而此时东三省遭到关东军摧残而只剩下10家报馆④，其中奉天的13家中国人报纸在事变后全部停刊⑤，两者相比呈现截然相反的情况。顺便一提，大连中文报《满洲报》虽然1932年3月3日由中华民国纪元改为伪满洲国大同纪元（《泰东日报》3月5日起改），不过继续在报头下英文地址中保留"China"⑥，为"THE MAN CHOU PAO SHE 142 Yamagatadori Dairen Manchuria China"，直到1932年9月15日日本宣布承认伪满洲国后的9月17日才去掉"China"（9月16日休刊），仅保留"Manchuria"。

表3—1：1931年末"关东州"租借地及"满铁"附属地报纸杂志数

周期	报纸及杂志数			一次发行数量		
	租借地	附属地	总数	租借地	附属地	总数
日刊	33	24	57	224806	32373	257179
周刊	7	4	11	25195	1213	26408
月刊	119	29	148	302565	33296	335861
年刊	27	13	40	26804	6328	33132
不定刊	3	1	4	566	24500	25066
总数	189	71	260	579936	97710	667646

① 《哈埠新闻界之厄运》，《新闻报》，1931年12月29日，第8版。

② 国务院统计处编『满洲国年报·第一次』满洲文化协会、1933年、205页。

③ 『関東庁統計書·第26·昭和六年版』满洲日报社印刷所、1932年、23页。

④ 事变前，沈阳、长春、哈尔滨、吉林、齐齐哈尔等五城市共有中国人办的报馆36家。事变后，被日军封闭了26家，仅剩10家。详见张贵、张铸：《日本侵略者在东北沦陷区对报业的摧残与统制》，《东北沦陷十四年史研究》第2辑，辽宁人民出版社，1991年，第346页，第347页。

⑤ 『外国に於ける新聞（满洲及支那の部附大连·香港）·昭和七年版』外务省情报部、1932年、3页。

⑥ 1928年7月2日，《满洲报》报头下开始加注英文"THE MAN CHOU PAO SHE 142 Yamagatadori Dairen, Manchuria"，1929年10月4日改为"THE MAN CHOU PAO SHE 142 Yamagatadori Dairen, Manchuria, China."

　　另一方面，紧跟关东军的铁蹄，旅大租借地的新闻界陆续将事业与业务推向全东北。其一，在关东军收买与兼并新闻言论机关政策的鼓励与怂恿下，旅大新闻业大力兼并东北各地的新闻业，将它们变成自己的子报。此时，旅大的《满洲日报》在奉天、哈尔滨等地拥有《奉天日日新闻》《哈尔滨日日新闻》，向《盛京时报》注入资本，并于1932年3月在长春出版《满洲日报长春号外》（1935年8月改《满洲日报"新京"号外》[1]）。《满洲日报》的最大竞争对手——《大连新闻》也在长春市设立支社，于1932年3月27日出版《大连新闻北满号外》，标榜"向'新京'读者速报重大事件"，不定期发行一页，同母报《大连新闻》一样读者达约6000份[2]，在吉林市大连新闻社吉林支局长三桥政明任东省日报社长，标榜"日华亲善"[3]。《满洲报》社长西片朝三也于1934年8月以6000元收买奉天的中文报《东亚日报》[4]。大连市议员若月太郎则乘九一八战乱之机，强占奉天中文报《东三省氏报》的社址与设备，发行中文报《奉天公论》[5]。

表3—2：1933—1935年《满洲日报》经营状况（元）[6]

类目	1933 年上	1933 年下	1934 年上	1934 年下	1935 年上	1935 年下
收入	598912	666195	759171	790225	923938	1125129
支出	583006	629143	741045	767824	906657	1107760
纯利益金	15906	37052	18126	22401	17281	17369

　　其二，旅大新闻业纷纷拓展在东北的业务，抢占发行市场。它们主动在东北各地新增支社支局，扩大发行量，占领各地报纸发行市场。事变后，《满洲日报》"迅

---

① 『満洲国及支那に於ける新聞・昭和十二年版』外務省情報部、1937年、3頁。

② 『外国に於ける新聞（満洲国及中華民国の部附大連・香港）・昭和九年版』外務省情報部、1934年、4頁。

③ 『外国に於ける新聞（満洲及支那の部附大連・香港）・昭和七年版』外務省情報部、1932年、16頁。

④ 『満洲国及支那に於ける新聞・昭和十一年版』外務省情報部、1936年、9頁。

⑤ 王胜利等编：《大连近百年史・人物》，辽宁人民出版社，1999年，第506页。

⑥ 资料来源『満洲銀行会社年鑑・昭和十年版』『満洲銀行会社年鑑・昭和十一年版』『満洲銀行会社年鑑・昭和十三年版』。

猛扩张"①，发行量增加50%②，1932年3月《满洲日报》扩充原有的27家支局，新设7家支局③。同月，伴随所谓"满洲国家"的建设，在奉天支社及"满铁"沿线21家支局（含州内的旅顺、金州、沙河口）的基础上，新增长春、哈尔滨两支社，并首次将支局、通信部开到齐齐哈尔、敦化、锦州、山海关、"间岛"等"满铁"线路以外的地方。④《满洲报》与《泰东日报》则进一步扩大对没有自己报纸的中小城镇的占有率，如新民府、海龙、通化、通辽、郑家屯、农安等地，抢占《益世报》《申报》《中央日报》《时报》《大公报》《庸报》等关内报纸退出后留出的市场，其中奉天市43家新闻纸贩卖店中来自旅大的10家，长春市23家新闻纸贩卖店中来自旅大的6家⑤。而且，旅大报纸的发行得到关东军的政策支持，如关东军强迫中国人订阅《泰东日报》《满洲报》等⑥。另外，此时在旅大租借地内拥有《满洲日报》的"满铁"，或直接给予资金，或以广告费名义，补助《新京日报》（日文）、《新京日日新闻》（日文）、《东省日报》（吉林市，汉文）、《内外经济情报》（长春、汉文）、《日满经济情报》（长春、日文）等，凭借资本的绝对优势，将控制新闻业的野心推行至全东北。

其三，旅大新闻记者纷纷加入东北的新闻业，输出办报经验。不仅旅大各报社的主要干部成为伪满各地改版或新办报纸的主要负责人，而且旅大各报社的普通新闻记者进入伪满后，也开始担任各报的主要负责人。由表3—3可见，大部分原先在旅大并非担任主要职务的中日新闻记者，在事变后北上加入各地新闻社而成为各社主要负责人。另外，伪满新闻机关的主要负责人如村田悫麿（事变前为"满铁"嘱托，事变后为大新京日报社长）、若月太郎（事变前为大连市议员，事变后为奉天公报创办人）、里见甫（事变前为"满铁"嘱托，事变后为"满洲国通信社"主干）等，同样有在旅大租借地任职的经历。对于这些人而言，九一八事变给他们提供了一次事业上升的绝好机会。

---

① 「吉敦線地方へ 満洲日報の猛拡張」『日刊新聞興信所報』1932年1月28日、第3版。

② 南満洲鉄道株式会社総務部資料課編『満洲事変と満鉄』満洲日報社印刷所、1934年、1149頁。

③ 『日本新聞年鑑・昭和八年版』新聞研究所、1932年、第二編現勢111—112頁。

④ 『新聞総覧・昭和四年版』日本電報通信社、1929年、526頁；『新聞総覧・昭和八年版』日本電報通信社、1934年、488頁。

⑤ 『満洲国商工名簿録』公倫社、1933年、奉天篇80—82頁、新京篇51—53頁。

⑥ 张贵：《东北沦陷14年日伪的新闻事业》，《新闻研究资料》，第60辑，1993年，第174页。

表3—3：旅大新闻社干部及记者北上任职新闻机关情况

姓名	国籍	原单位及职务	北上后的单位及职务
高柳保太郎	日本	"满铁"嘱托、满洲日报社长	斯民社长、"满洲国通信社"理事、新京日日新闻社长
西片朝三	日本	满洲报社长	奉天民声晚报社长
马星垣	中国	满洲报、关东报记者	奉天民声晚报名义人、编辑、满洲报奉天支社长
杜振远	中国	关东报记者	奉天公报编辑
都甲文雄	日本	满洲文化协会干事、"满铁"嘱托	大同报副社长
十河荣忠	日本	泰东日报记者	新京日日新闻发行人
后藤武雄	日本	满洲日日新闻、辽东新报记者、奉天新闻大连支社员	满洲日报长春号外发行人
中村猛夫	日本	满洲日日新闻编辑局经济部长	满洲日报长春号外发行人
南瓜顺生	日本	大连新闻记者	满洲日报长春支社社长
内海重夫	日本	大连时报、大连新闻记者	新京商工月报、内外经济情报编辑人、新京商工会议所调查汇报主笔
佐藤四郎	日本	满洲日报社编辑长	大同文化发行人
井下万次郎	日本	大连新闻	锦州新报创办人
山口源二	日本	满洲日报社会部长	大同报社编辑长

在广播电台的建设与发展方面，"'满洲事变'发生之际，一时各局悉数不得不停止放送时，独有大连放送局宣明事变之真正意义"[1]，与东北各地广播电台遭到关东军毁灭性打击相反，旅大租借地的大连放送局，伴随着"满洲独立国家建设运动"，迎来新的发展机会[2]。九一八事变发生时，大连放送局提高新闻播送的频率。1931年10月16日，大连放送局调整周波数（频率）及波长，从原来的波长395米、周波数760千周变更为波长465米、周波数645千周[3]，随后又变更为周波数650千周，鉴于与南京中央电台的周波数660千周出现混信妨碍现象，1936年7月

---

① 満洲電信電話株式会社編『満洲放送年鑑・昭和十五年版』株式会社満洲文祥堂印刷部、1941年、6頁。

② 「関東州のラジオ」『ラヂオ年鑑・昭和七年版』日本放送出版協会、1932年、563頁。

③ 《大连放送局放送波长变更》，《泰东日报》，1931年10月17日，第7版。

1日又恢复到周波数760千周①。同时，发射功率从原来的500瓦增至1千瓦②。另一方面，为扩大广播覆盖范围，关东厅"于30年代新建两座75米高的自立式铁塔，敷设了辐射状地网，不仅覆盖南满，而且越黄海、渤海可达朝鲜及华北"③。在节目编排上，鉴于外国人很少从"满洲"广播获益，大连放送局特别针对外籍人士播音5分钟的英语新闻与1个小时的音乐节目④。

表3—4: 1933—1941年大连、旅顺广播听众人数统计表

年份	日本人	"满洲"人	外国人	合计
1933	3457	88	13	3668
1934	4697	125	25	4847
1935	7161	182	49	7392
1936	12741	748	91	13174
1937	19349	1049	106	20504
1938	11868	3640	104	25715
1939	23248	4417	119	27776
1940	33499	14679	144	48322
1941	38172	21149	147	59468

图3—1: 大连放送局JQAK

同样，随着关东军占领东北各地，日本在东北的广播事业越出旅大租借地，走

① 「大連放送局周波数変更ノ件」『無線通信統制監督月報』（関東軍参謀部）第10号、1頁。

② 「延び電信、電話線 躍進の放送事業 電々会社を通じて見た一年」『新京日日新聞』1936年12月27日夕刊、第1版。

③ 《大连市志·广播电视志》，大连出版社，1996年，第1页。

④ "MANCHOUKUO RADIO BROADCASTS", The North—China Daily News, May 15, 1936.

向全东北。事变第二日，关东军发布关于迅速占领通信设施的命令，当日午后三时，占领沈阳城内宫殿前无线电通信所、北大营门外短波无线电通信所、商埠地日本领事馆前无线电通信所、附属地千代田大街终点无线电通信所。[1] 10 月 4 日，关东军利用沈阳广播电台进行"安定人心"的汉语播音[2]；10 月 6 日，关东军占领沈阳广播电台；16 日，改为"奉天放送局"，在军方的指导下，开始播送关东军官方新闻与演艺内容；[3] 同日，关东军司令官致电"满铁"总裁："兹因军方拟修复其占领的无线电台，以便对欧美进行通讯，望贵社速派所需技术人员为盼。"[4] 11 月，"东北电信管理处"成立，由关东厅递信局长担任最高顾问。次年 1 月 17 日，关东军统治部与参谋部召开"无线电机关管理碰头会"，表示"无线电暂时由军部统一管理，以从事军事上的通信联络及军事放送为原则，有余力的情况下从事一般放送"[5]。同月，关东军特殊无线电部成立，后易名关东军特殊通信部，不仅承担联络关东军与日本中央军与针对美国、德国通信的职能，而且负责利用广播制作节目，目的制作报道"满洲"状况，以及关东军战绩的节目，向日本内地民众广播，为了使关东军构想的"满蒙"政策获得舆论的认同，广播被认为是一件利器[6]。

随后，关东军司令部确立《对"满洲国"通信政策》，"满铁经济调查会"参与"全满洲电信及放送事业统制会议"，制定"放送事业统制方案"[7]，由关东军接管与改造原东三省广播电台，利用它们向日本国内转播日本人在东北各地的"悲壮消

---

① 吉林省档案馆，中共吉林省委党史研究室，东北沦陷十四年史总编室编：《关东军文件集》，吉林大学出版社，1995 年，第 4 页。

② 「奉天人心安定にラジオ利用」『読売新聞』1931 年 10 月 4 日朝刊、第 2 版。

③ 満洲電信電話株式会社編『満洲放送年鑑・昭和十四年版』株式会社満洲文祥堂印刷部、1940 年、31 頁。

④ 『現代史資料・第 11 巻』みすず書房、1965 年、898—899 頁。

⑤ 『統治旬報』第 3 報，関東軍司令部、1932 年 1 月 22 日、18 頁。

⑥ 『関東軍特殊通信部業務詳報』関東軍特殊通信部、1932 年 9 月；出典『遺された声：ラジオが伝えた太平洋戦争』（日本放送協会 2004 年 3 月 22 日制作）。

⑦ 「満洲に於ける電気通信及放送事業統制案」『満洲通信事業方策』南満州鉄道経済調査会、1936 年、15 頁；「満洲に於ける電気通信及放送事業統制案（第一案）」『満洲通信事業方策』南満州鉄道経済調査会、1936 年、42 頁；「満洲に於ける電気通信及放送事業統制案に関する委員会の件」『満洲通信事業方策』南満州鉄道経済調査会、1936 年、48 頁。

息"，"给日本国内的广播发烧友带来了异常的冲击"①。以哈尔滨广播电台为例，关东军放弃原哈尔滨电政管理局的放任主义，"积极地改善广播"，"修整广播演奏室，变更广播呼号、周波数、扩大广播电力，在中俄语广播外增加日语，开始中俄日语学校广播，恢复市中各所的转播。广播新闻的取材也从原来的地方报纸改为'满洲国通信社'。广播内容与时间从原来的不固定变为固定。其他方面，限制唱片的播送时间，增加演讲、演艺的直播时间"②。

表3—5：关东军司令部的"满洲"广播事业计划

地区	发射功率	广播对象	备注
大连	约2千瓦	日本人	夜间面向河北及山东省在留日本人播音
奉天	2千瓦	日本人、中国人	—
长春	2—5千瓦	日本人、中国人	—
哈尔滨	1千瓦	日本人、中国人、俄罗斯人	—
齐齐哈尔	约2千瓦	日本人、中国人	—

1932年12月15日，关东军司令部着令关东军特殊通信部筹备"新京放送局"，在日本放送协会的协助下，耗资5万元，于1933年3月31日竣工，周波数（频率）570千周，空中电力（发射功率）1千瓦，呼号MTAY，每日午后四时至十时使用汉语、俄语、日语与朝鲜语播音③，标志着日本在东北的广播事业从旅大一地扩张到东北全境。

二、旅大新闻业的角色转变

九一八事变给旅大新闻业带来新的"发展机遇"，给它们提供新的发展舞台。

---

① 「通化の在留邦人に ラヂオで呼かく 奉天放送局から 兵匪に包囲された同胞へ 悲壮なお知らせ」『大阪毎日新聞』1932年4月30日。

② 山根忠治（弘報処放送班）「吾が国放送業務の概況（一）」『宣撫月報』第55号、1941年8月1日、7頁。

③ 「（1）新京放送局」（B10075009000）『在支満本邦放送局関係雑件 第三巻』（F—2—3—2—9_003）外務省外交史料館。

但同时也给它们提出了更高的要求，与前期采取资本经营模式追逐利润、标榜自由独立不同，此时由关东军控制的局面迫使它们承担宣传角色。

九一八事变期间，旅大新闻界为关东军顺利占领中国东北"贡献"颇多。1936年8月7日，日本陆军当局的所谓"满洲事变论功行赏"中包括日本新闻社①，其中不少属于在"满"新闻社（表3—6），如《满洲日报》与《大连新闻》等都在"嘉奖"名单上。

表3—6："满洲事变论功行赏"新闻方面

等级	新闻社
瑞五	满洲日报：松山忠二郎
瑞六	大阪朝日新闻：武内文彬；大阪每日新闻：楢崎观二；电通：大西秀治；大连新闻：宝性确成；奉天新闻：石田武亥；满洲事情案内所：奥村义信
瑞八赐金	"满洲国通信社"：太田知一
瑞八	"满洲国通信社"：宫泽贞男；大连新闻：肥后武光；中国民报：汐见贞二
赐杯	电通：吉川义章；报知：中西真；时事新闻：松本武雄；大阪每日新闻：樱井重义；盛京时报：染谷保藏；东方パンフレット通信：中道清继；辽鞍每日新闻：渡边德重；新京日报：箱田琢磨；大阪朝日新闻：中村桃太郎；满洲日报：南里顺生；大阪朝日新闻：大井二郎；联合新闻社：古野伊之助；法律时报：上原龟；大阪朝日新闻：规崎万博；满洲通信社：藤曲政吉；鞍山新闻：野尻弥一；盛京时报：菊池贞二；大连新闻：高桥胜藏；奉天新闻：松尾真造；东边商工新闻：向后信太郎；锦州新闻：井下万次郎；满洲新报：小川义和；国境每日新闻：吉永成一；抚顺新报：久保田利平；满洲日报：野村；奉天新闻：严尾一郎；奉天每日新闻：冷泉丰治；满洲日报：本多正；铁岭时报：西尾真；吉林时报：儿玉太一；联合新闻社：大岩和嘉雄；大连新闻：大口清太；满洲日报：山口源二；奉天满洲日报：岛末连

具体来说，事变发生前，大连新闻界大造对华动武的舆论，大连新闻社甚至直接策划"独立建国"运动，召集成立所谓的"满洲青年议会"，"以审理论究在'满'同胞的国际智识之涵养、训练及'满蒙'开发相关议案，实现理想'满洲'为目的"②，1931年7月组织"母国游说队"回国，遍访日本政府、政党头目、社会团体及各界名流，要求日本对中国采取强硬态度。事变发生后，奉天当地的日本报纸的

① 「新聞社関係満洲事変論功行賞」『新京日日新聞』1936年8月9日朝刊、第1版。

② 满洲青年聯盟史刊行委员会『満洲青年聯盟史』東亜印刷株式会社大连支店、1933年、21頁。

报道倾向上几乎位于"同一轨道"[①]，《满洲日报》斥责"期间（中国）言论机关极力推行逆宣传，当下的中村事件，中国多数报纸载极其不负责任之议论"[②]，同时特别预算"临时费用"应对事变的宣传（表3—7[③]）。

表3—7：满洲日报社应对事变宣传的"临时经费"

项目	经费	项目	经费
通信费	19943.04	号外用纸	2749.89
人事费（加班）	3518.89	祈福祭祀费	619.96
旅费	9671.51	学童使节费	313.00
写真资料	1683.68	展览会费	3000.00
车马费	1821.08	其他	3061.30
		合计	46382.35

1931年10月13日，满洲日报社与其他在"满"各地新闻社联合发表支持日本关东军的声明：

【中文版】：

鉴于"满洲"及全"支那"关于日"支"两国及居住日本人之情势，下名在"满"言论机关发表下列共同声明：

一、速解决日中两国间一切悬案，以期实现日中共存共荣。

二、"满洲事变"后，鉴于因中国败残兵匪等跳梁横向而内外各国住民有被害之恐惧，以期完全保护之。

三、根绝全中国排日情势，以期去除日中两国交恶之原因。

四、"满蒙"向中外阐明日中两国间之条约、权益及现状，以期扫除一切之误解、曲说、诽谤。

五、以期关于对华外交之国论一致。

昭和六年十月十三日

①「奉天事変に対して　地元三紙頗る慎重」『新聞研究所報』1931年9月29日、第4版。

②「社説　日支両軍の衝突」『満洲日報』1931年9月20日、第2版。

③ 南満洲鉄道株式会社総務部資料課編『満洲事変と満鉄』満洲日報社印刷所、1934年、577頁。

哈尔滨日日新闻社　哈尔滨通信社　日满通信社 奉天每日新闻社 奉天新闻社　奉天日日新闻社 奉天公报社　奉天电报通信社　北满日报社 东省日报社　长春实业新闻社　辽鞍每日新闻社 辽东时报社　关东报社　开原新报社 开原实业时报社　大连新闻社　泰东日报社 大北新报社 满洲日报社　满洲报社 英文满报社　满洲通信社 抚顺新报社 国境每日新闻社　铁岭时报社　安东新报社 安奉每日新闻社 松江新闻社　四洮新闻社 盛京时报社（按いろは顺序）

【日文版】：

満洲及全支那に於ける日支両国並に居住日支人間の状勢に鑑み下名在満言論機関は左記の共同声明をなす

一、速かに日支両国間に於ける一切の懸案を解決し日 "支" 共存共栄の実現を期す

二、満洲事変後に於ける支那敗残兵匪、土匪等の横行跳梁に依る内外各国居住民の被害恐怖に鑑み之が万全の保護を期す

三、全支に亘る排日状勢を根絶し日支両国国交激化の原因除去を期す

四、満蒙に於ける日支両国間の条約、権益及び現状を中外に闡明し一切の誤解、曲説、誹謗の一掃を期す

五、対支外交に関する国論一致を期す

昭和六年十月十三日

哈爾賓日日新聞社　哈爾賓通信社　日満通信社 奉天毎日新聞社 奉天新聞社　奉天日日新聞社 奉天公報社　奉天電報通信社　北満日報社 東省日報社　長春実業新聞社　遼鞍毎日新聞社 遼東タイムス社　関東報社　開原新報社 開原実業時報社　大連新聞社　泰東日報社 大北新報社　満洲日報社　満洲報社 マンチュリヤデーリーニュウス社　満洲通信社　撫順新報社 国境毎日新聞社　鉄嶺時報社　安東新報社 安奉毎日新聞社　松江新聞社　四洮新聞社 盛京時報社　（イロハ順）

　　旅大及东北各地日本言论机关自愿为日军服务，标榜"报效新国家"，参与"新天地"的建设运动，召开"全'满'言论机关时局恳谈会"，宣言称："'满蒙'之天地，'满洲事变'之勃发，印上更生维持之第一步，'新国家满洲国'之'建国'，划'满蒙'创造之一大转机"，希望"日本政府应积极援助'满洲国'之统一与建设，并以此为条件极速承认'满洲国'"，希望"'满洲国'政府确认'满洲国'的国防及治安对于日本的国家安危有重大关系之理由，对此应特殊考虑"①。抑或结成"在'满'言论机关有志团"，不时举办如"关东州民大会"之类的聚会，声援日本对"满"政策②。然而，在日本军方对于采取自由主义模式经营的新闻业高度不信任的情况下，关东军也对在"满"日本言论机关保持高度警惕，觉得它们是"'满洲国'前途上"的障碍③，拒绝言论机关的"自由主义"④。正因如此，面对事变后由关东军控制全东北的局势，旅大新闻业被迫做出角色调整，从"经营'满洲'"的"国策先锋"转变为"建设新天地"的"弘报机关"。换言之，与之前将报纸定位为"经营'满洲'"略有不同，它们被定位为"弘报机关"，"'满洲'事变后，以'满洲'问题为中心的报道、评论、新闻、杂志、通信等言论机关，负有重大责任"⑤，"所谓弘报事业者，包含新闻、通信及其他弘报事业在内，负有报道及宣传之二种重大使命"⑥。从"国策机关"到"弘报机关"的转变究竟带来何种影响？要想弄清这一点，须对何谓"弘报"有所了解。

　　"弘报"一词来自日语（「弘（こう）報（ほう）」现在写成「広（こう）報（ほう）」）⑦，据日本学者考证最早出现于1886年"弘报堂"（日本最早广告公

---

① 「時局対策宣言」『満洲日報』1932 年 5 月 30 日、第 2 版。

② 「宣言・決議　関係方面に電送　関東州民大会」『満洲日報』1934 年 9 月 16 日、第 1 版。

③ 末木儀太郎『満州日報論』日支問題研究会、1932 年、38 頁。

④ 1932 年 8 月 2 日伪满洲国长官驹井德三在东京日日新闻举行的「駒井長官に満洲国をきくの会」表示：「言論機関の問題は私は自由主義だが軍部ではさうも行かない事があらう」（「駒井長官に　満洲を聴くの会」『東京日日新聞』1932 年 8 月 3 日）。

⑤ 中村明星『動く満洲言論界全貌』新聞解放満鮮支社、1936 年、19 頁。

⑥ 姚任：《"满洲"弘报事业之重要性及其概况》，《盛京时报》，1939 年 1 月 5 日，第 7 版。

⑦ 顺带一说，"弘报"一词二战前可能未曾进入日本辞典，1941 年《大日本国语辞典》只选入"公报（こうほう）"（上田万年、松井簡治『大日本国語辞典 巻二』富山房、1941 年、595 頁）。

司），解释为"广告"的意思[1]。1923 年，"满铁"嘱托高柳保太郎将"弘报"引入"满洲"后，尽管仍宣称"弘报者，广告广目屋也 / 弘報とは広告ひろめ屋のことじゃよ"（"广目屋"是明治时期广告业俗称），实际却将它变成"宣传"的代名词，"弘报是宣德达情的工具，又是施政上之指针"[2]，弘报行为包含座谈会、讲演·讲话会、音乐、广播（ラヂオ）、声明·谕告、展览会、新闻照片（ニュース写真）、市场集合、戏剧（芝居）、报纸（新聞）、各种运动行事、印刷物、电影（活動写真）、观光等，其中最重要应属报纸。据传高柳为回避"宣传"一词给人"虚假性""作为性"的否定印象而改用"弘报"[3]。或许其他日本人也意识到这一点，所以"满洲弘报协会"将英译定为"Manchuria Publicity Association"[4]或"Manchuria Public Association"，[5]而非"Manchuria Propaganda Association"，受此影响俄译则为"Маньчжурское информационное общество"。不论如何回避用语，新闻业沦为"宣传工具"是不争的事实，这种转变是日本强化控制大连新闻业的表现。

图3—2：『時局及排日ポスター』封面

① 北野邦彦「『広報・弘報・PR』の語源に関する一考察」『帝京社会学』第 21 号、2008 年 3 月、118 頁。

②《卷头语》，《弘宣半月刊》，第 7 号，1938 年 2 月 25 日。

③ 里見脩「卓越した対外弘報（宣伝）活動」『満鉄とは何だったのか』藤原書店、2006 年。

④ "Hsinking Directory", *The Directory of Manchoukou* 1938, オリエント出版社，1938，p74.

⑤ "Press and Publiciations", *The MANCHOUKUO YEAR BOOK1942*，1942，p.703.

　　九一八事变后，经过"笔祸事件"的《满洲日报》，彻底褪掉"自由主义"的色彩，沦为日本关东军的宣传喉舌，承担"弘报机关"的角色。它第一时间制作一万个慰问袋犒劳出动的军人、官官，发刊《満洲事変ゲラフ》（"满洲事变"画报），召开"满洲事变实写映画大会"（"满洲事变"纪录片大会）[1]，大肆传播"中国违反规约，搅乱和平基础"，"日本正当防卫，维护我等生活权"等类似言论[2]，并多次翻印与散布《時局及排日ポスター写真帖》（时局及排日海报写真集）[3]。同样，大连新闻社在事变后不仅为关东军募集资金，并且为了"舆论的统一、时局的好转"，从旅大租借地内外各选一名代表上京举行讲演会、演说会[4]。其他旅大新闻社也积极参加与支持庆祝"满洲建国"的各种活动[5]。由此可见，九一八事变之后，旅大新闻业的确为了"国论一致"出力不少。1935 年，为了配合关东军统制全东北言论通信机构的野心，《大连新闻》与《满洲日报》合并，随后更是联合其他机构，组织"满洲弘报协会"，开启旅大新闻业整合而成为日"满"弘报机关组成部分的时代。

　　在广播事业方面，此时旅大地区的收音机已全然摆脱"新鲜、稀奇事物"（新しい珍しい物）的地位，深入当地民众的日常生活[6]。正因如此，日"满"标榜为实现"王道乐土'满洲建国'的大理想"，出于"政治上、军事上及产业开发、文化发展上的必要"的考虑[7]，于 1933 年成立垄断经营全"满"广播事业的"满洲电信电话株式会社"。

　　九一八事变前，大连放送局与日本国内放送局无异，主要承担服务日本人的角色，以播送教养与慰安节目为主，标榜为"公益"放送。但是随着事变的发生，大

① 『新聞総覧・昭和七年版』日本電報通信社、1932 年、476 頁。

② 「社説 支那の規約違反を指摘す 平和の基礎を攪乱す」『満洲日報』1931 年 10 月 23 日、第 2 版；「満洲事変と大連重要商品 我等が生活権の擁護」『満洲日報』1931 年 11 月 11 日—11 月 17 日、第 4 版。

③ 初版发行于 1931 年 12 月 25 日，再版发行于 1932 年 1 月 10 日，三版发行于 1932 年 1 月 27 日，1932 年 2 月 11 日印刷，四版发行于 1932 年 2 月 15 日。

④ 『新聞総覧・昭和七年版』日本電報通信社、1932 年、479 頁。

⑤ 伪满国务院总务厅情报处编：《庆祝承认周年纪念册书》，1933 年 11 月，第 30 页。

⑥ 「関東州のラヂオ」『ラヂオ年鑑・昭和七年版』日本放送出版協会、1932 年、562 頁。

⑦ 「満洲国及び関東州の放送事業」『ラヂオ年鑑・昭和九年版』日本放送出版協会、1934 年、435 頁。

连放送局开始承担新角色，充当所谓日"满"放送联络的桥梁，被称为"国策代行机关"[①]。大连放送局增加转播日本放送局节目，其中 1931 年 10 月至 1932 年 9 月转播达 170 次，广播延长时间达 317 小时 11 分钟[②]，标榜利用日"满"间联络放送提升放送效果。不过，广播效果的提升并非是基于服务听众考虑，而是为了更好地服务日本的"建设新天地"的宣传工作，承担着"特殊的使命"——"对抗北方苏联、南方中国之反'满'抗日放送，且通过放送指导国内民众，实现治安确立之大使命"[③]，关东军更露骨地强调放送局的"特别任务"——"虽然放送局的任务专注于国内文化的向上，但是不仅在平时有必要向接壤邻国适度宣传'满洲建国'精神、王道政治，而且在战时它应担当更为重要的使命"[④]。

换言之，原本服务日本民众日常生活的广播事业，此时已俨然开始履行弘报机关的宣传任务，"放送与报纸的路径一样，从商业性质的企业变成国家的重要情报宣传机关"[⑤]，促成"国家意识乃至国民意识的统一"[⑥]。颇为讽刺的是，这种不顾放送的"公益性"而强调"宣传性"的做法，正是日本批判东北政权广播事业的理由（東三省政府管下の満洲放送は、単に軍閥政権のための民心収攬にのみ使用せられ、放送本来の使命たる公益性など全然度外視せられてゐたのである），侧面反映出在关东军操控下的广播事业出现自甘堕落的倾向。

总而言之，九一八事变对于旅大的新闻业而言是一次发展机遇，伴随着关东军占领东北各地，标榜"报效新国家"的旅大新闻业积极地北上发展，同时新闻业开始承担更多宣传角色，甚至完全沦为日"满"当局的宣传机关，即新闻业由"经营'满洲'"的"国策先锋"转变为"建设新天地"的"弘报机关"。

---

① 「我放送事業の進歩」『釜山日報』1935 年 9 月 21 日。

② 「関東州の放送事業」『ラヂオ年鑑・昭和八年版』日本放送出版協会、1933 年、692 頁。

③ 満洲鉱工技術員協会編『満洲鉱工年鑑・昭和十七年版』亜細亜書房、1943 年、320 頁。

④ 『満洲ノ放送計画案』関東軍参謀部、1934 年 6 月。

⑤ 春山行夫『満洲の文化』大阪屋号書店、1943 年、296 頁。

⑥ 武本正義「満洲に於ける放送事業の現在及び将来」『業務資料』1935 年 1 月号、2—3 頁。

第二节
全面强化新闻统制的法制建设

正如伪满洲国总务厅弘报处新闻班长涩谷春天认为："'建国'当时，事实上在'满'新闻纸之性质颇多。无不是'满洲国'自身情势之反应。当时'满洲国'以日本为首各国有治外法权，'满铁附属地'行政权贯穿国土中央，还有苏俄的中东铁道直刺于从北方至'满洲国'心脏地带，英美系的商社、银行等相当存在，甚至军阀张政权之残存势力亦不可无视。当时在'满'诸新闻纸之特性如说是列国利害关系之反映也不为过"[①]，以审查与防堵为目的的新闻统制更符合此时日本殖民统治者的利益，完善新闻统制成为需要。

一、修正与增加新闻出版相关法规

九一八事变后，关东军在"南满"乃至"全满"超越关东厅与"满铁"，手中拥有对于一切人事物的最高生杀大权。因此，在积极主动对内外宣传"王道乐土"的同时，更是在"满铁"与关东厅的配合下重新整理控制新闻媒体的办法，扩展了新闻统制的内容。

（一）"立法"层次逐步提高

依《关东厅出版物命令条项》的规定，"关东长官认为取缔上必要时，可以对发行人随时发布命令"。因此，行政长官为有效且恰当地管理新闻报道的内容，得随时发布禁止报道的命令，按照轻重程度分为"示达""警告"与"恳谈"，报道"示达"规定的内容，直接予以禁止，报道"警告"规定的内容，视当时社会情势与报道状态而定是否禁止，报道"恳谈"规定的内容，不会直接予以禁止，当局会希望报社出于德义不要刊登[②]。根据现有的史料来看[③]，从1931年12月8日至1934

---

① 渋谷春天「満洲国の新聞政策」『新聞総覧·昭和十六年版』日本電報通信社、1941年、34页。

② 『出版警察概観』（第六十四回帝国議会資料）1932年12月、53—53页。

③ 「関東庁差止調」『新聞記事差止対照表』内務省警保局図書課、1934年10月；「出版物揭載禁止事項調」『出版警察月報』関東庁警務局、第13号、1—3页。

年 8 月 29 日（表3—8），关东厅对报社至少下达 47 条禁止报道命令，其中"示达"占 43 条、"警告"占 3 条、不明者 1 条，进一步比较命令之内容，笔者发现重点查禁与军队相关的报道，结合 1931 年 9 月 21 日，日本陆军省"关于属于军事机密"的三条标准——"军队行动中将来的企图计划""关于动员事项""军队编制装备的内容"[1]，笔者认为关东厅发布之禁止命令与日本军方步调一致，禁令发布内容"从国内治安维持转向军事外交上的问题"。同时，关东厅通过与日本内务省、朝鲜总督府、台湾总督府等互通，将关东厅企图禁止揭载事项的实施范围扩大到其他地区。正因为如此，1932 年所谓的"大阴谋事件"，经关东厅要求，得到内务省、朝鲜总督府的配合搜查的情况下，关东厅绝对禁止刊载的内容却出现在朝鲜的报纸上，结果关东厅向朝鲜总督府提出严重抗议[2]。

表3—8：1931年12月至1934年8月关东厅禁止命令数与适用内容及类型

	适用事项	1931 年	1932 年	1933 年	1934 年	合计
适用事项	军队·军事行动	—	3	5	7	15
	"关东州"·"满铁"	—	—	1	2（1*）	3（1*）
	"满洲国"	—	1	3	5（1*）	9（1*）
	朝鲜·鲜民	—	2	5	5	12
	左翼检举事件	1	—	3	3	7
	其他	—	—	—	1	1
命令类型	示达	1	4	16	22	43
	警告	—	2	1	—	3
	恳谈					
	不明	—	—	1	—	1
合计		1	6	18	22	47
注：1* 表示 1 条命令内容关系到"关东州""满铁"与"满洲国"						

　　1936 年 5 月 28 日，关东局声称"近来旨在搅乱'满洲国'的反'满'抗日、民族革命或赤化宣传等不稳文书陆续见于全'满'各地"，要求辖下各警察署从严

---

① 粟屋憲太郎、中園裕編集・解説『内務省新聞記事差止資料集成・第 3 巻』日本図書センター、1996 年、7—13 頁。

② 「陰謀事件の揭禁に朝鮮総督府の失態」『満洲日報』1932 年 7 月 17 日朝刊、第 2 版。

取缔①。6 月 13 日，为了应对中日交恶的时局，弥补现行新闻法于取缔传播不稳或过激思想的出版物上的不完备，内务省警保局谋划了多年的不稳出版物取缔单行法正式颁布——《不稳文书临时取缔法》②，虽然冠上"临时"一词，但是大体实现了当局特别取缔所谓不稳文书的想法。8 月 7 日，日本天皇敕令第 257 号颁布《"关东州"及"南满洲铁道附属地"不稳文书临时取缔令》，除了改动执行长官与纳本依据等内容，将《不稳文书临时取缔法》其他条款施行于"关东州"及"南满铁道附属地"③。"不稳"指"紊乱军序""搅乱财界""乱祸人心""妨害治安"，"凡属此类出版物，并未记载负责发行者之姓名、住址，或作虚伪之记载，以及未依照《出版法》或《新闻纸法》，且不送部查阅而任意出版或发布者，处三年以下徒刑或禁锢"。登载此类不稳内容的书籍图画，"并未记载负责发现者之姓名、住址，或作虚伪之记载，以及未依照出版法或新闻纸法，且不送部查阅而任意出版或发布者，处二年以下徒刑或禁锢"，"违反贩卖被禁止书籍图画者，处三百元以下之罚金"④。针对《不稳文书临时取缔令》的颁布实施，关东局青木高等警察课长表示：

> 近来紊乱皇军秩序，或搅乱财界，或惑乱他人人心，防害治安等内容的秘密出版物，即不稳文书横行厉害，且其内容亦日益恶化，加重诱发不稳行动的事例不胜枚举，尤其如今次一大不祥事件是其中最严重，如此事态位于帝国国防第一线，"满洲"治安确保上，无论如何都不得放置不理，本法制定之原因亦在于此。所幸此次本局管内，以此法公布可以施行，严厉取缔此等违法行为，速拔除其祸根，为努力确保治安，使"满洲"得以明朗，故本法旨趣十分清楚，期待互相警戒，勿有过误。⑤

---

① 「不穏文書氾濫 関東局取締方を厳達」『新京日日新聞』1936 年 5 月 29 日朝刊、第 1 版。

② 「不穏出版物取締方針を決定 現行出版法新聞紙法に触れず 新に単行法を制定」『東京朝日新聞』1933 年 9 月 19 日。

③ 「関東州及び附属地不穏文書取締令公布 けふ八日から実施さる」『新京日日新聞』1936 年 8 月 9 日夕刊、第 1 版。

④ 「社説:専制内閣의言論取締 怪文書法案의眞意若何」『朝鮮中央日報』1936 年 5 月 19 日朝刊、1 면。

⑤ 「関東州及び附属地不穏文書取締取締令公布 けふ八日から実施せる」『新京日日新聞』1936 年 8 月 9 日夕刊、第 1 版。

不同于日本、朝鲜等地报纸追问"怪文书法案之真意若何"，斥责它是"宪政史上未曾有过之恶法"①，重申"报道与言论的自由"②，租借地当局极力辩解该法之必要性，实际上将以维护所谓的"治安"之名，打击所谓"反'满'抗日"宣传物的意图表露得淋漓尽致。

旅大租借地出版物统制法令的形式，从独立创制的命令到以日本法为母法的敕令，的确是立法层次的逐步提高的过程。但是它的背后既体现出旅大受殖民统治程度的深化，也体现出日本统治者对旅大新闻媒体的统制的强化。

（二）"立法"内容逐步严密

1908年，以《营业取缔规则》为依据，参考日本新闻杂志取缔法规的条款，关东都督府制定《出版物发行命令条项》，1919年关东都督府改制关东厅后，修正部分条款，1934年关东厅改制关东局后，再次修正部分条款。比较两次的修改，除了将批准申请人的官吏由关东长官改为驻"满"大使，增加第18条："形态及印刷种类变更时，应填具其事由呈请驻'满洲国'大使，接受其许可"之外，最大的变化莫过于，增加纳本条款。关东厅版本规定："出版物每次发行，应向关东厅警务局纳本二部，所辖警察官署及关东厅地方法院检察局各一部"，关东局版本改为："出版物每次发行前应依下列纳本：一、在'关东州'外有发行所者，关东局警务局高等警察课二部，所辖警察署及关东地方法院检察局各一部。二、在'关东州'内有发行所者，关东局警务局高等警察课二部，'关东州'警察部高等警察课、所辖警察署及关东地方法院检察局各一部；在大连、大连水上、大连小岗子及大连沙河口及各警察署管内有发行所者，除前第二项外，关东局大连出版物检阅事务所一部。"纳本环节与数量的增加，无不凸显出日本统治者力图通过层层把关，强化对出版物内容的事先审查，进而确保出版物内容的绝对安全。

在"南京新生杂志事件"以后，检查"海外输入出版物"成为日本政府的重要工作。1935年12月6日，日本内务省警保局伙同拓务省等部门召开"内外地出版物取缔协议会"③，讨论："不敬出版物、左翼宣传文书的潜入、风俗关系出版物、嫌

---

① 「社說：專制內閣의言論取締 怪文書法案의眞意若何」『朝鮮中央日報』1936年5月19日朝刊。

② 「（社說）怪文書撲滅의前提」『東京日日新聞』1936年3月13日。

③ 「出版物取締에 關한 內外地協議會 今日內務省에서 開催」『每日申報』1935年12月6日朝刊、2면。

疑出版物、需要特殊对待的出版物、留声机的取缔、输移入禁止出版物、内地殖民地共通电报暗号的制定、不稳出版物取缔。"① 对此，大连新闻纸在引导舆论与出谋划策之同时②，关东局官方更是早于日本中央政府拿出应对方案。

1935 年 5 月 16 日，关东局令第 39 号公布《"关东州"及"南满洲及附属地"输入或移入出版物取缔规则》修正案，要求输入或移入本令施行地域以外发行的出版物须得日本驻"满"大使批准，其中须申报信息有："题号、刊载事项的种类、发行的时期、发行所印刷所的名称及所在地、发行人编辑人的原籍住所氏名及出生年月日、输入或移入的时间、输入或移入的线路及发卖颁布的地域、代销人的住所氏名出生年月及职业、代销所的名称及所在地"，不得输入或移入可能"扰乱社会秩序"与"破坏社会风俗"的出版物，与 1925 年颁布的版本相比，除了增加了纳本条款之外，还在原行政处分的基础上增加了罚金与体刑等处罚，对于违反相关规定者，处以"六月以下禁锢或二百元以下罚金或科料"③。

1935 年 8 月 18 日，如《大同报》所报道："关东局鉴于日本国内，向'满洲国'内求售之各新闻杂志，及其他出版物，以销售得款为第一主义，内容空虚，不□□□，各方面有求取缔之声，乃定取缔办法"④，关东局以前局令为基础，以驻"满洲国"特命全权大使之名，发布《内地发行新闻杂志类、"满洲"输移入取缔规则令》，"驻'满'特命全权大使，认为以本令试行地域外（'满洲国'外）发行之

---

① 「海外輸入出版物検閲取締を厳重にする：左翼宣伝文書の潜入から：関係当局が協調」『大阪毎日新聞』1935 年 12 月 7 日；「日本 内務省에서 개최된 内外出版物」『東亞日報』1935 年 12 月 14 日。

② 「『新生』の不敬記事果然国民党部が公認 昨日公判廷の陳述で暴露」『満洲日報』1935 年 6 月 30 日、第 2 版；「社説：『新生』事件と国民党」『満洲日報』1935 年 7 月 2 日、第 2 版；「新生事件の解決に支那側の不誠意暴露 事態はいよいよ重大化」『満洲日報』1935 年 7 月 7 日夕刊、第 1 版。

③ 「関東州及南満洲鉄道附属地ニ輸入若ハ移入スル出版物取締規則」『官報』1935 年 6 月 24 日。

④ 《由日本来满出版物 关东局令取缔适用出版物取缔规则》，《大同报》，1935 年 8 月 18 日，第 2 次第 2 版。

出版物为主，以发卖颁布于本令施行地区为目的者，以此布告之"①，解决了在日本及朝鲜设置发行所而销售于旅大租借地的出版物的管理困难问题。

　　前章已述日本统治初期，当局并未制定具体的新闻检查办法，即便后来制定相关厅令，但是依然没有详细的检查标准。1932 年 11 月，关东军司令部、关东宪兵司令部、关东厅警务局、伪满国务院总理、伪满民政部警务司等机关职员在关东宪兵队司令部召开会议，商讨"新闻纸及其他出版物取缔上采取互报办法"，制定《关于新闻纸及其他出版取缔筹备之件》与《新闻纸其他出版物行政处分电报略符号》，明确报道禁载："紊乱安宁秩序、侵害风俗、意图不法变革国家组织大纲、泄露外交、军事的机密、对国交有重大影响、煽动教唆他人犯罪，或赞赏、曲庇、陷害刑事被告人或犯罪人、禁止公开的诉讼的内密、领事馆或警察官执行职务所禁止之事项等。"违反者，在"关东州""满铁附属地"及领事馆辖区，由军司令官或关东长官、总领事或领事直接执行禁止发卖颁布（输入或移入）之扣押处分，以及由"军司令官或关东长官"将一切新闻纸、杂志禁载事项通报各社及通信员，采取严厉取缔；在伪满洲国地区，由伪民政部总长禁止发卖颁布，及将一切新闻纸、杂志禁载事项通报各社及通信员，采取严厉取缔②。诚然这些限制条款并无新意，但是伪满洲国作为制定者之一，给这些旧规定带来新解释，即从稳定对旅大租借地的殖民统治到防范危害伪满洲国的安全。也正因如此，日本驻"间岛"领事馆明确规定"意图冒渎日'满'皇室尊严事项"不得刊载③。

①「内地からの出版物取締り 八月十七日附で即日実施」『新京日日新聞』1935 年 8 月 18 日夕刊、第 1 版；中村明星编『動く満洲言論界全貌』新闻解放满鲜支社、1936 年、35 頁；「満洲로 오는 出版物取締」『每日申報』1935 年 8 月 18 日朝刊、2 면；「満洲國輸移入 出版物을 取締」『朝鲜中央日報』1935 年 8 月 21 日夕刊、3 면。

②「6.满洲国」（B13080922700）『各国ニ於ケル出版法规竝出版物取締関系雑件』（N—2—2—0—5）外务省外交史料馆。

③「5.满洲国内ニ於ケル本邦侧新闻取締関系 」（B02031109700）『本邦ニ於ケル新闻、雑誌取締関系雑件 第二卷』（A—3—5—0—10_002）外务省外交史料馆。

二、修正与增加无线电广播的法规

伪满洲国成立以后，旅大租借地强化无线电广播的管理。1932 年 11 月 10 日，基于伪满颁布的《无线电器输入进口办法》[①]，关东厅告示称从大连海关进口"放送发信用装置的无线电信电话及其材料，有交通部之护照，方可准许输入"[②]。在加强管理广播发信使用器材的同时，租借地重点审查与监督广播的传送与收听。

（一）"立法"审查广播的传送与收听

1933 年 7 月 21 日，日本天皇敕令第 197 号颁布《"关东州"及"南满洲铁道附属地"电气通信令》，"依电信、电话、无线电信或无线电话之通信而认为妨害公安或伤坏风俗时，大使得指定官署向该电信、电话无线电信或无线电话之设施者或播发该通信者命其通信停止之"，禁止"泄露秘密与侵害公益"[③]。9 月 1 日，关东厅令第 30 号颁布《放送听取无线电话规则》，强调装置广播收听设施须向关东厅递信局长提出申请，含有"机器装置场所、受信机种类、设施者姓名及住所"等信息，严禁私设放送听取装置，收听使用的受信机须得到官厅的检查，收听时在机器装置场显眼处悬挂"许可章"（图 3—3）[④]。同日，关东厅递信局长公布《关于检查通信之命令书》与《关于大连放送局运用之命令书》，明确由关东递信局负责通信与广播的审查与检阅，后者特别规定："该社应将其广播次第（附添各项目之内容或其梗略）至迟须于该当广播之前日呈报（关东厅）递信局长，但关于新闻须将其内容于广播之一小时前呈报之"，同时要求大连放送局："（关东厅）递信局长如关于广播有所指示时须遵照办理"，"凡选任广播从事员或其解任时均应呈报（关东厅）递信局长。"[⑤]

---

① 一、嗣后凡军用之无线电报、无线电话及其附属资料，须认为无误者，始准进口；二、凡无线电话、无线电报，附有发信，或广播机件，而不属于前条规定者，须有交通部护照证明，并经税关认为无误者，始准进口；三、凡附属材料，不属于前二条规定者，进口时须另附护照（《海关布告无线电器输入进口办法》，《盛京时报》，1932 年 11 月 6 日，第 5 版）。

② 「大連税関ニ於テ無線電信電話機等輸入手続改正」『官報』1933 年 1 月 28 日。

③ 「関東州及南満洲鉄道附属地電気通信令」『官報』1933 年 7 月 22 日。

④ 「放送聴取無線電話規則」『官報』1933 年 10 月 20 日。

⑤ 《规定类纂·"满"文放送篇》，"满洲电信电话株式会社"，1940 年，第 55—56 页。

图3—3：关东厅递信局放送听取许可章格式

在行政机关制定审查广播法规的同时，日本军方也加入控制与审查广播的队伍。1934 年 12 月，关东军公布《关于"满洲"无线通信统制监督要领》，表示基于"国防及治安维持上之必要"，由关东军对"'满洲国''关东州'及'满铁附属地'所有无线通信执行最高统制"。次年 1 月 7 日，关东军制定《关东军司令部通信事务联络规定》与《关东军司令部通信事务联络细部规定》，成为关东军直接介入旅大与伪满通信事务的依据。前者表示关东军司令部参谋部通信监督部应积极与"满洲电信电话株式会社"及关东局监理部递信课保持常态联络，参谋部掌管的通信事项有："关于无线通信统制监督的事项、关于有线通信机关的事项、关于'满洲电信电话株式会社'的事业，基于军事上的必要，命令或指示的相关事项、基于国防或治安维持的必要，关于'满洲电信电话株式会社'的人员及设施的使用管理及检阅的事项"。后者规定关东军参谋部分管通信业务具体内容，下设三课，第一课负责："关于平战两时通信计划的策定及运用的事项、军内通信部队相关事项、关于关东军无线电信教习所的事项、'满洲'无线电信的统制、监督相关事项、关于战时广播的事项、关于'满洲电信电话株式会社'军事要求的事项、关于'满洲电信电话株式会社'的应急准备计划及查阅的事项……邮便电信的检阅取缔相关事项……"等，第二课负责："关于'满洲'通信资源的调查事项、关于宣传广播的事项、关于谍报监听的事项、关于暗号制定的事项"，第三课负责："关于'满洲电信电话株式会社'的政策与人员的事项、'满洲国'通信的内面指导。"

（二）军政商等机关联合讨论广播节目内容

九一八事变前，大连放送局的节目编排标准与日本国内大体无异，差别仅在于增加部分中国语讲座、中国音乐及中国戏剧等具有地方特色的节目[1]。随着所谓"满

---

① 「関東州の放送事業」『ラヂオ年鑑・昭和八年版』日本放送出版協会、1933 年、693 頁。

蒙新国家"的成立，这种编排显然已经不适宜时局。1933 年 9 月 1 日，关东厅递信局长颁布《关于大连放送局运用之命令书》，对大连放送局的呼出符号、呼出名称、使用周波数、空中线电力、广播事项、广播时间作出规定，其中法定广播事项为"气象、时刻、相场、物价、时事、消息、讲演、音乐、其他娱乐，以及其他一般应报道之事项"，"广播内容应合听取人及公共之利益事项为限，故此无论其直接或间接不得为该社或特定人之利益"①。此时全"满"(含旅大)广播节目制作以"发扬建国精神"为原则，编成"教养、报道、慰安"三大内容②。然而，节目制作权并不属于放送局，而是先由各放送局根据放送监督官厅的放送指示，一月前提出方案，经过"放送研究会"审议，再由关东军、关东局、"满洲国"、协和会、"满洲国通信社"、广播事业者等组成"放送参与会"审议其大纲（图 3—4），交付"满洲电信电话株式会社"的"节目编成会"（放送部各课长及系长、无线课长及无线课放送系长、各中央放送局放送课长）决定。其中 1936 年起，"放送协议会"对节目内容作最后确认③，它是"由地方有识之士组成之每月一次的咨询机关"④，如在长春由政府及民间关系机关、通信社、学校与剧场等选出代表充当会员。

① 《规定类纂·"满"文放送篇》，"满洲电信电话株式会社"，1940 年，第 56 页。

② 「第二放送聴取座談会」『宣撫月報』（放送特輯）第 4 卷第 8 号、1939 年 9 月、308 頁。

③ 川岛真：《战争与广播——东亚的电波战争》，《政治大学历史学报》，第 25 卷，2006 年 6 月，第 37—70 页。

④ 『放送協議会規定』第一条 放送の充向上に資するため別に定むる放送局に放送協議会を設置し放送番組に関する事項を協議す。第二条 協議会は放送局所在地名を冠して名称とす。第三条 協議会は総裁の委嘱する委員を以て之を組織す、協議会には分科会を設くることを得。第四条 会務を掌るため協議会に幹事一名を置き当該放送局長を以て之に当つ、会務を処理するため協議会に書記若干名を置き当該放送局員中より幹事之を指名す。第五条 協議会は毎月一回常例会議を開催するものとす、協議会は必要に応じ臨時に開催することを得（「満洲国に於ける放送事業」『宣撫月報』第 2 卷第 6 号、1937 年 6 月、41 頁）。

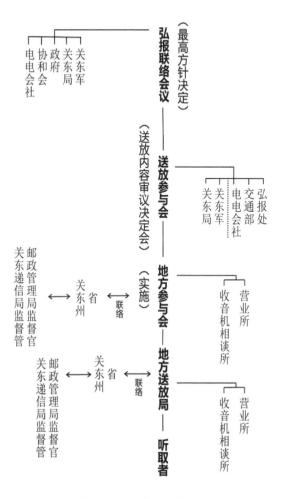

图3—4：放送参与会

广播节目的具体制作标准，旅大租借地的大连放送局参考关东厅关于放送无线电施设运用相关命令书，伪满洲国的各广播电台即参考伪满洲国交通部训令放送无线电施设运用相关命令书。广播节目的一般方针及计划由"满洲电信电话株式会社"放送课确定，然后各放送局根据它制成各自的节目。当然，在节目播出之前，需要呈报相关部门接受检阅，旅大租借地由关东递信官署递信局负责，伪满洲国由该广播电台所在地的邮政管理局负责①。

———————

① 「満洲国に於ける放送事業」『宣撫月報』第 2 卷第 6 号、1937 年 6 月、43 頁。

（三）加强与日本等地广播取缔事项的联络

20 世纪 20 年代以后，东北亚地区的广播电台不断增加。旅大地区可以收听到境外的广播，20 年代末能收听到奉天（1）、哈尔滨（1）、日本（5）、朝鲜（1）、海参崴（1）、天津（1）与上海（2）等地 12 家放送局的广播[1]，30 年代后又增加了中国台湾（1）及其他日本（8）广播电台的广播[2]。关东厅除了大连放送局其他放送局都无力干涉，甚至对于来自日本与朝鲜的声音也一样无能为力。这种跨地区特别是日朝台"关"之间联络，唯有日本中央政府才有可能实现。1934 年 5 月 30 日，日本司法省次官照会拓务次官（案：主管外地事务），由于日本新闻记事及广播之查禁不及于朝鲜、中国台湾、"关东州"、南洋群岛，为收查禁之效，实现内外地同一旨趣，建议将查禁事件之概要通报各个关系官厅。[3]1935 年 6 月 19 日，日本递信省通达朝鲜总督府递信局长、中国台湾总督府交通局总长、关东厅递信局长——"关于放送无线电话放送禁止事项统一之件"[4]：

> 最近短波无线电话定时实施日"满"及内台间中继放送，内地及外地临时中继放送则有逐渐频繁之势，伴随无线电话设施的普及发达，不仅外地听众收听内地无线电话的放送事项，内地听众收听外地放送无线电话的放送事项逐渐增加，外国也出现直接收听本邦放送无线电话的放送事项的听众。统一内外地放送无线电话的放送事项取缔方针之期待，对于时局而言极其紧要。依照下列方法，贵府（朝鲜、台湾总督府）、贵厅（关东厅）及本省相互通报放送禁止事项，以期管内应禁止事项、他管内应禁止事项等放送取缔方针彻底实现统一。

同时特地专门烦请关东厅转告"关东厅与'满洲国'邮政司间放送禁止事项统一联络方法""互报通报协议方法"与"'满洲国'放送禁止事项"等。1936 年以后，

---

① 「満洲のラヂオ聴取可能範囲」『満蒙』第 10 年第 1 号、1929 年 1 月 1 日、20 頁;『満蒙年鑑・昭和四年版』満洲日報社印刷所、1928 年、155—156 頁。

② 『満蒙年鑑・昭和七年版』満洲日報社印刷所、1931 年、388 頁。

③ 『判決総攬・諸法令・続・下巻』判決例調査所、1937 年、1383 頁。

④ 内川芳美編『マス・メディア統制（一）』みすず書房、1975 年、374—376 頁。

旅大租借地更是与日本、朝鲜、中国台湾等一起参加每年两次的"内外地放送联络会议"，商讨放送的统制取缔监督相关的联络事务[①]。

除了以上内容外，关东厅递信局还强化管理广播从事员，要求"凡选任广播从事员或其解任时，均须呈报（关东厅）递信局长"，限制"技术主任""机务员""播送主任"与"播送员"的资格，其中播送主任者，"具有依专门学校令之学校毕业程度以上之学识，尚须通晓社会全般事情及现行法规而于业务进行上可确保公正者，能为次第书之编成与播送状况之监督，以及其他宰理素常之事务，并监督播送员之工作"，播送员者，"有中等学校毕业程度以上之学识，其思想稳健而具有圆满之常识，在从事送话者尤要国语口音正确而承广播主任之命，从事于次第书之编成，监视播送事务或从事介绍报道事项之送话"[②]。

三、修正与起草电影和唱片相关法规

虽然旅大地区的电影起步比日本国内的时间要晚，于1910年前后进入大连地区，但是它作为大众媒介的发展过程基本上与日本国内同步。"电影在日本的登场尽管可以追溯到明治时期，但是由于技术的进步与映画馆的普及，作为一种新的大众媒介开始在日本抬头还是大正后半期的时候。"[③]在意识到电影的大众媒介角色之后，日本政府开始加强对它进行各种规范与限制，1925年内务省公布《活动写真胶片检阅规则》，取代原先各县府自行制定的《兴行取缔规则》或《活动写真取缔规则》，电影管理的重心从放映场所转向放映内容。随后，日本殖民统治地区朝鲜（1926年7月5日）、中国台湾（1926年7月6日）也颁布名称一致的《活动写真胶片检阅规则》[④]。1935年4月1日，在租借地内电影绝对由殖民当局与日本人操控

---

① 「放送無電協議會　内外地監督官参集　今日遞信局서　開催」『毎日申報』1936 年 10 月 9 日夕刊、1 면。

② 《规定类纂·"满"文放送篇》，"满洲电信电话株式会社"，1940 年，第 56 页。

③ 内川芳美編『マス·メディア統制（一）』みすず書房、1975 年、ixv 頁。

④ 「活動写真『フィルム』検閲規則」『朝鮮総督府官報』1926 年 7 月 5 日；「活動写真フィルム検閲規則」『台湾総督府府報』1926 年 7 月 8 日。

的情况下①，关东局令依然颁布《活动写真胶片检阅规则》。与 1913 年 1 月 27 日颁布的《关于电影取缔之件》②相比，一方面可以发现新法令删除放映场所的规定，只保留与检阅相关条款，关于放映场所依照《兴行与兴行场取缔规则》办理③，从电影院管理办法变成电影检阅办法，另一方面可以发现旅大租借地的电影管理日趋严格，规定电影胶片检阅流程、费用及有限期，禁止公映未经检阅的电影，不得传播妨害社会治安与风俗的内容，矛头直指租借地外特别是中国与苏联制作的电影④，并对违法者作出"罚款"或"拘留"的处罚规定。该令于 1937 年第 41 号局令修正，降低电影胶片检阅的费用⑤。

在检阅电影胶片的同时，旅大租借地规范放映用电影放映胶片进口的管理办法。1935 年 7 月 23 日，关东局第 101 号告示输入供兴行使用的映写用活动写真胶片须缴纳输入税，输入胶片者接受办理时，输入申告须添附提出伪满民政部大臣检阅胶片课税办理申请书，其内容含胶片记号、番号、包装种类、个数、输入申告者、收货人、制作者、数量（卷数）、种别（有声无声之别）、宽度及题名⑥。

关于留声机唱片（蓄音机レコード）的管理，旅大租借地长期缺乏专门的法规，仅援用《治安警察法》与《关于"关东州"及"南满洲铁道附属地"治安警察之件》加以简单地规范。在租借地当局看来，这种管理模式漏洞颇多，使得从苏联或中国输入的宣传共产主义的唱片大行其道⑦。为了改变这种不利局面，与日本在唱片管理方面援用《出版法》不同⑧，1935 年 7 月 25 日，参考朝鲜总督府颁布

---

① 关东局学务课（旅順）与"满铁"总务部弘报系（大连）均设置有"映画班"；1935 年 6 月 10日，大连成立"满洲活动写真协会"。

② 関東都督府『関東都督府例規類纂·大正二年版』満洲日日新聞社、1913 年、328—329 頁。

③ 1935 年 4 月 1 日，关东局第 41 号局令修正《兴行及兴行场所取缔规则》，删除第三条中涉及映画及台本说明书的相关规定。

④ 「活動写真フィルム検閲規則」『官報』1935 年 6 月 3 日。

⑤ 「活動写真フィルム検閲規則中改正」『官報』1937 年 6 月 22 日。

⑥ 「大連税関ニ於テ興行用ニ供スル映写用活動写真フィルム輸入税ノ課税取扱」『官報』1935年 8 月 23 日。

⑦ 関東局編『関東局施政三十年史』凸版印刷株式会社、1936 年、849 頁。

⑧ 鈴木利茂「台湾蓄音機レコード取締規則略解（一）」『台湾警察時報』1936 年 7 月 1 日、84 頁。

的《留声机唱片取缔规则》（1933 年 5 月 22 日）①，关东局第 46 号局令也公布特别办法——《留声机唱片取缔规则》，一方面，规定留声机唱片的制造、输入、贩卖须得到日本驻"满"全权大使的批准；另一方面，规定留声机唱片制造者、输入者在发卖前，要将演奏内容、解说书呈报关东局及大连警察署各一份，禁止发行紊乱公安与侵害风俗之虞者②。

除了出版物、广播与电影等大众传播媒介之外，旅大租借地还对更加商业化的广告物加以规范。1933 年 7 月 14 日，关东厅令第 26 号颁布《广告物取缔规则》，规定在相关场所设置广告物须得到所辖警察署长的批准，并规定广告物"有妨害美观或风致之虞""构造不完全而有危险之虞""令人抱有嫌恶之感""有危害其他公安风俗之虞"时，将"命其修缮、移转、除去及其他必要之行为"或"取消其许可"，违反者处以"拘留"或"科料"。③类似的法令在其他日本在华占领区也能看到，早在 1915 年日本占领青岛时期，青岛守备军 1916 年 4 月 21 日以军令第 17 号颁布《广告取缔规则》，禁止广告内容"有妨害安宁秩序之虞"与"有紊乱风俗之虞"等④；1938 年日本攻占武汉后扶植所谓的"湖北省政府"与"武汉特别市政府"，后者以"市容整洁"与"宣传价值利用"为由，制定《广告物管理规则》⑤。

1931—1937 年，日本中央政府与旅大租借地当局，在修正原有法令的基础上，以专门法为主、一般法为辅，制定了一系列的新闻法令，涉及出版、广播、电影、唱片及广告等传播媒介（表 3—9），"立法"速度与"立法"范围及新闻法令体制的"完善"程度远超过日本殖民统治旅大的初期，即可以说，日本在旅大租借地的新闻统制进一步得到强化。

---

① 「蓄音機『レコード』取締規則」『朝鮮総督府官報』第 1907 号、1933 年 5 月 22 日。

② 「蓄音機レコード取締規則」『官報』1935 年 8 月 19 日。

③ 「広告物取締規則」『官報』1933 年 8 月 28 日。

④ 「広告取締規則」『青島守備軍公報』第 128 号、1916 年 4 月 22 日。

⑤ 『呂集団特務部月報』第 2 号、呂集団特務部、1939 年 11 月、宣 2 頁。

表3—9：1931—1937年旅大租借地新闻相关法令

颁布或修正		法令形式		立法对象		法令性质	
颁布	10	敕令	3	出版物	7	一般法	2
修正	6	省令	0	放送用无线电话	4	专门法	14
		厅令·局令	8	留声机·唱片	1		
		告示	1	广告	1		
		其他	4	电影	4		

综上，随着伪满洲国的建立，旅大租借地作为对外展示"满洲国"的最重要窗口，日本殖民当局将利用媒体传播不利于日本控制伪满洲国的内容视为"抗日反'满'"，即"'满洲建国'路途上的障碍"[1]。为了彻底清理这种统治上的障碍，殖民当局进一步新闻统制的"完善"，立法审查与防堵租借地内外的新闻媒体，并伴随着租借地内的日军越出租借地而占领全东北，租借地内的新闻统制逐渐扩大到新生的"满洲国"，使得全"满"的媒体彻底沦为维系日本殖民统治的工具。

第三节
确立新闻统制机构与强化法规实践

1931 年 9 月后，日本加紧武装侵略中国的步伐。为了在国内营造支持战争的舆论，日本政府在颁布各种新的新闻法令的基础上，逐步扩充与完善新闻统制机构，收紧对报纸、杂志、广播、电影等大众传播媒介的控制[2]。与日本隔海呼应的是，旅大租借地重建新闻统制机构。特别是伪满洲国成立后，租借地当局认为"管内居住者 87% 历史、言语、人情、风俗各异，'满洲国'人不谙我法规秩序；'关东州'作

---

① 末木仪太郎『満洲日報論』日支問題研究会、1932 年、38 頁。

② 「内務省官制中ヲ改正ス（出版物及活動写真フィルム等検閲ノ為増員）」『公文類聚·第五十八編·昭和九年·第三巻·官職二·官制二』（A14100399200）国立公文書館。

为租借地，与'满洲国'法域接壤；虽然'满洲国'治安维持已确立，民心渐趋安定，但是接壤地带，匪贼尚未断蠢蠢欲动之势；管内作为欧亚交通要塞，处思想国防上第一线之地位"[1]，应对办法是加强利用警察机关防范居民的思想，完善新闻统制，在组建统制机构的同时，强化新闻法令的实施。

一、设置与扩建新闻媒体检查机构

在日本统治旅大的前二十年，独立的媒介检查机构并未建立，经历了一个由警察机构直接负责的过程。在关东都督府时代（1906年9月1日至1919年4月11日），关东都督府民政部警务课保安系已开始负责"关于出版的事项"[2]。从1911年2月制定的《关于新闻记事的调查报告方法》来看[3]，这个出版事项应该包含"新闻检查"。但是，当时关东都督府尚未成立专门的出版警察课，更不像日本成立专门独立的新闻检查机构。甚至在关东厅时代（1919年4月—1934年），"关于关东厅管下诸般新闻杂志以及印刷等出版物件之取缔责任，向由各直辖之警察署高等系负担之，既无适当之统制，亦乏定例"[4]。与之形成鲜明对比的是，同属受日本殖民统治的朝鲜，不仅于1910年警务总监部（后改制为警务局）的高等警察课下设"图书系（도서계）"，掌管"关于新闻、杂志、出版物及著作物事务"[5]，后升格为"图书课（도서과）"，掌管"关于新闻纸、杂志及出版物事项""关于著作权事项""关于检阅的新闻纸、杂志及出版物保存事项""关于电影胶片检阅事项"等[6]，而且还于1921年成立情报委员会，负责对内外的宣传事务，"向内地及外国介绍朝鲜事情、向朝鲜介绍内地事情，介绍施政的真相，周知普及

①『局勢一斑·昭和十三年版』満洲日日新聞社印刷所、1939年、47頁。

②『関東都督府法規提要·明治四十年版』満洲日日新聞社、1909年、10頁。

③「新聞記事ニ関スル調査報告方」『関東都督府例規類纂·大正二年版』満洲日日新聞社、1913年、311頁。

④《设印刷检阅所 统制出版事业》,《盛京时报》, 1933年7月23日, 第7版。

⑤「朝鮮総督府警務総監部事務分掌規程」『朝鮮総督府官報』1910年10月1日。

⑥『朝鮮警察の概要·大正十五年版』朝鮮総督府警務局、1926年、19頁。

施政方针"[①]，后几经改制一直维持到独立[②]。所以，旅大租借地缺乏独立的新闻或情报管理部门在当时日本学者看来颇为遗憾。1930 年 6 月 14 日，以日本新闻研究所永代静雄所长为首的视察团到访大连期间，向关东军与"满铁"首脑建言，"为了对'满洲'的报纸实施管制，有必要组建一个政策机关的新闻局"，强调"因为'满洲'具有特殊的地位，所管辖的行政官对报纸不管是有害还是无害，都应该限制报纸的自由。必要的话，应该加以弹压要登载的记事"[③]。不过专门的新闻管理机构直到九一八事变后才成立。

（一）确立与扩建印刷媒体检阅机构

伪满洲国成立以后，关东军、关东宪兵队就日"满"联合取缔出版物事项多次与各机关协议"出版物取缔部署"与"通信联络方法"等。1932 年 11 月，日"满"各机关认为出于"手续之联络迅速且圆满"，在"刊载禁止""解除或发卖颁布禁止""扣押或输入禁止"等处分方面，各机关有采取紧密联络之必要[④]。次年 7 月 6 日，就关于将现在关东军、大使馆、关东厅、伪满洲国各自分割进行的检阅事务归于统一而成立委员会的议题，以关东军第四课长坂田大佐为首的第四课、关东宪兵队司令部、大使馆、关东厅及伪满洲国各二名召开会议，决定通过：

> 由大使馆、关东厅、"满洲国"各选委员二名，及部外之关东军、关东宪兵队司令部，亦各选出一名或二名；
>
> 委员会关于检阅事务，务期各检阅机构之联络，以图检阅制度之单一合理化；
>
> 尊重言论机关使命，以被检阅者之一名或二名为观察员，使之参加，

---

① 「朝鲜情报委员会规程」『官报』1921 年 1 月 28 日。

② 朴顺愛「朝鲜總督府의 情報宣傳政策」『한중인문학연구』9 집、2002 年 12 月、163—192 頁。

③ 井川充雄監修『戦前期「外地」雑誌·聞総覧：朝鮮·満洲·台湾の言論界』第 5 巻、金沢文圃閣、2017 年、106—108 頁；译文引自谷胜军：《〈满洲日日新闻〉研究》，东北师范大学博士论文，2014 年，第 46 页。

④ 「満洲国二於ケル出版物取締統制ニ関スル件」「6. 満洲国」（B13080922700）『各国二於ケル出版法規並出版物取締関係雑件』（N—2—2—0—5）外務省外交史料館。

而给予发言之机会；

　　委员会关于检阅事项，与各检阅机构联络而为咨询机关具有恒久的性质。

　　又委员长预想当为阪田大佐云。①

　　7月18日，军部与日"满"各机关再次协议，决定驻"满"大使与"满洲国"筹设"日'满'出版物中央检阅所"，拟常置"警部"或"警部补"1人，每月"事务费"100元。26日，关东厅警务局决定将"关东州"内的出版物检阅系移至长春关东厅出张所内，负责"出版物纳本、新闻记事揭载禁止的报告、言论机关的事项以及检阅出版物、发放出版许可、行政处分违法出版物、公布新闻禁载的内容等具体事务"②。

　　同月，关东厅决议8月1日起，于大连警察署内设置"关东厅检查事务所"，置主任警部以下警员十数名，至于所长一席，以现任大连署高等主任末光高义警部兼理，以现在该署检查系大井幸太郎、竹下又吉两警部补以下十名警员，负担检查事务，"一、大连市内出版发行之新闻、杂志以之印刷等。二、由日本国运来之印刷出版物件。三、由中国各方面运来之汉文及英文等印刷物件"，并将原来州内各警署高等系检阅置事务，全统制于此新机关下③。在8月1日尚未来临前，以"关东厅警务局，由于从来地理的关系，检阅新闻、杂志事务殊不便利"为由，关东厅重新决定"由8月1日起，改由新京"④，"惟今后州内印刷检阅上，因地理关系，难免稍感不便，惟大连管内，因分社事务室于署内，故大连市内仍照旧便利"⑤。8月7日，在关东厅的主持下开始检阅长春中日外文报纸与杂志⑥。

---

① 《满日双方检阅新闻杂志 设置委员会》，《大同报》，1933年7月7日，第7版；「言論検閲機関の単一合理化」『奉天満洲日報』1933年7月7日；「新聞雑誌検閲に委員会を設置　検閲の単一合理化を図る」『新京日日新聞』1933年7月7日夕刊、第3版。

② 「出版物検閲係ノ新京転出ニ関スル件」「6.満洲国」（B13080922700）『各国ニ於ケル出版法規並出版物取締関係雑件』（N—2—2—0—5）外務省外交史料館。

③ 《设印刷检阅所 统制出版事业》，《盛京时报》，1933年7月23日，第7版。

④ 《检阅出版物委员会将成立》，《盛京时报》，1933年7月7日，第4版。

⑤ 《印刷检阅系移驻新京》，《盛京时报》，1933年8月2日，第9版。

⑥ 「新聞雑誌에 検閲事務開始（新京）」『東亞日報』1933年8月6日朝刊、3면。

在专门成立出版检阅机构之同时，日本统治者也积极地扩充与调整出版警察队伍。伪满洲国成立以后，日本中央政府开始探讨日本在"满"行政机关的统一问题，"在'满洲'的所谓四头政治统一问题（笔者按："四头"即关东厅、日本驻'满'领事馆、关东军与'满铁'），虽经屡屡规划，但迄今未能实现。然而，鉴于'满洲'事变以来事态的发展，政府认为迫切需要实现上述统一"①。1932年8月8日，武藤陆军大将被任命为关东军司令官，兼驻"满"特别全权大使及关东长官，但是依然宣称"大使权限应与关东军司令官的权限及关东长官的权限有清晰之区别"②。经过各方对"关东州"地位及日本在"满"机构改革案的多次争论③，关东厅全体文官抗议关东军全面介入以失败而告终④，1934年12月26日敕令第348号公布《关东局官制》，改关东厅为关东局，设于驻"满"大使馆内，受驻"满"大使监督，驻"满"大使与关东军司令官由同一人担任，从"法律"上彻底统一日本驻"满"统治机关，由此开始关东军直接控制旅大租借地事务的时代。

借官制改革之机，日本在"满"各级行政机构设置出版警察课系。在关东局内，高等警察课下辖"普通高等庶务""出版物检阅所""思想劳动外事"与"满华朝鲜关系"四系，1名"属兼警部"负责"出版物检阅"，1名"通译生"负责"汉文新闻检阅"，另有2名巡查。在"关东州"厅，设置"关东州厅"警察部，"以图统一警察事务"⑤，设高等警察课，负责"出版警察"事务⑥，由1名"通译生"负责"英文出版物检查"，1名"巡查"兼务"出版物检阅"。在大连警察署，该署设有"高等警察系"与"出版物检阅室"，9名"警部补""巡查部长""巡查"负责

① 《关于帝国在"满"各机关统一之件（1932年8月9日 外务省）》，《日本帝国主义侵华档案资料选编·伪满傀儡政权》，中央档案馆编，中华书局，1994年，第32页。

② 昭和七年八月二十七日内田外务大臣发给武藤大使的电报——「"満洲国"派遣特命全権大使ノ職務及執行ニ関スル件」：（上略）二、大使ノ職権ハ之ヲ関東司令官ノ職権及関東長官ノ職権ト整然区別スベキコトト申ス迄モナキモ（下略）（『外務省警察史 在満大使館 第一』2282頁）。

③ 「社説：お別れの関東庁」『満洲日報』1934年12月27日、第2版。

④ 「関東庁の声明書」『満洲日報』1934年10月18日、第1版。

⑤ 『局勢一斑·昭和十三年版』満洲日日新聞社印刷所、1939年、46頁。

⑥ 「関東州庁事務分掌規程」『満洲経済統制関係主要法令集』1939年、662頁。

检阅出版物[①]。在旅顺、金州、普兰店、貔子窝等地，也均由警察负责出版物检阅事务。

如表3—10与3—11显示，1936年旅大租借地各级行政机构均设有出版物检阅部门，配置专门的出版警察，负责中日朝英俄等语种出版物检阅、不稳文书投寄的取缔与行政处分的执行等事务。

表3—10：1936年关东局及大连警察署高等警察课出版警察部门设置情况

	区别	警部	通译生	警部补	巡查	计
关东局高等警察课出版警察事务分担状况	出版警察事务指导统制及日文出版物检阅	专1	—	—	专1	2
	汉文出版物检阅	—	专1	—	—	1
	俄文出版物检阅	—	—	—	专1	1
	英文出版物检阅	—	—	—	专1	1
	朝鲜文出版物检阅	—	—	—	专1	1
	计	1	1	—	4	6
大连警察署出版警察事务分担状况	出版警察事务指导统制	兼1	—	—	—	1
	管内发行出版物检阅及不稳文书取缔	—	—	专1	专1	2
	邮送出版物及不稳文书取缔	—	兼（英）1	专1	专（日）1专（汉）1专（俄）1兼（汉）2兼（英）1	8
	输入出版物检阅	—	兼（汉）1	—	专（日）1兼（汉）1兼（鲜）1	4
	行政处分执行	—	—	—	兼4	4

① 南满洲警察协会编『関東局警察の陣容』满日印刷所新京支所、1937年、4—5、108、111—117頁。

表3—11：1936年"关东州厅"管内出版警察事务担当职员事务分担一览表

区别	系主任 管内发行出版物检阅及不稳取缔				邮政出版物检阅及邮送不稳文书取缔			输入出版物检阅			处分执行	计
	警部	通译生	警部补	巡查	通译生	警部补	巡查	通译生	警部补	巡查	巡查	巡查
关东局警务部高等警察课	专1	专1	—	专2	—	—	专1	—	—	专1	—	6
"关东州厅"警察部高等警察课	兼1	—	—	—	—	兼1	—	—	—	—	—	2
旅顺警察署	—	—	兼1	—	—	—	兼2	—	—	—	兼2	5
大连警察署	兼1	专1	专1	兼1	专1	专3兼3	兼1	—	专1兼2	兼4	—	19
沙河口警察署	—	—	兼1	—	—	—	兼2	—	—	兼1	兼2	6
小岗子警察署	—	—	兼1	—	—	—	兼2	—	—	兼1	兼2	6
大连水上警察署	兼1	—	—	—	—	—	兼1	—	—	兼3	兼2	7
金州警察署	—	—	兼1	—	—	—	兼2	—	—	—	兼2	5
普兰店警察署	—	—	兼1	—	—	—	兼2	—	—	—	兼2	5
貔子窝警察署	—	—	兼1	—	—	—	兼2	—	—	—	兼2	5

随着法令的颁布与调整，旅大租借地的出版警察人数不断增加。1936 年，为了配合执行《"关东州"及"南满洲铁道附属地"不稳文书临时取缔令》，日本敕令为关东局临时增加"警部 1 人、警部补 3 人"，在"昭和十一年度大藏省所管关东局特别会计"追加预算——临时警部费，单"判任俸给"一项：警部 1 人，年额 1075元，警部 3 人，平均年额 660 元。增加的 4 人中 1 名警部属于关东局高等警察课，负责辖区一般不稳文书取缔的指导统制事务，1 名警部补属于关于"关东州厅"警察部高等警察课，负责州内不稳文书取缔的指导，其他指派给"满铁附属地"的"新京"与奉天警察署。

（二）确立与扩建视听媒体检阅部门

在新建与扩充出版物检阅机构的同时，旅大租借地当局也不忘建设通信检阅部门，使之承担更多广播监督事务。大连放送局成立以后，关东厅与大连警察署即要求放送局每日播音节目履行事前检查，防止播音节目出现影响公安与风俗的内容。[①]1936 年 11 月，关东递信官署通信局再一次进行官制改革，为扩充事业，递信副事务官以下增员。该官署认为，由于管内广播设备的改善，广播时间的延长，广播事项的增加等，为努力充实广播内容，带来广播事务监督及听取无线电话监督事务的急速增加（表 3—12），其中 1936 年度关东局单"放送无线电话监督"一项的预算达 8433 元。

表3—12：放送无线电话监督事务充实所要人员算出资料

	种别	一个月件数	效率	人员	备考
算出人员	放送听取	—	—	2.0	广播时间 6：00—22：00 轮流勤务
	节目内容检阅	710	700	1.0	根据最近实况
	新闻检阅	1720	3440	0.5	根据最近实况
	野外放送监督	10	20	0.5	根据最近实况
	听取无线电话许可关系	1380	1400	1.0	根据最近实况
	收音机不法设施调查	10	20	0.5	根据最近实况
	外国放送听取	—	—	2.0	轮流勤务
	计	—	—	7.5	
查定人员	5	书记	3		
		事务官	2		

另一方面，为防止管内民众收听中苏等国的广播，租借地当局加大监听放送无

①『満洲日日新聞』1925 年 8 月 15 日；竹村民郎「一九二五年近代中国東北部（旧満洲）で開催された大連動勧業博覧会の歴史的考察：視聴化された満蒙」『日本研究』第 38 号、2008 年 9 月 30 日、113 頁。

线电话的力度，特别分配3名递信书记负责放送无线电话监督事务①。除此之外，关东局、伪满外交部与"满洲电信电话株式会社"等机关伙同如日本一样在境内各地设置电波监视局②，为此关东局与伪满年度预算有一项"电波监视施设维持费"（伪满1936年度、1937年度各6000元）③。

在电影胶片与唱片检阅方面，20世纪20年代后半期开始由大连警察署保安系负责，检阅由大连入境的外国影片，对不符合标准的影片进行裁剪④。1935年《活动写真检阅规则》颁布后，4月10日，以"日本新派剧及西洋剧中，不乏紊乱风纪引起犯罪者，影响所及，必使不良少年增加无已"⑤为由，关东局成立影片检阅所（フィルム検閲所），设置于大连警察署内，检阅场所由旧法院第一号法庭改造而成，检阅所设置所长一人，由警部担任，巡查检阅官三人，负责"关东州"内及"满洲国"境内日本人所经营映画馆上映影片的检阅工作⑥。同样，伴随着《留声机唱片取缔规则》于1935年8月15日正式实施，关东局与大连警察署依据该法令加大对检阅，截至当年12月末检阅唱片为1454种中的多数⑦。

二、以行政手段查禁反"满"内容

日本统治者在旅大租借地内完善新闻检查机构的建设。这些机构并非形同虚设，它们依据当局颁布的法令，检查在旅大租借地内各种媒介传播。下文主要围绕

---

① 「九・放送無線電話監督事務充実ニ伴フ要員」「関東逓信官署官制中ヲ改正ス・（事業充実ノ為逓信副事務官以下増員）」（A01200716700）『公文類聚・第六十編・昭和十一年・第二十四巻・官職二十二・官制二十二（関東局二）』国立公文書館。

② 「怪放送取締りの電波監視局設置」『時事新報』1933年7月5日；《伪交部设置空中电波监视局》，《东北消息汇刊》，1934年第1卷第1期，第16—17页；「無線通信特別監視実施の件」（C01003294900）、『昭和十二年 満受大日記』防衛省防衛研究所。

③ 《政府公报》（号外），1935年12月28日；《政府公报》（号外），1936年12月26日。

④ 辽宁省电影发行放映公司，辽宁省电影发行放映学会编：《辽宁电影发行放映纪1906—1994》，辽宁省电影发行放映公司，1994年，第22页。

⑤ 《大连警署将设置专员检阅电影》，《法律评论》第36期，1935年，第15页。

⑥ 「関東局フィルム検閲所概況」『満洲年鑑・昭和十一年版』満洲日日新聞社、1935年、561頁。

⑦ 関東局編『関東局施政三十年史』凸版印刷株式会社、1936年、848頁。

旅大租借地新闻检查机构的实践情况展开分析。

从数量来看，查禁出版物的数量逐年增加。由表3—13[①]与3—14[②]可见，1931年以后，关东厅（局）禁止与行政处分的出版物的数量逐渐增加，其中1932年相比1931年，禁止不稳文书总量增加11258件，增速4.1倍，而行政处分出版物总量增加11175件，增速达4.2倍。

表3—13：1931年—1936年4月不稳文书禁止调查表

年份	管内				管外				合计
	新闻纸	杂志	其他	计	新闻纸	杂志	其他	计	
1931	62	4	19	85	2880	564	77	3521	3606
1932	297	25	65	387	13302	1065	110	14477	14864
1933	135	22	52	209	11671	1528	98	13297	13506
1934	218	23	47	288	12800	1865	185	14850	15138
1935	222	28	54	304	12910	1830	230	14970	15274
1936	39	9	23	71	2664	320	119	3103	3174

注：1.本表1936年截至4月；2.本调查中一种出版物列入一件；3.其他指单行本、宣传单、书简等其他一切非新闻杂志文书图画

表3—14：1930—1934年出版物行政处分件数

年份	管内发行				管外发行				合计
	新闻纸		杂志		新闻纸		杂志		
	公安	风俗	公安	风俗	公安	风俗	公安	风俗	
1930	20	1	0	0	367	1	189	26	604

---

① 「関東局部内臨時職員設置制中ヲ改正ス・（不穏文書取締ノ為警部、警部補増置）」（A01200716000）『公文類聚・第六十編・昭和十一年・第二十四巻・官職二十二・官制二十二（関東局二）』国立公文館。

② 関東局編『関東局施政三十年史』凸版印刷株式会社、1936年、849頁。

续表

年份	管内发行				管外发行				合计
	新闻纸		杂志		新闻纸		杂志		
	公安	风俗	公安	风俗	公安	风俗	公安	风俗	
1931	62	0	4	0	2880	0	564	27	3537
1932	297	1	11	1	13304	2	1065	31	14712
1933	135	1	15	1	11671	10	1528	53	13414
1934	218	10	15	4	12800	8	1865	59	14979

　　同样，关东局影片检阅所成立以后，租借地当局检阅影片的数据逐年激增，1934 年达 1910 件、13349 卷、3014880 米[1]；1936 年达 2256 件、14329 卷、3322575 米，比 1934 年增加 346 件、980 卷、307695 米[2]。1937 年，关东局影片检阅所改名为"关东州厅"影片检阅所（関東州庁フィルム検閲所），限于执行租借地内影片的检阅任务，当年检阅数据达 12043 卷，2770427 米[3]。在严格审查制度的影响下，旅大租借地各影院为求安全，以放映日本片与爱情片为主，如表 3—15[4] 显示，日本影片在租借地内占据绝对的垄断地位（日本 70%，美国 22%，欧洲 5.1%，中国 2.8%，伪满 0.1%），又据《泰东日报》的报道租借地内 1936 年上映影片达 14330 余卷，其中"以恋爱为主题者日本影片 4200 余卷"[5]，这种状况与中国台湾影片来源（日本 78%，美国 10%，中国大陆 10%，欧洲 2%）[6] 相差无几。

---

① 「関東州庁フィルム検閲所」『満洲年鑑·昭和十四年版』満洲日日新聞社、1938 年、378 頁。

② 「関東局フィルム検閲所概況」『満洲年鑑·昭和十三年版』満洲日日新聞社、1937 年、417 頁。

③ 「関東州庁フィルム検閲所」『満洲年鑑·昭和十四年版』満洲日日新聞社、1938 年、378 頁。

④ 「関東局フィルム検閲所概況」『満洲年鑑·昭和十三年版』満洲日日新聞社、1937 年、417—418 頁。

⑤ 《影片检阅所去年统计检查越万余卷》，《泰东日报》，1937 年 2 月 5 日，第 11 版。

⑥ 大園市藏『台湾始政四十年史』日本植民地批判社、1936 年、602 頁。

表3—15：1936年关东局影片检阅所（フィルム検閲所）检阅基本情况

	地区	件数（卷数）	米数
	日本	1633（10367）	2338726
	美国	479（2921）	718550
检阅数量	欧洲	93（659）	169253
	中国	40（336）	91620
	伪满	11（20）	4466
	合计	2256（14303）	3322615
	种类	件数	米数
	关于皇室者	7	26
	关于官宪者	3	12
	关于国家者	4	33
	关于共产思想者	5	71
	关于犯罪者	25	161
切割数量	关于家庭者	9	265
	关于风俗者	80	698
	关于教育者	36	486
	关于民族者	3	18
	关于奸淫者	2	100
	关于军事者	3	30
	倾向反战思想者	1	7
	合计	178	1907
	种类	件数（卷数）	米数
	关于皇室者	1（10）	2511
不许可数量	关于教育者	1（13）	3642
	倾向反战思想者	1（9）	1661
	合计	3（32）	7814

从原因来看，重点查禁违反公安的传播内容。如表格中数据显示，关东厅警务局查禁租借地内外出版物之理由，"公安"事项为"风俗"事项之几十乃至几百倍，其中"公安"的检阅，多以不得登载"冒渎皇室的尊严""否认君主制度""共产主义、无政府主义的理论及战术战略的宣传，或煽动其运动，或支持其革命团体的事项"等内容为标准。为更好地说明问题，笔者以1934年8月关东厅警务局的出版物行政处分为分析对象。该月行政处分出版物1186件，其中违反"公安"者1183件，占99.75%，可谓绝对大部分（表3—16）。进一步分析"禁止事项"，笔者发现"抗

日反'满'"与"瓦房店事件"①两项1356件占全部1633件中的83%，其他事项大部分也与"抗日反'满'"直接相关，由此说明日本统治者查禁旅大租借地内外出版物的目的在于维护新生"满洲国"的安全，即维护日本对伪满的殖民统治。

表3—16：1934年8月关东厅警务局出版物行政处分数与禁止事项

区别	新闻纸		杂志		合计
	公安	风俗	公安	风俗	
管内发行	31	0	1	0	32
管外发行	463	2	110	1	576
输入禁止	1149	0	37	0	1186
禁止事项		新闻	杂志		合计
"满洲国"废省置道		52	3		55
瓦房店事件		207	1		208
海军关系		60	1		61
"满洲国"的石油政策		1	1		2
北陵的外侨人质事件		6	0		6
共产党事件		11	0		11
北铁内部的反日、赤化阴谋事件		20	0		20
"满洲国"国防及交通问题		12	1		13
抗日反"满"		1149	37		1186
北铁让渡交涉		0	0		0
军事行动		24	0		24
社会问题		4	0		4
其他公安紊乱		21	19		40
风俗上坏乱		2	1		3
合计		1569	64		1633

从地区来看，重点查禁境外输入出版物。以上各表数据均可以显示租借地禁止与行政处分的出版物主要来自管外（境外）地区。以1934年8月关东厅警务局行政处分出版物为例，按地区划分，日本334份、朝鲜61份、中国关内174份，"满洲"7份，辖区63份；按语言来划分，日文404份、中文148份、英文32份、朝

---

① 指围绕1934年7月瓦房店走私事件引发关东厅与营口领事馆之间的司法权纷争，对此关东厅于1934年8月10日高检第436号示达"瓦房店及普蘭店管内二於ケル密輸事件検挙二関連スル一切ノ事項/瓦房店及普兰店辖区走私事件检举关联一切事项"禁止揭载的命令。

鲜文24份（表3—17）。

表3—17：1934年8月关东厅警务局出版物禁止发卖处分

发行地	新闻纸		杂志		用语	新闻纸		杂志	
	公安	风俗	公安	风俗		公安	风俗	公安	风俗
日本	306	2	25	1	日文	375	2	26	1
朝鲜	61	0	0	0	朝鲜文	24	0	0	0
中国关内	89	0	85	0	汉文	73	0	75	0
"满洲"	7	0	7	0	英文	22	0	10	0
管内	31	0	32	0					

由上可知日本统治者重点禁止来自日本的报纸与杂志。1935年8月，根据《"关东州"及"南满洲铁道附属地"输入或移入出版物取缔规则》，关东局发布告示"查禁20种日本、朝鲜出版物输移入'关东州'及'南满洲铁道附属地'"[1]，它们分别是：

《军事公论》（福冈天神町）、《日满时代》（东京市中野区）、《日满春秋》（下关市岬之町）、《交通新报》（东京市本乡区）、《极东》（东京市四谷、极东公论社）、《极东经济公论》（同上）、《政治经济公论》（同上）、《义勇》（京城府右市町）、《国铁时报》（熊本市）、《大亚细亚》（东京市涩谷区）、《极东持论》（福冈市吉冢町）、《鲜满研究》（京城府吉野町）、《鲜满铁道新报》（京城府汉江通）、《警备》（东京市）、《满鲜农民》（京城府庆云洞）、《东邦持论》（东京市琴平町）、《拓务评论》（东京市涩谷区）、《满蒙时报》（东京市大森区）、《日满评论》（东京都本乡区）、《日满工业时报》（东京市四谷、大文社）。

正是由于颇为防范日本出版物，关东厅1932年9月以后在朝鲜釜山设置关东厅新闻检阅釜山事务所（釜山大厅町一丁目三十番地），配置警部补2名、巡查部长1名、佣人2名（其中朝鲜人1名），其中主任由后藤力氏担任，与朝鲜方面保

---

① 李相哲『満州における日本人経営新聞の歴史』凱風社、2000年、171頁。

持联络，以期取缔的迅速与圆满[①]；由于认为在釜山检阅入境伪满的日本出版物终究不够快捷方便，1936 年 5 月 1 日关东局正式将检阅事务所由朝鲜釜山移至日本下关[②]，由高等警察课派驻人员（警部 1 人、巡查部长 1 人）[③]，检阅由日本输入旅大租借地及伪满洲国的报纸与杂志[④]。而伪满洲国驻日本的新闻检查机构要滞后得多，直到 1938 年才由伪满治安部派员驻下关取代关东局出版物检阅事务所的职责。

当然，旅大租借地检阅出版物的对象以日本出版物为主，并非意味着对中国关内及其他地区出版物不采取措施。大连署高等警察联合大连水上署、大连中央邮便局，严厉取缔输入的以上海为中心发行的反"满"抗日出版物，如 1935 年 3 月 28日大连中央邮便局取缔 11 种 60 份中国关内发行的报纸[⑤]：

> 《国闻周报》（天津，25 日）、《群强报》（北平，23 日、25 日、26 日）、《新闻报》（上海，22 日、23 日、24 日）、《时报》（上海，22 日、23 日、24 日、25 日、26 日）、《并州新报》（山西，22 日）、《真报》（北平，21 日）、《锡报》（无锡，21 日、24 日）、《中华日报》（上海，22 日）、《大公报》（天津，26 日）、《儿童世界》（上海、16 日）。

同时，"关东州"官厅以"领事馆邮寄出版物并非单纯作为领事馆执行职务的参考，一般民众也成为它们的阅读对象"为借口，将检阅对象扩大到在大连的各国

[①] 「時局に刺戟されて愈愈関東庁新聞検閲釜山事務所新設さる 検閲主任等近く着任」『朝鮮時報』1932 年 9 月 22 日夕刊、第 3 版；「関東庁の新聞検閲愈釜山で開始」『朝鮮新聞』1932 年 9 月 22 日朝刊、第 3 版；「関東庁の新聞検閲廿六日より開始」『朝鮮時報』1932 年 9 月 27 日夕刊、第 3 版；関東局編『関東局施政三十年史』凸版印刷株式会社、1936 年、847 頁。

[②] 「関東局の内地新聞検閲 下関で行ふに決す 釜山の検閲を変更」『朝鮮時報』1936 年 4 月 13 日夕刊、第 3 版；「入満新聞雑誌検閲 五月から下関で 釜山事務所移転」『朝鮮時報』1936 年 4 月 26 日夕刊、第 2 版。

[③] 根据 1937 年 12 月关东局管内出版警察事务担当职员事务分担一览表里记录，下关检阅事务所设有警部补专务员 1 人、巡查专务员 1 人。

[④] 吉林省公安厅公安史研究室、东北沦陷十四年史吉林编写组编译：《满洲国警察史》，内部出版，1990 年，第 368 页；南满洲警察協会編『関東局警察の陣容』満日印刷所新京支所、1937年、4、6 頁。

[⑤] 『満洲年鑑・昭和十一年版』満洲日日新聞社、1935 年、509—510 頁。

领事馆的邮寄出版物，其中将苏联驻大连领事馆列为特别检查对象[①]。

相比之下，伪满当局主要查禁由苏联与中国关内输入的出版物，"其中宣传共产主义，刊载反'满'抗日记事，或对我国施政逆宣传等，背驰我国国是，惑乱我民心，其关乎国家存立之恶影响，实非浅鲜。故对于此种输入出版物，与地方警察机关及各地邮局，取密切之连（联）络，且于各税关派遣警察官，或使税关官吏兼务，以为严重之取缔"[②]。如同时期伪满民政部警务司所云：

> 中国官民及旧东北军阀，对于帝政之实施极感不快。而苏联方面亦有多数反对者，彼辈则利用排斥帝政及妨碍实施帝制之出版物，颇有输入国内之倾向。当局有鉴及此，对本管警察机关及国境警察队等，严令认真彻底检阅。结果于哈尔滨、满洲里、山海关、大连等处，经各驻在员等检得应付行政处分者已达 30 余件。[③]

最早伪满警务司于 1933 年 12 月往大连派驻在员，在大连邮便局内检查进入伪满的邮件。1934 年 5 月 1 日，大连驻在员属伪满瓦房店国境警察队领导，增派一名驻在员入驻大连海关检阅进出伪满的出版物，12 月 14 日，又增派二名驻在员检查通过大连海关进出伪满的活动写真、蓄音机唱片[④]。1936 年 4 月 1 日，伪满瓦房店国境警察队撤销，大连驻在员改署奉天警察厅。大连海关查扣对象以汉文出版物为主（表 3—18），通令各处，严厉禁止"《大公报》《益世报》《申报》《时报》《晨报》等入境"，发现有携带一张者，"处以 10 元之罚款"[⑤]。

① 「11. 外国領事館宛出版物検閲ニ関スル件」（B13080924600）『本邦ニ於ケル出版法規及出版物取締方交渉関係雑件　第一巻』（N—2—2—0—6_001）外務省外交史料館。

② 伪满民政部总务司资料科：《第三次民政年报》，"满洲图书株式会社"，1937 年，第 209 页。

③ 「出版物取締」『大禮警衛警備録』民政部警務司、1935 年 6 月、567 頁。

④ 『満洲国警察概要・康徳二年版』満洲国民政部警務司、1935 年、129—131 頁。

⑤ 赵惜梦：《沦陷三年之东北》，大公报社，1935 年，第 45 页。

表3—18：大连海关入"满"出版物扣押部数统计表

种类 月别	汉文英文报纸、杂志			输入禁止汉文 报纸、杂志	合计
	汉文	英文	合计		
1934.6	1002	609	1611	1523	3134
1936.7	569	190	759	1253	2012
1934.8	279	301	580	1186	1766
1934.9	526	394	920	1139	2059
1934.10	257	108	365	948	1313
1934.11	313	323	636	1289	1925
1934.12	295	127	422	1720	2142
1935.1	514	361	875	1114	1989
1935.2	202	198	400	1130	1530
1935.3	241	127	368	865	1233
1935.4	217	236	453	490	943
合计	4415	2974	7389	12657	20046

综上所述，虽然，从检阅日常事务的结果来看，旅大租借地与伪满洲国重点防堵对象有所不同，但是，它们目的一致，都旨在维护"满洲国"的安全，确保"新天地"的读者隔绝于境外"不稳"出版物。

三、以司法手段惩处共产宣传

在多方机构层层检查与防堵下，旅大租借地的新闻传播活动受到日本统治者严密控制。即便如此，无备案（無届）的出版物发售数量从1929年的34件增至1935年的113件，1936年前7个月就达71件[1]。与之同步的是，1931年以后旅大租借地受到行政处分的出版物逐年增加，管外数倍于管内[2]。在加大行政处分的同时，日本统治者也提高运用司法处分的次数。

前文已述旅大租借地的专门出版物法令以《"关东州"及"南满洲铁道附属地"输

---

[1] 「無届出版物頒布数年別調」（A01200716000）「関東局部内臨時職員設置制中ヲ改正ス・（不稳文書取締ノ為警部、警部補増置）」『公文類聚・第六十編・昭和十一年・第二十四巻・官職二十二・官制二十二（関東局二）』国立公文書館。

[2] 関東局編『関東局施政三十年史』凸版印刷株式会社、1936年、849頁。

入或移入出版物取缔规则》与《普通出版物取缔规则》为主，随着中日关系的恶化，以它们由依据的司法案件越来越多。在实践运作中，检举案件以左翼事件居多，特别是针对中国共产党与日本共产党。《普通出版物取缔规则》俨然成为检举共产党人的专属法令。1928 年 4 月 21 日，为了迎接五一国际劳动节，中共地下党曲文秀组织党、团员在大连市内各所张贴标语，派发《中国共产党"关东州"委员会五一宣言》及《共产党口号》等宣传文书，其中的《关东县工作新决议案》明确提出"没收日本在'关东州'所经营的一切报馆、通讯社、无线电、邮政及一切学校等（日本カ関東州ニ於テ経営スル一切ノ新聞紙、通信社、無線電信、郵便局及ヒ学校等ヲ没収スルコト）"的口号[①]。4 月 29 日夜，大连沙河口署密行班逮捕正在派贴标语、撒传单的曲文秀。

　　由图 3—5[②] 可知，1931 年以后检举违反《普通出版物取缔规则》案件不断增加。与同时期《台湾出版规则》违反案件比较，旅大租借地的数据逐年上升，发展十分平稳，单纯从数据看，旅大出版犯案件的确少于台湾，但是结合台湾总人数是旅大 5 倍左右的情况来看[③]，在 1929 至 1936 年间（注：1936 年旅大的数据仅统计到 7 月），台湾出版犯的人数是旅大 5 倍以上仅在 1929 年与 1936 年实现，由此可见旅大对于出版犯案件的检举力度强于台湾。另一方面，与 1931 年前的检举事件包含中国共产党与日本共产党相比[④]，1931 年以后主要针对日本共产党，1931 年所谓的"日本共产党满洲地方事务局事件"，检举 23 名日本人，其中 18 人被控罪名含有违

---

① 「関東州ニ於ケル思想運動概観」『思想月報』第 2 号、1931 年 5 月 15 日、122 頁；大连市史志办公室编《中共大连地方组织文献选编·1926—1949》，中共党史出版社，2009 年，第 50 页。

② 「関東局部内臨時職員設置制中ヲ改正ス·（不穏文書取締ノ為警部、警部補増置）」（A01200716000）『公文類聚·第六十編·昭和十一年·第二十四卷·官職二十二·官制二十二（関東局二）』国立公文公文館。

③ 1929 年旅大 883、780，台湾 4548、750；1930 年旅大 939、140，台湾 4679、066；1931 年旅大 938、288，台湾 4803、976；1932 年旅大 961、146，台湾 4929、962；1933 年旅大 1004、439，台湾 5060、507；1934 年旅大 1051、358，台湾 5194、980；1935 年旅大 1119、870，台湾 5315、642；1936 年旅大 1148、034，台湾 5451、863（数字来自《关东厅统计书》《关东局统计书》《台湾总督府统计书》)。

④ 1929 年在所谓的"中国共产党'关东州'委员会事件"，检举几十名中国人，其中曲文秀被控违反《普通出版物取缔规则》等，一审被判七年有期徒刑，结果未进入公审，就在狱中被折磨致死；1930 年在所谓的"ケルン協議会事件"，检举多名旅顺工业大学日本学生，被控违反《普通出版物取缔规则》等，在一审无罪的情况下，控诉审改判为一至五年不等惩役。

反《普通出版物取缔规则》，1934年被判三至五年不等有期徒刑；1934年所谓的"赤色救援会事件"，检举3名日本共产党，被指控违反《普通出版物取缔规则》等，分别判一至三年有期徒刑。

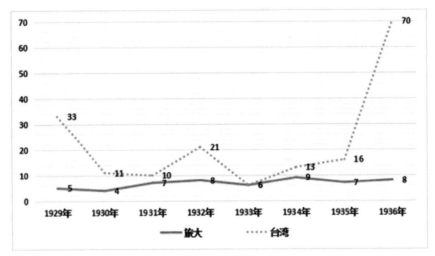

图3—5：旅大与台湾出版犯检举案件比较

进一步结合表3—19来看，旅大租借地当局在违反《普通出版物取缔规则》案件的量刑标准上，针对中日违反者并不一致，对中国人的量刑明显高于对日本人的量刑，其中唯一的八年有期徒刑适用在中国人身上，该名中国人就是前文提到的曲文秀，他在审理尚未结束时就在狱中被折磨致死，进一步说明日本对中日民众的新闻与出版自由采取双重标准。

表3—19：1929—1933年旅大租借地违反《普通出版物取缔规则》检举案件

区别		1929年中共"关东州"委员会事件	1930年"科隆"协议会事件	1931年日共"满洲"事务局事件	1933年赤色救援会事件
罪名	普通出版物规则违反	0	0	1	3
	治安维持法、普通出版物规则违反	1	14	10	0
	治安维持法、普通出版物取缔规则、治安警察法违反	0	0	7	0

续表

区别		1929 年中共"关东州"委员会事件	1930 年"科隆"协议会事件	1931 年日共"满洲"事务局事件	1933 年赤色救援会事件
检举	日本人	0	14	18	3
	中国人	1	0	0	0
第一审公判结果	惩役八年	1	0	0	0
	惩役五年	0	0	1	0
	惩役三年	0	0	4	0
	惩役二年	0	0	1	3
	惩役一年六月	0	0	4	0
	惩役一年	0	0	6	0
	公判期死亡	0	1	1	0
	无罪	0	13	1	0

除以上以《出版物取缔规则》等检举中日共产党之外，旅大租借地当局对境内的编辑、记者也绝不手软。1933 年 8 月 16 日，大连地方法院以利用《泰东日报》宣传共产主义观点而违反《治安维持法》为由，判处《泰东日报》原编辑长、嘱托陈达民二年惩役、政治部长徐廉一年六个月惩役、记者杨逢春惩役一年六个月罚金十元，与 1928 年将被指控宣传共产主义观点的《泰东日报》原编辑长傅立渔驱逐出境的结果相比，旅大租借地当局强化了惩处力度。

总之，与初期主要以规范与引导本地新闻业务为目的不同，伪满洲国成立以后的旅大租借地新闻统制进行了调整与扩展，"立法""行政"与"司法"等方面积极配合，致力于审查与防堵关乎政治的新闻媒体，事先检查将抗日反满的出版物扼杀在摇篮之中，新闻封锁抵制来自境外的不稳内容干扰"新天地"臣民的思想，进而确保"王道乐土"的"满洲国"谎言成真。

第四节
关东军操控下的宣传策略与审查机制

正如国联来东北调查之际，旅大租借地各界尽情炫耀日本在旅大的"成就"，斥责张氏政权的"无能"①，其中言论界认为"关东州"是培育"满蒙新国家"的"温床"②。作为培育"新国家"的温床，日本在旅大租借地的殖民统治经验成为"满蒙建国"的重要参考，其中旅大的新闻立法无不影响到伪满的新闻立法，即日本在"满"的新闻统制从旅大地区扩张至伪满洲国地区，《满洲警察要论》（满洲日报社）、《关东厅警察法规要览》（旅顺关东厅警察官练习所）、《关东厅要览》（满洲日报社）、《关东厅法规提要》（关东厅）、《关东厅例规类纂》（关东厅）等旅大刊物成为伪满警察执行包含新闻出版取缔在内的公务的参考书目③，特别是在关东军的"内面指导"下，原旅大地区的人与制度陆续被带进伪满地区④，彻底实现其新闻业及其统制的日本化。

一、关东军直接引导与控制全"满"的舆论宣传

关东军占领东北各地后，在军事行动的同时，积极开展各种宣传宣抚工作。关东军参谋部下设第一课（作战）、第二课（谍报、宣传）、第三课（占领地统治）⑤，其中第二课具体工作为："参加起草陆军方针，统辖各言论机关，对外国官宪宣传事变爆发真相，纠正外国人的错误言论，指导言论机关如何对待国联调查团，启发

---

① 古沢丈「関東州における支那人の生活」『満洲日報』1932 年 6 月 3 日夕刊第 4 版、6 月 4 日夕刊第 4 版、6 月 5 日夕刊第 4 版；「満洲、関東州民の法的生活の概況」『満洲日報』1932 年 5 月 28 日夕刊、第 1 版。

② 岡本繁四郎「関東州の笞刑制度廃止論」『満蒙』第 18 年第 2 号、1937 年 2 月、25 頁。

③ 《警察参考书目（日文之部）》《民政部旬刊》，1933 年 5 月 20 日，第 2 期 14 号，第 33—39 页。

④ 1932 年伪满洲国成立以后，许多"关东州"的中国人与在"关东州"任职的日本人被选为伪满洲国中央与地方政府高官。以 1937 年移交"南满洲铁道附属地"行政权为例，关东局的干部、"关东州厅"长官御影池辰雄被派为满洲国内务局长官，关东局警务部警务课青木被派伪满警务司特高科长等，此后又有关东局长官武部六藏调任伪满洲国总务厅长官。

虽然九一八事变以前也有一些"关东州"出身的中国人与在"满"日本人在东北各地方任官（『関東州在籍支那人官途就職者調查』（極秘）関東庁警務局高等警察課、昭和六年七月），但是他们经常会因中日关系的问题而受到排挤，如"国民政府日人聘用禁令""辽宁全省警务处通令禁止采用'关东州'出身者"等（『東北官憲ノ排日訓令集』（極秘）関東庁警務局高等警察課、昭和六年）。

⑤ 「関東軍参謀部業務分担表」「表・電報・報告書・書簡　等（3）」『関東軍参謀部第 3 課綴　住谷悌史資料』（C13010346000）防衛省防衛研究所。

外国人正确认识'满蒙'问题，制订对苏宣传计划，在北满及松花江沿岸进行讨匪、镇抚、宣传工作，指导日'满'融和运动，往国内派遣协和使节，推动增兵运动，调查反日'满'活动及搜集情报。"[1] 在日本人的笔下："'满洲国'乃继军阀之旧政之后而产生的新兴'国家'，由政治见地观之，分析迭受军阀之封建的榨取谋求呻吟于其重压之下的经济机构，乃是'殖民地'经济。从而'满洲'在政治作为中国之从属地而被压迫，经济上蒙受中国本土无厌之榨取。此客观的情势，使住在'满洲'的人民变得更利己的功利的非国家的了。被此固陋而歪曲了的习性绝非适应于作为新兴国家的好国民的材料。"[2] 正因如此，关东军认为开展宣传刻不容缓。

（一）制订宣传实施计划，引导舆论方向

九一八事变前，关东军对东北三省的作战策略是"一战（辽）二和（吉）三抚（黑）"[3]，"抚慰"是关东军的军事战略。1927 年 2 月 16 日，关东军向陆军省提交的《对华宣传开始之件的报告》，主要谋划对哈尔滨与奉天的宣传，其要领宣称："为目的隐匿，避免露骨的宣传，主要以介绍事实为主，中间布置特种宣传事项。"[4] 由此可见，事变之前，关东军尚顾忌中国东北官方与民间的抵触，宣传以新闻报道为幌子尚遮遮掩掩中进行。"关东军试图通过间接手段统制言论，直至事变前尚未手握'满洲'的全权，在作为'满铁'守备部队这个特征尚未突破，只不过是次于关东厅、'满铁'的第三权力机关"[5]。但是，事变之后，关东军完全没有任何顾虑，从旅大到东北各地开始进行积极主动的露骨宣传。

1. 关东军制订对内宣传计划

1931 年 9 月 24 日，日本陆军省通牒关东军《关于"满洲事变"舆论唤起统一相关

---

① 解学诗本卷主编：《满铁档案资料汇编 第十三卷·满铁附属地与"九一八"事变》，社会科学文献出版社，2011 年，第 501 页。

② 「満洲国に於ける宣伝の重要性」『宣伝の研究』（第一辑）国務院総務庁弘報処、1937 年、1 頁；《宣传之研究》，《弘宣半月刊》第 3 号，1937 年 12 月 15 日，第 7 页。

③ 黄自进：《九一八事变时期的日中政治动员与军事作战》，《政治大学历史学报》，第 26 期，2006 年 11 月。

④ 「対満宣伝計画案送付の件」（C01003771600）『昭和二年 密大日記 6 冊ノ内第 6 冊』防衛省防衛研究所。

⑤ 李相哲「関東軍と満洲の新聞：関東軍は如何にして新聞を統制したか」『石堂論叢』52 辑、2012 年、158—159 頁。

之件》。1931 年 10 月 19 日，关东军司令部制订《关于"满洲事变"的宣传计划》。1931
年 12 月 22 日，关东军参谋长通牒《宣传业务指针》，作为军方开展宣传的参考，由此
开始制订各种宣传计划，举行各种旨在收买东北民心的运动。鉴于史料的严重缺乏，笔
者无法对关东军制订的所有宣传计划作出整理（表 3—20），下文围绕《伴随"新国家建
设"对内宣传实施计划》与《九一八满洲事变一周年纪念宣传计划》进行探讨。

表3—20：关东军制订的宣传计划一览表（不完全统计）

制订时间	文件名	署名
1931 年 10 月 19 日	关于"满洲"事变宣传计划	关东军司令部
1931 年 12 月 22 日	宣传业务指针	关东军参谋部
1932 年 2 月 10 日	"建国"促进运动宣传计划	关东军参谋部
1932 年 2 月 12 日	宣传班勤务要领	关东军参谋部
1932 年 2 月 13 日	伴随热河作战的宣传计划	关东军参谋部
1932 年 2 月 13 日	热河省宣传对象	关东军参谋部
1932 年 2 月 13 日	宣传实务参考	关东军参谋部
1932 年 2 月 12 日	伴随热河作战的宣传印刷物使用须知	关东军参谋部
1932 年 2 月	针对观察员来"满"的言论机关记事内容统制要目：日英文报、汉文报、朝鲜文报、俄文报	关东军参谋部宣传课
1932 年 4 月 1 日	伴随"新国家"建设对内宣传实施计划	关东军参谋部宣传课
1932 年 4 月 7 日	"建国"纪念联合大运动会举办计划	关东军参谋部宣传课
1932 年 5 月 6 日	伴随军队分散配置的宣传计划	关东军参谋部
1932 年 7 月 14 日	宣传班勤务要领	关东军参谋部第二课
1932 年 8 月 20 日	九一八"满洲"事变一周年纪念宣传计划	关东军参谋部第二课第二班
1932 年 10 月 2 日	伴随东边道地区"兵匪讨伐"的宣传计划	关东军司令部
1932 年 10 月 3 日	伴随"扫匪"的民众说服要领	关东军参谋部第二课
1932 年 10 月 3 日	宣传用传单海报布告类使用须知	关东军参谋部
1932 年 11 月 11 日	伴随吉京奉龙地区兵匪讨伐的宣传计划	关东军参谋部
1933 年 1 月 4 日	兴安省北分省庆祝大会甘珠尔庙示威宣传行军后援要领	关东军司令部
1934 年 7 月 30 日	关东军战时宣传计划	关东军参谋部
1934 年 8 月 1 日	关东军平时宣传方针要纲	关东军参谋部
1935 年 3 月 26 日	关东军平时宣传计划	关东军参谋部
1935 年 10 月 25 日	在"满"舆论指导机关之机构统制案	关东军参谋部
1935 年 12 月 9 日	伴随对华北工作的关东军宣传计划	关东军参谋部
1936 年 5 月 14 日	1936 年度关东军平时宣传计划	关东军参谋部

续表

制订时间	文件名	署名
1937 年 5 月	1937 年度关东军平时宣传指导计划	关东军参谋部
1941 年 7 月	关东军对苏宣传计划	关东军参谋部第二课

前者制订于 1932 年 4 月 1 日，其背景是"国际联盟来'满'调查"，为此关东军以全"满"（含旅大租借地）普通民众为对象，举行九个月宣传活动，第一期四个月，第二期五个月，实施手段分为派遣宣传员、面向学校教员宣传、演剧、电影、义诊、设置宣传板、壁画及壁书、街头报纸揭示板、列车内印刷物撒布，企图向各地民众灌输"建国大旨在于顺天安民，政治上基于王道尊重民意。以内外和亲与开放为宗旨，国人无种族之别，正义大同，光辉粲然，建设东亚永久王道乐土"①。作为呼应的是，4 月 7 日在"满"日本人联合会代表会议确立《伴随新"国家"建设国民统一宣传实行计划》②。

后者制订于 1932 年 8 月 20 日，关东军参谋部第二课第二班表示"对于内地国民而言，协应陆军省指导的宣传，追怀'满洲事变'发端之日，令趋向沉滞的'满蒙问题'再次成为国民热情关注的对象"，"对于在'满'日鲜人而言，回想事变发端当日，愈发深刻其印象，持续扩充激励之，以图努力精进实现对'满'政策"，"对于'满洲国'人而言，以事变发端之日为'满洲'黎明之警钟，作为'满洲'更生之纪念日，自发参加本宣传工作"等，要求关东军进行内部指导，具体实施由关东军参谋部第二课推进，宣传要目包括"广播"与"新闻及杂志"在内的十五项，广播事项的安排为："（一）9 月 12 日至 9 月 18 日作为'满洲事变'纪念放送周，每日实施内地中继放送，放送者从日'满'官民间中物色，陈述事变当初体验及一年后今日的真相；（二）9 月 18 日从柳条沟现场向内地中继放送，马本中佐（川岛大尉、河本中尉、铁道修理班长）等展示如爆破、枪声等当时实况；（三）9 月 18 日向内地中继放送，日本方面是军司令部及板垣少将，'满洲国'方面是郑总理及赵立法院长；（四）9 月 18 日晚，奉天艺者演艺'满洲'小调"；新闻及杂志事项的安排为："（一）9 月 18 日在'满'全报纸、杂志报道事变，尽量

---

① 「宣伝計画送付の件」（C01002811700）『昭和七年 満密大日記 14 冊の内 其 8』防衛省防衛研究所。

② 「満洲国民統一運動宣伝方策成ル」『旬報』（関東庁警務局）第 1 号、1932 年 4 月 11 日、5 頁。

发行特别纪念号（尤其汉字报纸）；（二）有偿募集文艺稿件；（三）关东军司令官及郑总理致辞9月18日一齐登载于报纸"。

从上述关东军制订的宣传方案内容来看，伪满洲国成立后，关东军通过各种大型活动，以口头宣传（喊口号、演讲、谈话、广播、流言）、文字宣传（宣言、通电、传单、标语、小册子、报纸、杂志、壁报、通讯）、艺术宣传（漫画、连环画、挂图、画报、诗歌、戏剧、电影、文艺等）、特种宣传（集会、宣传车、气球、出版物展览或巡回文库、展览会、演习、节庆、读书会等群众教育、武装宣传）等手段，企图通过普及所谓的"建国精神"、散布所谓的"王道主义"而实现"超克"三民主义及共产主义的思想。[①]由于关东军特别强调军部的"内面指导"角色，这些活动表面上由当地中国人自己举办（如关东军奖励当地人"自发行动"），然而实际上由关东军宣传机构一手策划。

2.关东军制订对外宣传计划

1931年10月19日，关东军司令部制订的《关于"满洲事变"宣传计划》反复强调无线通信的重要性，提出务必向中国、日本及外国提供新闻报道资料，"阐明原来的诸悬案与事变勃发的各种原因之同时，高唱普及皇军的正义人道主义"[②]。具体的实施办法是设置"放送局"与"日'满'官宪监督下创设'满蒙'通信者"[③]。

关于放送局，即第一时间开播对外广播。1931年10月4日，关东军利用沈阳广播电台进行"安定人心"的汉语播音[④]；6日，关东军正式接收沈阳广播电台；10月16日，关东军改沈阳广播电台为"奉天放送局"，在关东军司令部的"指导"下，播送关东军官方新闻与演艺内容。1932年3月8日，关东军利用东北电信管理处的设备，每周二、四、六的北京时间22：00—22：20（呼号Z1LY），以短波向欧

---

① 高桥源一「弘报行政论」『宣抚月报』第3卷第9号、1938年9月、19页。

② 藤原彰、功刀俊洋编集·解说『满洲事变と国民动员』大月书店、1983年、212页。

③ 「满蒙时局处理具体案要领」『昭和财政史资料第3号第71册』（A08072196500）国立公文书馆。

④ 「奉天人心安定にラジオ利用」『読売新闻』1931年10月4日朝刊、第2版。

美播送英语节目，以图扩大关东军的国际宣传[1]，同时通过北大营的电信所每周日、三以短波向日本国内播送节目[2]。

关于通信社，即收买与创办国策通信社。1931 年 11 月 17 日，负责报道、宣传事务的关东军参谋部第四课课长松井太久郎（陆军省新闻班出身，兼关东军第四课新闻班长）对前来拜访的日本新闻联合社奉天支局佐佐木健儿表示："虽然对内宣传大致顺利，但遗憾的是对外宣传进展并不顺利，让世界知晓'满洲事变'的真相的方法没有吗"，佐佐木立即回应："除利用联合的世界通信社联盟的通信网别无他途"，当场松井承诺每月支付 5 万元经费，由联合社协助关东军对外宣传[3]。1932 年 12 月 1 日，在伪满当局及驻"满"日本帝国大使的许可下，原日本在"满"的新闻联合社及电报通信社合并改为"满洲国通信社"，当日发布声明书，该中文译文如下[4]：

> "满洲国通信社"乃由"满洲国"政府及驻"满"大日本帝国特命全权府特许下，紧密联系日本电报通信社及新闻联合社，将全"满洲国"之政治、经济、社会及其他百般之消息，迅速翔实向内外通信，并将海外消息向国内迅速报导为目的而创立者也。日本电报通信社及新闻联合社于"满洲国"内发行通信业务，在"满洲国通信社"开始营业之同时中止发行。但"满洲国通信社"在实际上不惟继承两社于"满洲国"内得来之业务，更行扩充通信网之机关，俾通信内容充实，以期万无遗憾，同时谋最进步的通信设备完整自信极有效果的。
>
> 换言之，"满洲国通信社"乃日本电报通信社及新闻联合通信社二大

---

[1]「関東軍参謀長より奉天東北無電送信局より主として満洲事情に関し電信放送開始の件」C04011190400、『1932 年 3 月 14 日至 3 月 28 日「満受大日記（普）其 6 2 / 2」』防衛省防衛研究所。

[2]『ラヂオ年鑑・昭和九年版』日本放送出版協会、1934 年、439 頁。

[3]『国通十年史』満洲国通信社、1942 年、42—43 頁。

[4]「満洲国通信社成立に当りて」『満洲日報』1932 年 12 月 1 日、第 2 版；《满洲国通信社之成立由两社合并 业务愈扩充》，《满洲报》，1932 年 12 月 1 日，第 1 版；《电报通信社、新闻联合社现已实行合并，易称满洲国通信社 同时发表合并声明书》，《泰东日报》，1932 年 12 月 1 日晚报，第 3 版。

通信社合组而成，即统合二大势力，由独特之设施扩充二组成者，以期内外通信之完全，不独于"满洲国"最初唯一最大之通信社，更进一步而言之，乃代表"满洲国"负有向世界通信界进取之使命。

"满洲国通信社"本社设于"新京"，支社支局设于大连、奉天、吉林、哈尔滨、龙江各地，预定十二月一日本社及支社支局一齐发刊通信。近日更在全"满洲国"各地配置支社支局或特派员，极力努力以副一般之期待。今当"满洲国"国土建设之伟业就绪之际，内外之事纷歧多端之时，我"满洲国通信社"得大方之指导而见诞生，得为"建国"大业而贡献，实为幸甚。

昭和七年十二月一日

"满洲国通信社"

"满洲国通信社"简称"国通"（1933 年 1 至 4 月简称"满通"[①]），自我标榜为"以传播消息、灵通确实为嚆矢，不分国家畛域"，"以搜集全'满'及海外之政治经济及其他各种新闻速报内外为目的，置总社于'新京'，设分社于大连、奉天、吉林、哈尔滨、齐齐哈尔等处"[②]。截至 1933 年 12 月，包含旅大租借地在内 56 家"满洲"报纸与"国通"签订通信契约[③]。"国通"表面上脱离与整合于日本在"满"私营通信社而独立运营的通信机构，而实际上从策划到成立及管理的全过程，均由关东军参谋部第四课"在关东军军部的命令下行事"，毫无疑问是关东军的"他年铁拐峰头险，叱咤三军是此声（他年鉄拐峯头の险、三軍を叱咤するはこれこの声）"之"宣传战部队"[④]，即充当关东军统制对外发布信息的工具。结果却是事与愿违，强行推出的"国通"通信统制并未奏效，不仅无法实现"对外周知'满洲国'

---

① 「『国通』愈よ『満通』と改稱し 東京支局創設案 実務上から當局者も考慮す」『新聞研究所報』1933 年 1 月 16 日、第 4 版；「『満通』を『国通』に還元」『新聞研究所報』1933 年 4 月 25 日、第 4 版。

② 《满洲国通信社为在哈尔滨等地设立分社的函》，《满洲国通信社总社长里见为合并"电通""联合"二通信社为"国通"社的函》，《黑龙江报刊》，黑龙江档案馆，1985 年，第 438—439 页。

③ 『満洲国現勢・大同二年度版』満洲国通信社、1933 年、285 頁。

④ 『国通十年史』満洲国通信社、1942 年、22—23 頁。

的计划"，而且还破坏原来的通信网络，使得在"满"各言论机关怨声载道①。

图3—6："满洲国通信社"发行的日、汉、俄、英文《"满洲国"通信》

（二）制造与记者交流机会，控制新闻来源

日本统治者历来重视对西方国家的宣传，1930年关东厅官房外事课增员翻译官，在翻译外国新闻杂志刊载事项（特别是日本对外、对"华"、对"满"政策的相关记事与论说，翻译内容由长官以下各关系部局课浏览）作为该厅施政参考的同时，出版关东厅英文年报②，该通译官一年笔译件数约三百件、口译件数约百件③。九一八事变发生后，关东军密切关注外文报纸舆论的同时④，更加主动地开展对外宣传。对于记者的操控，不仅关东军不遗余力，隶属关东军的关东宪兵也十分积极，特别是关东军占领东北各地后，当地关东宪兵"处于军队和新闻机关的中间，经常控制记者，为完成军队拥护者的使命卖力，同时又发挥了警察的机能"⑤。

1.控制与引导中外记者与通讯员

日本军方为了便于控制新闻记者时常对"满洲"境内中外记者开展"新闻机关人员身份调查"。对于中国记者的调查，多由关东军、关东宪兵队直接进行，调查内容围绕"原籍""中心思想""1920年何项职业""1930年做何工作""对'满洲

---

① 「論壇：通信統制上の疑義」『大満蒙』1933年5月23日。

② The Kwantung government, its functions & works. The Kwantung government, November 1929, Kwantung Leased Territory Printed by the Manchuria daily news 1929.The Kwantung Government：its functions & works 1934, Kwantung Government, 1934.

③ 「関東庁官制中ヲ改正ス」（A01200609600）『公文類聚・第五十四編・昭和五年・第九巻・官職八・官制八（関東庁）』国立公文書館。

④ 関東軍参謀部『満洲国ニ関スル一般英字新聞ノ論調一瞥』（謄写版）1933年。

⑤《长春文史资料》，总第31辑，1990年，第79页。

国'有何感想""对'满洲国'政治有无不满""愿为'满洲国民'否""是否在'满洲国'结婚""有无子女""对旧政权有何感想"等问题。这些调查表,社长、主笔、管理人员、编辑、记者等人员每人都要填写三份,特务机关和宪兵队存留两份,报送关东军司令部一份①。而对于外国驻地新闻记者与通讯员的调查,多在外交部门的部署下由驻地日本军队完成②。据《英文满洲年鉴1934年版》记录,当时 The Times（London）、Reuter、Associated Press、Telegraph Union、The New York Times、The Daily Telegraph、Tass、Universal Service 等欧美新闻机构在"满"派驻通讯记者③。

1931年9月24日,"在森岛领事的引导下,沈阳特派员中的外国新闻记者团视察'满铁'沿线爆炸现场"④。10月15日,日本陆军省陆满秘第28号通牒关东军、朝鲜军、中国驻在军参谋长、在北平及上海公使馆附武官、哈市特务机关、宪兵司令部副官"外国通讯员（特派员）调查之件",烦请调查"贵地"外国通讯员（特派员）的氏名、国籍、通讯目的地、"满洲"事变以来的活动情况,结果关东军对旅大与伪满境内的外国新闻记者与通讯员的国籍、所属新闻社、对"满"日的感情立场等进行了详细调查。同时,鉴于外国入"满"记者、通讯员的增多,研究驻"满"外国通讯员也成为一种必要,由关东军操控的"弘报委员会干事会"审议,决定由伪满洲国宣化司设置外国通讯员主任,大使馆的通讯员主任在旁协助;具体事务由关东军第四课（宣传课）与伪外交部宣化司联络,为与日"满"要员会见提供方便,供给各种印刷物、照片等信息资料（大使馆随时制成英文印刷物）⑤。

另一方面,关东军毫不留情地清理旅大租借地内外不听话的新闻记者。9月19日,关东军占领沈阳的第二天,指令由来"满铁"控制的日中文化协会的都甲文雄,用汽车强行将各报社主持人集中在一起训话:"各报今后不许发表反日言论

---

① 李娜:《沦陷时期日本对东北新闻出版业的破坏与统制》,《辽东抗战研究》,傅波主编,辽宁民族出版社,2008年,第490页。

② 1924年1月,关东厅外事部在日本外省的统一部署下,曾历时两个月调查管内外文（日文以外）新闻记者履历（氏名、现住地、新闻名、经历、人品及其他参考事项）,3月24日公布调查结果。

③ The Manchuria year Book 1934,Published by TOA—KEIZAI CHOSAKYOKU,Tokyo,1934,p.748.

④ 「満洲日報奉天特派員概要（満洲事情報第11号）」『備考外事（D—四）,昭和六年:在外武官情報（支那）』日本外務省·陸海軍省文書。

⑤ 『外国新聞記者卜満洲問題』在満洲特命全権大使菱刈隆、1933年11月10日。

和东北实况，否则将予取缔"[1]；对于境内所谓的反"满"记者，则采取强制驱逐出境[2]；对于境外所谓的不良外国新闻记者（多次发表反"满"排日之记事），则阻止其入境[3]；对于日本记者同样毫不手软，事变后的 10 月 29 日，关东军就迫使不甘心充当军部御用新闻的《满洲日报》主笔（编辑长）竹内克巳离职[4]，定性为"往往从事反军行动"[5]；同样因不认同关东军立场而被迫离职者还有新闻联合奉天支局局长佐藤善雄[6]。

　　九一八事变发生后，战场中心奉天市共有来自 50 家日籍新闻、通信社特派员，旅大及东北各地 10 家、朝鲜各地 10 家、日本各地 30 家，以朝日、每日、报知、时事、联合与电通队伍最为庞大[7]，他们在关东军司令部参谋部第四课的"指导"下[8]，争分夺秒向日本及其控制地区传送消息，展示"皇军"之英勇、"中国军"之凶残，进而营造日本民众支持对华战争的舆论氛围。伴随所谓"满蒙新国家"的成立，为扩大对外特别是对日本的宣传力度，关东军主动为渡"满"记者提供交通、入境等方面的便利，企图凭借外国记者的宣传，塑造"治安之恢复、财政之确立、产业振兴等，'满洲国'诸般建设，靡不令人叹服"的假象[9]。据不完全统计，1931 至 1936 年，在日军协助下经大连上岸的外国记者至少 35 人，日本 31 人、欧美 4

① 郁其文：《近现代沈阳报纸简介》，《沈阳文史资料》，第 4 辑，1983 年 6 月，第 170—171 页。

②《伪满驱逐外记者案》，《新闻报》，1933 年 5 月 12 日，第 7 版；「反満記者シンプソン　大連で又復策動」『大満蒙』1933 年 7 月 6 日夕刊。

③《不良外国记者　饬警阻止入境》，《盛京时报》，1933 年 7 月 14 日，第 4 版。

④『日本新聞年鑑・昭和七年版』新聞研究所、1931 年 12 月、第二編 105 頁；佐藤勝矢「満州事変勃発前後の『満洲日報』に関する一考察：国策会社・満鉄の機関紙の論調の変化とその背景」『日本大学大学院総合社会情報研究科紀要』第 10 号、2010 年 2 月、18 頁。

⑤ 1931 年 11 月 19 日，宪兵司令官外山丰造的报告显示：「右者（竹内克己）従来往々反軍的行動アリシ者ナルカ十月二十九日満洲日報社株キ総会ニ於テ編輯長ヲ辞シ（下略）」。

⑥ 池田一之『記者たらの満州事変』人間の科学新社、2000 年、39 頁。

⑦『日本新聞年鑑・昭和八年版』新聞研究所、1932 年、22—24 頁。

⑧「あす旅客機で平田少佐出発　重大使命を帯びて」『東京朝日新聞』1931 年 9 月 20 日朝刊、第 2 版；「外国へニュース供給が任務　平田少佐語る」『東京朝日新聞』1931 年 9 月 20 日朝刊、第 2 版；「新聞班の松井中佐　奉天発帰東」『朝鮮新聞』1932 年 6 月 23 日朝刊、第 2 版。

⑨《多数外国记者来满　靡不叹服我邦发展》，《盛京时报》，1933 年 9 月 8 日，第 4 版。

人①，可见日军更乐意为渡"满"日本记者提供交通、入境等便利。因此，与人数较少的在"满"西方记者相比，在"满"日本记者受到更多的关注。1932年11月14日，日本陆军省新闻班副官发给关东军参谋长电报——《在"满"新闻通讯员指导之件》："齐齐哈尔方面的状况，鉴于本省的国际状况，尽量表示乐观的态度，然而朝日、每日等特派员由当地发出的报道极度悲观，希望进一步留意对当地通讯员的指导。"②

表3—21：1932—1933年外国渡"满"记者一览表

Name	Newspaper Represented	Month of Visit
Goerges S.Moresthe	Shanghai Correspondent to Petit Paisien	1932 年 9 月
John Newton Penlington	Tokio Correspondent to Daily Telegraph	1932 年 9 月
Junius B. Wood	Chicago Daily News	1932 年 9 月
Ray G. Marshall	U.P.	1932 年 9 月
Luc. Haesarts	Le Soir.	1932 年 9 月
Joseph T. Givotovsky	Russian Journalist	1932 年 9 月
H.G.W. Woodhead	Shanghai Evening Post	1932 年 9 月
Randall Gould	Shanghai Evening Post	1932 年 10 月
Pierre Lyautey	French Correspondent	1932 年 11 月
Herbert C. Lewis	U.P.	1932 年 11 月
Hallet Abend	New York Times	1932 年 12 月
R.V.E. Bodley	British Journalist	1932 年 12 月
Robert De Iapomarade.	Echo de Paris	1932 年 12 月
Victor Keen	New York Herald Tribune	1932 年 12 月
Erich Nothman	Wolf	1932 年 12 月
Hador R.V.C. Bodley	British Correspondent	1933 年 1 月
Dr. Jenos Kovrig	Correspondent to Magyasag	1933 年 2 月
Victor N. Morgin	Manchuria Monthly	1933 年 2 月
Burton Crane	Japan Advertiser	1933 年 2 月
Wilhelm Schulze	Ulatein Press Service	1933 年 3 月
G.W.Price	London Daily Mail	1933 年 3 月
James R. Young	Japan Advertiser	1933 年 3 月
Ralph A. Ward	American Correspondent	1933 年 3 月

①『陸満普大日記』（昭和七至十二年）防衛省防衛研究所。

②「在満新聞通信員指導の件」（C04011447000）『1932 年 11 月 10 日至 11 月 11 日 満受大日記（普）其25 2／2』防衛省防衛研究所。

续表

Name	Newspaper Represented	Month of Visit
Percy Whiting	Tokio Correspondent to U.P.	1933 年 3 月
Lord Clive	Morning Post	1933 年 5、6、7、11 月
A.E. Johnson	Journalist	1933 年 5 月
Willard Price	Journalist in Los Angels	1933 年 5 月
C.Yate Mac'Daniel	Shanghai Evening Post	1933 年 5 月
A.H. Ford	Secretary，Pan Pacific Union	1933 年 5 月
Roy Howard	U.P.	1933 年 5 月
Don Gato	German Correspondent in Tokio	1933 年 5 月
Harry Carr	Los Angels Times	1933 年 5 月
Miles Vaughn	U.P.	1933 年 5 月
James R. Young	Japan Advertiser	1933 年 5 月
Julian Grande	London Daily Telegraph	1933 年 6 月
Perter Fleming	London Times	1933 年 6 月
Dr. G. Kauman	Telegraphen Union	1933 年 6 月
H.J. Timperley	Manchester Guardian	1933 年 7 月
Robert Jules Poulaine	Le Temp	1933 年 7 月
Maurice Lachine	Debat	1933 年 8 月
Julfén Formè Becherat	Havas	1933 年 8、9 月
Ellery Walter	New York Herald Tribune	1933 年 8 月
Maurice Fercheron	Le Journal	1933 年 8 月
Rolend Hall Sharp	Christian Science Monitor	1933 年 8 月
Junius G. wood	Chicago Daily News	1933 年 10 月
Alexandor Janta	Warsow Newspaper	1933 年 8 月

2. 主动提供新闻通报，召开新闻记者会

如时任新闻联合社奉天支局长佐佐木健儿所言：“宣传战根本在于消息。”[1] 新闻发布由关东军司令部参谋部第四课主管。关东军司令部的新闻发布以宣传战为宗旨，即夸大日本战果、诋毁中国抵抗与散布各种谣言。事变当天查禁发往日本的新闻电报，如新闻联合奉天支局发日本的电报（“匪徒与日本兵的冲突／匪賊と日本兵との衝突”）遭到军方查扣，只准报道关东军发布的内容，第二日以“关东军发表”公布日军伤亡情况[2]。

---

① 『国通十年史』满洲国通信社、1942 年、31 頁。

② 「関東軍発表」『東京朝日新聞』1931 年 9 月 20 日朝刊、第 2 版。

新闻发布的内容覆盖所有议题。初期以战况消息为主，新闻记者室设在司令部玄关入口右侧的东拓支店撞球室内，设有五六把椅子，每天九、十二、十五、十八、二十一时，副官少佐以军人特有的腔调提供资料、发布战况消息①，面对现场记者的连番提问，始终以"尚无任何消息"做出简单回应②。伪满洲国成立后，关东军的发布从战争、军事扩大至政治、经济、文化等。1933 年 5 月 11 日，关东军会见长春新闻记者团，主动对"产业统制问题、华北政情问题、'满洲国'国体问题、治外法权撤废问题"进行详细说明，作为"新闻纸报道的绝对条件"③。根据驻"满"记者恩斯特·柯德士（Ernst Cordes）的记录，"我正好出席了一个每日例行的新闻发布会回来，这个发布会是日本官方机构为外国记者举办的，在发布会上能知道一些公开的最新新闻"④。

随着中日局势紧张，日本陆军省更是出台适用于本土与各驻外部队的《新闻记者指导办法》，明确"与新闻记者的会见，只能是大臣、次官、军务局长、新闻班长及新闻班员，其他人一概不准。但需要专问事项说明等会见时，全部通过新闻班举行。迅速丰富的新闻记事材料，如口头、电话、文书等，概递交至新闻班。官报所载事项，预先通报新闻班。新闻发布案（公表、发表及当局谈）概由主务课提供资料，新闻班起案，连带关系课，受上司决裁。发表时机由新闻班主务课与高级副官协议决定"⑤。

关东军一面"抗诉"中国新闻界的"反'满'抗日宣传"，指责"中国新闻界不断揭载捏造之记事，恬然不耻，是为中国新闻纸之自杀行为"⑥；一面自己操纵新闻界，进行各种反动的侵华宣传。为了统一新闻记者的报道，专门组织了关东军记者俱乐部⑦。据日本学者分析，战前记者俱乐部分为（1）记者个人构成的单位。（2）

① 「戦状の発表」『日刊新聞興信所報』1931 年 10 月 3 日、第 2 版。

② 「新聞記者連は矢継早に質問」『日刊新聞興信所報』1931 年 10 月 7 日、第 3 版。

③ 「16 軍部対記者定例会見席上ニ於ケル小磯参謀長ノ言動」（B02031466800）『関東庁報告書雑纂（雑文書ノミヲ収ム）』（A—5—3—0—9）外務省外交史料館。

④ 恩斯特·柯德士：《最后的帝国 沉睡的与惊醒的"满洲国"》，辽宁人民出版社，2013 年，第 173 页。

⑤ 「本省に於ける新聞記者指導に関する件」（C01004231000）『昭和十一年 密大日記 第 6 冊』防衛省防衛研究所。

⑥ 「反満抗日宣伝하는 支那紙를 痛烈反駁 關東局當局發表」『毎日申報』1937 年 6 月 26 日夕刊、1 면。

⑦ 《关于成都惨案 关记者声明》，《盛京时报》，1936 年 9 月 2 日，第 4 版。

超越所属新闻社、通信社企业之框框，具备记者团的自治机关形态。（3）首相官邸、内务、大藏、铁道省、警视厅等主要官厅的复数记者俱乐部[1]，很显然关东军记者俱乐部属于第三种，绝无作为自治机关的可能性，完全是关东军御用发声团体，作为关东军统制消息源供给的机构[2]。

（三）成立职能部门，统合与检查新闻出版

关东军在积极制订宣传计划，引导舆论方向，制造记者交流机会，控制新闻来源的同时，也陆续配置专门的职能部门，直接统合与检查新闻出版。

首先，关东军在东北各地成立宣传管理部门。一方面，关东军司令部内增设负责专门宣传的机构人员。1931 年 9 月 22 日，关东军司令部临时增加 1 名中佐、1 名参谋少佐主要负责情报与宣传业务[3]。12 月 22 日，关东军参谋部制定《宣传业务指针》（关宣发第 162 号）[4]。同年，关东军司令部参谋部增设第四课，课长为松井太久郎[5]，专设新闻班，松井兼任新闻班长。1932 年 12 月 17 日，伴随关东军司令部由奉天迁长春，第四课扩充调整之际，由原陆军省新闻班员宫胁襄二接任关东军新闻班长[6]。关东军新闻班相当于日本陆军省新闻班、伪满情报处，主管对内外的宣传业务，类似陆军省新闻班的"关于一般新闻交涉事项""与新闻、政治关系事项""新闻记者的接应""新闻其他出版社及出版物的调查研究""关于映画业务"等[7]，并与驻"满"大使馆、伪满情报处、外交部宣化司保持联络[8]。另一方面，1931 年 12 月

---

[1] 里見脩『新聞統合：戦時期におけるメディアと国家』勁草書房、2011 年、143 頁。

[2] 对于记者俱乐部角色的认定，日本学者小山荣三认为它们一方面是记者团结的机构，另一方面是施行消息源供给统制的机构（小山栄三『新聞社会学』三省堂、1950 年、205 頁）。

[3]「時局関係部隊に臨時人員配属の件」（C01002683200）『昭和八年　陸満機密大日記 1 ／ 2』，防衛省防衛研究所。

[4]「宣伝業務指針送付の件」（C01002754300）『昭和七年　満密大日記 14 冊の内 其 1』防衛省防衛研究所。

[5] 关于关东军第四课成立的时间，富永顺太郎的回忆是 1932 年 1 月（富永顺太郎：《日本关东军对国联调查团进行间谍活动》，《文史资料选辑》第 76 辑，文史资料出版社，1981 年，第 125 页），但是笔者翻阅日本档案，发现 1931 年 12 月松井久太郎以关东军司令部参谋部第四课长的名义签署《全满本派本愿寺联合妇人内地宣传团规约》。

[6]「宮脇中佐退役」『満洲日報』1934 年 3 月 27 日、第 2 版。

[7]『陸軍省各課員業務分担表』昭和三年八月、38 頁。

[8]「満洲国の官庁案内」『報知新聞』1936 年 9 月 28 日。

至次年 3 月关东军成立所谓的"统治部",下辖"行政课"负责警保事项中的"关于出版物著作权事项","交涉课"负责"关于情报宣传事项","交通课"负责递信事项中的"关于无线电事项"①。

同时,关东军积极推动成立新闻统制的官制机构。1932 年 8 月 17—18 日,在奉天大和宾馆,第四课新闻班臼田宽三中佐集合关东厅、奉天总领事馆、"满铁"责任者协议新闻统制②,举行"言论通信机关处理方法碰头会",主要议题为:

> "满洲国"政府、关东军司令部、奉天总领事馆特派全权随员、关东厅及"满铁",考虑到现状,关于在"满"言论通信机关的设立、改废、补助、指导等重要事项的决定,保持互相联络与协议;上条协议,由日方向东京诸关系机关报告,同时言论通信关系重要事项决定前,送交本协议会;在"满"言论机关的整理指导由本协议会协议与决定。

会中决定了在"满"言论机关整理基本方针,即中国语新闻、英语新闻、朝鲜语新闻、俄语新闻、日本语新闻等各社某些整理统合应由讨论决定,每月举行一次会合③,并将"碰头会"正式改名为"协议会",即"关于言论通信机关之处理指导协议会",具体通过:"为了统一国论,设立作为国策通信机关的通信社","关东军创办属于自己的报纸","收买有影响力的报纸,在一个中央组织下统一言论界","将在大连的《满洲日日新闻》迁至奉天"等内容。同月,关东军秘密讨论"满洲"新闻统制案,由小矶国昭参谋长提出,结城礼一郎与田边治通共同起草《"新闻局"设立案》,拟定由"新闻局"负责整理"满洲"现存的报纸,以及将"满洲"各新闻社与日本驻"满洲"特派员集合起来成立组合,以便对新闻记者的资格审查与监督。④虽然"新闻局"最终并未成立,但是伴随 1932 年 12 月 20 日关东军第四课主导的"言论通信机关处理方法协议会"的解散,关东军司令部直属机关"弘报委员会"成立(设"弘报委员会干事会"),当日召开第一次会议,决定了"弘报委员

① 『統治部服務細則』昭和七年十二月十八日。

② 「大満蒙新聞社革正団」『満洲評論』第 7 巻第 24 号、1934 年 12 月 15 日、27 頁。

③ 李相哲『満州における日本人経営新聞の歴史』凱風社、2000 年、150—151 頁。

④ 李相哲『満州における日本人経営新聞の歴史』凱風社、2000 年、147—149 頁。

会"为关东军司令官武藤大将之直属机关（表3—22），委员会决定"满洲"的宣传方针，伪满洲国参加委员会，商讨言论对策等事项^①。

表3—22："弘报委员会"及"干事会"的成员构成表（1936年）

		委员长	关东军参谋长	1名
弘报委员会	委员	关东军司令部	参谋副长、第二课高级参谋	2名
		驻"满"海军部	参谋长	1名
		关东宪兵司令部	宪兵司令官	1名
		驻"满"日本帝国大使馆	参事官	1名
		关东局	警务部长（宪兵司令官兼任）、司政部长	1名
		"满洲国"政府	总务厅次长、外交部次长、民政部警务司长、交通部总务司长、文教部总务司长、军政部最高顾问	7名
		"南满洲铁道株式会社"	理事、"新京"事务局长	2名
		"满洲电信电话株式会社"	总务部长	1名
		"满洲帝国协和会"中央本部	中央本部长	1名
		"满洲弘报协会"	理事长	1名
弘报委员会干事会	干事	干事长	关东军第二课第三班长	1名
		关东军司令部	第二课第三班将校	2名
		驻"满"海军部	副官	1名
		关东宪兵司令部	部员	1名
		驻"满"日本帝国大使馆	书记官、警务部部员	2名
		关东局	高等警察课长	1名
		"满洲国"政府	总务厅情报处长、外交部宣化司长、民政部警务司特务科长、交通部邮政司电政科长、文教部礼教司总务科长、军政部顾问	6名
		"南满洲铁道株式会社"	总裁室庶务课长、总裁室弘报课长、"新京"事务局庶务课长、铁道总局资料课长	4名
		"满洲电信电话株式会社"	放送课长	1名
		"满洲帝国协和会"中央本部	指导部长	1名
		"满洲弘报协会"	调查部长	1名

（注：委员会合计 19 名，干事会合计 21 名）

同时，1933 年 2 月颁布的《在"满"帝国大使馆执务内规》，规定大使馆内专

---

① 李相哲「関東軍と満洲の新聞：関東軍は如何にして新聞を統制したか」『石堂論叢』52 집、2012 年、167—168 頁。

设"情报课",负责"关于情报搜集及供给事项""关于新闻、通信及其他宣传事业机关的监督及关于指导事项""关于'满洲国情'介绍及宣传事项""关于'满洲国'人及第三国人启发事项"①,实现日本监督与指导"满洲"舆论的想法。

其次,关东军及相关单位完善出版检阅工作。尽管伪满报纸是在日本顾问的"指导"下发刊,"发表重要社论,须经日本许可"②,但是日本对它们依然不放心。一方面,关东军及关东宪兵队成立出版警察队伍。1932 年 10 月 23 日,关东宪兵队司令部颁布《关于在"满"警务统制规程》,第一治安警察业务的范围:"与'满洲国'治安恢复及维持相关的警察业务,讨伐、防备、招抚匪徒,伴随政治工作的警察作用,防卫抗日反'满'的阴谋谍报及其宣传通信的取缔。"次年 5 月 25 日,关东军参谋部为"应对时局",在关东军司令部、关东宪兵队临时增加人员,前者增加中(少)佐 1 人,负责谍报业务,后者增加宪兵少佐(大尉)3 人,负责高等警察业务。由于缺乏史料,笔者无法看到《关东宪兵队高等警察服务内规》正文内容,但是参考《朝鲜宪兵队特密报告规程》,可以知晓宪兵队的高等警察与关东厅高等警察工作无异,不外乎是负责"关于危险思想之件""关于新闻、杂志、出版物之件"等检阅相关工作③。

另一方面,在关东军操控下驻"满"机构成立出版检阅部门。1933 年 9 月,为辅助驻"满"大使指导统制各领事馆警察机关,日本决定在"满"大使馆内设置警务中枢机构——警务部,下辖保安课,课长由"宪兵佐官"充任,负责"出版警察事务"(表 3—23);1934 年 2 月,训令第 5 号修正《在"满洲帝国"大使馆警务部规程》,保安课改为第二课,依然负责"出版警察事务",其中具体由第二课第二系负责(表 3—23);1935 年 3 月 23 日,颁布《高等警察服务内规》,第十六节《新闻、杂志、通信、其他出版物》,规定"新闻、杂志、通信、其他出版物,依据第十号样式,随时报告,废刊、名称变更时亦同",第十七节《苏联邦渡航者及俄文新闻、杂志等购读者》,规定按时调查境内各国民众阅读苏联新闻、杂志的基本情

---

① 「在满帝国大使馆执务内规」『外务省警察史 在满大使馆 第一』不二出版社、1996 年、2837 页。

② 《叛徒发刊机关报 定名大同报》,《新闻报》,1932 年 3 月 16 日,第 2 版。

③ 「朝鲜宪兵队特秘报告规程の件」(C03022593600)『密大日记 大正十二年 6 册の内第 1 册』防卫省防卫研究所。

况；[1]1936年12月1日，训令第9号再次修正的《在"满洲"帝国大使馆警务部规程》，将第二课长事务委托给"关东军司令部附将校"，改"出版警察相关事务"为"关于出版、通信及映画等取缔检阅事项"[2]，扩充出版警察的管理对象；另根据1937年6月30日的《在"满"大使馆警务部事务分掌一览表》，第二课的"检阅"业务由1名"通译生"负责[3]，执行"弘报委员会事项""新闻（通信）、出版物及映画检阅取缔事项""通信检阅取缔事项""不稳文书取缔事项"等[4]。

表3—23：日本驻"满"大使馆出版警察业务人员[5]

大使馆警务部保安课			
官职	官名	人员	摘要
课长	外务省嘱托	1	由宪兵佐官担任
课员	外务省嘱托	1	由宪兵佐官或尉官担任
课员	大使馆书记官	1	—
	外务省书记生	4	其中1人由兼任外务省警部担任
	外务省通译生		
	外务省警部		
	外务省巡查	4	—
大使馆警务部第二课第二系事务（1935年4月27日调查）			
事务		主任	系员
高等警察事项、出版警察事项、外事警察事项、国防及军事事项、谍报业务事项		松浦大尉	杉村警部、杉山部长、高桥巡查

由上可见，从"中央"到"地方"出版警察队伍的完善，出版检阅机构的陆续成立，使得日本在"满"强大的媒介控制网得以完成搭建。

---

[1]「高等警察服务内规」『外务省警察史 在满大使馆 第二』不二出版社、3271—3272页。

[2]「在满洲帝国大使馆警务部规程改正ノ件」『外务省警察史 在满大使馆 第三』不二出版社、4155页。

[3] 1934年3月调查的『大使馆警务部ノ编成』显示，第二课通译生是「外务省通译生、兼外务省警部和田丰秋」。

[4]『警察沿革史』在满大使馆警务部、1937年、211页。

[5]『警察沿革史』在满大使馆警务部、1937年、29—30页。

二、日"满"以防止抗日反"满"为宗旨的新闻立法

1932 年 3 月，在日本关东军的操控下，所谓"满蒙新国家"——"满洲国"在长春成立。尽管日本人认为："由于'满洲事变'突发，全'满'形势为之一变。旧东北政权支持下诸新闻一夜之间消失殆尽。'满洲'汉字新闻在日本人的指导下踏出新的一步"[1]，但是日"满"当局仍未放松对出版物的警惕。在关东军的"内面指导"下，伪满洲国陆续颁布以出版物、映画、放送等为立法对象的法规。不过，它们只适用于伪满洲国人。在"满"享有治外法权的日本人接受日本驻"满"领事机构管辖。与殖民地朝鲜一样[2]，伪满洲国施行的新闻与出版法规因族群不同而内容不同。

（一）伪满洲国颁布针对媒体的行政命令与法律

早在 1931 年 9 月 18 日前，关东军就已开始密谋策划侵占东北三省，研究与制定各种"满蒙占领统治方案"，新闻与出版活动无不是其关注对象。如关东军调查班秘密制订的《昭和五年度调查计划》，其中"'满蒙'统治计划"的"行政实施要领"之一即是"言论、集会及刊行物"[3]。1930 年 5 月，骑兵大尉佐久间亮三起草的《"满蒙"统治计画要旨》更明确表示："关于内政事项，制定特别的法令"，其中应取缔的主要事项包含："关于军机保护事项；关于新闻、杂志及其他刊行物取缔事项；关于言论、集会等事项；等等。"[4]这些统制媒介的计划在九一八事变之后逐一得到落实。

1. 制定各种行政命令

伪满洲国成立以后，伪满当局对出版物、电影、放送等可能传播思想与观点的媒介加强行政管理。曾经有人建议伪满当局成立文化局统筹新闻、杂志、映画、演剧、广播、唱片、图书等从强制检阅到扶植奖励的管理事务[5]，不过 1937 年以前类似文化局的政府机关并未成立。与旅大租借地一样，伪满各种媒介的检查工作由警

---

① 黑虎生「満洲現時の漢字新聞界（上）」『満洲評論』第 5 卷第 13 号、1933 年 9 月 23 日、25 頁。

② 在韩国作为日本保护国时期（1895—1910），韩国政府与日本在韩统监府分为针对韩国人（《新闻纸法》《出版法》）与日本人（《新闻纸规则》《出版规则》）颁布新闻与出版法规。1910 年日韩合并后，这些两套实施对象不同的新闻法规继续得到维持。

③「調査計画」（C13010349200）『教育資料（一）住谷悌史資料』防衛省防衛研究所。

④ 佐久間亮三『満蒙統治計画（私案）ノ要旨』昭和五年五月、16—17 頁。

⑤「満洲国文化局設置」『満蒙事報』第 3 卷第 3 号、1934 年 3 月 1 日、34—35 頁；「満洲国の文化向上に 文化局を設置か」『大満蒙』1933 年 11 月 7 日。

察承担，区别在于旅大地区的检查由高等课负责，称为出版警察，而伪满地区的检查由特务科负责，称为审检警察，最早于 1932 年 7 月在伪满民政部警务司特务科内设置审检股，从日本内务省聘请一名有审检业务经验的人员为嘱托，次年由原关东厅警视武波岩善担任特务科科长[1]。由于审检业务量的急速增加，1934 年 4 月重新在伪警务司特务科编成审检股，专门办理刊物、电影片、唱片的综合审检工作。至此，伪满的审检体系基本形成，机构基本齐全。当时审检股的主要人员：股长（日本事务官）以下，设出版物和唱片审检系，日本属官 1 人，"满人"属官 2 人，日本与白俄嘱托各 1 人，计 6 人；电影片审检系，主任（日本嘱托）以下日本属官 1 人，"满人"属官 2 人，日本警士 1 人，日本雇员 2 人，计 6 人，合计 12 人；而广播的监督与检查由伪交通部邮政司负责，1934 年 6 月特别设置了电波监视局。在完善与确立审检体系之同时，伪满当局颁布各种行政命令保证审检机构的有效运转。

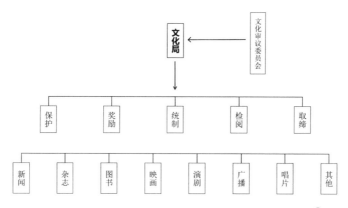

图3—7：1933年《"文化局"设置案》中的机构设置图[2]

在出版物方面，一方面从"地方"到"中央"颁布各种检阅标准。1931 年 10 月，在关东军的操控下，伪奉天市警察局成立，依据《奉天市警察局暂行组织大纲》，该局行政科职掌"关于集会结社及出版调查事项"[3]。次年伴随伪满洲国的成立，伪奉天省公署警务厅成立，该厅特务科负责"关于图书出版及著作权事项""关

---

[1] 挙国社編『満洲帝国名鑑・昭和九年版』挙国社、1934 年、59 頁。

[2] 山内友一「満洲映画発達史稿（下）」『満蒙』第 20 号第 8 号、1939 年 8 月 1 日、84 頁。

[3] 《治安门 政务类》，《治沈记》，立法院记录处编纂，福文盛印刷局，1934 年，下 20 页。

于报纸杂志及其他出版物检阅事项"等①，1932 年 6 月 2 日，该厅在调查言论机关以便取缔的同时，制定报纸禁载事项饬各报社遵照——"对于执政涉及不敬事项；如欲导'满洲国'于不利地位；关于外交军事或行政上之机密事项；预审中之被告事件内容事项；对于刑事被告人或犯罪人之颂扬及护庇陷害等事项；未经公开诉讼之辩论事项；妨害公安或伤风败俗事项；对于官署官员未经委定乱揣度事项"，另规定"其他随时应行禁载或解禁事项由本厅特务股随时通知之，并派专员与关东军司令部宪兵队关东厅等取密切之联络"②。同年 10 月，伪满警务司根据新颁布的《出版法》，制定审检业务标准，1934 年改"帝制"后又增加不少内容，形成共计 8 款的审检标准："（1）冒渎皇帝、皇室尊严或有其倾向者；（2）损伤日'满'国威或有其倾向者；（3）以扰乱我国治安为目的的刊物、创作或有其倾向者；（4）阻碍民族意识的发扬和民族协和精神的刊物或有其倾向者；（5）将我国作为中国的一部分的刊物（其中尤以文书绘画居多）；（6）排日侮日的；（7）有极其残烈场面的；（8）伤风败俗的。"③

另一方面直接颁布出版物行政禁令，1934 年 6 月 29 日，《关于禁止出版物输入、进入的通令》（日译『出版物ノ輸入移入禁止ニ関スル件』，俄译《Запрещенные для импорта и ввоза произведения печати》），禁止输入或移入 26 种出版物：

> 卜拉吾达（莫斯科）、伊斯维斯其亚（莫斯科）、姑道克（莫斯科）、耶阔挪密切斯克亚依知尼（莫斯科）、札都斯托利阿利札其由（莫斯科）、昆母尼斯其切斯克也俄斯必他尼也（莫斯科）、其好欧刻安斯卡亚支维支达（哈巴鲁斯克）、益世报（天津）、大公报（天津）、庸报（天津）、申报（上海）、时报（上海）、新闻报（上海）、华北日报（北平）、北平晨报（北平）、京报（北平）、平报（北平）、世界日报（北平）、社会日报（上海）、北京日报（北平）、上海民报（上海）、广东市民日报（广州）、豫北

---

① 『奉天省公署要覧』奉天省公署印刷局、1933 年、68 頁。

② 《关于检阅新闻杂志及其他出版物事项》，《奉天省警务辑览》，1932 年，第 65 页。

③ 吉林省公安厅公安史研究室、东北沦陷十四年史吉林编写组编译：《满洲国警察史》，内部出版，1990 年，第 366 页。

日报（新乡）、徽州日报（徽州）、良友（上海）、循环（上海）。①

注：俄文报刊原名《Правда》(Москва/Газета)、《Известия》(Москва/Газета)、《Гудок》(Москва/Газета)、《Экономическая жизнь》(Москва/Газета)、《За Индустрилизацию》(Москва/Газета)、《Коммунистическое Воспитание》(Москва/Газета)、《Тихоокеанская Звезда》(Хабаровск/Газета)。②

后经 1936 年 6 月 24 日伪满民政部令第 23 号（削除《庸报》）③、1939 年 5 月 21 日伪满治安部令第 18 号、1939 年 12 月 1 日伪满治安部令第 46 号与 1940 年 9 月 4 日伪满治安部令第 45 号等多次修改。

在电影检查方面，最初由各地方保安课进行，并无统一标准。1934 年 6 月 11 日，"鉴于电影之宣传价值大，及于社会人心善恶影响大"④，伪满民政部第 4 号令颁布《电影片取缔规则》（官方日译『活动写真「フィルム」取缔规则），分总则、第二章 制作 配给、第三章 输出输入、第四章 检阅、第五章 监查、第六章 罚则等，规定制作、配给、输入影片，须接受相关警察官署核准，明确"影片非经检阅核准不得供群众观览而映演之"，同时表示检阅官署检阅时，如认为影片"有害于公安、风俗或保健者"，可以要求"将其一部分加以削除或抹销以便准演"，"限制或禁止其输出输入"，抑或"禁止或限制其制作、配给、撮照、映影"，违令者"二月未满之拘役或一百元以下之罚金""三十日以内之拘役或五十元以下之罚金"等⑤。根据 6 月 4 日制定的《电影片取缔规则施行细则》，认为于公安、风俗保健上有妨害者之标准 24 项，其中"公安"占 13 项，无不是以"冒渎皇室尊严者""违反王道主义者""违反民族协和之宗旨者""有失国家及官宪之威信者"等为禁⑥，维护日

---

① 《民政部令第 5 号》，《政府公报》第 97 号，1934 年 6 月 29 日。

② Запрещенные для импорта и ввоза произведения печати.// Сборник законов и распоряжений Маньчжу—Ди—Го.Вып. 1.（露文满洲帝国法令辑览 第 1 卷）— Харбин, 1935, С.279—280.

③ 《民政部令第 23 号》，《政府公报》第 678 号，1936 年 6 月 24 日。

④ 『满洲国警察概要·康德二年版』满洲国民政部警务司、1935 年、206—207 页。

⑤ 《电影片取缔规则》，《政府公报》第 82 号，1934 年 6 月 11 日。

⑥ 《电影片取缔规则施行细则》，《政府公报》第 82 号，1934 年 6 月 11 日。

本殖民统治东三省的意图体现得淋漓尽致。

在广播收听方面,最初由日"满"合办的"满洲电信电话株式会社"负责,1933年9月1日以社告的形式制定《放送听取规程》,虽然详细规定了收听广播的手续及费用等内容,适合于"关东州""满铁附属地"与"满洲国"客户,但作为社告(按:"社告"的日文解释为「会社が世間の人に出す知らせ」,即"公司面向社会大众的通知")的《放送听取规程》不具有普遍性与强制性的行政效力。1936年10月2日,伪满交通部令第21号颁布《听取无线电话放送规则》(官方公布的日译名称为『放送聴取無線電話規則』),与关东厅1933年9月颁布的《放送听取无线电话规则》(按:日文原名称即是《放送聴取無線電話規則》)相比,两者都要求欲架设收音机收听广播者须得到当局许可,"欲施设听取无线电话放送者,每一施设,须依另开样式提出施设许可呈请书,及以另行布告所规定之放送无线电话施设者,为对方之听取放送契约书受该管邮政管理局长之许可。邮政管理局长许可前项之呈请时发给许可证",都特别限制广播收听的频率与波长,唯一不同的是体现在具体数字上,前者规定"周波数(波长)受信得限于五百五十启罗撒依苦儿(五百四十五米突)乃至千百五启罗撒依苦儿(二百米突)之范围或百八十启罗撒依苦儿(千六百六十米突)"(按:"启罗撒依苦儿"为「キロサイクル」的音译,即"千赫","米突"为「メートル」的音译,即"米")[1],后者没有"或百八十启罗撒依苦儿(千六百六十米突)"。[2]由此可见,伪满洲国的《听取无线电话规则》借鉴或复制了旅大租借地的《放送听取无线电话规则》。

2.颁布专门与一般"法律"

伪满当局一方面控诉"旧军阀专制时代言论自由完全受到掣肘,不仅东北五省乃至中国全国,新闻纸几乎都是军阀机关报";另一方面却又强调在"新国家"限制言论机关的必要性,"出版物是最重要之言论机关,其关乎治安之维持,国家健全发达之保护上,实不得等闲视之,此为当然之论勿待赘述"[3],"伴随着'建国',以言论机关作反'满'抗日的宣传是全面发展我国的障碍,报纸、杂志等出版物

---

① 《听取无线电话放送规则》,《政府公报》第764号,1936年10月8日。

② 「放送聴取無線電話規則」『官報』1933年10月20日。

③ 《第二款 出版物之取缔》,《第三次民政年报》,伪满民政部总务司资料科,满洲图书株式会社,1937年,第209页。

的随时取缔，片刻不得马虎"，1932 年 6 月，伪满警务司立案研究制定"出版物取缔法"①，"经国务院会议议决通过"，于 10 月 13 日正式公布《出版法》（官方俄译《Закон О Печати》②，为以示区别下文称《伪满洲国出版法》），"除去'建国'途上的诸多障碍"③。从"统治样式的迁移"（統治様式の遷移）这个角度来看，该法有下面两个特点：

第一点，《伪满洲国出版法》是一部维护日本控制东北出版物的法律。1932 年 3 月 9 日教令第 9 号颁布《暂行援用从前法令之件》，表示在不抵触"建国主旨国情"的情况下暂时沿用旧时的法律。基于此，国民政府颁布的许多法令继续使用于"满洲国"。在规范出版事项的法律中，伪满洲国沿用了包含"出版"条款的国民政府《民法》，但弃用国民政府《出版法》，另行颁布同名的《出版法》。这截然不同的做法恰好说明了伪满洲国新闻立法的意图。国民政府《民法》的"出版"条款旨在规范"所规定之出版，为著作人，与印刷发行人相互间之契约"④，无关"立国"之根本，而国民政府的《出版法》以维系"三民主义"与"国民党一党专政"为宗旨，这在以战胜"三民主义思想"⑤为"弘报行政"目标的日本人看来绝对与"建国主旨国情"抵触，必须重新起草新的《出版法》。由此说明在日本关东军操控下的新闻立法旨在控制"抗日反'满'"出版物的传播。

第二点，《伪满洲国出版法》是一部借鉴旅大租借地新闻法令的法律。虽然，在体例安排上，它分为通则、新闻纸及杂志、普通出版物、对于出版物之行政处分、罚则与附则。与 1928 年国民政府颁布的《出版法》相似度颇高（总则、新闻纸及杂志、书籍及其他出版品、行政处分、罚则与附则）。但是，具体内容并未延续国民政府《出版法》。由日本人一手操控的《伪满洲国出版法》以日本新闻法为绝对标准，"关于取缔在外国发行或施行该法地域外，所发行报纸及杂志等之输入或移入等，则

① 《警务司司务进行概略》，《民政部旬刊》，第 1 期第 1 号，1932 年 7 月 10 日，第 16 页。

② составил и перевел, М. Огуси.Сборник законов и распоряжений Маньчжу—Ди—Го на русском языке. Выпуск первый, Харбин : Осава Жун, 1935, С.269—279.

③ 「新聞紙、雑誌、其ノ他出版物検閲状況」『民政部施政概況』満洲国国務院民政部総務司調査科、1934 年、43 頁。

④ 邵祖敏：《出版法释义》，上海世界书局，1931 年，第 1—2 页。

⑤ 高橋源一「弘報行政論」『宣撫月報』第 3 巻第 9 号、1938 年 9 月、19 頁。

必感困难，尤其关于'关东州'及'南满铁道附属地'等之移入者，有不可不考虑之处，因该等地带在国内具有特殊关系，故宜于日本帝国商定有效且适切之协定"①。通过比较与日本国内及旅大租借地新闻法令，可以发现《伪满洲国出版法》参考旅大租借地新闻法令的地方颇多。从管理出版物的模式来看，《伪满洲国出版法》明显复制了《"关东州"出版物命令条项》与《"关东州"出版物令》的"许可制"，而非采用中国与日本的"备案制"。从禁止刊载事项的内容来看，《伪满洲国出版法》基本上延续《日本出版物法案》的内容，但缺少「皇室ノ尊厳ヲ冒涜スル事項」一项。这种缺少刚好与《"关东州"出版物命令条项》一样。还有，《伪满洲国出版法》缺少一项在日本及其控制地区新闻法里都有的内容——新闻出版关系人资格的界定。在其他地区都明文规定现役或预备役军人不得充当新闻纸及杂志发行人及印刷人，杜绝军队干预新闻与出版，明确对国籍的要求。同样这也是对《"关东州"出版物令》不限制海陆军人参与新闻纸及杂志的一种继承。在关东军的操纵下，旅大新闻法令通过再改造变成了伪满新闻法令，可谓曾经旅大未完成的立法最终在伪满得以完成。究竟这种生搬硬套是否会出现伪满机关报质疑的"急功近利""漠视日'满'差异"②，日"满"当局根本不予理睬，它们在意的是这些法令的确可以实现控制新闻媒体的效果。1938 年 7 月，伪蒙古联盟自治政府以"查各国对出版物无不施以相当统制"为由③，将伪满的《出版法》变成自己的《出版法》，将第 1 条"本法所称出版物指以散布之目的用机械或化学方法所复制之文书、图画而言"改成"本法所称出版物者凡以散布之目的而用机数（械）、印版及其他化学方法复制之文书、图画均适用之"，将第 6、10、11、17 条中的"民政部大臣""军政部大臣""外交大臣""民政部警务司"改成"政务院总务部长""财务部长""保安部长"，两条附则变成三条，其他内容只字未改，完成日本在华新闻统制法令的再一次扩散。

另外，伴随日本治外法权的撤废，《日本著作权法》将不再适用于在"满"日本人。为此，1937 年伪满洲国当局着手制定《"满洲国"著作权法》，该法案在日本内务省官员伊藤信男担任嘱托的支援下，由伪治安部警务司检阅科负责起草"'满

---

① 《国务院训令第 58 号》，《政府公报》第 56 号，1932 年 10 月 17 日。

② 「論壇：満洲国と法令」『大満蒙』1933 年 5 月 5 日。

③ 《蒙古連盟自治政府 733 年甲年度行政概要》，1938 年，警务篇第 4 页。

洲国'著作权法案要点"①。从日本学者的日"满"著作权法的比较研究来看，该法对《日本著作权法》有颇多借鉴②，这无疑是将原本仅适用旅大的《日本著作权法》扩展至整个东北地区。它计划于 1938 年 2 月公布实施，不过最终以不了了之收场。

在颁布出版物单行法的同时，伪满洲国当局颁布的其他法律也有许多条款涉及新闻与出版，如《暂行惩治叛徒法》（1932 年 9 月 12 日）、《治安警察法》（1932 年 9 月 12 日）、《电气通信法》（1936 年 10 月 8 日）与《邮便法》（1936 年 12 月 25 日）等，无不对新闻与传播活动起到重大影响。

前两部法律不仅在同一日颁布，而且都以限制出版与言论自由的面貌出现。如当局宣称"我国建国后为应对所谓以反'满'抗日为标榜之叛徒之跳梁小丑乃制定实施《暂行惩治叛徒法》"③，"不问用出版、通信及任何方法以第一条之目的（即"意图紊乱国宪及危害或衰弱国家存立之基础"）宣传其目的事项处十年以上之有期徒刑"（第 4 条），并强调"本法不问何人在本法施行区域外犯罪者亦适用之"④；《治安警察法》也规定："警察官对于通衢大道及其他公众聚集来往场所黏贴文书图画或散布朗读又或言语形容并一切作为认为有紊乱安宁秩序或妨害善良风俗之虞者，得禁止并扣留其印写物件"（第 15 条），"不遵守第十五条禁止或扣留之命者处十元以上五十元以下之罚金"⑤。

后两部法律的负面印象虽不如前两部，但是也并非积极地保护新闻传播活动。《电气通信法》立法对象包含无线电话，授予"满洲电信电话株式会社"垄断经营的权利，"电气通信事业限于'满洲电信电话株式会社'受主管大臣之特许者经营之"⑥；《邮便法》立法对象包括新闻、杂志及一般出版物的邮寄，尽管如伪满交通部探讨该法时表示"鉴于新闻、杂志有公益、文化之目的，以最低费用保护助长

---

① 满洲国警务司检阅科『满洲国著作権法案骨子』1937 年。

② 胜本正晃『日本著作権法』巌松堂书店、1940 年、78、89、90、139、140、178 页。

③《思想对策与治安庭之设置》，《"满洲帝国"司法要览》（第五次），伪满司法部总务司调查科，1939 年 12 月，第 22 页。

④ 满洲司法协会编「第五编　刑事法」『满洲帝国六法：满日对訳』巌松堂书店兴安社、1937 年、18 页。

⑤ 满洲司法协会编「第六编　警察法」『满洲帝国六法：满日对訳』巌松堂书店兴安社、1937 年、29—30 页。

⑥《电气通信法》，《政府公报》第 764 号，1936 年 10 月 8 日。

之"①，但是，在日本人操控"满洲"新闻界的现实情况下，这种保护与助长显然服务于日本人，有利于日本人报纸与杂志以更低廉价格倾销于全"满"各地，而对于不利于日本统治的"满"人报纸与杂志，不仅随时遭到当局的查禁，而且"满铁"垄断下的铁路运输更是动辄拒绝运载。两者相比，伪满当局立法之意图不言而喻。

需要补充说明的是，根据1932年3月颁布的《暂行援用从前法令之件》，中华民国的《民法》暂时适用于"满洲国"，即代表《民法 债编》第九节关于"出版"的规定也适用于"满洲国"地区②。1937年6月，伪满颁布新《民法》，以日本《民法》为蓝本而制定，删掉了"出版"的相关条款。不过，同月颁布的《商人通法》将"关于出版、印刷或撮影之行为"营业者称为"商人"（专以得工资之目的或服务之人不在此限），对其商业登记、成立公会（组合）等作出相关规定（营业资金未满五百元之"小商人"不在此限③）。另外同年的《刑法》中的"名誉毁损之罪"，相对日本《刑法》相关条款，增加加强处罚的规定——依出版物犯名誉毁损罪者，处七年以下之徒刑或禁锢，或五千元以下之罚金④。

（二）日本驻"满"领事机构的出版行政命令

虽然，伪满当局颁布了《出版法》，"然因有不能适用我国警察法规之'满铁附属地'介在，对于日本人所发行之出版物，不能直接取缔。而出版物乃以大众为目标，当取缔时，非日'满'关系机关联络协调，难期达到所期之目的"⑤，基于《日"满"议定书》的规定，日本人在"满"继续享受有"治外法权"⑥，因此《"满洲国"出版法》对于在"满"日本人无任何法律效力。按照1900年日本政府颁布的《领事官职务规则》，日本驻外领事官员在享有治外法权的地区，有权管理居留于该地

---

① 「最近公布され法令」『宣抚月报』第2卷第1号、1937年1月、214页。
② 帝国地方行政学会编：《日满对译满洲国六法全书·第二类 民商法》，帝国地方行政学会印刷部，1933年，第157—162页。
③ 《关于小商人范之围之件》，《政府公报》，第1102号，1937年12月1日。
④ 北村久直『满洲刑法义解』东亚书院、1944年、364页。
⑤ 伪满国务院民政部：《第二次民政年报》，1936年，第149—150页。
⑥ 1932年9月，日"满"签订《日"满"议定书》："'满洲'在将来，即日'满'两国尚未另行签订约款前，应确认日本国或日本臣民在'满洲国'领域内根据以往日中两国间的条约、协定、其他条款以及公司契约所享有的一切权益予以尊重。"

区日本人的"关于出版集会结社等事务"①。1911 年，日本外务省答复驻安东领事馆"关于《新闻纸条例》在清帝国公馆是否适用"的咨询时，明确表示："帝国版图外的新闻及出版物取缔不依据特别法规"，而是在"以委任立法的形式颁布敕令或命令制定海外新闻纸及印刷物取缔法规"与"以领事馆令的形式单独发布取缔规则"中二选一②。作为在"满"日本人（旅大地区的日本人除外）的管理者——驻"满"各领事馆，在请训日本外省大臣或驻"满"大使的情况下，采取以馆令发布取缔规则的形式管理在"满"日本人的新闻与出版。

1. 伪满洲国成立前新闻与出版的管理

按照颁布手续与管理对象的不同，伪满洲国成立前日本各领事馆对在留日本人的新闻与出版管理办法分为以下三种：

第一种，包含新闻纸及杂志的一般取缔规则，如《营业取缔规则》或《居留民取缔规则》及《警察犯处罚令》等。《关东总督府管内居住民取缔内规》（1906 年 3 月 9 日）规定新闻、杂志发行者，应填含"营业种类、营业方法、营业资本（需要添附资本可证明材料）、与清国人共同时，该清国人住所、氏名、资本（共同提供的资本须另作说明）"等内容的申请书接受关东总督批准，并对军事上保密作出特别规定。③《营业取缔规则》或《居留民取缔规则》规定"新闻、杂志的发行"，须得相关领事馆领事的批准。《警察犯取缔令》："新闻纸、杂志及其他出版物之购读或广告揭载，强行求其申请者"，"配付无申请新闻纸、杂志及其他出版物配付或为无申请广告，请求其代料者"，"以新闻纸、杂志及其他方法，为夸大或虚伪广告而图利者"等行为被视为违警犯，处以拘留或科料（罚款）。

第二种，针对新闻与出版的专门取缔规则。它们有长春总领事馆颁布《新闻纸取缔规则》与齐齐哈尔领事馆颁布的《关于新闻纸取缔之馆令》。前者共 17 条，包括"新闻纸的发行手续""新闻纸责任者""保证金""正误制度"与"行政处分"等条款，对新闻纸的发行采取"批准制"，要求新闻纸发行者填具含"题号、记载种类、发行时期、发行所及印刷所、发行人、编辑人及印刷人的原籍、住所、氏

① 「満洲国治に於ける治外法権」『国際事情』（続編·第 8）、外務省情報部編、良栄堂、1936 年、99 頁。

② 『領事館令集追録（第一回）』外務省亜細亜局第三課、1914 年、562—563 頁。

③ 『外務省警察史 在満領事館』不二出版社、1996 年、452—456 頁。

名、年龄"等内容的申请书接受领事的批准,"发行人向领事馆缴纳领事指定的千元保证金。但准其按时价以公债证书、国库债券代纳,发行人非完纳保证金后,不得为新闻纸发行之事"。由条文来看,虽然它规定了正误制度,但是缺少新闻纸刊载事项的规定,因此,与其称它是新闻纸管理办法,不如称它是新闻纸营业管理办法。后者只是一道领事馆命令,"今般进一步发布若干通知前,尔今关于俄国及联合军行动所有新闻电报及通讯,发布前必须经过本领事馆之检阅,违反者处以五十元以下罚金、拘留或科料"。

第三种,发行许可的附带命令条项。按照日本行政法的规定,行政官署在批准一项营业时,在许可证书后附加上一道营业遵守条款,称之为"命令条项",属于行政命令的一种。日本在外各领事馆颁布的《营业取缔规则》都明令"新闻纸及杂志"的营业须接受领事馆许可。由此,各领事馆在批准新闻纸营业时通过各种新闻纸发行命令条项。限于史料的缺乏,笔者无法统计日本在东北各领事馆制定的新闻纸发行命令条项。笔者能够找到的只有1913年3月驻铁岭领事借批准杂志《满洲野》发行时制定的《命令条项》与1918年8月驻哈尔滨总领事馆批准汉字新闻纸《极东新报》发行时制定的《命令》。尽管它们属于临时性质的命令条项,但是从两者内容来看,比长春领事馆颁布的《新闻纸取缔规则》更完整,包含了新闻法规最核心的内容——出版物揭载事项限制,与旅大租借地相关内容一样,无不是复制于日本国内新闻法令之条款。

2. 伪满洲国成立后新闻与出版的行政管理

伪满洲国成立以后,根据日"满"之间的协议,在"治外法权"撤废之前,伪满洲国("满铁附属地"除外)境内日本人的诸种营业由日本官宪独立管理,提前联络或事后通报"满"方即可①,由此可见伪满境内日本人的新闻与出版继续由日本领事管辖。

第一种,驻"满"大使馆统一发布出版物命令条项。伪满洲国成立以前,日本驻东北各领事馆互不隶属,尽管时有联络沟通,但是始终存在各领事馆令不统一的问题。这种不统一的现象在出版物的管理方面也存在。伪满洲国成立以后,日本在

---

① 「諸種営業取締ニ関スル申合セ」『満洲国警察制度調査(未定稿)』在満大使館、1932年、108—109頁。

长春成立"大使馆"，统辖各地领事馆。虽然驻"满"各地领事馆仍继续单独发布领事馆令，但是都需要事先请训驻"满"大使。这个领事馆令发布手续的增加[1]，使得各地领事馆令内容趋于统一。因此，伪满各地日本人的出版管理办法逐渐统一。现有史料能够看到有1933年8月的《命令条项》、1934年9月的《定期出版物发行命令条项》与1934年10月的《命令条项》（批准《满洲行政》），第一项由日本驻"满"大使馆借批准日本人在哈尔滨设店经营销售苏联报纸、杂志及书籍之际颁布，表示："外国（不含'满洲国'）发行新闻、杂志、书籍及其他一切刊行物输入当地或从当地输出时，须预先明记其目的、品目、数量接受大使馆的申请许可。得许可输入物到达时，即可接受本馆检阅，非检阅后不得发卖颁布"，"购入或委托品到达时，应即可接受本馆检阅；非检阅后，不得发卖颁布"，"本营业者不得为共产主义宣传，有坏乱治安或风俗之嫌刊行物一切业务"，"本命令或将来发布的命令及其他命令或注意不遵守时，可以停止其营业或取消营业许可，及谋求其他必要的处置"；而后两项《命令条项》除了管理官署与关东厅颁布的《出版物发行命令条项》不同，其他内容大体上一致，日本驻"满"大使馆将曾经限于"关东州"及"满铁附属地"使用的出版物管理办法推广到"满洲国"，完成日本新闻统制的又一次扩展。

　　第二种，各领事馆发布与日本国内新闻法内容一致的领事馆令，其中以《不稳文书临时取缔令》最具代表性。1936年6月13日，日本政府法律第45号颁布《不稳文书临时取缔法》，8月7日，天皇敕令第259号《不稳文书临时取缔法施行于"桦太"之件》规定该法直接适用于南库页岛[2]。随后，旅大租借地（8月7日敕令）、中国台湾（8月7日律令）、朝鲜（8月8日制令）与南洋群岛（1941年12月29日厅令）相继颁布不稳文书临时取缔令或规则[3]。与日本及其殖民统治地区同步的是，日本驻"满"各地领事馆以馆令形式发布《不稳文书临时取缔令》，时间上甚至早于日本各殖民统治地区，以"间岛"总领事馆为最早，1936年7月30日馆令第10

① 「館令発布ノ手続ニ関スル件」（昭和七年十月三日付外務大臣ヨリ在満各領事官宛）『領事館令集』，外務省東亜局第三課、1939年、452頁。

② 「不穏文書臨時取締法ヲ樺太ニ施行スルノ件」『官報』1936年8月8日。

③ 「関東州及南満洲鉄道附属地不穏文書臨時取締令」『官報』1936年8月8日；「朝鮮不穏文書臨時取締令」『官報』1936年8月22日；「台湾不穏文書臨時取締令」『官報』1936年8月22日；「南洋群島不穏文書臨時取締規則」『官報』1942年3月26日。

号颁布①，核心内容与《不稳文书临时取缔法》一致，只不过将依《出版法》及《新闻纸法》纳本换成依领事馆制定办法纳本，将管辖官厅内务省换成领事馆。

日本驻"满"各领事馆以领事馆令的形式，将日本或旅大的新闻管理办法运用于伪满各地。即可以说，通过领事馆，日本在旅大租借地的新闻管理模式得以移植。这再一次印证了旅大作为日本大陆据点的地位。同时，日本驻"满"大使的多重角色——既负责同时监督旅大租借地与各地领事馆，又承担日"满"政府之间沟通，使得日本国内统制新闻的办法得以畅通于旅大与伪满。1934年11月28日，驻"满"菱刈大使致信外务大臣，请求日本相关官宪提供日本关于外国出版物（特别是苏联）输（移）入出版物取缔方法以供"满洲国"作为取缔外国出版物的参考，希望提供"一般的输（移）入禁止定期刊行物的名称；对于外国（特别是苏联）大使馆、领事馆输（移）入禁止出版物（定期及不定期）的特殊处理有批准输（移）入吗？如果有的话，则其特殊处理手续：一申请方法、二对于同一物批准部数"②。

简而言之，在关东军控制下的伪满地区，新闻法规因族群不同而内容不同。但是，它们的"立法"依据与目的本质其实无异，无不是以日本法为蓝本，通过"立法"控制新闻业，将它们变成维系日本殖民统治中国东北的工具。

三、日"满"合资公司跨境兼并与收买新闻业

伪满洲国成立以前，由于归属与宗旨不同，原东北三省与旅大租借地的广播电台与报社各自独立运营，相互之间或竞争或对立，从未实现统一发展。伪满洲国成立以后，从旅大到东北三省全部由关东军控制，"领导权"的统一使得全东北的广播电台与报社采取"统一"经营变成现实。

---

① "间岛"总领事馆（1936年7月30日，馆令第10号），吉林总领事馆，新京总领事馆，哈尔滨总领事馆，绥芬河领事馆（8月2日，馆令第6号），齐齐哈尔领事馆（8月3日，馆令第13号），海拉尔领事馆，满洲里领事馆，安东领事馆，锦州领事馆，赤峰领事馆，承德领事馆。

② 「2. 輸移入禁止出版物調查方ニ関スル件」（B13080923500）『本邦ニ於ケル出版法規及出版物取締方交渉関係雑件　第一卷』（N—2—2—0—6_001）外務省外交史料館。

（一）"满洲电信电话株式会社"的成立

关东军占领东北之后，陆续抢占各地广播电台，由新成立的关东军特殊通信部统一管理，将它们变成关东军的宣传机器。由此开始日本整合旅大与原东北的通信及广播事业的步伐。

1. 作为日"满"合资会社的"满洲电信电话株式会社"

1932 年 9 月 5 日，日本内阁通过《关于满洲电信电话事业之件》，决定整合"关东州""南满洲铁道附属地"及"满洲国"有线无线电信电话及广播事业（铁道航空附带者及警备专用者除外），理由是"日本方（'关东州'及'南满洲铁道'附属地）与'满洲国'方各种经营的电信电话事业，双方存在制度与手续的格格不入，既造成通讯联络的不便，又存在重复投资、无用有害的竞争等不利"[1]。11 月 15 日，日本递信省起草《"满洲电信电话株式会社"起业目论见书要领》，表示作为日"满"合资会社，启动资金五千万元，关东厅实物投资约金 1647 万元（指关东厅以其所管通讯设施实物投资），伪满洲国实物投资约金 468 万元（指"满洲国"以其所管通讯设施实物投资），其他由日"满"民间股份公募及实物投资。

表3—24："满洲电信电话株式会社"资本金构成[2]

年度	资金构成（元）		合计
第一年度	日本国政府实物出资额	16500000	29375000
	"满洲国"政府实物出资额	6000000	
	公募额	6875000	
第二年度	公募额	3437500	3437500
第三年度	公募额	3437500	3437500

表3—25："满洲电信电话株式会社"第一个五年执行改良扩建工事投入构成（元）[3]

年度	关东厅	"满洲国"	合计
第一年度	1270000	5390000	6660000
第二年度	1759000	1970000	3729000

---

① 松本烝治「満洲電信電話株式会社の成立」『私法論文集・続編』巌松堂書店、1938 年、274 頁。

② 『満洲電信電話株式会社事業収支及営業収支予算書』昭和八年五月十七日製作、5 頁。

③ 『満洲電信電話株式会社事業収支及営業収支予算書』昭和八年五月十七日製作、5 頁。

续表

年度	关东厅	"满洲国"	合计
第三年度	1539000	3700000	5239000
第四年度	1037000	500000	1537000
第五年度	1187000	505000	1692000
合计	6792000	12065000	18857000

图3—8："满洲电信电话株式会社"的商标

关于成立"满洲电信电话株式会社"的讨论过程，在日本学者白户健一郎的研究中已有十分详细的论述。白户氏通过各种史料的考证与分析，指出广播事业作为"思想战"的工具，在"满洲"本地听众少与盗听现象严重的现实下，很难像日本放送协会、台湾放送协会及朝鲜放送协会一样"独立"运营，应该与一般公众通信事业合并经营①。1933 年 5 月 1 日，日"满"政府正式签订协议，成立"满洲电信电话株式会社"（简称"电电"，英语 Manchuria Telegraph & Telephone Co. 简称 MTT，垄断经营"关东州""满铁附属地"及"满洲国"三地的通讯事业。9 月 1 日，"满洲电信电话株式会社"开始营业，继承大连与奉天、哈尔滨、长春等地的放送事业，"将期待设置对抗南京大放送局的 100 瓦大力无线电台"②。该社社告第 10 号公布《放送听取规程》，规定欲收听放送者，须将已经主管官厅许可批准的"无线

---

① 白戸健一郎『満洲電信電話株式会社：そのメディア史研究』創元社、2016 年、47—50 頁。
② 「放送局も移管」『満洲日報』1933 年 9 月 1 日、第 7 版。

电话施设许可愿书"与"放送听取契约书"交付给受持管理处，以及听取者须交付
"听取章"，其中"听取章"须放置在扩音器装置所（携带使用式机器者，即在平常
保管所）的门柱或入口等显而易见的场所，另规定收听放送者须每月缴纳 1 元（1
元伪满洲国币），但对"教育事业、社会救济事业、会社业务等有特别事由者，可
减免听取料"[1]。

表3—26：1933年大连、奉天、长春、哈尔滨放送局基本情况

名称	开局时间	责任者	使用语言	呼号	周波数	空中电力
大连放送局	1925.8	关东厅递信局	日语	JQAK	650 米	500 瓦
"新京"放送局	1933.4	关东军特殊通信部	汉语、俄语、日语、英语、朝鲜语	MTAY	570 米	1 千瓦
奉天放送局	1932.10	关东军特殊通信部	日语、汉语、朝鲜语、英语、俄语	MTBY	890 米	1 千瓦
哈尔滨放送局	1932.7	哈尔滨电政管理局	汉语、日语、俄语	MTFY	674 米	1 千瓦

表3—27：1934年末"满洲电信电话株式会社"放送设施[2]

管理工务所或管理处名	装置场所	装置机械名	台数
大连无线工务所	沙河口出张所（沙河口西山屯苗圃）	0.5kW 放送机	1
		Echo80 号受信机	1
		3 号交流式受信机	1
		电话放送中继用	1
		超外差式受信机	1
奉天无线工务所	奉天放送局南门外出张所	1.0kW 放送机	1
		日本放送协会制中继受信机	1

① 满洲电信電話株式会社総務部編『満洲電信電話会社規定聚』通信文庫、1934年、229—231頁。

② 関東庁逓信局編纂『関東庁逓信統計要覧·昭和九年版』株式会社日清印刷所、1935 年、5 頁。

管理工务所或管理处名	装置场所	装置机械名	台数
"新京"无线工务所	宽城子出张所 东三马路放送所 孟家屯出张所	100kW 放送机 1kW 放送机 短波无线电话受信机 放送中继用无线电话受信机	1 1 1 1
哈尔滨管理处	马家沟送信所	3kW 放送机	1

"电电会社"成立初期，总公司设于大连，分营业与技术两部，前者设无线课、无线系，后者设放送课、放送系、营业系，总公司直辖大连管理处、奉天管理处与哈尔滨管理处，由大连管理处暂时执行总公司事务（图3—9）。这个时期的公司权力中心位于大连，大连管理处承担着统管全东北广播事业的功能，日本在旅大租借地的统制广播事业的措施通过大连管理处复制到整个伪满地区。1935 年 10 月，总公司由大连市迁至长春市，原技术、营业两部扩建为总务部、营业部、技术部与经理部四部，原三个管理处扩建为四个管理局（图3—10），新设长春管理局，突出长春的地位，体现出日本的新闻统制完全扩展至整个东北地区。

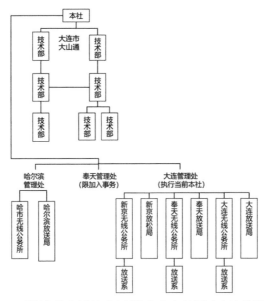

图3—9："满洲电信电话株式会社"组织架构图（大连总社时期）

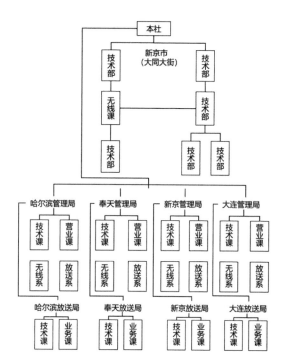

图3—10："满洲电信电话株式会社"组织架构图（长春总社时期）

　　另一方面，从机构设置调整可见，日本颇为重视对广播事业的控制与利用。从公司成立之初起，公司营业部下专设放送课，掌管公司所辖放送局的放送业务，具体为："放送无线电话业务的诸规程及其他利用契约事项；放送无线电话的业务监督事项；关于放送无线电话的业务协定事项；关于放送无线电话的设施计划事项；关于放送无线电话的业务申告、损害赔偿及其他事故处分事项；关于放送无线电话听取者加入事项；关于放送无线电话业务的周知宣传事项"等[1]，同时公司下辖各管理局也专设放送系，掌管辖区内的广播业务；而会社改革以后，更加突出对广播业务的监督，在公司与各管理局的建制外，另设"放送委员会"与"放送协议会"（图3—11），两者核心成员均由关东军、关东局与伪满洲国官员构成，使得日"满"军、政当局可以随时介入广播业务。

---

① 満洲電信電話株式会社総務部編『満洲電信電話会社規定聚』通信文庫、1934年、20頁。

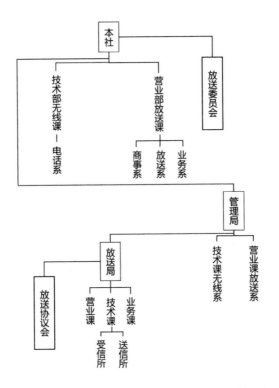

图3—11："满洲电信电话株式会社"改组后广播业务

作为绝对的垄断企业，"电电会社"营业额与利润颇高，总裁在1933年9月至1933年12月31日会计决算的第一次总会表示："纯益为八十三万九千余元。"[1]因此，"即便放送不挣钱也不担心"[2]，"电电会社"有足够资金大力投资广播事业。正如日"满"当局所言："'满洲'广播事业，从文化向上及国防的立场来看，一日也不能疏忽"[3]，日本凭借"电电社会"的垄断地位，一方面，为消除因受信机器高价与配给不充分带来的"满洲"收音机不普及问题，在得到"电电会社"的公认下，1935年1月在大连成立"满洲收音机株式会社"（満洲ラジオ株式会社）[4]，不过由于运营

① 「電々会社 第一回総会開催 当日の総裁の演説」『奉天満洲日報』1934年4月1日。

② 白戸健一郎『満洲電信電話株式会社：そのメディア史的研究』創元社、2016年、25頁。

③『満州国策会社綜合要覧』満洲事情案内所、1939年、75頁。

④ 根据『満州鉄道沿線諸機関及施設一覧表・昭和十年版』所载的名称是「満洲ラジオ普及株式会社」。

上存在诸多问题而在一年后解体[①]。

　　另一方面，逐步加大对"满洲"广播事业的投入与建设，"新设'新京'一百千瓦放送局，改善扩充大连、奉天、哈尔滨各放送局""开始二重广播，扩充广播内容""延长广播时间"等[②]，自我标榜将建设放送局对内视为"'满洲'文化建设的第一步"[③]，为此努力向"辉煌的'满洲'广播"与"一户必有一台"[④]的目标前进，对外打造成"让全世界都知道'满洲国'的存在"的窗口[⑤]。

表3—28："满洲电信电话株式会社"放送、电信、电话年别收支（元）[⑥]

年份	广播收入	广播支出	广播收支	电信收入	电信支出	电信收支	电话收入	电话支出	电话收支
1933	9783	61343	−51560	1221221	1330366	−109145	2194210	848607	1345603
1934	241597	235106	6491	4515971	4070109	445862	7837881	2616059	5221822
1935	304271	478998	−174727	4805038	4290533	514505	10693402	3603538	7089864
1936	619152	681982	−62830	5192558	4978085	214473	11525030	4501422	7023608
1937	894984	1037404	−142420	5777495	5215346	562149	13123408	5285244	7838164
1938	1449629	1264740	184889	7543335	5423346	2119989	16516207	8890339	7625868
1939	2094779	2110784	−16005	9129958	8142922	987036	21855460	9107643	12747817
1940	3391973	3119022	272951	10453772	10558398	−104626	27684417	10932724	16751693
1941	4465090	3725400	739690	11517537	11749452	−231915	31698645	14289759	17408886

① 『満洲鉱工年鑑・昭和十九年版』東亜文化図書株式会社、1944 年、274 頁。

② 『満洲国策会社綜合要覧』満洲事情案内所、1939 年、75 頁。

③ 「百キロ放送局の出現」『満蒙事報』第 3 巻第 3 号、1934 年 3 月 1 日、33 頁。

④ 『満洲国策会社綜合要覧』満洲事情案内所、1939 年、75 頁。

⑤ 「百キロ放送局の出現」『満蒙事報』第 3 巻第 3 号、1934 年 3 月 1 日、33 頁。

⑥ 资料来源『統計年報』満洲電信電話株式会社、1933—1942 年各版。

2. 作为日军特殊通信部的"满洲电信电话株式会社"

作为日"满"合资会社，"电电会社"接受日"满"双方监督，日方是日本驻"满"全权大使、关东军司令官，后来加上"对'满'事务局"，"满"方是伪交通部大臣、军事官宪（图3—12①），首任总裁是陆军中将山内静夫。表面上，"电电会社"接受日"满"行政机关监督，作为盈利的株式会社开展服务于"一般公众"的民用通信事业。实际上，日"满"不仅看重"电电会社"承担推动"文化向上、经济发展及产业开发"的职责，更看重它可以履行协助"国防及治安维持"的任务②。根据《秘密交换公文应规定之事项》，"电电会社"须接受日"满"军方的指示与监督，"驻'满'日本国军部最高机关及'满洲国'军部最高机关，关于该会社事业，可作军事上必要之指示，且平时往该会社派遣必要人员，得监查其通讯设施及业务实施等"③，其中"满洲国"军部的相关行为须在日本国军部知晓与许可的情况下方可以进行。

表3—29：1933年与1938年"满洲电信电话株式会社"职员一览表

1933 年				1938 年			
职位	姓名	国籍	前职	职位	姓名	国籍	前职
总裁	山内静夫	日本	陆军中将	总裁	广濑寿助	日本	陆军中将
副总裁	三多	"满洲国"	奉天皇陵守护职	副总裁	三多	"满洲国"	奉天皇陵守护职
理事	井上乙彦	日本	陆军中将	理事	前田直造	日本	递信省
理事	前田直造	日本	递信省	理事	西田猪之辅	日本	"满铁"
理事	西田猪之辅	日本	"满铁"	理事	中田末广	日本	递信省

① 「満洲国に於ける放送事業」『宣撫月報』第 2 巻第 6 号、1937 年 6 月、42 頁。

② 『満洲国策会社綜合要覧』満洲事情案内所、1939 年、70 頁。

③ 「秘密交換公文中ニ規定スヘキ事項」『満洲ニ於ケル電信電話事業ニ関スル件』閣議決定、昭和七年十二月九日。

续表

1933 年				1938 年			
职位	姓名	国籍	前职	职位	姓名	国籍	前职
监事	西山左内	日本	关东厅	监事	白锡泽	"满洲国"	奉天电政管理局
监查役	范培忠	"满洲国"	哈尔滨电政管理局副局长	总务部长	濑田常男	日本	关东军
监查役	八目闻一	日本	"满铁"	电务部长	中田末广	日本	递信省
				营业部长	前田直造	日本	递信省
				技术部长	中村珍次	日本	海军大佐
				经理部长	西田猪之辅	日本	"满铁"

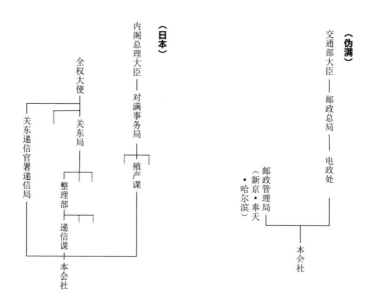

图3—12："满洲电信电话株式会社"监督官厅

"电电会社"成立的同一日，关东军颁布《关东军特殊通信部废止规定》，表示

223

即日起废止关东军特殊通信部，"军司令部内关于无线电、写真及无线电话业务由电信第三大队接手，其他业务由'满洲电信电话株式会社'接手"，相关职员加入"电电会社"。[1] 按照关东军的设计，"电电会社"被视作关东军的"特殊通信部"[2]，承担"统一'满洲'通讯网"的任务[3]。运营模式的选择上，关东军并非按照日本在本土、中国台湾与朝鲜等的放送协会（日本放送协会、台湾放送协会、朝鲜放送协会）以公营模式运营境内广播事业，而是"私营模式"——以"株式会社"的面貌，跨地区垄断电信、电话与广播事业，可谓是东亚首创的"电电模式"，1938年成为"蒙疆电气通信设备株式会社"的模仿对象。日本学者白户健一郎从事业建设成本与思想战等角度，指出采取"电电模式"便于快速发展尚处于落后状态的"满洲"电信、电话、广播事业与应对东亚激烈的思想战[4]，这种解释固然具有一定的合理性，但是，我们更应该看到，"电电模式"打破行政区划的限制，给日本关东军控制全"满"的电信、电话及广播事业提供可能。

正是由于"电电会社"垄断全"满"的通讯设施，所以不但作为陆军的日本关东军十分重视它，在长春特别成立"无线通信统制监督所"，监测伪满洲国及旅大租借地境内的无线通讯、有线通讯及广播设施等，而且日本驻"满"海军省司令部也采取十分积极的态度，派遣嘱托参与监督"电电会社"的内部事务。如表3—30所示，驻"满"海军省司令部在"基于军部要求"的借口下，派遣军官充任嘱托干预"电电会社"的各种内部事务[5]。日本陆军（关东军）与海军（驻"满"海军省司令部）通过下达指示与直接派遣嘱托，操控"电电会社"的内部事务，将它变成日本军方的的特殊通讯部、施展"通讯战""电波战"的工具，随着中日、苏日关系持续恶化，这种趋势更加明显，"电电会社"与朝鲜放送协会在边

---

① 「関東軍命令（特殊通信部廃止）」（C01002912300）『昭和八年 満密大日記 24 冊の内其 18』防衛省防衛研究所。

② 「4. 関東軍特殊通信部に就て」『仮題 満電 10 年史編纂資料』（C13010109000）防衛省防衛研究所。

③ 「10. 参謀部第 1 課関係事項に就て」『仮題 満電 10 年史編纂資料』（C13010109000）防衛省防衛研究所。

④ 白戸健一郎『満洲電信電話株式会社：そのメディア史的研究』創元社、2016 年、23 頁。

⑤ 「満洲電信電話株式会社関係 付、新京百吉放送試験関係 日満電波統制懇談会関係（1）」（C05023963100）『公文備考 昭和 9 年 S 団体法人 巻 3 止』防衛省防衛研究所。

境地区增设放送局或特设"国防特殊放送局"，防御来自海参崴各广播电台的红色之音①。

表3—30：驻"满"海军司令部对"电电"业务的干预（1934年6月1日以来）

主管者	任务	业务区分	主务	副务
嘱托将校（藤泽中佐）	基于军部要求，组织运用及课报业务	基于军部要求，通讯业务及课报有关事项 基于军部要求，运用准备、计划、实施、报告事项 社内有关动员事项；通讯组织及通讯之连用事项 关于社内兵役义务履行事项；关于通讯检阅及管理事项 关于调查报告事项	与崎	筒井
	基于军部要求，调查业务	应军部之要求及必要，调查资料汇集 关于调查实施事项；关于调查报告事项	柳生	与崎
		关于会议事项；调查上必要各部（课） 关于以上统计记录业务	筒井	
	军部、监督将校联络与军部折冲及联络	关于军部与监督将校联络事项 关于军部会社联络折冲等事项		
	其他社务相关事项	社务一般基础研究、调查	柳生	筒井
		关于室内管理事项；各部课联络折冲	与崎	
	庶务相关事项	关于嘱托将校历史事项；关于文书受付及发送整理事项 关于机密书类的处理事项；关于消耗品及物品授受事项 关于其他一般庶务事项	筒井	与崎
	其他	缮写；关于庶务补助；关于文书整理事项 关于打字机保存维修及必要诸物品的授受等事项	奥野	

（二）"株式会社满洲弘报协会"的成立

九一八事变后，关东厅与关东军陆续开始统制全东北的新闻业。最先开始的是关东厅，通过行政命令强迫旅大四种杂志停刊。随着军事占领区的扩大，"关东军

①「赤色電波防禦陣 卅萬圓 을딛저」『東亞日報』1936 年 6 月 2 日、3 면。

的压力已影响到报纸"①，关东军将关东厅的统制手段推广到东三省报纸，表示"满洲—都市—新闻"与"不再批准新的办报申请"②，整个统制过程以旅大为起点。1935 年 8 月 6 日，曾经的竞争对手——《大连新闻》与《满洲日报》突然公布二者合并的消息，"社长以下全体社员，除满洲日报侧仍旧不变外，《大连新闻》侧，小泽太兵卫氏充任监查役，并由编辑、营业、工场三部，各抽十名，移归新设报社服务"③，合并后《满洲日报》恢复原名《满洲日日新闻》，称："反省作为国策遂行之前卫的言论机关之职责，避免两社对立，节约经营冗费，发扬两社之机能，倾力扩充与发展新《满洲日日新闻》，以之贡献于国家、奉献于社会，除此念愿别无其他"。④ 表面上两报是自发合并，然而实际上却是关东军在背后力推的结果。时任《大连新闻》社长宝性确成认为"新闻统制是作为新'国家'的一个重要国策。为了推动'满洲国'早早'建国'，新闻统制的实施需要必要的准备，当局对此对策进行调查与研究"。此时宝性确成充当建言献策者，自发地与"满铁"机关报《满洲日报》合并，改名《满洲日日新闻》，成为关东军统制新闻的样品⑤。在当时大连新闻界看来，被称为大连唯一的民间报纸——《大连新闻》的收买事件敲响了"关东州"新闻界走向没落的丧钟⑥。笔者认为它还揭开了关东军取代关东厅整理与统合全"满"新闻的序幕。

1. 作为组合的"满洲弘报协会"

《满洲日报》与《大连新闻》合并后不久的 10 月 25 日，经历日本新闻联合社支配人古野伊之助的《"满洲弘报协会"结成要项案》与"满洲国通信社"主

---

① 满史会：《满洲开发四十年》（下），东北沦陷十四年史辽宁编写组译，内部出版，1988 年，第470 页。

② 「新聞統制問題について：満洲弘報協会の結成の繞つて」『満洲評論』第 9 巻第 20 号、1935 年 11 月 16 日、5—6 頁。

③ 《满日大连两报今日归并为一》,《盛京时报》, 1935 年 8 月 7 日, 第 4 版。

④ 『大連新聞』1935 年 8 月 6 日夕刊、第 1 版；「満日、大連両社合併」『毎日申報』1935 年 8 月 6 日朝刊、2 면。

⑤ 小沢太兵衛顕彰会伝記編纂部『小沢太兵衛伝』精文印刷所、1942 年、40—41 頁。

⑥ 「大連新聞の没落と我社」『謝恩誌：満洲タイムス廃刊記念』満洲タイムス社、1941 年、89 頁。

干里见甫的《关于"满洲弘报协会"设立意见书》后①，关东军参谋长通报《在"满"舆论指导机关机构统制案》（关宣发第163号），表示"为确保'满洲'舆论的独立性，完成国策必要宣传的一元统制并其实行的确容易，日本官宪、'满洲国'官宪及'满铁'关系新闻、通信社统合其经营合理化计"，"在现在日本官宪、'满洲国'官宪及满铁指导下，统合新闻与通信社，组织'满洲弘报协会'"。"满洲弘报协会"接受"弘报委员会"（由关东军、关东局、"满铁"与伪满洲国政府联合组成）监督与指导，本协会及协会内新闻、通信社高级干部人事，须得到"弘报委员会"的决定同意。正如日本驻"满"大使（兼关东军司令官、关东局总长）答复日本外务省关于"新设弘报协会"的询问电报时称："本协会是纯粹的民间机构，其主要任务：（一）弘报委员会指导相关报道机关；（二）该报道机关传达弘报委员会之意思。"②"满洲弘报协会"设想以财团法人形式运营，"各社尚未成为法人者，直接由本协会接纳，已成为法人组织者，履行合法手续，逐渐接纳之"。不过，此举似乎是为消除"坊间流传该协会将有可能影响各关系新闻的营业"的恐惧，为此作出承诺"现存其他各新闻社避开收买，任凭自然发展"，但又强调"禁止内地新闻在'满洲国'内印刷'满洲'版，又努力阻止其非合法的进出"。

　　从驻"满"大使的解释来看，关东军似乎避免给人造成官方打压言论自由的负面印象，不诉求成立官制机构，而是以民间机构形式组织弘报协会。笔者认为这只说出一层原因，除此之外，还有一层重要原因，伪满境内的新闻业多属于日本人，基于在"满"日本人（含朝鲜人）拥有"治外法权"，当时伪满洲国即便成

① 古野案的主要内容:「通信社と新聞社の業務分担を明らかにして、通信社と新聞社との間の、および新聞社相互間のいたずらな重複と無駄を省くこと、そのため通信社を極力強化することを中心眼とし、満洲に於ける通信社と新聞社を包括する新しい組織を設立して、報道の能率、効果の増大を期そう」；里见案主要内容:「通信社の通信網を整備、取材配置を充実し、新聞社をしてニュース供給を通信社に依頼せしめに足るを要す。新聞社は取材目標を通信社ニュース以外の特殊ニュースのみに置き、取材機構を縮小して通信社と重複すべき労力と費用を節省すべし」（通信社史刊行会編『通信社史』通信社史刊行会、1958年、367—369頁;「満洲弘報協会設立に関する意見書」『国通十年史』満洲国通信社、1942年、55—56頁）。

② 「貴電第七五五号ニ関シ（弘報協会新設問合セノ件）」「4 昭和十年七月三十一日から昭和十二年六月二十四日」（B02031086400）『各国ニ於ケル新聞、雑誌取締関係雑件／満洲国ノ部』（A—3—5—0—6_5）、外務省外交史料館。

立管理新闻业的行政机构，依然无法有效地开展日常工作（伪满总务厅情报处无权管理新闻业）。也正如此，尽管当时有人建议成立"文化局"统筹新闻、杂志、映画、演剧、广播、唱片、图书等从强制检阅到扶植奖励的管理事务[①]，但正式的"弘报行政"始于治外法权撤废前夕成立的伪满总务厅弘报处。在此之前，民间机构既可以避免官方打压言论自由的负面形象，又可以突破"治外法权"的限制，实现统合日"满"新闻业。由此可见，关东军的"精心"安排志在控制所有的新闻业。

10月31日，"满洲弘报协会"（下简称"满弘"）创立第一次委员会举行。英文满报社社长高柳、满洲日日新闻社社长村田、盛京时报社社长染谷、大新京日报社社长中尾、大同报社代表都甲、"满洲国通信社"代表大矢出席，高柳作为委员长发表讲话，表示关系各社一致同意结成"财团法人满洲弘报协会"，不过由于财团法人的成立需要一定的准备时间，于是暂时采取"组合制度"（公会制度）成立"满弘"[②]。11月11日，经过与日"满"相关当局及"弘报委员会"的协商，由"满铁"经营的旅大新闻纸《满洲日日新闻》（大连，日文）、《英文满报（Manchuria Daily News）》（大连，英文）与伪满洲国的"满洲国通信社"（长春）、《大新京日报》（长春，日文）、《大同报》（长春，汉文）、《奉天日日新闻》（奉天，日文）、《盛京时报》（奉天，汉文）、《哈尔滨日日新闻》（哈尔滨，日文）、《大北新报》（哈尔滨，汉文）、《哈尔滨时报（Харбинское Время）》（哈尔滨，俄文）、《满蒙日报（만몽 일보）》（长春，朝鲜文）、《斯民》（长春，汉文）及满洲事情案内所（长春）等十三社联合结成"满洲弘报协会"。

表3—31：1935年"同业组合满洲弘报协会"成员概况

名称	创办时间	社长或发行人	编辑或主笔	主义系统	刊期	发行数	地区
满洲日日新闻社	1907.11	村田懋麿	细野繁胜	"满铁"系统	朝刊4版、夕刊10版	15万	大连

[①] 「満洲国文化局設置」『満蒙事報』第3卷第3号、1934年3月1日、34—35页；「満洲国の文化向上に 文化局を設置か」『大満蒙』1933年11月7日。

[②] 「満洲の言論統制」『日本新聞年鑑・昭和十一年版』新聞研究所、1935年、46页。

续表

名称	创办时间	社长或发行人	编辑或主笔	主义系统	刊期	发行数	地区
英文满报社	1907.11	高柳保太郎	高柳保太郎	"满铁"系统	夕刊 8 版	0.1 万	大连
大新京日报社	1935.1	中尾龙夫	丸茂谨一郎		朝夕各 4 版	1.8 万	长春
大同报社	1925.5	王希哲	都甲文雄	伪满政府机关报	日刊 8 版	2 万	长春
奉天日日新闻社	1907.12	庵谷忱	田原丰	满洲日日系	朝夕刊 8 版	0.7 万	奉天
盛京时报社	1906.10	染谷保藏	菊地贞三		日刊 12 版	2 万	奉天
哈尔滨日日新闻社	1921.12	大泽隼	南部春雄	大日本主义	朝夕刊各 4 版	0.5 万	哈尔滨
大北新报社	1922.10	山本久治	堀江义一	盛京时报系	日刊 8 版	0.5	哈尔滨
俄文哈尔滨时报社	1931.11.3	大泽隼	田中总一部	大日本主义	朝刊 8 版	0.55 万	哈尔滨
满蒙日报社	1933.8	李庚在	金东晚	宣扬朝鲜人启发、民族协和、国策	日刊 4 版	1.8 万	长春
斯民社	1933.3	松田嘉吉	松田嘉吉（兼）	宣扬王道乐土	半月刊	0.18 万	长春
"满洲国通信社"	1931.12	里见甫	大矢信彦	伪满政府机关通信	日刊	—	长春
满洲事情案内	1933.1.18	奥村义信	—	介绍经济事情	—	—	长春

与新闻记者团体不同，作为同业组合，相当于中国的报业公会，"满弘"法理上属于营业者自治团体，应该以"增进营业上福利、矫正滥恶之弊害"为宗旨[1]。从《组合规约》的内容来看，"满弘"似乎符合一个同业组合的要求。然而，实际上只不过徒有虚名，如其公布的行为准则不是在组合自己主导下实现，而是在关东军等各机关控制下进行，绝非真正意义上的营业者自治团体，与日本新闻协会的宗旨——"本会以专于亲睦为宗旨，谋会员相互共济，

---

[1]「同業組合準則」『官報』1884 年 11 月 29 日。

期待斯业发达及文化向上为目的，但不参与政治问题"——相比，突出增加了"根据弘报委员会之意"。在"满"日本人断不看好"满弘"，认为它给新闻业会带来负面影响，称："新闻业之内容不外乎为当代社会人所持世界观、哲学之直接表现。若'满洲'之新闻业为死去之亡骸，则无言说之必要。"[1]这种批评立足于当时日本学人已然接受了新闻自由经营的理念上，关东军操控新闻经营显然与此背道而驰。

既然如此，各个成员何以"一致同意"组织这个名不符实的"满弘"呢？这需要通过剖析它们与日本在"满"各机构的关系来解答。各成员不是直接由关东军直接创办，如《大新京日报》、《满洲国通信社》、满洲事情案内所（前身"满洲经济事情案内所"）等，就是由绝对支持关东军的"满铁"创办或投资，如《满洲日日新闻》《盛京时报》《哈尔滨日日新闻》等，抑或接受其他日本在"满"机构的扶植，如《满蒙日报》与《哈尔滨时报》，其中《哈尔滨时报》头版直接刊登"Еженедельная японская газет"字样（即"日本日报"）。据此看来，它们愿意接受关东军的控制就容易理解了。

从现有史料来看，作为同业组合的"满洲弘报协会"，除了1935年12月6日代表各成员与日本同盟通信社缔结"关于向在'满'主要日文新闻社供给消息"的契约外，没有其他活动记录。随着"讨论"与"准备"的进行，放弃这种暂时的虚名可谓不可避免。11月26日，弘报协会设立委员，由关东军及关东局、"满洲国"、"满铁"、"满洲国铁"与"弘报协会"各方联合组成，其中委员长由关东军参谋长板垣担任，并且明确了将来转化为"满洲国"特殊株式会社的方针。

2. 作为株式会社的"满洲弘报协会"

在关东军的操控下完成所有准备工作后，1936年4月9日伪满洲国政府追认"满弘"的法律地位，将"组合"变更为"株式会社"，颁布《关于"股份有限公司满洲弘报协会"之件》：

第一条，"政府"为谋新闻、通信及其他弘报事业之健全发达，特令

---

[1] 「新聞統制問題について：満洲弘報協会の結成の繞つて」『満洲評論』第 9 卷第 20 号、1935 年 11 月 16 日、7 頁。

设立"股份有限公司满洲弘报协会"。

第二条，"股份有限公司满洲弘报协会"得不依《公司法》第十一条及第一百二十条之规定。

第三条，"股份有限公司满洲弘报协会"于左列情形应经"国务总理"大臣之认可：一、变更章程时。二、选任或解任董事长及董事时。三、解散公司或与他公司合并时。

图3—13："株式会社满洲弘报协会"的商标

并表示"'政府'任命或委嘱'股份有限公司满洲弘报协会'之设立委员会，处理关于设立支一切事务，设立委员会应拟具章程，呈经'国务总理大臣'之认可"①。同日，委任伪满财政部总务司长星野直树、伪满民政部警务司长长尾吉五郎、伪满国务院总务厅情报处长宫胁襄二、伪满交通部邮务司长平井出贞三、青木重臣、林显藏、横山重起、富田租、加藤新吉、高柳保太郎、村田惠磨、染谷保藏等为"株式会社满洲弘报协会"设立委员。

5月26日，经各方协议，"满洲弘报协会设立案"得以成案。5月30日，弘报委员会决议将设立总会②，"满洲弘报协会"在理事长的率领下，34名成员构成的理事会推行统制的运用，并拟设置总务、通信、宣传及事业四部③。8月10日，"株式

① 《关于股份有限公司满洲弘报协会之件》，《政府公报》第616号，1936年4月9日。

② 「満洲弘報協会設立 七月上旬創立総会」『満洲日日新聞』1936年6月2日。

③ 「満洲 言論界 統制 弘報協會를 設立 各社를 網羅統制」『每日申報』1936年6月3日朝刊、2면。

会社满洲弘报协会"设立发起人总会召开，审议协会章程，经过调整预定设总务、调查、通信与事业四部，"决定出资人之接受股份"，"将请呈'满洲国'法人之会社许可"，截至会议召开时，"协会已在'满洲'设十四、中国设四、日本设二之支社支局等，以张通信营业网，将来期其更大有发展焉，据观该协会之创立，于'满洲'言论消息界上划一新纪元"①。在"满洲弘报协会敕令"公布之时，伪满当局解释称："对于本协会之设立，外国有种种议论，总之其宗旨如上述相同，绝非压迫内外言论机关之企图也"②，之后关东军司令部参谋长板垣更是亲自解说"满弘"的必要性：

> "满洲国"建国创业时日尚浅，诸般事项尚在建设途程之中，为完成计，由"满洲国"独立立场出发，颇为需要健全舆论之支援。又以对外言之，"满洲国"与苏联及中华民国接壤，因彼等国体思想政策等之不同，且宣传之巧妙，统合思想战、宣传战上的强力之言论机关，是国防及国策遂行上必需之要件。③

尽管日"满"当局卖力解释"满弘"之必要性，但依然遭到当时日本学者严厉批判，指摘它在军部的控制下，冠以"国家"之名，使得"〇〇思想"得以"横行于世"④。"满弘"理事长森田久⑤辩解回应批评称：

---

① 《为统一言论 股份会社弘报协会定款等决定》，《盛京时报》，1936 年 8 月 11 日，第 4 版。

② 《关于公布弘报协会敕令 政府发表当局谈》，《盛京时报》，1936 年 4 月 10 日，第 4 版。

③ 「强力な言論機関準備の必要 弘报協会設立につき板垣参謀長説明」『满洲日日新聞』1936 年 9 月 4 日;《国家需健全舆论 新闻国防应提携 关东军参谋长演说》，《大同报》，1936 年 9 月 4 日，第 2 版。

④ 「满洲の新聞通信一元化」『文芸春秋』1936 年 5 月号、108 頁。

⑤ 森田久，1890 年 2 月出生，协和会中央本部委员、满洲弘报协会理事长、国通代表，早稻田大学经济科毕业，先后任职于福冈日日、大阪朝日、东京朝日各新闻社，担任时事新报社经济部部长、取缔役、编辑部部长兼写真制版部部长、九州日报社社长兼同盟社理事等，1937 年 2 月担任满洲弘报协会理事，兼通信局局长、通信部部长、常务理事等（满蒙资料協会『满洲绅士録・第 2 版』满蒙资料協会、1940 年、974 頁）。

虽然，依"满洲弘报协会"进行之"满洲"新闻统制，被非难于新闻官报化，但在当今非常之时基于国际时局，国家施加一定程度统制作为不争事实，是为不可避免之势。可断言，世界上无任何国家的新闻不受政府权力监督与统制。特别是身处由日鲜汉满蒙等复合民族构成的"满洲国"，作为以民族协和为立足点的"国家"，自由放任之言论通信，对内对外抑或对国对民均不得策。而且，就协会"助成新闻通讯健全发展"之目的而言，协会整理方针所持之信念正是为达成真正之新闻使命。①

从板垣与森田的话可见，日"满"当局以服务"建国"与应对国际上的宣传战、思想战为借口，组织"满洲弘报协会"承担统合"满洲"言论机关的功能。

"满弘"作为株式会社，集合"满洲国通信社""满洲日日新闻社""大同报社""盛京时报社""英文满报社"等社及个人实物出资后②，启动资金 100 万，分别来自伪满洲国政府、"南满洲铁道株式会社"与"满洲电信电话株式会社"三方，直接控制"满洲国通信社"，持有加盟社的全部或大部分股份，经营"新闻、通信及出版事业的投资"与"新闻、通信及出版事业相关及附带事业"等业务。③从表面上来看，"满弘"标榜是"特殊会社"——即"国家经营与资本自由企业的合体"，实际上是为日"满"当局控制新闻业提供平台。日"满"当局看来，作为企业而追求利润的新闻社极易健忘其同时身为国策会社所肩负为国家效力的使命④，因此，仅凭注入"国家"资本不足以保证其彻底为己所控制，还须直接介入新闻社内部业务。

---

① 「満洲の新聞は如何に統制されつゝあるか」『建設途上の北支蒙古』千代田通信台湾支社、1939 年、281 頁。

② 「株式会社満洲弘報協会定款」『特殊会社準特殊会社法令及定款』満洲中央銀行調査課、1938 年、150—151 頁。

③ 『満洲国策会社綜合要覧』満洲事情案内所、1939 年、247—248 頁。

④ 「特殊会社は重要企業に関して国家経営と自由資本企業との合体した企業形体である（中略）従来利潤処置につき国策会社の使命を忘れ勝ちな態度」（「特殊会社に対する満洲国の管理方針 国策的に利潤処置」『満洲日日新聞』1937 年 1 月 31 日）。

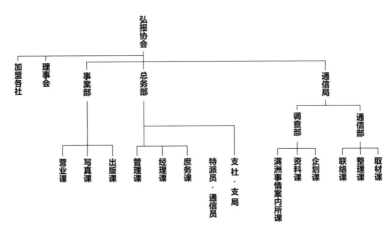

图3—14："株式会社满洲弘报协会"结构图

1936 年 9 月 28 日，新的"满洲弘报协会"正式成立，公称资本金 200 万元、已缴额 187.5 万元[①]，完成由社团法人改株式会社的转换，设总务部、宣传部、通信部、事业部之外，组织理事会（图 3—14[②]），在理事长的统率下，围绕"消息统制""业务统制"与"经营统制"统合全"满"报社的工作。全"满"主要报纸驻"新京"人员参加每周一次的称为"参与会"的会议，并有关东军报道班、伪满总务厅弘报处、伪满治安部等代表出席，决定弘报宣传方针，同时隔月一次召开由"弘报协会"主办的各加盟社社长会议、编辑、营业责任者会议，传达宣传方针[③]。由此开始对直营的"满洲国通信社"、10 家加盟新闻社与 1 家准加盟新闻社进行支配经营。

3. 作为外围机关的"满洲弘报协会"

"满洲弘报协会"法律上属于株式会社，但却自我标榜为"公共事业"，"并不要求专念于利润，而是由'政府'填补其损失"[④]。这个所谓的"公共事业"，即是在

---

① 关于"株式会社满洲弘报协会"成立时间说法不一，《满洲日日新闻》称是 1936 年 10 月 23 日，详见「極めて堅実に企業資本進出す 新設会社経界一年史」『満洲日日新聞』1936 年 12 月 23 日。

②『満洲国現勢・康徳四年版』満洲国通信社、1937 年、485 頁。

③ 里見脩『新聞統合：戦時期におけるメディアと国家』勁草書房、2011 年、110—111 頁。

④「特殊会社制再検討 運営の合理化図る」『満洲日日新聞』1939 年 3 月 9 日。

不计成本的情况下通过统合实现经营和控制全"满"弘报机关（表 3—32），为此每年度伪满预算特别补助"满弘"——1936 年度 67 万元，1937 年 102 万元，1938 年 70 万元（伪满经济部投资特别会计另支出 35 万元），1939 年 100 万元，1940 年 190 万元；同时日"满"各机关随时追加金额，如一次伪满洲国 70 万元、"满铁"与关东军各 15 万元、关东局 1.5 万元、"电电会社" 3000 元、驻"满"海军部 2000 元；[①] 另一次伪满洲国 18 万元、"满铁" 11 万元、关东军 5.6 万元、"电电会社" 3000 元、驻"满"大使馆与关东局各 1400 元[②]。

表3—32："株式会社满洲弘报协会"的事业经营与总支社局

直营事业	日刊通信发行	1. 日文"满洲国"通信　2. 汉文"满洲国"通信　3. 俄文"满洲国"通信　4. 英文"满洲国"通信　5. 特别"满洲国"通信　6. "满洲国"经济通信　7. "满洲国"写真消息　8. "满洲国"入札通信
	杂志发行	1. 汉文半月刊画报《斯民》 2. 日文杂志《"满洲弘报协会"会报》
	出版事业	1. 每年出版《"满洲国"现势》 2. 以"满洲国"事情的调查介绍为目的各种出版物
	广告代理	1. 国内广告的办理　2. 由日本广告主投放于"满洲"新闻的广告办理　3. 由"满洲"广告主投放于日本新闻的广告办理
	其他附带事业	1. 一般营业写真的摄影发售　2. 映画的摄影及配给 3. 其他可以作为新闻社共同利益的各种附带事业

---

① 「第一二三五号」（B02031146150）『満洲国通信社関係一件』（A—3—6—0—6）外務省外交史料館。

② 「第一〇七六号」（B02030892000）『各国宣伝関係雑件／満洲国対内外宣伝関係 第三巻』（A—3—1—0—3_1_003）外務省外交史料館。

续表

投资事业	截至 1936 年 12 月加盟社及准加盟社（10 社）	长春：（日）大新京日报社、（汉）大同报社、（朝）满蒙日报社；奉天：（日）奉天日日新闻社、（汉）盛京时报社；哈尔滨：（日）哈尔滨日日新闻社、（汉）大北新报社、（俄）哈尔滨时报（准）；大连：（日）满洲日日新闻社、（英）满报社
	截至 1940 年 9 月加盟社（19 社）	长春：（日）满洲新闻社、（汉）大同报社、（朝）满鲜日报社、（英）满报社、"满洲国通信社"；奉天：（日）满洲日日新闻社、（汉）盛京时报社；哈尔滨：（日）哈尔滨日日新闻社、（汉）大北新报社、（俄）哈尔滨时报社；大连：（汉）泰东日报社；延吉：（日）东满新闻；安东：（日）安东新闻社；牡丹江：（日）东满日日新闻；齐齐哈尔：（日）齐齐哈尔新闻社（汉）黑龙江民报社；佳木斯：（汉）三江报社；承德：（汉日）热河新报社；锦州：（日）锦州新报社
总支社局		长春总社 大连支社、奉天支社、哈尔滨支社 齐齐哈尔支局、锦州支局、海拉尔支局、吉林支局、龙井支局、安东支局、承德支局 东京支局、大阪支局、北平支局、天津支局、上海支局、广东支局

进一步来看，尽管"满洲弘报协会"与朝鲜弘报协会作为朝鲜总督府情报课下设机构不同[1]，非属于伪满洲国政府的行政机关，但它是日"满"当局指导统制全"满"言论机关的直属外围机关[2]，接受由关东军、关东局、"满铁"、伪满洲国等日"满"机构联合成立的"弘报委员会"的指导与监督[3]。作为日"满"统合言论机关的外围机构，统合手段既非关东军所通报的"其他现存的各新闻社避免收买，任凭其自然发展"[4]，更非伪满洲国所宣称的"按'满洲弘报协会'自设立以来，四年有半，纠合全国纷杂之新闻社于伞下，向各社增加资本，由资本关系从事指导监

---

① 关于"朝鲜弘报协会"目前韩国尚无任何研究与记录，但是参考由它编纂 1941 年 12 月 25 日发行的『躍進朝鮮を語る』（朝鲜行政学会出版）底页的署名标注为「朝鮮総督府情報課内 朝鮮弘報協会」，可以推知朝鲜弘报协会应由朝鲜总督府情报课直接成立。

② 『満洲国現勢・康徳八年版』満洲国通信社、1940 年、92 頁。

③ 「満洲国に於ける重要宣伝機関の統制」『宣撫月報』第 2 巻第 2 号、1937 年 2 月、85 頁；「満洲國でか 防共國策樹立」『東亞日報』1936 年 7 月 19 日。

④ 内川芳美編「在満輿論指導機関ノ機構統制案」『マス・メディア統制（一）』みすず書房、1975 年、398—400 頁。

督"①，而是采取各种威逼手段迫使非加盟社屈服："第一，协会非加盟社不能购入'满洲国通信社'的消息，使得该社陷入只能刊登本地消息的状况；第二，得不到由'满铁'、日'满'政府监督下的事业会社的广告，断绝从'满铁'获得辅助资金。"②

1937 年，经过"满洲第二次新闻通信整备案"（弘报协会百万增资案），"满弘"通信部独立为"满洲国通信社"，资本与经营分离，协会改成纯粹的持股公司（持株会社 / ホールディング・カンパニー），不再直接从事经营新闻与通讯业。进一步强化对加盟各新闻及通讯施行完全的统制、管理与联络，基于"弘报委员会"所决定的方针，发挥着"弘报宣传司令部"的功能③。

"满弘"与加盟社之间绝非简单的投资者与接收投资者的关系，而是领导与被领导的关系。针对加盟社，"满弘"下发《宣传信条》：

（甲）友邦日本帝国，为期东洋和平的安定，所以才有我们"满洲国"的实现，换而言之，我们"满洲国"的实现，也是立脚在这种伟大崇高的精神之上的，所以说关于这个和平的实现，要推广天下，使其彻底认识的。

（乙）为使"满洲国"的五族协和，更完全的打成一族包和（合）状态，须进一步的顺应日本国体，在此而实现日"满"不可分与一德一心的理想乐土。

（丙）要想达成以上的理想，日"满"的政治外交是不用说了，就是关于国民的经济关系，及生存状态上的一切障碍是要一概排除，随而再向两国民之前，贡献此所谓共存共荣主义的适合资料，是为至要的。

（丁）如上项所举努力一切，使东洋的各民族，要充分理解我们日"满"两国的关系，暂时先不论及世界，最低限度在我们东洋，也须树立东洋独特的文明，而后以此来贡献给世界和平这种大的理想，须不要失掉

① 《政府当局谈》，《盛京时报》，1940 年 12 月 22 日晨刊，第 1 版。

② 李相哲「関東軍と満州の新聞：関東軍は如何にして新聞を統制したか」『石堂論叢』52 집、2012 年、170 頁。

③ 『満洲国策会社綜合要覧』満洲事情案内所、1939 年、246 頁。

机会的告诉我们的民众，使其理解的。

（戊）所谓树立东洋独特的文明，这并不是求敌于世界的，是始终保持各国间的友好，亦即不外乎站在其传统与历史的立脚上，以期享受公平的国利民福的，这是我们绝对的主张，并遇机须主张这个理想的。[①]

由此可见，经过"满弘"的要求，在"满"新闻社俨然成为"日'满'不可分"与"一心一德"的宣传机构，充当起向"满洲"民众灌输殖民理念的代言人。

总的来说，"满弘"在关东军的支持下直接掌握在"满"所有报纸的命运，日本战犯后来在远东国际审判庭所坦白：

为统制"满洲"所有新闻报道并指导宣传，关东军司令官，即"二者合一"之统制机关，统合了"满洲"所有的新闻和通信社。至此，以前隶属于日本政府、"满洲国"政府或"南满洲铁道会社"之所有新闻和通信社，被统合为一个名叫"弘报协会"的协会。该协会严格监督新闻社、通信社之内外记事报道。同时，弘报协会决定之宣传方针与办法，不论是否属于协会，各新闻社均须执行。[②]

确如其言，在关东军的操控下，"满弘"作为伪满当局认定的特殊公司，实现跨越行政边界，将经营与统制力度延伸到旅大地区，甚至还将业务拓展到中国关内（北平支局、天津支局、上海支局、广东支局）与日本地区（东京支局、大阪支局）。

通过梳理"满洲电信电话株式会社"与"株式会社满洲弘报协会"的成立过程及运营模式，笔者发现两者共同之处在于都由日本关东军发起，以日"满"合作为幌子，实际却是为日本将原来限于旅大一地的新闻业扩大到全"满"铺平道路，进而确保全"满"新闻业成为日本帝国扩张的"弘报机关"，即它们都是由旅大租借地出发，以旅大租借地的日本新闻业为主体，成立垄断性质的经营机构，以军令或

---

① 『宣伝の研究』（第二輯）国務院総務庁弘報処、1937 年、59 頁；《宣传之研究》,《弘宣半月刊》，第 34 号，1939 年 4 月 1 日，第 10 页。

② 新田満夫編『極東国際軍事裁判速記録』第 10 巻、雄松堂書店、1968 年、699 頁。

行政命令为后盾，通过资本兼并与收买旅大租借地内外的新闻业，将旅大租借地的新闻业变成伪满洲国新闻业的模板，彻底实现日本化伪满洲国新闻业。

小结

1931年9月18日以后，日本在中国东北的势力越出旅大租借地，占领全东北，并于1932年3月扶植成为所谓的"满洲国"。此时，作为配合日本殖民宣传的旅大新闻业，从"经营'满洲'"的"国策先锋"转换为"建设新天地"的"弘报机关"，随着日本关东军全面走向东北。然而，在日本殖民者看来，新闻媒体是挑战日本统治旅大租借地及伪满洲国的最大障碍。

为了应对可能来自境内的舆论挑战与境外的宣传战，日本殖民统治者一方面在租借地内完善新闻统制策略，以"检查"与"防堵"为主要目的，一如既往以日本法为蓝本，修正与完善新闻法制，同时，强化新闻检查系统的机构建设，加大事前检阅工作的投入，彻底将新闻媒体变成殖民统治的舆论工具。与1905—1931年的新闻统制相比，这个时期对新闻统制的程度进一步深化，主要表现在以下三点：其一，统制实施主体更加多元化，在旅大租借地当局与日本中央当局的基础上，关东军首次成为主要统制实施主体，同时伪满当局对旅大租借地的影响开始出现。其二，统制实施内容更加复杂，从颁布新闻法令到建设新闻检阅机构，到强化新闻法令实践，再到创建媒体垄断经营机构，从立法、司法、行政及市场等方面统制新闻媒体。其三，统制实施目的更加多样化，在维系日本殖民统治旅大及伪满洲国的基础上，抵制"反'满'抗日"的外来新闻媒体成为租借地新闻统制的重要内容。

另一方面，日本殖民统治者积极向伪满输出旅大租借地新闻统制的经验，不仅将旅大新闻法令的核心内容"扩展"与"复制"到日本对外标榜的"满蒙独立新国家"——"满洲国"，而且，以旅大新闻业为主体，通过所谓的日"满"合作形式，成立新闻媒体经营的垄断公司，彻底控制旅大及伪满的舆论机构，使之完全丧失新闻媒体应为之监督政治的功能，沦为日本关东军殖民统治中国东北的帮凶。

第四章
新闻统制的调整与崩溃期
（1937—1945）

　　1937 年 7 月 7 日后，在日本新闻业发生变质，转向服从军事安排，日本朝野呼吁强化战时统制新闻业的呼声一浪高过一浪的背景下[①]，日本在旅大及伪满的新闻业也"从平时态势转向战时态势"[②]，被视作协助完成战争的武器，"新闻、杂志现在被称为纸弹，这是因为它有着和枪弹同样的威力"[③]，"无论是新闻也好，放送也好，电影戏剧等都好，在今日决战体制下，均不能逃出所谓宣传之范畴。但今日的新闻宣传

[①] 此时，日本国内从官方到民间掀起一股研究思想战的热潮，他们通过研究德国、意大利、英国等欧洲国家的新闻与言论政策，讨论在日本施行言论统制的理论依据，鼓吹基于建设"高度国防国家"（所谓"高度国防国家"，即"新体制"建设的目标，其主要内容包括："一是军备现代化，二是经济军事化，三是国民总动员。"详细参考：高杉京演『高度国防国家』興亜資料研究所、1940 年、5 頁；史丁：《日本关东军侵华罪恶史》，社会科学文献出版社，2005 年，第 72 页），新闻与出版统制事不宜迟。有学者所言："书籍、杂志、新闻等一般刊行物，在文明国被认为具有'言论自由'。但是即便在有利时期新闻自由地持有思想，而在一国紧要关头，即战时、国家非常时期之类，所谓的自由是不利的。所有言论被赋予国家意志，在此意志范围内，给予表现的自由。这是以德国为首的集体主义国家新闻的现状，甚至连自由主义的发起地英国最近即第二次欧洲战争发生后，也开始严厉施行新闻报道的国家管理"（平田外喜二郎「戦時下の言論統制」『戦時新聞読本』大阪毎日新聞社、1940 年、311—312 頁），从中不难看出在论证"战时新闻与言论统制符合世界潮流"的观点，进而强调日本统制新闻、限制自由的合理性与必要性，"作为公器的报纸，其经营、制作过程，国家与国民不可能不颇为关注。况且在急需整备最高度总力战体制的今日，新闻业的再检讨与基于国土计划的新编成，更应该与枪炮制造并行成为紧要急务"（岡村二一「新聞統制の基本の問題に就て」『新聞総覧・昭和十七年版』日本電報通信社、1942 年、38 頁）。

[②] 「3. 実施要領並概況 9. 弘報宣伝」『自昭和十七年度至昭和二十年 満洲国戦争準備指導計画 昭和十六年五月二十日』防衛省防衛研究所。

[③] 大村次信：《大东亚战争与新闻界》，《青年文化》，第 2 卷第 1 期，1944 年，第 41 页。

与放送宣传，它的新生命是什么呢，无疑的是遂行战争，在支配战争"[1]，"在决战体制下的我国，新闻纸的性格，根本要建筑在战时色彩及建设上"[2]，即鼓吹新闻媒体为完成战争的协助者。与之相配套的是，日本统治者为了强化新闻媒体的战争协助者的角色，进一步调整在旅大的新闻统制策略。总体而言，这个时期的新闻统制颇具战争色彩，一方面强调新闻媒体服从日本对外战争的要求，即强调"新闻报国"，另一方面，突出新闻媒体在思想战或宣传战中的作用，即标榜"筑建思想国防"。在调整后的新闻统制尚未完全发挥出其机能前，日本在旅大的新闻统制就因日本战败而完全崩溃。本章详细论述 1937 至 1945 年旅大新闻统制调整与崩溃的全过程。

第一节
强化新闻服务于侵华战争的动员

日本发动全面侵华战争后，日本当局认为"鉴于'关东州'作为扼住'满洲国'的咽喉，日本帝国在大陆的唯一据点，其政治、经济及军事上的特殊性，'关东州'之重要性极其大"[3]。在这种认识的指导下，旅大租借地"以中国事变为契机，面貌发生显著之变化，以战时体制为第一目标"[4]。"日本帝国在此时强化总动员体制，建设高度国防国家。国家深入社会各领域，不论是内地或是殖民地。在总动员体制下，物质与人力皆朝向高度管理化发展。"[5] 同时，在"日本经济实力并不能担负日本军部设计的庞大战争计划"，唯有"依靠精神动员和思想说教来维持"的

---

① 弓文才：《战时体制与新闻界》，《青年文化》，第 2 卷第 8 期，1944 年，第 14 页。

② 唯唯：《新闻纸的制作过程》，《兴亚》，第 99 号，1944 年 3 月，第 40 页。

③ 「説明書」「関東局官制中ヲ改正ス·（経済部新設其他事務増加ノ為増員）」（A02030115700）『公文類聚·第六十三編·昭和十四年·第四十九巻·官職四十六·官制四十六（関東局四）』国立公文書館。

④ 関東州経済会編『関東州経済年報·昭和十九年版』満日印刷所、1944 年、202 頁。

⑤ 柳书琴主编：《战争与分界"总力战"下台湾韩国的主体重塑与文化政治》，联经出版事业，2011 年，第 21 页。

现实背景下①，作为配合推行战时体制、动员民众支持战争的新闻业，旅大租借地当局紧跟日本中央政府的步伐，调整新闻统制方法，以"限制"与"统合"为主，鼓吹"新闻报国"②，追求新闻业服务于对外战争。

一、对新闻与出版的结构统合

在日"满"各机关的强力推行下，基于服务于对华战争的动员，旅大租借地的新闻统制进入新时期。

（一）收买与整合新闻机构，调整旅大新闻业的发展格局

诚如前述，1936 年 9 月，"株式会社满洲弘报协会"正式在长春成立。正如名称显示，"满弘"定位为株式会社，非伪满洲国政府行政机关。因此，作为会社的"满弘"以资本流动的形式将业务扩展到行政权不属于伪满洲国的旅大可谓顺理成章。"满弘"在大连设立支社，承担起将旅大新闻业整合进伪满洲国的角色。不过，支社成立至 1937 年 7 月，除了《满洲日日新闻》与《英文满报》加入了"满弘"，《泰东日报》《满洲报》《关东报》《日满通信》《帝国通信》等租借地其他新闻机关依然维持独立。1937 年后，日本政府提出"一县一纸"的口号，企图在全国内操控新闻社的兼并，特别是根据 1941 年 12 月日美开战后公布的《新闻事业令》，"确保新闻秉持公的国家的使命，强力排除资本主义的经营，确立'新闻的经营在新闻人的手上'的原则"③，使得推行新闻社的统合变成可能，进而真正确立"一县一纸"体制。作为对日本的呼应，朝鲜、中国台湾、旅大租借地与伪满洲国等地纷纷提出

---

① 草柳大藏：《满铁调查部内幕》（中译本），刘耀武等译，黑龙江人民出版社，1982 年，第 556 页。

② 「出版報国の実を挙げよ」『大東亜戦争に直面して：東条英機首相演説集』改造社、1942 年、52 頁；「社告」『満洲評論』第 22 卷第 3 号、1942 年 1 月 24 日、32 頁。

③ 菊井雄二「国家的新聞の発足」『現地報告』第 52 号、1942 年 1 月 7 日、97 頁。

"一道一纸""一市一报"等口号[①]。旅大新闻业相继被"满弘"兼并，同时配合日军侵华战争的政策，旅大新闻业积极南向发展。与 1937 年 7 月以前相比，1937 年 7 月以后，旅大新闻业发展格局发生较大调整。

1. 削弱旅大作为"满洲"新闻中心的地位

1931 年乃至 1937 年前，旅大不容置疑是整个东北地区的新闻中心，报纸与杂志发行量与影响力绝对处于领先地位。1931 年以前，"'满洲'新闻杂志大多数在大连市内，仅发行数约及七十余种，奉天、长春、安东及其他地方一二种日刊新闻或杂志"[②]。伪满洲国成立初期，尽管出于"克制外来之思想不良刊物"的目的而创办各种刊物[③]，但是"全'满'出版物约半数是在关东厅管辖下的大连发行"[④]，"'满洲'第一新闻中心地是大连"[⑤]，1937 年，日本外务省的调查报告仍称："（长春）当地报纸常受大连日本方面大报社所压，至今尚未摆脱地方报纸的实情。"[⑥]这种局面直到 1937 年以后才得以改观。

一方面，旅大新闻机构纷纷从日本国法人变更为伪满洲国法人。1937 年 12 月，伴随着日本治外法权撤废、"满铁附属地行政权"转让与伪满洲国颁布新《会社法》，除了株式会社泰东日报社继续保留日本国法人[⑦]，株式会社满洲日日新闻社与株式会社マンチユリヤ・デーリー・ニュース（法定中文名为股份有限公司英文满报，英文名为 The Manchuria Daily News.Ltd.）纷纷变更为"满洲国"普通法人，从事发行报纸、出版图书及其他资料、贩卖印刷资料等业务，重新公布《株式会社满洲日日新闻定款》《株式会社泰东日报定款》与《株式会社マンチユリヤ・デーリ

① 金泰賢『朝鮮における在留日本人社会と日本人経営新聞』神戸大学博士論文、2011 年、53 頁；由井浜権平『謝恩誌：満洲タイムス廃刊記念』満洲タイムス社、1941 年、181 頁。关于"一市一报"政策的执行，伪满奉天市是例外，该市有两份日文日刊报纸（渋谷春天「満洲国の新聞政策」『新聞総覧・昭和十六年版』日本電報通信社、1941 年、36 頁）。

② 高橋邦周『朝鮮満洲台湾実状要覧』東洋時報社、1924 年、632 頁。

③《发刊词》，《新青年》（长春），创刊号，1935 年 10 月 20 日。

④『関東洲治概要』1937 年、110 頁。转引自《日本侵占旅大四十年史》，第 505 页。

⑤ 小山栄三『新聞学』三省堂、1935 年、686 頁。

⑥『満洲国及支那に於ける新聞・昭和十二年版』外務省情報部、1937 年、1 頁。

⑦『満洲年鑑・昭和十八年版』満洲日日新聞社、1942 年、486 頁。

一·ニュース定款》。[1]由日本国法人到伪满洲国法人,尽管的确是旅大租借地为配合日本对"满"政策作出的调整,但也折射出旅大租借地新闻业逐渐衰落。

　　另一个方面,旅大新闻机构纷纷由租借地境内北迁伪满洲国境内。1938 年 12 月 1 日,早在 1935 年就提议北迁伪满洲国的满洲日日新闻总社正式由大连迁奉天[2],原大连总社改为支社,出刊《满洲日日新闻》大连版,后改为大连日日新闻社,出刊《大连日日新闻》,另在旅顺也设置"满洲日日新闻支社""大连日日新闻社支社"(中井新泰郎任两支社的社长[3])。作为"满洲"第一报的《满洲日日新闻》北迁,无疑是旅大作为"满洲"新闻中心地削弱的直接体现。1939 年 11 月 1 日,承担关东军向西方国家宣传任务的英文满报社也由大连市北迁长春市。这种北迁的现象也出现在杂志方面,1931 年以前,"'满洲杂志几乎都发行于'关东州'及'满铁'附属地,即旧关东厅辖区内"[4],1931 年以后,随着伪满洲国各地杂志不断出现,旅大租借地的领先地位持续受到挑战,1940 年日文杂志《满洲评论》(周刊)迁至伪满洲国长春,同时期北迁的还有《铁道之研究》(月刊,移至奉天)、《满洲福音消息》(月四刊,移至奉天)、《旅行满洲》(双月刊,移至奉天)等[5]。旅大租借地内的刊物不断北迁伪满洲国,逐渐失去了"满洲"新闻中心的地位。

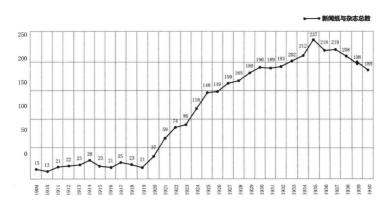

图4—1:1909—1940年旅大租借地报纸与杂志总数走势图

① 『満鉄関係会社定款集』(産業調査資料・第 40 編)1938 年、84、93、105 頁。

② 内川芳美編『マス・メディア統制(一)』みすず書房、1975 年、398—400 頁。

③ 『大衆人事録・第 14 版　外地・満支・海外篇』帝国秘密探偵社、1943 年、関東州 30 頁。

④ 『満洲年鑑・昭和十四年版』満洲日日新聞社、1938 年、350 頁。

⑤ 『満洲年鑑・昭和十三年版』満洲日日新聞社、1937 年、382—385 頁。

　　经过日"满"联合进行的三次新闻统合与整理[①]，旅大租借地刊物持续减少。1939 年 12 月末，旅大租借地报纸及杂志"年刊 29 种、月刊 121 种、周刊 11 种、日刊 21 种、不定刊 16 种，合计 198 种"[②]。同年，图书、杂志与报纸贩卖营业者总数 95 家（大连 87 家、旅顺 0 家、金州 2 家、普兰店 4 家、貔子窝 2 家）。[③]1940 年报纸、杂志总数 185 种远低于 1935 年的 237 种（图 4—1）。[④]1939 年 10 月至 1942 年 1 月，由于新闻用纸的限制，旅大地区的所有晚报（夕刊）停止出版。[⑤]纵向梳理旅大租借地报纸及杂志成长的历史，笔者发现 1909 至 1940 年中 1935 年是发展的转折点，1935 年前逐年增加，1935 年达最高峰，1935 年后逐渐减少，1940 年总数已回落到 1929 年水平。又根据 1941 年《关东局要览》统计显示："当时'关东州'内定期刊行物是 186 种，其中登载时事 42 种，1940 年普通出版物 501 种。"[⑥]浅野虎三郎（大连满洲日日新闻社原记者、大连市政府嘱托）也表示："说现下大连言论机关全面陷入凋落时代也并非夸大其词。"[⑦]总而言之，从数量与影响来看，曾经作为全"满洲"新闻中心的大连不复存在，日刊大报仅存《大连日日新闻》与《泰东日报》。与本地报纸凋零相反，外来的日本报纸与杂志销售却大幅上升，据 1939 年 4 月"关东州厅检阅系"调查显示，州内报纸与杂志的购买阅读数分别是 64 种 23000 份、297 种 62000 份，参考当年州内报纸与杂志的总数，销售数字的一半由

[①] 第一次是 1936 年以后，伪满与旅大 12 家新闻社联合成立"株式会社满洲弘报协会"，统一加盟新闻社的管理；第二次是 1940 年以后，"满洲弘报协会"增资 300 万元，满洲日日新闻社与英文满报社的总社由旅大迁往伪满，同时伪满境内许多中日文新闻社并入"满洲弘报协会"；第三次是 1942 年以后，"满洲弘报协会"解散，"满洲新闻协会"成立，施行"新闻新体制"，全"满"新闻社再次进行大合并，除了保留少数新闻社外，如满鲜日报社、滨江日报社、俄文哈尔滨时报社、俄文霞光社等，其他新闻社都被并入三大新闻社，即康德新闻社、满洲新闻社与满洲日日新闻社，1944 年满洲新闻社与满洲日日新闻社进一步合并为满洲日报社，第三次新闻社合并中，由于行政区域的关系，旅大租借地境内的《大连日日新闻》与《泰东日报》保留独立建制。

[②] 日本国際問題調査会編『世界年鑑・昭和十七年版』実業之日本社、1942 年、271 頁。

[③] 「関東州に於ける物の国勢調査概要」『東亜商工経済』第 4 巻第 2 号、1940 年 2 月、53、62、64、67 頁。

[④] 関東局官房文書課『関東局統計要覧・昭和十五年版』満洲日日新聞社印刷所、1940 年、129 頁。

[⑤] 李相哲『満州における日本人経営新聞の歴史』凱風社、2000 年、192 頁。

[⑥] 関東局官房文書課『関東局要覧・昭和十六年版』満洲日日新聞社印刷所、1942 年、172 頁。

[⑦] 由井浜権平『謝恩誌：満洲タイムス廃刊記念』満洲タイムス社、1941 年、180—182 頁。

日本报纸及杂志贡献。个中缘由，除了"'满'人对日本情况的研究热情"[①]，更多是由于租借地内自身刊物的衰落所致。

伪满洲国成立后，大连成为《满洲日日新闻》评论中的"继子"[②]，地位在日对"满"及对华政策中持续下降。日本政府与关东军调整对"满"政策，重点建设"新天地"——作为"独立国"的"满洲国"，日本在"满"军事与行政最高机关由"关东州"的旅顺迁往"满洲国"的长春，无形中削弱了"关东州"的地位[③]，随之"满洲"经济与文化中心也由"关东州"的大连移向"满洲国"的奉天、长春。[④]正因此，作为配合日本对"满"政策的旅大新闻业逐渐式微，最终旅大在整个"满洲"地区失去新闻中心地位可谓势在必然。

2. 强化旅大新闻业与伪满的联系

在旅大租借地逐渐失去作为"满洲"新闻中心地位的同时，旅大租借地报社也陆续被整合进"满弘"体系内，成为伪满新闻业的一部分。经历 1935 年兼并满洲日日新闻社与英文满报社后，"满弘"再次对旅大租借地境内的报纸动手[⑤]。1937 年7 月，"满弘"拨出约 10 万元解散费，在"关东州厅"高等警察课斡旋下，以"《满洲报》社长西片朝三 1 万元，《关东报》社长市川年房 4800 元，普通社员最高领六个月、最低领两个月"为条件，[⑥] 保证《满洲报》与《关东报》并入《泰东日报》。它们的合并无疑扼杀了旅大租借地中文报纸的多样性，使得舆论趋于一元化，也标志着伪满洲国彻底控制了旅大租借地内的报社。

无独有偶，原本作为"满洲"广播起点的"关东州"大连放送局，在配合日

---

① 『満洲日日新聞』1939 年 5 月 13 日；『満洲読書新報』第 28 号、1939 年 7 月；岡村敬二『満洲出版史』吉川弘文館、2012 年、78 頁。

② 「黄海経済聯盟発会式を終えて」『満洲日日新聞』1938 年 11 月 17 日。

③ 1935 年 1 月 30 日，南次郎关东军司令官在新任欢迎宴上，发表的讲话似乎针对了当时"关东州"官民反对改革统治方案。他说："大连市历来在全'满'处于最重要的位置（中略）新机构下市政将达到一大飞跃期""希望旅大（中略）立于'满洲'的指导地位"，"这不是意味着旅大与附属地作为'满洲'的中心，我们今后将'满洲'作为整体来考虑"，"'满洲'事变以来，'满洲'内地与'关东州'间欠缺思想沟通，特别最近出现像'新京'意识、大连意识类似说辞"，他对"克服对立意识作出指示"。（『満洲日日新聞』1935 年 1 月 31 日朝刊、第 1 版）

④ 李相哲『満州における日本人経営新聞の歴史』凱風社、2000 年、175 頁。

⑤ 《新闻界变动》,《泰东日报》, 1937 年 11 月 7 日，第 12 版。

⑥ 由井浜権平『謝恩誌：満洲タイムス廃刊記念』満洲タイムス社、1941 年、102 頁。

"满"对外开展"宣传战""电波战"的背景下，也逐渐退居二线，沦为"满洲国"的"新京放送局"的陪衬。

在机构设置上，大连逐渐失去"满洲"广播事业的领导地位。1933 年 9 月，"满洲电信电话株式会社"总社尚在大连，随着伪满洲国广播事业建设逐渐走上轨道，1935 年 10 月总社北迁长春，仅在大连保留职员养成所。1943 年后，大连放送局更是成为"新京放送总局"下属机构，由其指导与监督一切广播业务。

在广播宗旨上，大连逐渐变成伪满广播事业的协助者。海外广播是"满洲"放送三大宗旨之一（针对日本人的第一广播、针对"满洲"人的第二广播、海外广播），是战时宣传战的重要工具，甚至"被视为思想战的尖兵"[1]，如"新京放送局"直言："我国的周围，处处有电波来挑战，不正的主义、歪曲的思想，不断的向我国内侵入，因此我国也不得不讲相当的对策了。"[2]"满洲"的海外广播最先由大连放送局承担，"新京放送局"仅负责协助[3]。1939 年 4 月，大连放送局的海外广播宣布停止，由"新京放送局"接手，在配合日本与同盟国开展"电波战"，让世界听到"日本正义的声音"的"放送阵"中[4]，大连放送局逐渐被"新京放送局"所取代[5]。

表4—1：长春、大连的海外广播

所在地	呼号	周波数	功率	设立	备注
长春	MTCY	6125kc	20kW	1939.7	面向远东
长春	MTCY	9545kc	20kW	1939.9	面向南洋
长春	MTCY	11775kc	20kW	1939.7	面向欧洲、南洋
长春	MTCY	15330kc	20kW	1939.7	面向欧洲
大连	JDY	9925kc	10kW	1936.11	—
大连	JDZ	5710kc	—	1936.11	—

---

① 「列強の聴取者数 思想戦の尖兵ラヂオを強化」『国民新報』1939 年 4 月 30 日、26 頁。

② 《思想战与电波战》，《弘宣半月刊》第 14 号，1938 年 6 月 1 日，第 5 页。

③ 山根忠治（弘报处放送班）「吾が国放送業務の概況（二）」『宣撫月報』第 56 号、1941 年 9 月 1 日、18—19 頁。

④ 「ラヂオ、列国の対外放送、喧燥叫喚の欧洲電波戦、世界人に聴かせる日本の正義放送」『国民新報』1939 年 12 月 10 日、26 頁。

⑤ 「滿洲國의 對外放送陣（新京）」『東亞日報』1940 年 6 月 4 日朝刊、2 면。

在广播内容上，大连成为伪满"新京放送局"的转播者。1937 年前大连放送局播送的内容一直都是本局自编与转播东京放送局，1937 年后也逐渐被纳入伪满洲国的全"满"联播网①，1941 年 12 月太平洋战争爆发后，"满洲电信电话株式会社"标榜"实行战时一体化"，"'满洲国'的放送，到了大东亚战争勃发，显然的它的性格也变了，就是努力适应战时体制，建设国民战时意识，使放送也具有决战性格"②，"自从东亚战争开始以来，放送就涂有了战争的色彩"③，彻底改变战前有人觉得"放送事业的重要性与海军作战方面的无线通信的重要性相比极小"的印象④。基于放送的"国家性"，"无线电向社会国民呼出的实事，常为国家的意思"⑤，从 1942 年 1 月起，原由各地方放送局担当的节目全部停播，由长春局统一播出，"满洲"四大都市放送的不同麦克风情调趋于统一（大连"无风"、哈尔滨"欧风"、长春"土著风"、奉天"茶社风"）⑥，充满所谓的"时局"色彩⑦，包含大连在内的各局只负责转播⑧，进一步削弱了大连放送局的独立性，而是成伪满洲国"决战放送"的一部分。

3. 旅大新闻业南下拓展华北业务

旅大租借地内的新闻业在诞生后不久就寻求北上东三省与南下华北发展业务，1931 年以前受制于中日关系，不论北上还是南下均不顺畅⑨，1931 年以后解决北上

---

① 以"新京放送局"为中心，广播节目由它组织编排，统一播出，各地放送局实行联播，把广播节目分为甲乙丙三种，规定：甲种节目占全部节目的 85%，地方放送局必须一律转播；乙种节目占 10%，这类节目未经许可，地方放送局也不得随意变更，要一律转播；丙种节目占 5%，在此规定时间内，各地方放送局可以自由转播，或播出地方性节目。（吉林省广播电视厅史志办：《东北沦陷时期的广播电台》，《伪满文化》，刘海瑛编著，吉林人民出版社，1993 年，第 261 页）

② 《第二建设文化人座谈会》，《新潮》，第 2 卷第 2—3 合刊，1944 年，第 9 页。

③ 田园：《宣传战之一翼的放送》，《兴亚》，第 100 号，1944 年 12 月，第 29 页。

④ 「当部（驻满）ノ所見」「满洲電信電話株式会社関係 付、新京百吉放送試験関係 日满電波統制懇談会関係（4）」（C05023963400）『公文備考 昭和九年 S団体法人 卷 3 止』防衛省防衛研究所。

⑤ 《放送之使命》，《电波》，第 1 卷第 5 号，1941 年 11 月，第 15 页。

⑥ 《放送二三抄》，《电波》，第 1 卷第 4 号，1941 年 10 月，第 36 页。

⑦ 《我国的放送网充满时局彩色》，《大同报》，1941 年 12 月 20 日，第 4 版。

⑧ 《大连市志·广播电视志》，大连出版社，1996 年，第 3 页。

⑨ 《分行查禁大连泰东日报》，《顺天时报》，1916 年 3 月 19 日；《查禁泰东日报》，《民国日报》，1923 年 3 月 23 日。

问题，却全面终止了南下业务，直到 1935 年华北事变以后才陆续恢复。华北事变后，《满洲报》《泰东日报》与《关东报》等积极发展关内业务，"势力及于全东北，且至山东一带"[①]，特别是《满洲报》标榜以读者为本位，以增加发行量为目标，借助华北当地伪政权与商会之力，积极开展所谓"促进东亚和平，以谋人民之幸福，秉公言论，维持东邻完成亲善之邦交"的宣传，俾当地读者"更能彻底时局真谛"[②]，其中《满洲报》社长西片朝三亲自委任张步黉为天津满洲报分社社长。这些来自旅大的报纸在日本全面侵华前就开始在关内各地鼓吹"东亚共荣"，自觉地配合日本的对华政策，充当着服务日军的协助者角色。

1937 年 7 月以后，华北各地新闻业遭遇灭顶之灾，如"北京市内杂志，自事变以还，能维持继续发刊，为数甚尠"[③]，与之形成鲜明对比的是，日本及其控制地区的新闻社与记者群紧跟日军铁蹄纷纷杀到华北[④]。事变后，《满洲日日新闻》不仅派遣大量随军记者[⑤]，而且还将大连总社印刷好的报纸空运到华北各地发行[⑥]。1938 年 2 月，《满洲日日新闻》新设北京总局（东单二条胡同 36 号），充当华北总局，另设"满洲日日新闻北京直卖所"（西交民巷 106 号），之后陆续在天津、上海、青岛、张家口、归绥、大同、太原、济南、南京、芝罘、汉口等地设支局。

与此同时，旅大租借地其他新闻社响应"关东州"会社"进出华北"的号召[⑦]，也随之全面进入华北地区。《泰东日报》宣称"期东亚民族协和，'满洲'三千万大众文化向上与产业进展为南针"[⑧]，伴随冀东伪政权成立而开辟《泰东日报》冀东

---

① 马鹤天：《东北考察记》，正中书局，1934 年，第 32—33 页。

② 满洲报天津总分社：《为推销满洲报等事致天津市商会的函》（档案编号：401206800—J0128—3—007159—034），1936 年 2 月 18 日，藏于天津市档案馆。

③ 达达：《办杂志之困难》，《北京新闻协会会报》第 2 号，1939 年 6 月 15 日，第 3 页。

④ 「本社北京支局新設」『毎日申報』1938 年 4 月 8 日朝刊、2 면；「社告：北京支局 李東晚任記者」『東亞日報』1938 年 5 月 27 日；「社告：天津支局設置 張履天任支局長」『東亞日報』1939 年 3 月 13 日。

⑤ 『聖戰記録：従軍記者現地報告集』満洲日日新聞社、1937 年。

⑥ 北支那経済通信社編『北支・蒙疆現勢』北支那経済通信社、1938 年、293 頁。

⑦ 『関東州経済調査委員会第一及第二諮問事項録事・第 1 回』関東州庁経済調査委員会、1938 年 3 月、附録 1 頁。

⑧ *The Directory of Manchoukuo 1938*, The Orient Publishing, 1938, p.66.

版，而且高举"本报社为负日华'满'文化贯穿及消息遘通使命"的大旗[1]，加大对张家口、天津、青岛等地分社的投入，在当地伪政权与团体发布的类似《社会局令各中、小学及所属机关订阅〈泰东日报〉》《关于请泰东日报照原订数目寄给的函》等政策支持下[2]，扩大在北京、青岛等华北各地的发行量，其中"北京社会局"发文《案准大连泰东日报北京分社函开》称：

> 迳启者，本报社为负有日华"满"文化贯穿及消息遘通使命，特筹设泰东日报北京分社，已于十一月在水磨胡同开始办公，按日由本报总社发送报纸。查本报创刊于光绪三十四年十一月三日，出版之早非他报可比翼，材料丰富，消息敏捷，早为东亚人士所器重，查贵局所属中小学教育机关暨各图书馆阅报处等，负有发扬京市文化，普及民众教育之使命，即希查照饬属均请订阅本报一份，实纫公谊，除饬准备按日送报外，并请见复等由；准此，除函复，并分行外，合行令仰该院（处、校、馆）遵从，酌量订阅可也。

同时期，由《满洲日日新闻》大连版独立的《大连日日新闻》也在青岛等地设立支局[3]。除了新闻社进出华北之外，新闻人员也加入重建华北新闻业的队伍，以伪株式会社蒙疆新闻社为例，该社所公布的 16 名干部，5 名曾任职于旅大新闻社（满洲日日新闻社、大连新闻社、满洲报社、满日印刷所）[4]。在旅大的影响下，伪满的大同报社、盛京时报社、康德画报社、斯民社、"满洲国通信社"、满洲新文化月报社等也积极寻求南向发展，如大同报社高调宣称"本报为'满洲帝国'政府之机关

---

[1] 《社会局令各中、小学及所属机关订阅"泰东日报"的通令和大连泰东日报社北京分社致社会局的函》，北平市社会局（档案编号：J002—003—00674），藏于北京市档案馆。

[2] 《命令：指令警察局据签呈查明泰东日报北京分社呈请备案一案情形已悉由（指令第一二八五号）》，《市政公报》（北京），1937 年第 422 期，第 7 页；《社会局令各中、小学及所属机关订阅"泰东日报"的通令和大连泰东日报北京分社致社会局的函》，北平市社会局（档案编号：J002—003—00674），藏于北京市档案馆；《关于请泰东日报照原订数目寄给的函》（档案编号：B0038—001—00915—0070），藏于青岛市档案馆。

[3] 青岛日本商工会議所編『青島の現勢・昭和十八年版』大安印字局、1943 年、283 頁。

[4] 蒙疆新聞社編「人名録」『蒙疆年鑑・昭和十六年版』蒙疆新聞社、1941 年、1—41 頁。

报，关东军之后援，以宣传王道东亚协会为宗旨"，特派专员于天津等地"宣传同文同种、共存共荣，巩固华日'满'三国亲善之大义"①，在伪天津市治安维持会训令伪天津市商会协助销报的情况下，业务依然不甚理想，于是采取强行派报，结果遭到他人多次向伪天津治安维持会、伪天津市商会、伪天津纸业工会抗议。

在广播方面，旅大租借地内的大连放送局，1937 年 7 月 13 日起面向中国中南部、南洋及海峡殖民地广播，每日午后九时起日汉英三种语言一小时，呼号"JDY"，周波数 9925KC，发射功率 10kW，"旨在以正确之态度向世界宣明中国事变之真相与日'满'两国之正义"②。同时，"满洲电信电话株式会社"也在事变后随着日军走向华北，不仅以资本形式渗透华北电信事业，投资"华北电信电话株式会社"（400 万元，总裁井上乙彦曾任"满洲电信电话株式会社"理事），而且指派人员参与华北广播事业，1937 年 8 月，关东军应天津驻屯军请求，发布军令派"满洲电信电话株式会社"带领人员与器材南下天津，筹备占领地域广播事业③，其中派遣人员直接参与天津、通州、北平、承德、张家口、唐山等地广播电台重建，使用的器材与设备多由大连输入④；同月 25 日，特派员前往沦陷后的张家口，着手开设当地广播事业，9 月 15 日起开始中继放送，为随后成立的张家口广播电台局奠定基础⑤。

（二）调整与扩大官方统制机关，建立"弘报新体制"

1937 年 7 月 1 日，伪满洲国改革政治行政机构，其中伪国务院总务厅情报处与伪外交部宣化司合并改组为伪总务厅弘报处，正式确立"弘报行政"。伪弘报处设一处长，下辖监理科、情报科、宣传科（图 4—2），次年改制为三科六班（监理科：庶务班、映画写真班；宣传科：宣化第一班、宣化第二班；情报科：新闻班、情报

---

① 《为请协助推销大同报事给天津市商会的训令》，天津市治安维持会社会局（档案编号：401206800—J0128—3—007159—059），藏于天津市档案馆。

② 山根忠治（弘报处放送班）「吾が国放送業務の概況（二）」『宣撫月報』第 56 号、1941 年 9 月 1 日、18—19 頁。

③ 満洲電信電話株式会社編『満洲放送年鑑·昭和十四年版』株式会社満洲文祥堂印刷部、1940 年、215 頁。

④ 『支那事変通信関係業務援助に関する件』『陸軍省—陸満密大日記—S12—24—71』防衛省防衛研究所。

⑤ 『北支那経済年鑑·昭和十四年版』北支那経済通信社、1938 年、1152—1153 頁。

班）。伪弘报处"宣传工作将重点置于情报宣传政策的确立，宣传媒介机关的指导
监察方面，在发挥行政机关职能的同时，还要求发挥政府发言人职能的作用"①。除
在"中央"设有伪弘报处之外，在省者设有弘报股，在县旗者设有弘报部，"其目
的不外将现在的圣业、计划和人民应彻底的各种国策运动普及到圆满的地步"②。

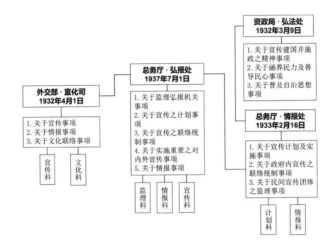

图4—2：1932—1937年弘报监督机关沿革图

　　1940年12月28日，在关东军的干预下，伪满洲国总务厅认为存在"弘报处没
有检阅权；弘报处对通信社、新闻社、记者没有监督权；弘报处没有文化行政权"
等缺点③，决定扩充伪弘报处，设四室（第一、第二、第三、第四参事官室）九班
（总务、新闻、检阅、情报、放送、宣化、管理、地方、映画）（图4—3④），统管
伪满洲国行政下所有弘报机关，真正实现"将新闻、放送检阅事务及其他弘报关系
事务统合于弘报处"⑤。

① 满洲国史编纂刊行会编『满洲国史·各論』谦光社、1973年、64页；高晓燕主编：《东北沦陷
　　时期殖民地形态研究》，机械工业出版社，2013年，第245页。
② 韩致详：《非常时局下县旗弘报部之运营》，《地方行政》，第6卷第4号，1942年，第97页。
③ 《关于弘报机构之统合（一）》，《旬报》，第31期，1940年，第4—9页。
④ 《国务院总务厅分科规程修正》，《政府公报》第2185号，1941年8月16日。
⑤ 《弘报协会告解散　新闻社法近公布》，《盛京时报》，1940年12月22日晨刊，第1版。

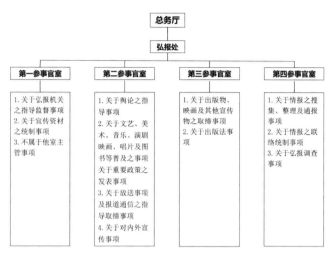

图4—3：1940年12月弘报处调整后的机构设置

伪弘报处改组同一日，伪满的《出版法》《映画法》《邮政总局官制》得以修正，将伪治安部负责新闻、出版、电影的检查事务，伪交通部负责广播、新闻电讯、境外短波的审查与监视事务，伪民生部负责的美术，音乐、戏剧等的审查与管理事务，伪外交部外文局负责的对外宣传事务全部归到伪弘报处，追求"大弘报处制"，"包含政府弘报机能之一元化、舆论指导之强化等内容之总务厅弘报处之新体制"。[①]伪弘报处的职能除了"启发人民关心政治、使人民体会建国精神"，还以"顺应中国事变、诺门坎事件（诺门罕事件）、大东亚战争爆发的形势，封锁外国的流言飞语，防范遏制赤化思想，使国民增强大东亚战争胜利的勇气等，作为自己的使命"[②]。

鉴于关东军、关东局、"满铁"与"电电"等有特殊地位日本各机关的存在，为日"满"弘报方针的统制联络，1939 年 1 月 3 日，日"满"联合创设"日'满'弘报联络会议"，作为之前取消的"弘报委员会"的代替。该会议并不按照官制上的手续，于必要场合随时召集，伪满洲国总务长官为议长，委员由伪满洲国方的伪总务厅次长、伪弘报处长、伪治安部次长（检阅发行）、伪交通部次长（放送）、

---

① 《革新大弘报处制 自一月一日实现》，《盛京时报》，1940 年 12 月 29 日晨刊，第 2 版。

② 滝川政次郎「序と解題にかえて？ 追憶と感想」『満洲建国十年史』原書房、1969 年、19 頁；转引自高晓燕主编：《东北沦陷时期殖民地形态研究》，社会科学文献出版社，2013 年，第 246 页。

伪协和会与日本方的关东军、关东局、大使馆、"满铁"与"电电"等构成，必要时外围团体可临时出席①。1月19日，召开第一次会议，商讨"满洲弘报协会补助金""报纸杂志发行方针""放送关系问题"等三个议题，其中黑川、大越、中岛等代表关东军出席。②伪满弘报处的新闻统制通过"日'满'弘报联络会议"延伸至行政独立的旅大租借地，类似机构还有"放送参与委员会"，成员来自关东军、关东局与伪满各相关机构。③

在调整弘报行政机构的同时期，关东军与伪满洲国考虑到"报纸作为独立企业，或统合比较大规模之经营体，或采取连锁经营模式"的必要性，以及由于"满洲弘报协会是以资本的形式统制新闻"，"弘报协会已达到发展之限界"，"弘报协会不能有力地统合全'满'报纸"等原因，以"株式会社满洲弘报协会"代表清算人姚任的名义发布公告："决定于1940年12月21日解散'满洲弘报协会'"④，12月28日公布敕令第389号废止《关于株式会社"满洲弘报协会"之件》。此时的"满洲弘报协会"，"资本金已达800万元，'满洲国'政府579.2万元，'满铁'95.8万元，'电电会社'25万元，下辖'满洲国通信社'与18家新闻社，出版30余种报纸，掌控全'满洲'（含旅大租借地）报纸发行总数的90%"⑤。

1941年1月22日，在解散"株式会社满洲弘报协会"的基础上，参考日本政府操控新闻界成立日本新闻联盟的经验，伪满洲国与关东军、关东局联合成立"满洲新闻协会"，由"'满洲国通信社'及'满洲'内新闻社组织"，统制方针为"重要都市之新闻有涉于重复着应令其停刊""推广偏僻地方之新闻以期'政府'设施之彻底""登载国际消息应加以积极之指导"⑥，主要业务包含："会员相互亲睦协助

① 『満洲行政経済年報・昭和十七年版』日本政治問題調査所、1942年、27頁；「弘報連絡會議 満洲國에 設置」『毎日新報』1939年1月13日朝刊、2면。

② 「満洲国の出版取締り：新聞雑誌許可制 弘報連絡会議で審議」『日刊新聞時代』1939年1月24日、第4版。

③ 満洲電信電話株式会社編『満洲放送年鑑・昭和十五年版』株式会社満洲文祥堂、1941年、341—342頁。

④ 《公告》，《政府公报》第2004号，1940年12月28日，第63页。

⑤ 渋谷春天「満洲国の新聞政策」『新聞総覧・昭和十六年版』日本電報通信社、1941年、36—38頁。

⑥ 国立东北大学：《东北要览》，国立东北大学编印，1944年，第724页。

事项"　"新闻、通信内容向上事项"　"事业经营之联络调整"　"新闻、通信资料分配
斡旋相关事项"　"其他前各项附带事项"[①]，出版《满洲新闻协会报》。"本会设置会长
一名、理事五名，会长及理事由'政府'委嘱，作为名誉职"[②]，"新闻协会系置于
弘报处长监督之下，经费系以各社之会费及其他收入充当之，关于国外新闻社支社
局，设参与会，以国内各社长及国外支社长组织之，依此而强调新闻、通信内容向
上及会员相互联络调整"[③]。正如其名称为"满洲新闻协会"非"满洲国新闻协会"，
非伪满洲国行政辖区的旅大租借地的新闻社也可申请加入，"欲入本会者，经两名
会员介绍，可向会长提出申请。会长接受前项申请时，经全会员同意，可准其入
会"[④]，其中泰东日报社长宫胁襄二（原关东军新闻班长、伪满洲国总务厅情报处处
长）为"满洲新闻协会"刚成立时的理事，泰东日报社支配人（负责人）井口陆造
任"满洲新闻协会"1942 年 6 月 1 日改组为法人组织时的监事。

表4—2："满洲新闻协会"的主要职员与成员社[⑤]

时间	职务	姓名	会员社
1941.1	会长	染谷保藏（盛京时报社长）	长春："满洲国通信社"、满洲新闻社、大同报社、满鲜日报社、英文满报社、青旗社；哈尔滨：哈尔滨时报社、滨江日报社、大北新报社；奉天：满洲日日新闻社、盛京时报社、奉天每日新闻社、醒时报社；牡丹江：东满日日新闻社；辽阳：辽阳每日新闻社；营口：营口新报社；齐齐哈尔：黑龙江民报社；延吉：东满新闻社；吉林：吉林新闻社；安东：安东新闻社；抚顺：抚顺新报社；锦州：锦州新报社；承德：热河新报社；鞍山：鞍山日日新闻社；佳木斯：三江报社；大连：泰东日报社
	理事	升井芳田（"满洲国通信社"理事） 和田日出吉（满洲新闻社长） 宫胁襄二（泰东日报社长） 大石智郎（大同报社长）	

① 渋谷春天「満洲国の新聞政策」『新聞総覧·昭和十六年版』日本電報通信社、1941 年、41 頁。

②「満洲新聞協会会則」『新聞総覧·昭和十六年版』日本電報通信社、1941 年、40—43 頁。

③《满洲新闻协会 着手设立决定要纲》，《盛京时报》，1940 年 12 月 30 日晨刊，第 2 版。

④「満洲新聞協会会則」『新聞総覧·昭和十六年版』日本電報通信社、1941 年、40—43 頁。

⑤『新聞総覧·昭和十八年版』日本電報通信社、1943 年、70 頁。

续表

时间	职务	姓名	会员社
1942.6	理事长	松方义三郎（"满洲国通信社"理事长）	长春："满洲国通信社"、满洲新闻社、康德新闻社、满鲜日报社、青旗报社；奉天：满洲日日新闻社、醒时报社；哈尔滨：哈尔滨时报社、滨江日报社；大连：泰东日报社
	理事	松本丰三（满洲日日新闻社理事长） 染谷保藏（康德新闻社理事长） 古泽幸吉（哈尔滨时报社长）	
	常任理事	长泽千代造(满洲新闻协会事业局长)	
	监事	井口陆造（泰东日报支配人）	

在成立"满洲新闻协会"的基础上，伪满加强对新闻业与新闻记者的直接领导。在伪满总务厅长官武部六藏（原关东局总长）的主导与策划下，《出版法》《满洲国通信社法》《新闻社法》《记者法》《关于外国人记者之件》与《关于外国通信社或新闻社之支社及记者之件》相继修正与颁布，抛出"弘报新体制"——"新闻新体制"，"在文化已开的都市，停刊重复的国内报纸"，"在'政府'诸措施缺乏彻底之地，创办新的'满'文报纸，以期思想战之完璧"，"积极指导既有国内报纸顺应现下国际关系与'满洲'国情[①]，即"在弘报体制的刷新、人才的充实，弘报的整理，新闻发行地布局计划等三点下，以期强化舆论指导、节用资材"[②]。另一方面，在继承日本电报通信社与新闻联合社通讯网络的基础，利用"一国一社"的政策，"满洲国通信社"迅速扩大通讯网络，对内为全"满"报纸、放送局提供新闻，对日本通过同盟社，为日本报纸、放送局提供"正确而迅速"的"满洲"新闻，对第三国通过同盟社的国际通讯网络，标榜努力向全世界宣传"满洲国"的"真相"[③]。

由上观之，日"满"当局调整新闻统制策略，"强化全'满'宣传网络的建设"[④]。伪满洲国抛出的"弘报新体制"，不仅影响到伪满所有行政区的新闻业，而且通过"满洲弘报协会"（"满洲新闻协会"）将魔爪伸到行政上完全独立的旅大。从"弘报新体制"的内容来看，毫无疑问是此时日本国内正在推行的"新闻新体制"的照搬，后者的主要内容为："（1）调整新闻的公器性与新闻经营形态的营业性之

---

① 『満洲年鑑・昭和十八年版』満洲日日新聞社、1942 年、337 頁。

② 「弘報体制革新 新聞経営統合」『満洲評論』第 22 巻第 3 号、1942 年 1 月 24 日、24 頁。

③ 『満洲年鑑・昭和十八年版』満洲日日新聞社、1942 年、337—338 頁。

④ 緒方龍太郎「満洲国弘報綱の強化」『新天地』第 21 年第 9 号、1941 年、81 頁。

间的矛盾；（2）昂扬新闻编辑的国家性；（3）新闻经营的合理化；（4）新闻编辑者的养成与资格限制；（5）新闻的国土计划"等[①]。"弘报新体制"之所以"新"，体现在企图将"弘报"全面纳入"政府"主导下，突出弘报的"国家性"，配合"政府"实施的"宣传战"。这种全面控制不论日本还是"满洲"都未曾有过，所以伪满当局渴望得到新闻界的支持。然而，尽管"弘报新体制"的各种赞美之词不绝于耳，将它吹嘘为"更是各列强国家所未有之创举，值得国内外惊异赞叹的大收获"[②]。但是，"弘报新体制"抛出之时，新闻界的声音并不一致。一种声音倾向于为"弘报新体制"的落实出谋划策，如：

> 弘报协会的解散，随后出现日汉文报纸的整理统合，可谓确立中央纸制度成为可能，对此策划与指导，望"弘报处"仔细研究新闻新体制。一方面，真正更新机制活动的思想准备，从原来的自由主义强行采访为第一原则的竞与消耗之弊解救出来，努力养成对时局有透彻认知的双眼，实事求是录用各报所属机制与分配，称为"中央纸"制度应该相应革新观点，采取适才主义[③]。

另一种声音对"弘报新体制"的成效充分怀疑。在当时日"满"学者眼里，"'满洲国'的新闻，有说是官报的，'满洲国'的杂志，有说是御用的……如果是这样，对于大众是毫无价值可言"[④]，"丧失报纸应有之机能"[⑤]，理想的"满洲"报纸应该是："'满洲'报纸的新闻报道，因为一应选择'满洲'本地的消息，所以读者可以由它们理解真实'满洲'的意义，在'满'日本人可以将它们视作日常生活的指针。总而言之，读者恐怕可能会被'满洲'报纸的接近性所吸引（现实的

---

① 有村楽光「戦時新聞論」『時局雑誌』第 2 巻第 9 号、1943 年 9 月 7 日、78 頁。

② 苏正心：《关于记者的考试》，《青年文化》，第 2 卷第 1 期，1944 年 1 月，第 16 页。

③ 「文化探題（新聞）」『満洲評論』第 20 巻第 9 号、1941 年 3 月 1 日、31 頁。

④ 《宣传杂感》，《弘宣半月刊》，第 19 号，1938 年 8 月 15 日，第 24 页。

⑤ 「満洲言論機関の国策性」『満洲評論』第 15 巻第 10 号、1938 年 9 月 3 日、8 頁。

'满洲'报纸完全不可能）。①"

当伴随"弘报新体制"的实施而出现一些不好的结果时，如"弘报新体制声明甫登于报纸，今年伊始报价即出现上涨"，新闻界的批评声音不断出现：

> 从所谓强化舆论指导着眼的话，报价任意上涨并不被接受，姑且不论，借此新闻报道活泼化，反映"满洲"政治经济社会的具体状况可能有限，在这种舆论动态下强化指导的话，恐怕就没有后续资金了吧！②

更激烈的评论，如《满洲评论》称：

> 极端地说的话，（新闻）新体制发起五个月以来，报纸版面上以新体制为目标的地方难道不是倒行逆施吗？例如，从最近的报纸版面来看，强烈地感觉记事的处理缺失灵活性，记事方面，特别是事关国内的在国内的采访报道，笔墨伸及面不充分，无理的打压之感正笼罩其中，前者显得版面非常不自然，后者给人一种记事萎缩无法再引人注目的感觉。
>
> （中略）
>
> 今日"满洲"（日本毋庸置疑）的报纸，已套上希特勒所宣称的当今时代报纸使命。希特勒指出最高义务不是批评，而是制造精神上及观点上的统一。③

最终，"弘报新体制（新闻新体制）"不仅令学者失望，"新闻新体制实施以来已过半年"，然而有评论认为尚未表现出其成效，"新闻纸版面刷新向上必须作为新体制的目标，拔除它而追求某些经营合理化可谓脱离了新闻新体制的本质"④，而且造成的结果也让统治者意料不到，"言论统制的问题，说是对于新闻的抑制，

---

① 加納三郎「満洲雑誌論：現地主義確立のために」『満洲文芸年鑑・昭和十四年版』満洲文話会、1938 年、140 頁。

② 「文化探題」『満洲評論』第 22 巻第 15 号、1942 年 4 月 18 日、75 頁。

③ 「迷へ新聞新体制」『満洲評論』第 22 巻第 23 号、1942 年 6 月 13 日、12—13 頁。

④ 「新体制下新聞のすがた」『満洲評論』第 22 巻第 25 号、1942 年 6 月 27 日、3 頁。

莫如说是对于当时在新闻背后的颓废自由主义的跋扈，加以制约适切"，本来企图通过统制手段，实现突出新闻的指导性，"'满洲事变'爆发，由指导性脱离后的新闻重得新生命，而恢复原有的指导性"[1]，结果如伪满弘报处参事官指出："二、三年新闻、杂志显示出的倾向，刺激民族意识的树立，限于以描写建国前后黑暗面为目的，一贯描写欢乐街方面的非常之多。"[2] 换言之，从实施成效来看，日"满"当局所宣称的"弘报新体制"无疑是失败的。

（三）成立国策特别组织，强化对旅大的舆论统制

正如当时有人指出："纸的缺乏对于出版界而言是致命的打击"，"圣战期间，固然需要忍耐一切，出版界必须坚韧持久。但是，总的希望是，以有用的纸出版读者应读之书刊"，并呼吁抵制一切铺张浪费与淫秽之书刊。对于具体解决方案，该作者称："由一出版协会管理满洲出版业者的是是非非。"[3] 实际解决办法确如其所言——成立各种统制团体、组合或特殊会社，配合日本的"出版新体制运动"[4]，创建所谓"满洲出版新体制"。

1. 编成特别株式会社——"满洲书籍配给株式会社"

尽管"'满洲'之书肆十分贫弱"，然而"在所谓国情不合的原则下，中国的书历来受到严格的检查。书店变得谨慎，几乎停止购入"[5]。1937 年 4 月，日"满"合资成立"满洲图书株式会社"，试图激励与推动"满洲"出版市场，但它成立后主要致力于教科书与关东军使用的机密图书，因此从日本进口仍然是弥补出版物缺口的主要办法，由于战争的原因，流通成本持续攀升，"满洲书籍商协会"推出书籍

---

① 岗田益吉：《舆论指导与新闻政策 一》，《弘宣半月刊》，第 33 号，1939 年 3 月 1 日，第 15 页。

②『満洲日日新聞』1941 年 2 月 21 日；「文化探題（新聞）」『満洲評論』第 20 卷第 10 号、1941 年 3 月 6 日、31 頁。

③ 山口慎一「満洲国への文化の移植について」『満洲評論』第 20 卷第 18 号、1941 年 5 月 3 日、22 頁。

④ 二战期间，日本出版产业作为第二次近卫内阁所倡导的新体制运动的一环，以"出版新体制"之名进行再编成。1940 年秋，日本杂志协会、东京书籍商组合、东京出版协会等既存的业界团体悉数自行解散，由在内阁情报的指导下新设的日本出版文化协会（后改名日本出版会）所吸收。

⑤ 山口慎一「満洲国への文化の移植について」『満洲評論』第 20 卷第 18 号、1941 年 5 月 3 日、23 頁。

定价售卖的主张，遭到"满铁"会员的强烈反对。为了解决这些问题，经过"满洲弘报协会"提出"国策配合会社案"的失败，相继解决了"由外地定价废止运动导致的出版界态度强硬""现存大经销店的收买""与日本大经销商的交涉"等问题后，成立"满洲"书籍统制机构的时机成熟。

图4—4："满洲图书株式会社"的商标

表4—3："满洲图书配给株式"资金及经营一览表①

资金	创立资金（1937 年 3 月）	第一次增资（1939 年 10 月）		合计	
	200 万元	600 万元		800 万元	
股东	伪满洲国	伪满洲国政府 126000 股			
	日本国	东京书籍会社、日本书籍株式会社 9100 股、日汉文教会社 8500 股、大阪书籍会社 7300 股			
收益	1939 年度	当期利益金	379761 元	前期滚入金	71188 元
	1940 年度	当期利益金	327000 元	前期滚入金	101000 元
	1941 年度	当期利益金	392000 元	前期滚入金	81000 元
1942 年 8 月，因满配机构改革独立的关系，满图资本从 800 万元减至 550 万元②。					

图4—5："满洲书籍配给株式会社"的商标

① 『満洲国現勢・康徳八年版』満洲国通信社、1940 年、456 頁；『満洲国現勢・康徳九年版』満洲国通信社、1941 年、438 頁；『満洲国現勢・康徳十年版』満洲国通信社、1942 年、556 頁。
② 《因满配独立 满图将减资》，《大同报》，1942 年 8 月 16 日，第 2 版。

1939 年 4 月 7 日，以"为书籍杂志低廉且迅速普及而配给一元化"为事业目的，伪满洲国总务厅企划处通过《书籍杂志配给机构整备要纲》，12 月 26 日伪满民生部通过《"满洲书籍配给株式会社"设立要纲》，筹备设立"满洲书籍配给株式会社"，功能为："保证优良书籍杂志迅速低价多量输入""有助于'满洲国'文化的兴隆"，"为了期待弘报宣传的彻底，内外优良书籍杂志的一元统制配给，努力培养育成国内书籍杂志，同时积极协助于所谓出版警察的防谍、检阅"①。12 月 27 日，准特殊会社②"满洲书籍配给株式会社"（简称"满配"）正式设立，成为"满洲图书株式会社"的子公司。

"满配"业务遍及"满洲国"与"关东州"，将全"满"分为五区，南"满"（奉天营业所）——奉天、锦州、热河、兴安西、通化各省；中"满"（长春营业所）——长春特别市、吉林、"间岛"、兴安南、龙江（白城子以南）各省；北"满"（哈尔滨营业所）——滨江、北安、龙江（白城子以北）、黑河、兴安东、兴安西各省；东"满"（牡丹江营业所）——牡丹江、东安、三江各省；"关东州"（大连营业所）——"关东州"、"北京"。具体业务包含：（1）教科用图书的输入及配给；（2）内外优秀书籍、杂志的供应、输入及配给；（3）"满洲国"及"关东州"优秀书籍杂志的普及与输出；（4）学习用品及其认定、供应、输入与配给；（5）前各款的附属事业。③

1940 年 7 月 3 日，伪满经济部公布第 34 号布告，指定"满洲书籍配给株式会社"为书籍及杂志的输入者④，标志着"满配"成为"满洲"出版物进口的垄断者。

---

① 『满洲经济政治年报·昭和十八年版』日本政治问题调查所、1943 年、327 頁。

② 关于"特殊会社"一词首次出现于 1933 年 3 月 1 日的《"满洲国"经济建设纲要》，内称："带有国防或公共公益的性质之重要事业，以公营或令特殊会社经营为原则（中央档案馆等编：《东北经济掠夺》，中华书局，1991 年，第 83 页）；而"准特殊会社"具有下列某个特点：（1）政府出资的会社（含实物出资）；（2）会社设立之际接受附属命令的会社；（3）章程中规定政府有干涉权的会社（横滨正金银行调查部编『满洲国特殊会社制度に就いて』1942 年 2 月 28 日、6 頁）。

③ 『满洲国现势·康德九年版』满洲国通信社、1941 年、426 頁。

④ 《经济部布告第 34 号》，《政府公报》第 1856 号，1940 年 7 月 3 日。

如表4—4显示[①]，"满配"成立后，进口出版物急速增加，其中日本出版物占进口总量的90%。该会社常务理事田中总一郎坦白说："现在'满洲'正在阅读的书籍、杂志的数量每月约及二三十万册，其中约八成由日本输入。由日本输入的书籍数量接近日本出版总数量的10%。由于在'满'日人未接近日本总人数的10%，所以说'满洲'书籍杂志的密度相对日本而言是要高的。"[②]虽然由中国关内输入出版物后来有渐增之势，"久于'满洲'图书界消其踪迹之中国出版物俟至明春将可输入三百万册之大批书籍，实可谓相应'建国'十周年之'满'系读者界之一大欢喜也"[③]，但是增加之出版物以古籍为主，"1942年8月间曾由上海等地输入翻译物二千册、古书二千册文库六万册文艺二十万册，儿童读物四万册，辞书五千册，古典物一万册，科学书二万八千册"[④]，相对于以传播"抗日反'满'"为主旨的社科新书，古籍、译著与无意识形态的儿童读物更易得到伪满当局的青睐，侧面反映出统制出版物以服务于抵制危害伪满统治的思想为宗旨，进而通过统制实现筑建"思想国防"的企图。

表4—4：1936—1940年"关东州"及"满洲国"出版物的进口情况（单位：部）

时间	新闻	杂志	普通出版物	总计
1936 年	2992042	453496	133558	3579096
1937 年	4733578	494896	3006199	8234673
1938 年	10479927	3035218	6995526	20510671
1939 年	60573058	9770641	18666659	88964358
1940 年	57663776	12578940	10042170	80284886
1940 年从日本进口	54795727	10563347	7061271	72420345

---

① 春山行夫『満洲の文化』大阪屋号書店、1943年、276頁；另根据《内外调查资料》的统计，1937年至1939年日本对"满洲国"出口杂志总价分别是92000元、1433000元、1805000元，"关东州"出口杂志图书的总价分别是721000元、638000元、914000元（『内外调查资料』第12年第9辑、103、107頁）。

② 田中総一郎「満洲文化と書籍配給」『満洲経済政治年報・昭和十八年版』日本政治問題調査所、1943年、191頁。

③《大批中国出版书籍明年即可运满推销》，《盛京时报》，1941年12月6日晚刊，第2版。

④《"大满洲帝国"年鉴》，"满洲国通信社"，1944年，第571页。

1945 年 1 月 10 日，在"满洲出版协会"的基础上，伪满当局全额出资 50 万元，成立新的"财团法人满洲出版文化研究所"，继承原出版协会的出版企划审查功能，被称为"出版之思想战参谋本部"，不过具体事务有所改变，标榜"战时紧急出版物的企划、助成"，中止原来以出版为目的的书稿审查，中断日中文化交流史的编纂刊行，取而代之的是为强化思想战而企划、编写以"美英击灭丛书"为题的宣传册。①2 月 1 日，为了进一步统合出版物的生产与配给，伪满当局全额出资 500 万元，合并"满洲书籍配给株式会社"与"满洲出版协会"，成立"满洲出版配给协会"，即实现出版部门与流通部门的合并，进而使得"满洲"出版体制彻底一元化。可以说，各种协会团体的刷新与变更，其终极目标无不是追求出版服务于总动员体制。

2. 成立服务日军的组织——"关东州兴亚奉公联盟"

1939 年 10 月，作为推进机关的大政翼赞会，如燎原之势在日本全国掀起"新体制运动"，并波及到"关东州"。1940 年 12 月 14 日，以期联络关东局与日本，网罗官厅、财政界、文化言论界为"关东州新体制确立准备委员"，开始在大连、旅顺、普兰店、貔子窝等州内各地推动"关东州新体制运动"②。12 月 21 日，定名"关东州兴亚奉公联盟"（其他地区同类组织：国民总力朝鲜联盟、台湾皇民奉公会、"桦太"国民奉公会、南洋群岛大政翼赞会），于"关东州厅"内设置事务局，分总务、经济、文化、指导四部（图 4—6③）。1942 年末，"关东州兴亚奉公联盟"主要负责人——总裁：日本驻"满"全权大使梅津美治郎，副总裁：关东局总长三浦直彦；会长："关东州厅"长官柳井义男；副会长：大连市长别宫秀夫、乡军联合分会长岩井堪六；事务局长："关东州厅"长官柳井义男；总务部长：州厅内务部长浦长赢；经济部长：州厅经济部长石桥美之介；文化部长：前大连市交通会社会长

---

① 冈村敬二『満洲出版史』吉川弘文館、2012 年、190 頁。

② 新体制运动：日本建立法西斯体制的运动。由近卫文麿出面，得军部支持。1940 年 7—8 月各党派相继解散，以示支持。7 月近卫再次组阁，10 月成立以近卫为首的大政翼赞会，标志政治新体制的建立。同时，按职业把居民纳入官方控制下的报国会等组织，又通过部落会（自然村组织）、町内会（街道组织）和邻保，把居民按居住地区加以控制。12 月，内阁通过《确立经济新体制纲要》，次年按产业部门建立统制会，实现全面经济统制（丁建弘、孙仁宗：《世界史手册》，浙江人民出版社，1988 年，第 967 页）。

③ 水田孝「関東州に於ける大政翼賛運動の全貌」『台湾地方行政』1941 年 5 月 1 日、58 頁。

山冈信夫；指导部长：协和大连事务所长小山贞知①。该联盟纲领："基于肇国精神，建设大东亚新秩序，进而以期确立世界新秩序。国体本义之显扬、庶政之更新、总力之发挥，进而以期高度国防国家体制之完成。州民融合团结、各司其职，以期致力于达成减私奉公之诚。"

　　与日本国内的大政翼赞会保持一致，通过"联盟"的活动在"关东州"内确立"州民"的"融和团结""无私奉公"，以期达到高度的国防国家新体制的目的，为"大东亚新秩序"的建立做出贡献。联盟还自称"是'关东州'新体制运动的促进机关，是树立'关东州'新体制的核心领导力量"，"是当局的协助机关，也是实践机关"，活动以宣传工作为主，他们谱写了兴亚奉公联盟歌，还灌成唱片进行普及宣传，并制作徽章。其事务局于1941年2月11日发行《"关东州"兴亚奉公联盟报》（分日文、中文两种），内容以国家、社会与军事为主，设于"关东州厅"内，月三回，发行人"关东州厅"内务部长浦长赢②，既是联盟的机关报，又是奉公班的传阅报③。

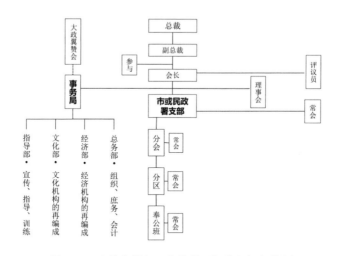

图4—6："关东州兴亚奉公联盟"的组织架构图

① 『満洲国現勢・康徳十年版』満洲国通信社、1942年、296—297頁。

② 日本読書新聞社雑誌年鑑編纂部「関東州」『雑誌年鑑・昭和十七年版』日本読書新聞社、1942年、513頁。

③ 関東州興亜奉公聯盟事務局『関東州興亜奉公聯盟概要』1943年版，转引自顾明义等主编：《日本侵占旅大四十年史》，辽宁人民出版社，1991年，第110页。

1942 年 1 月，在"关东州兴亚奉公联盟"的策划下，"关东州读书协会"成立，标榜以"基于'关东州'兴亚奉公联盟之精神，会员融合团结，发挥总力于开发州内之读书文化，进而以期贡献于大东亚新文化建设"为纲领，以"关于图书及读书调查及研究、读书文化之向上与会员相互亲睦"为目的，具体事务包括："发行机关报《满洲读书新报》；关于图书及读书机关之调查及研究；会员之研究及调查的发表及推荐；优良读物的推荐、新旧图书的介绍及发售；讲演会、讲习会、展览会等的主办及后援；其他认为必要的事项。"[1]1943 年 2 月 27 日，"关东州读书协会"于"满铁厚生会馆"召开协会创立总会，创立委员包括大连市议员森川庄吉、"关东州厅"卫生课课长紫藤贞一郎、前大连市庶务课课长大岩峰吉、"关东州兴亚奉公联盟"总务部副部长渡边敏、实践部副部长吉野治夫等，决议会长由森川庄担任。

如图 4—6 所示，"兴亚奉公联盟"下设的指导部与文化部承担指导宣传与整理文化机关的任务，它利用与"关东州厅"的暧昧关系，将统合业务扩大整个旅大租借地文化界，陆续控制"关东州科学技术联盟""关东州体育协会""关东州艺文联盟""关东州作家协会""关东州歌友协会""关东州产业美术协会""关东州写真协会""关东州文话协会""大连艺术座""大连艺文座""大连放送剧团""大连放送话剧团""大连协和剧团""大连艺术舞蹈研究所""关东州邦乐舞蹈协会""关东州茶花道协会""关东州书道协会""关东州儿童文化协会"等[2]。

3. 设置御用统制团体——"关东州出版会"

1944 年 10 月 23 日，"关东州出版会"第一次设立准备会在"关东州厅"内召开。该出版会完全由"关东州厅"当局控制。在准备委员的名单中，委员长由"关东州厅警察部"部长潮海辰亥担任，主要委员由"关东州厅警察部特高课"课长下地、"关东州厅经济部生必课"课长远藤、"关东州厅经济会总务部"部长三浦担任，其他非"关东州"厅官员的委员有大陆教科用图书株式会社专务赤津贤、"满铁"大连总社主事本多、大连日日新闻社主干日高贤、"关东州书籍贸易实业组合"理事长及大阪屋号书店店主滨井良、"关东州纸加工组合"常务理事大山严

---

① 「関東州読書協会設立要項」『満洲出版史』岡村敬二、吉川弘文館、2012 年、264—265 頁。
② 『満洲年鑑・昭和十八年版』満洲日日新聞社、1942 年、318—319 頁。

等人。

11 月 30 日，在"关东州经济会讲堂"召开创立总会，完成审议预算、决定役员、事业计划等议题。会长由潮海辰亥担任，常任理事由大山严担任，理事由满洲日报社大连支社社长日高为政，"满铁调查局"总务课课长水谷国一、滨井良，在"满"教务部编辑官白川今朝晴，"关东州经济会"理事长出井盛之担任，监事由育儿之友社长星直利、赤津贤担任。事业计划概要如下[①]：

（1）统制事业：①出版企划的综合审查调整：设置出版企划审查委员会，审查"关东州"的各种出版企划及统制指导其发行。②出版用纸的确保及其配给的调整。③出版物配给的指导。

（2）育成事业：①对优良图书出版的助成。②优良图书出版印刷纸型的输入斡旋。③优良图书的输入斡旋。④出版功劳者的表彰。⑤出版事业相谈所的设置。

（3）调查研究：①资料的调查搜集。②出版内容的研究。③会报的发行。

（4）读书普及事业：①简易图书馆的经营——由会员献纳图书而成的图书馆。②巡回书库的经营。③职场文库的指导育成。④图书交换会的召开。

为了更好地履行出版企划委员会的审查职能，"关东州出版会"决定设置出版企划分科会及委员进行分门别类地审查。1945 年 2 月 17 日，在"关东州经济会集会所"召开公布（披露）恳谈会。3 月 4 日，在大连"满铁"社员会馆召开"关东州出版会"第一次审查委员会，审查各项出版企划案。委员会设有五个分科会，分别对"关于皇室、国家、政治、法律、经济、社会、哲学、宗教、历史、地志、文学、艺术等书籍事项""理学、工学、农学、医学等书籍事项""教化、厚生、教科书讲义录、学习参考书、辞典、日记、年鉴等书籍及少年少女用出版物事项""关于综合杂志、大众杂志、妇人杂志、青年杂志、时局杂志、政治杂志、学术杂志、

---

① 冈村敬二『满洲出版史』吉川弘文馆、2012 年、175—177 頁。

团体机关杂志、社报等定期出版物及非其他分科出版物事项""关于以华文写成的出版物事项"进行审查，进一步梳理各分科会的委员名单①，可以发现这个"关东州出版会"动员了旅大租借地文化与学术界的主要人物。

进入侵华战争时期以后，日本在旅大租借地内外对新闻与出版的结构进行各种统合，收买与整合新闻机构，调整旅大新闻业在全"满洲"的地位，调整与扩大官方统制机构，确立"弘报新体制"，完成对新闻业的绝对控制，同时，成立各种特别国策组织，强化对旅大租借地的舆论统制。一言以蔽之，日本在旅大租借地内外通过各种新闻媒体结构的调整，将媒介变成"战争动员宣传"的推行者，服务于日本的军国主义，即追求"新闻报国"。

二、对新闻与出版的经济统制

1937 年 7 月以后，伴随《关于"关东州"进出口商品临时措置之件》（1937 年敕令第 727 号）的颁布，旅大租借地启动战时经济统制，波及各种新闻业。一方面，在战时税收政策的影响下，新闻与出版将贡献出更多的税收，承担起了为日本对外侵略战争筹集军费的角色，另一方面，在战时纸张政策的影响下，新闻与出版被迫通过削减版面数量、牺牲自身的事业发展来配合与响应当局的节约号召，即通过各种经济统制，新闻业在行动层面履行"新闻报国"。

（一）增加新闻与出版的相关税收

根据《关于关东都督府租税及其他公课征收之件》（1907 年敕令第 56 号）与《关于租税及其他公课征收细则》（1907 年府令第 17 号）的相关规定②，"关东州"在

---

① 具体名单参见『满洲出版史』第 184—185 页。

② 「関東都督府ニ於ケル租税其他ノ公課ノ徴収ニ関スル件」『官報』1907 年 3 月 16 日；「租税其ノ他ノ公課徴収ニ関スル細則」『官報』1907 年 4 月 19 日。

住者与营业者等有纳税义务。"关东州"税收（租税）分为"国税"与"地方税"①，分归日本与"关东州"财政。

　　依据颁布的时间来看，与新闻与出版相关的"国税"分别有"北支事变"特别税（"支那事变"特别税）、广告税、特别行为税与"大东亚战争"特别税等。

　　1937 年 7 月以后，日本统治者对除了参加侵华战争的军人及其家属以外居民进行横征暴敛达到服务战争的目的②。同年 8 月，以"扩充'北支事件'费的一部"为由，日本中央政府在颁布适用于本土的《"北支事件"特别税法》之同时，敕令公布适用于旅大租借地的《"关东州北支事件"特别税令》③。8 月 27 日，关东局令第 80 号公布《"关东州北支事件"税令施行规则》，对留声机及部分品、留声机使用的唱片等征收物品税，课物品价格的 20%。1938 年 3 月 31 日，又以"扩充临时军费的财源"为由④，敕令第 213 号公布《"关东州支那事变"特别税令》。4 月 1 日，关东局令第 28 号公布《"关东州支那事变"特别税令施行规则》，对广播使用的收音机及部分品、留声机使用的唱片及部分品等征收物品税，前者课物品价格的 10%，后者课物品价格的 15%。1941 年 11 月 28 日，"顺应内地的临时增税，吸引浮动购买力，力图消费规正等"，修正《"关东州支那事变"特别税令》，增加税额，将原来课物品价格的 10% 与 15% 分别提高到 20%

---

① 根据 1875 年 9 月 8 日太政官第 404 号布告《国税地方税之区别》（国税地方税区分）：分从来之租税赋金，为国税、府县税二款。国税，系全国一般应行赋课者，归大藏省收入，以供国税；府县税，现今收入之诸税，称为赋金者，为本年二月第二十三号布告地方收税之类，以供地方费用。但赋课之方法须经地方官取调，而得大藏省志许可，费途之方法，应得内务省许可而后施行。（『税法類編』大藏省租税局、明治十二年、401 頁；《新译日本法规大全 点校本 第七卷》，第 317 页）

② 「支那事変ノ為従軍シタル軍人及軍属ニ対スル関東州及南満洲鉄道附属地ニ於ケル租税ノ減免、徴収猶予等ニ関スル件」『官報』1937 年 10 月 2 日；「支那事変ノ為従軍シタル軍人及軍属ニ対スル関東州及南満洲鉄道附属地ニ於ケル租税ノ減免、徴収猶予等ニ関スル件施行規則」『官報』1937 年 12 月 9 日。

③ 同时期，日本内外地也颁布了《台湾"北支事件"特别税令》（1937 年律令第 14 号）、《朝鲜北支事件特别税令》（1937 年制令第 14 号）、《"桦太"北支事件特别税令》（1937 年敕令第 422 号）。

④ 「関東州支那事変特別税令中ヲ改正ス（利益配当税等増徴及範囲拡張並建築税創設）」『公文類聚・第六十三編・昭和十四年・第七十二巻・財政十一・税規二』国立公文書館。

与 40%[①]。由表 4—5[②] 可以清晰地看到，1938 年以后大连地区的留声机用品与收音机销售商家出现大幅度减少，笔者认为其中的部分原因离不开征税加大的营业成本导致关门停业。

表4—5：1936—1942年大连书籍、杂志、印刷、收音机、留声机用品及写真等营业

时间	书籍、杂志	印刷	收音机、留声机用品	写真业
1936	12	37	23	20
1938	14	36	37	21
1939	15	46	28	26
1940	17	52	22	30
1942	21	57	24	34

1942 年 3 月 27 日，以日本《广告税法》（1942 年 2 月 21 日法律 59 号）为蓝本，以"强化战时财政，增加国库收入"为由，敕令第 259 号公布《"关东州"广告税令》，征收对象分为：第一种，（1）依新闻纸、杂志、书籍及其他出版物之广告，但第二号、第三号及第二种第一至第三号适合者除外；（2）依火车、电车、汽车、汽船及其他交通运输机关或交通运输业设备的广告，但第二种第三号适用者除外；（3）依映画、入场券、乘车船券、气球及其他"满洲国"驻扎特命全权大使所定者的广告；第二种，（1）依立式广告牌、挂式广告牌、帜、旗及此等类似物的广告，但第一种第二号适用者除外；（2）依海报的广告，但第一种第二号适用者除外；（3）依传单及其他大使所定之物的广告；（4）依立柱广告牌、户外广告牌、匾框广告牌与此等类似物的广告以及其他大使所定之物的广告，但第一种第二种适用者除外。

---

① 「関東州支那事変特別税令中ヲ改正ス・同上（税額増加）」（A02030317600）『公文類聚・第六十五編・昭和十六年・第百四巻・財政十四・税規四附専売・専売』国立公文書館。

② 『大連商工案内・昭和十一年版』大連商工会議所、1936 年、133—145 頁；『大連商工案内・昭和十三年版』大連商工会議所、1938 年、159—171 頁；『大連商工案内・昭和十四年版』大連商工会議所、1939 年、170—184 頁；『大連商工案内・昭和十五年版』大連商工会議所、1940 年、208—226 頁；『大連商工案内・昭和十七年版』大連商工会議所、1942 年、229—249 頁。

从颁布时间与条文内容来看,《"关东州"广告税令》与《"桦太"广告税令》(1942 年 3 月 24 日敕令第 231 号)、《朝鲜广告税令》(1942 年 3 月 24 日制令第 20 号)、《台湾广告税令》(1942 年 3 月 28 律令第 8 号)一样[①],都是对日本《广告税法》的呼应与复制,种类之多条款之细可见日本殖民者无不将可能敛财之处发挥到极致。其中"新闻纸、杂志、书籍及其出版物上的广告",由为广告者(出版业者)纳税,每月广告的种类、料金于翌月十日前向税务署申告,依照税务署告知纳税,按"从价计征","按月缴纳",课税广告总额为"10%"[②],1944 年 3 月增至"20%"。关于广告税的征收情况,1942 年为 107171 元,1943 年为 126436 元,1944 年为 122526 元[③],其中 1943 年的税制改革带来广告税增收 11914 元[④],如表 4—6 显示[⑤],出版物占有广告税的第一。

表4—6: 1941年旅大租借地广告税实额(单位: 元)

区分		数量	料金	税率	税额
第一种	出版物	—	835068	10%	83506
	交通设备	—	17902		1790
	剧场	—	—		—
	映画	—	—		—
	计	—	852970		85296
第二种	立式广告牌	6400	45000	1 个 20 钱	1280
	海报	51700	18095	1 枚 10 钱	5170
	传单	2894600	34222	千枚 30 钱	1168
	看板	12000	35000	面积半坪年 2 元	24000
	计	2964700	132317		31618
合计			985287		116914

---

① 「朝鮮広告税令」『朝鮮総督府官報』1942 年 3 月 24 日;「樺太広告税令」『官報』1942 年 3 月 25 日;「朝鮮広告税令」『官報』1942 年 4 月 27 日;「台湾広告税令」『官報』1942 年 5 月 1 日。

② 「関東州広告税令」『官報』1942 年 3 月 28 日。

③ 関東州経済会編『関東州経済年報・昭和十九年版』満日印刷所、1944 年、336 頁。

④ 「関東州税制改正ニ伴フ増収込額並所需職員数」『関東局官制中ヲ改正ス』(A03010097500)『公文類聚・第六十七編・昭和十八年・第四十五巻・官職三十九・官制三十九(関東局一)』国立公文書館。

⑤ 「関東州広告税令ヲ定ム」(A03010044000)『公文類聚・第六十六編・昭和十七年・第八十一巻・財政十五・税規附手数料五』国立公文書館。

　　1943 年 3 月 30 日，以"谋划抑制消费及吸引浮动购买力，增加国库收入，强化战时财政等"为由，敕令第 335 号公布《"关东州大东亚战争"特别税令》。同日，以"吸收浮动购买力，谋划消费抑制，充实军事财源"为由，敕令第 339 号特别公布《"关东州"特别行为税令》，前者由《"关东州支那事变"特别税令》修正而成，再次将广播使用的收音机及部分用品、留声机使用的唱片及部分用品等征收物品税的税额提高至 30% 与 60%，并首次将"纸及玻璃纸"列为课税对象，额度为"物品价格的 10%"；后者对写真、印刷、制本、书画裱装等，除了写真每组料金不满两元者、教科书、新闻纸等免征外，其他均予以课税，税率为料金的 20%。当年征收的对象，写真有 23 家，印刷与制本有 130 家[①]。次年又增加"留声机"。[②] 或许正是由于税收过重加大营业成本，留声机用品与收音机销售商家从 1938 年的 25 家减少至 1942 年的 24 家。

　　新闻与出版的"地方税"主要是营业税。旅大租借地内 86 种营业中，媒体相关营业商有"和洋纸商""书籍贩卖商""乐器、留声机、收音机商""新闻发行""旧新闻、旧容器商""书籍杂志发行""新闻贩卖商"等[③]，它们多被课以营业税。《"关东州"营业税规则》初次公布于 1906 年 4 月 20 日（署令第 18 号），对旅大租借地所有营业进行课税，与出版直接相关者，列出"印刷业"与"写真业"，"年税收入金额 15‰"[④]。1930 年 3 月 3 日重新颁布，对"印刷业、出版业"征收税额的"收入金额"的"4‰"[⑤]。1931 年租借地当局对州内 83 家印刷业者总课营业税 2470 元[⑥]，而 1936 年伪满洲国对全国 959 家印刷者课营业税 43459 元、10 家出版业者课营业税 2193 元[⑦]，两者比较来看，旅大租借地的税收均额要少得多。

---

① 「関東州税制ニ伴フ増収見込額並ニ所要職員数」『関東局官制中ヲ改正ス』(A03010095300)『公文類聚・第六十七編・昭和十八年・第四十七巻・官職四十一・官制四十一（関東局三）』国立公文書館。

② 「関東州特別行為税令中ヲ改正」『公文類聚・第六十八編・昭和十九年・第六十三巻・財政・税規五』国立公文書館。

③ 『大連市に於ける営業分布に関する調査』大連商工会議所、1936 年、28—29 頁。

④ 『関東州民政署法規提要』関東州民政署官房、1905 年、73 頁。

⑤ 「関東州営業税規則」『官報』1930 年 5 月 16 日。

⑥ 関東庁財務局編『関東庁税務統計書・昭和六年版』満洲日日新聞社、1933 年、39 頁。

⑦ 経済部税務司『第五回税務統計年報書』科印処品需局品需繕営所印刷、1938 年、80 頁。

1937 年 7 月 9 日，关东局令第 90 号公布《"关东州"营业税规则》修正案，将"印刷业、出版业"的征收税额的"收入金额"降至"3.3‰"[1]，远比日本《营业收益税法》规定的征收"个人28‰、法人36‰"低得多[2]，也比伪满洲国《营业税法》规定的"10‰"低（表4—7）[3]。另外，它们都对新闻纸免税，但是相比日本规定的"依新闻纸法之出版"，伪满洲国的"新闻纸之出版"与旅大租借地的"新闻纸之发行贩卖及代销"门槛要低得多。

表4—7：出版与印刷相关营业税额（年）比较（单位：元）

地区	出版业		印刷业		写真业		新闻纸的出版	颁布或修正时间
	起征额	税额	起征额	税额	起征额	税额		
旅大租借地	—	3.3‰	—	3.3‰	—	9‰	免税	1937.7.9
"满铁附属地"	600	2.5‰	600	2.5‰	500	5‰	免税	1936.6.5
伪满洲国	600	10‰	600	10‰	500	20‰	免税	1935.6.29
日本	400	28‰	400	28‰	400	28‰	免税	1926.3.26
朝鲜	2000	1.3‰	2000	1.3‰	2000	1.3‰	免税	1927.3.31
台湾地区	600	4‰	4000	4‰	2000	8‰	免税	1937.3.29

---

① 大连商工会议所编『関東州現行租税法規集』満洲日日新聞社、1939 年、326 頁。

② 「営業収益税法」『官報』1926 年 3 月 27 日。

③ 《营业税法》，《政府公报》第 389 号，1935 年 6 月 29 日。

从新闻与出版方面税收的种类来看，与日本包含登记税、营业税（出版业、书籍杂志业）、广告税、"北支事件"税、"大东亚战争"税等相比，旅大租借地的新闻与出版的税种不算多。不过，从征收时间与目的来看，旅大比日本更具服务于战争财源的色彩。据关东局官方统计，旅大租借地的税收进入战时体制后征收后逐年猛增，单就"国税"一项而言，"1941年的国税征收额比1937年增加4倍多，比1931年增加了13倍多"[1]，增速可谓十分惊人，其中有新闻与出版方面税收的贡献。日本殖民当局通过横征暴敛达到满足于扩大对华侵略战争的需要。

另外，关于新闻与出版从业人员的个人税收方面，旅大虽然未像伪满洲国一样，单独将著述、翻译等自由职业者列为课税对象[2]，但还是需要交纳属于"国税"的个人所得税，《"关东州"所得税令》首次于1920年7月31日颁布，课税对象限于"'关东州'有本店或主要事务所之法人有义务依本令纳所得税"[3]，1937年6月25日重新颁布时，将课税对象扩大到"在'关东州'有住所或有居所一年以上者，有义务依本令纳所得税"[4]，1944年3月31日，再扩大到"纳税义务者不向纳税管理人申告，在'关东州'无住所及居所时，不拘前项规定，得直接征收其所得税"[5]，至1945年3月27日，先后经过七次修正，不断降低征收起点，为侵华战争扩大军费收入，除了个别年度外（1926年至1928年、1932年），所得税的征收额一直居于"国税"各税种征收额的首位[6]。

（二）统制新闻用纸的数量与价格

随着日本侵华战争的持续，日本及其殖民统治地区受到进口的限制出现各种物

---

[1] 顾明义等主编：《日本侵占旅大四十年史》，辽宁人民出版社，1991年，第192页。

[2] 经济部税务司『第七回税务统计年报书』吉林大路厂印刷、1940年、502页；「自由职业者税法」『满洲经济法令集・第33辑』大连商工会议所、38—45页。另外，笔者需要说明的是，根据1920年12月24日日本内阁训令第1号公布的《用干国势调查结果表章的职业分类》（国势调查ノ结果表章ニ用ウヘキ职业分类），"新闻、杂志、通信记者"被列入"公务自由业"。

[3] 「关东州所得税令」『官报』1920年7月31日。

[4] 「关东州所得税令」『官报』1937年6月26日。

[5] 东京都商工经济会编『增税等ニ关スル资料・第八十四帝国议会』东京都商工经济会、1944年、288页。

[6] 顾明义等主编：《日本侵占旅大四十年史》，辽宁人民出版社，1991年，第192页。

质短缺，其中纸张供应不足严重威胁着报纸与杂志的生存[1]，日本报纸声称"现在印刷报纸的用纸问题已经到了要从根本解决的时候"，"难道要活活看着报纸灭亡吗"[2] 为此，日本政府出台各种的用纸统制办法。

第一，要求官方与新闻界节约与减少用纸数量。1938 年 6 月 23 日，日本内阁制定《关于经济战强调周间设施要求及官厅用纸节约之件》，要求事务用纸及封筒（1. 节约使用；2. 降低纸质；3. 采用统一规格）、刊行物（1. 降低纸质；2. 减少页数；3. 减少印数；4. 合理刊行）、其他纸及同制品履行节约[3]。随后针对新闻界，日本商工省先后制定《关于新闻用纸之处分命令》（1938 年 8 月 13 日）、《新闻用卷取纸供给制限规则》（1939 年 6 月 3 日）、《用纸规格规则》（1940 年 7 月 11 日）、《新闻印刷用墨水贩卖价格》（1940 年 12 月 9 日）等，表示新闻用纸生产者与贩卖者向新闻社供给新闻用纸（社别、数量）须得商工大臣许可[4]，要求合理生产各种用纸，新闻社缩减版面，节约新闻用纸。

第二，限制新闻用纸的对外出口。1940 年 3 月，日本商工省颁布《日本古新闻纸输出组合输出统制规程》，对向"关东州""满洲国"与"中华民国"（汪精卫）出口的旧新闻纸进行数量、价格、手续等予以统制。[5] 1940 年 8 月 27 日，日本商工省令第 67 号颁布《关于对"关东州""满洲"及"中国"贸易调整之件》[6]，加强对出口"关东州""满洲国"及"中华民国"等地的统制，指定由日本东亚输出组合

① 五味渊典嗣「紙の支配と紙による支配:〈出版新体制〉と権力の表象」『Intelligence』第 12 号、2012 年 3 月、114—124 頁;「新聞用紙節約뒤니어 雜誌界에 統制旋風」『每日申報』1938 年 10 月 13 日朝刊、3 면;「新聞用紙制限 對策協議會開催」『每日申報』1938 年 10 月 30 日朝刊、2 면;「お詫び」『台湾刑務月報』1938 年 10 月 7 日、48 頁;「新聞界寸言」『台湾公論』1942 年 4 月、43 頁。

② 前坂俊之:《太平洋战争与日本新闻》（中译本），晏英译，新星出版社，2015 年，第 234 页。

③ 「経済戦強調週間実施要綱並官庁用紙ノ節約ニ関スル件」『公文雑纂・昭和十三年・第三巻・内閣三・内閣三（賞与・手当判任官以下）』（A04018470400）国立公文書館。

④ 『新聞用巻取紙供給制限規則』第 1 条: 新聞用巻取紙制造業者又ハ新聞用巻取紙販売業者新聞用巻取紙ヲ使用スル事業主ニ対シ新聞用巻取紙ヲ供給セントスルトキハ商工大臣ノ定ムル期間ニ於ケル新聞社別供給数量ニ付商工大臣ノ承认ヲ受クベシ。

⑤ 大阪商工会議所編『円域輸出統制要覧』大阪商工会議所、1942 年、123—124 頁;「日本古新聞紙輸出組合輸出統制要綱」『官報』1940 年 3 月 2 日。

⑥ 「関東州、満洲及支那ニ対スル貿易ノ調整ニ関スル件」『官報』1940 年 8 月 27 日。

联合会负责，其中统制的指定物品包含各种印刷用纸。

第三，各部门联合成立新闻用纸统制官方机构。1940 年 5 月，以"中国事变以来诸种理由，洋纸的供应锐减"与"用纸问题事关文化与报道政策"为由，企划院、内阁情报部、陆军省、商工省、拓务省、陆海军情报部等部门连续召开十余次会议[1]，决定将原先由企划院与商工省负责统制管理新闻用纸权限移交内阁，特于内阁下属机构情报局增设"新闻杂志用纸统制委员会"，由此开始用纸供给问题从单属于商工省的物质关系的"事务"，向作为政府的言论对策手段的"政务"转换[2]。该委员会协议负责日本内外地及中国关于新闻杂志用纸调整与配给，其中由陆军省报道部对日本内地、外地、在"满"及在华新闻社新闻用纸采取配额制[3]。1941 年，在日本内阁情报局的指导下，日本新闻联盟成立，实施"新闻共同发行制度"（新闻共贩），"各报的发行在同一组织系组下，实施推销，这一方面可以避免各报的营业竞争，而减少纸的消耗，一方面可以节省人力物力"[4]。

日本对新闻用纸的统制措施与办法直接影响到作为租借地的旅大与作为附属国的伪满洲国。一方面，日本直接向关东军下达命令，要求其在统治地区减少用纸消费数量。1940 年 9 月 6 日，日本陆军省副官通牒关东军参谋长"关于节约用纸之件"[5]，要求其所属部队彻底做到节约用纸，节约方案以日本内阁案为基础，具体如下：

A. 事务用纸类、包装纸类:a. 节约使用, b. 再调废弃纸, c. 降低规格, d. 采用标准规格, e. 规格统一诸账簿类。

B. 报告书类印刷物类其他:a. 减少页数, b. 减少印刷数, c. 废止或节约分隔纸, d. 减少封皮, e. 减少或废止平订, f. 降低纸质。

---

① 「新聞雑誌用紙統制委員会ヲ設置ス」『公文類聚・第六十四編・昭和十五年・第三巻・官職一・官制一（内閣一）』（A02030164500）国立公文書館。

② 『朝日新聞』1940 年 5 月 18 日夕刊。春原昭彦「戦時下における新聞用紙の需給状況と統制経過」『コミュニケーション研究』第 9 号、1977 年 3 月 31 日、84 頁。

③ 『報道宣伝上の参考資料』第 33 号、陸軍省報道部、昭和十八年四月二日。

④ 《日本新闻用纸统制的现状》，《战时日本》，国民新闻社，1942 年 8 月，第 162 页。

⑤ 「用紙類の節約に関する件」『昭和十五年 陸支普大日記 第 21 号』（C07091669500）防衛省防衛研究所。

另一方面，日本限制新闻用纸出口到"关东州"与"满洲国"。这对依赖日本新闻纸进口的"关东州"与"满洲国"来说影响颇大。1940年3月，"关东州"出版协会第一次理事会讨论的首个议题为"各社用纸的问题"，决议"向州厅商工科与经济警察系陈情，争取更多的纸张配给"①。

表4—8：1937—1938年"关东州"及"满洲国"新闻纸消费量及由日本进口量（斤）②

类别	新闻用纸消费量	新闻用纸由日本进口量		
		合计	"关东州"	"满洲国"
1937	25391000	1510667	1175867	334800
1938	28200000	13905800	13604300	301500

表4—9：在"满"新闻社年度新闻用纸调查③

类型	社数	1937.7—1938.6	1938.7—1939.6（预估）
"满洲弘报协会"加盟社	15社	282057连	290528连
"满洲弘报协会"非加盟社	26社	54987连	59341连
合计	41社	337044连	349869连

对于"关东州"与"满洲国"没有能力生产新闻用纸的现状④，关东军与"满洲国"认为不利于防谍工作与实现自给自足经济建设的进步。1937年7月，"满洲"

---

① 由井浜権平『謝恩誌：満洲タイムス廃刊記念』満洲タイムス社、1941年、136—146頁。

② 日本綜合紙業研究会編『東亜製紙業の新体制』新民書房、1941年、23頁；『日本貿易年表·昭和十四年·中篇』内閣印刷局、1943年、6—88頁；『内外紙業統計·昭和十四年版』王子製紙株式会社、1939年、56—74頁。

③「在満新聞社別用紙使用量に関する件」（C04012649100）『昭和十三年「満受大日記（普）其2」』防衛省防衛研究所。"連（れん）"为日本计算"洋纸"的单位，平版纸1000张、筒卷纸100张、版纸100张为1连。

④ 1929年"满铁"调查课刊行的《"满洲"纸的供给与制纸工业》显示："中国的大宗输入纸伴随近年新闻业的发展，需求逐年增加，中国时至今日尚不能生产。中国新闻纸输入市场以瑞典、日本与挪威为主，近年来日本品逐渐占优势地位"（『満洲紙の供給と製紙工業』満洲日報社、1929年、8頁）。又根据1940年"满洲弘报协会"的调查，"满洲国"及"关东州"新闻用纸全部依赖进口，境内生产为零（「3.実施要領並概況 9.弘報宣伝」『自昭和十七年度至昭和二十年度 満洲国戦争準備指導計画 昭和十六年五月二十日』（C13010305100）日本防衛省防衛研究所）。

四家纸浆生产会社协议扩大生产，以便缓解用纸饥荒[①]；1939 年 3 月，日"满"以资本金 50 万元成立"满洲特殊制纸株式会社"；1940 年 11 月，统合"康德制纸会社"，制纸业务由原先的烧纸尘纸类转向纸浆、印刷用纸等高级纸；1942 年，以增产原赖日本进口之新闻用纸为目的，在制订"第二次产业开发五年计划"中特别增设"制纸五年计划"，"以期于五年后，得达自给自足之域"；[②]1943 年 5 月，在佳木斯成立"满洲造纸株式会社"（隶属日本王子制纸株式会社），社长足立正，常务下津谦藏、高田良作，建设部长太田武雄、副部长古川清之助（事务）、佐々木金次郎（土建）、池田伍郎（山林），从日本江别工场移入 3.6m 及 2.2m 的新闻抄纸机[③]，建设佳木斯新闻纸工场，利用碎木纸浆生产新闻卷纸，计划年产 2 万公吨，不过直至灭亡，该新闻卷纸工场都未竣工[④]。相对开源之缓慢，日"满"当局倾向于效果更直接的节流，因此改变管理办法可谓势在必行。

首先，从立法层面为统制用纸情况提供支持。1937 年 8 月 3 日，关东局令颁布《暴利取缔规则》，管制"纸"的价格，对任意随便涨价者，处以"6 月以下罚役或200 元以下罚金或拘留或罚款"[⑤]。1938 年 4 月，伪满洲国颁布《暴利取缔规则》，内容与关东局的《暴利取缔规则》大体一致[⑥]。次年 12 月 16 日，关东局令第 105 号颁布《"关东州"价格统制规则》，30 日，"关东州厅"告示公布各类用品公定价格。随后，"关东州和洋纸贸易实业组合"公布各类用纸协定销售价格表。[⑦]1941 年 8 月30 日，关东局令第 88 号又颁布《"关东州"价格等统制规则》，适用于"新刊的书籍及杂志"[⑧]。

---

① 「満洲パルプ生産で紙飢饉を緩和 四会社愈々製紙決意」『日刊新聞時代』1937 年 7 月 3 日、第 3 版。

② 东北物资调节委员会研究组编辑：《纸及纸浆》，东北物资调节委员会，1947 年，第 16 页。

③ 「製紙技術改善の歩み（20）」『紙パ技協誌』1976 年第 30 卷第 4 号、5 頁。

④ 『満洲年鑑・昭和二十年版』満洲日報社奉天支社、1944 年、117 頁；《东北造纸业概况》，国民政府主席东北行辕经济委员会经济调查处，1947 年，第 5—6 页。

⑤ 「暴利取締規則」『官報』1937 年 10 月 19 日。

⑥ 南満洲鉄道株式会社調査部編『満洲経済統制関係主要法令集：満洲国及関東州』日清印刷所、1939 年、223—224 頁。

⑦ 「大連組合協定価格一覧」『東亜商工経済』（大連）第 5 卷第 3 号、1941 年 3 月、153—159 頁。

⑧ 『満洲及関東州の物価法令』中央物価統制協力会議、1943 年、45 頁。

1942 年 7 月，关东局令第 86 号颁布《"关东州"纸配给统制规制规则》，日本驻"满"全权大使指定纸业制造者与纸业制造统制团体，对纸类从生产（输入）到配给加以统制，其中指定统制团体为"社团法人关东州纸业统制协会""社团法人满洲统制协会"，指定经销业者为日本洋纸株式会社外三十八商社，指定经销业者的组织团体为"满洲纸元卖统制组合"，指定批发业者（卸壳业者）为株式会社满洲荻原商店大连支店外五十商社组合。是月，关东局扶植成立"社团法人关东州纸业统制协会"。[1]8 月，"关东州厅"公布《配给实业组合设立纲领》，整备州内配给统制机构，重新设立各种配给实业组合，承担配给与价格统制业务，其中包括纸配给实业组合。[2]是年 6 月 10 日，伪满经济部令第 30 号颁布《纸配给统制规则》，"非经济部大臣之指定者不得由经济部大臣指定之纸制造业者或其组织之团体为纸之让受者"[3]，9 月 24 日，伪满经济部告示第 257 号，根据《纸配给统制规则》第 8 号指定批发业者或团体为纸之让受者（承受者）分别为"满洲图书株式会社""满洲书籍配给株式会社""满洲新闻协会及加盟新闻社""满洲出版协会及加盟会员""满洲印刷工业组合联合会及加盟组合员""满洲纸器加工组合及加盟组合员""满洲文房具工业统制组合""社团法人满洲纸业统制协会""满关纸元买统制组合""满洲纸卸卖统制组合""鸭绿江制纸株式会社""六合成造纸株式会社""满洲特殊制纸株式会社""安东造纸株式会社"等[4]。

除了"满洲纸业统制协会"（针对国内纸类生产者）之外，"满洲纸统制组合"（针对纸类进出口者）与"满洲纸配给组合"（针对纸类需求者及零售者）相继成立，前者"遵从政府的方针，以统制纸的输入及配给，确保需要调整配给的顺利及价格稳定为目的"，其职责"需给计划的树立、配给组合及大宗需要者的配给数量的分配、配给价格及规格的决定、其他规定统制费用的征收及积攒，及其他必要统制事项"，后者"遵从政府的方针，按照'满洲纸统制组合'的计划，统制纸的配给，以之为需给调整配给之协调及价格之安定计"，其职责"配给计划的树立、组合员配给数量的分配、组合费的征收及积存、共同设施、前各号附带业务，及其他为达

---

① 関東州経済会『関東州経済年報·昭和十九年版』満日印刷所、1944 年、151—154 頁。

② 「州内配給組合 機構整備着々進捗」『大連商工会議所々報』1942 年 8 月 15 日、1 頁。

③《经济部令第三十号》，《政府公报》第 2420 号，1942 年 6 月 10 日。

④《经济部布告第二五七号》，《政府公报》第 2528 号，1942 年 10 月 24 日。

到本组合目的之必要业务"①。

其次，从实践层面成立各种用纸统制会社。鉴于"最近纸的价格高涨的实情"，关东局与伪满洲国协议设立"满洲纸统制株式会社"，负责公定制纸原料的配给价格、国产纸的贩卖价格、配给价格、批发及零售价格②，分别成立"关东州纸业统制协会"与"满洲纸业统制协会"。1941 年 9 月 22 日，在伪满经济部与日本驻"满"大使的扶植下，根据《贸易统制法》第 4 条，长春成立"满洲制纸联合会"，旨在"以顺应国策，扩充生产，促进技术改良及发达，事业运营的顺利，确保需给之完全为目的"，业务范围涵盖"满洲国"及"关东州"会员生产纸的生产分配，行使"满洲纸统制组合"关于纸的供给与统制，或斡旋会员制纸原料及资材之取得配给，下支配各制纸业者、杂纸制造组合，及纸总购买组合、纸批发买组合等，其中加入该联合会的旅大租借地纸业有大连的松浦制纸株式会社、睦堂制纸工场、裾野制纸所与金州的福海制纸工场③。

为纾解用纸困难的问题，关东局与伪满洲国协议成立跨境联合出版统制机构，表示：为解决目前纸张短缺问题，以期节约活用和顺利分配，因欲确保国策所需纸张，不得不实行配给统制。且无论对出版物进行何种强力指导统制，若纸张获取自由则难保其万全。因此，为整备纸张分配统制机构，经与相关机关多次协议结果，决定从下一个物资动员年度开始施行大致如下所述方针，目前正与经济部当局等协议具体要点，预计不日敲定：

（1）以弘报处、经济部、关东局等相关人员，组成出版用纸配给统制协议会（暂称），决定满洲与"关东州"及日本方面机关之间的配额，及主要大宗机关的配额。

（2）除依前项所决之事外，国内配额由弘报处确定。

（3）纸张配额对象并非印刷业者而是出版物发行者。此为从配额之最

---

① 孙化南编『全满及新京地区组合其他团体名簿・康德九年度版』满洲日日新闻社印刷所、1942 年、430—433 页。

② 「满洲纸统制会社关系从业者出资で设立」『鲜满支财界汇报』1940 年 1 月号、39 页。

③ 王子製紙株式会社贩卖部编『纸业提要：纸と物の常識』王子製紙株式会社、1938 年、245—247 页；《"大满洲帝国"年鉴》，"满洲国通信社"，1944 年，第 688 页。

终需求方主义出发所当然之事，否则就无法实现对各个出版物进行统制之意图。

（4）官厅、外围团体及特殊会社（包含面向民间的出版物）配额由弘报处直接决定，但必要时将与相关机关协议。

（5）对民间业者，满洲出版协会将根据弘报处决定制定配额方案并进行配给的斡旋。

（6）纸张获取将另由配给机构决定。（上述尚可能会有些许变更）决定配额之时，将根据出版物统制根本方针采取下述措施。

（7）优先配给报道或启蒙政策所必需之物。

（8）向外国介绍我国情文化之学术研究报告或画报等，有对外宣传效果的尽可能考虑优质纸配额。

（9）一般来说，官厅特殊团体出版物原则上尽可能抑制配额。必要时将暂停部分配额。

（10）其他配额取决于需求程度，进行重点分配。[1]

1940 年 3 月 10 日，在"满洲弘报协会"业务课课长田中的倡导下，"关东州出版协会"成立，隶属"满洲弘报协会"。"关东州出版协会"标榜"以促进会员之间的亲睦，推动文化的向上发展为宗旨"，"以'关东州'内刊登时事的定期刊物的个人或法人经营的发行人为会员"，设 1 名会长、1 名常任理事、5 名理事、10 名评议员。当日参加者《满洲日日新闻》《泰东日报》《满洲时报》（满洲タイムス）《满洲公论》《满洲妇人新闻》《大陆女性》《法律时报》《满洲警察新闻》《实业之满洲》（实业の满洲）及"国通"支社等 14 社。经过投票选举，会长为满洲时报社，常任理事为实业之满洲社，理事为满洲公论社、满鲜社、新东亚社、法律时报社、满蒙社，评议员为满洲妇人新闻社、满洲警察新闻社、大陆之女性社、满洲消防新闻社。会后，新天地社与满洲评论社提出入会申请。3 月 15 日，"关东州出版协会"召开第一次理事会，分别讨论"各社的用纸""未加入社的交涉""会计的问题""与关东军报道班联络""加入各社代表及代理者的提名"等 5

---

[1] 堀正武「出版物統制に就いて」『宣撫月報』第 50 号、1941 年 2 月 2 日、26—27 页。

个议题，其中"各社用纸"的讨论结果是"向州厅商工科与经济警察系陈情，争取更多纸张配给"。7月，"关东州出版协会"召开成立大会，关东局总长发来贺电，"关东州厅"厅长与大连市长等参加大会并致辞[①]。而伪满洲国的"满洲出版协会"于1941年3月8日成立，业务包括："会员相互亲睦协助相关事项、出版物内容向上相关事项、国策出版物事业助成相关事项、出版用资材配分斡旋相关事项、事业经营适正合理化相关事项、其他本会使命达成上必要事项"[②]，会员涵盖长春与奉天主要出版社、新闻社、杂志社与书局。1943年4月1日，重新改组变成社团法人，与"满关纸业统制协会""满洲印刷工业统制组合""满洲书籍配给株式会社"共同完成伪满洲国与旅大租借地出版界的统制工作[③]。

除了以上多种手段之外，还有从实践层面检举非法操纵纸张商人。依据《暴利取缔之件》（1938年4月14日伪满经济部令第19号、伪满治安部令第26号、伪满产业部令第25号）与《暴利取缔规则》（1937年8月3日关东局令第76号）[④]，日"满"当局联合在全"满"范围内检举非法操纵纸张商贩。1942年12月，伪满洲国发生一起波及17都市的纸张操纵案件，检举人员达125人，被《盛京时报》称为"范围之广泛、事件之重大，为经济保安科所第一次遇到者"，并乐观地认为"酝酿多日之纸荒，亦将至此一扫"[⑤]。然而实际结果并非如此，直至日本战败"纸荒"问题始终未曾解决[⑥]，1938年9月4日起，"日本将用纸节约决定为非常时国策，'满洲国'基于'满'日一致之见地，对此应取同一步骤"，在"满弘"的倡议下，在'满'日文报废除星期日晚刊[⑦]。1940年9月，伪满洲国国务院训令第185号颁布《关于官署发行定期刊行物统制之件》，"鉴

①　由井浜権平『謝恩誌：満洲タイムス廃刊記念』満洲タイムス社、1941年、136—146頁。

②　孙化南编『全満及新京地区组合其他团体名簿·康德九年度版』満洲日日新聞社印刷所、1942年、626—628頁。

③　《"大满洲帝国"年鉴》，"满洲国通信社"，1944年，第571页。

④　南満洲鉄道株式会社調査部編『満洲経済統制関係主要法令集：満洲国及関東州』日清印刷所、1939年、224、786頁。

⑤　《操纵纸张黑幕揭穿》，《盛京时报》，1942年12月18日，第4版。

⑥　伊藤佐吉「用紙減配と出版界」『新天地』第23巻第6号、1943年3月、60—61頁。

⑦　《顺应用纸节约国策　在满日文报决定　废止日曜夕刊》，《盛京时报》，1938年8月20日晨刊，第2版。

于现下时局对于纸张经费以及劳力之节约均属亟应谋求之紧要事项,而对于无关重要之刊行物之发行故应竭力抑制之"①,受此影响,"民间杂志因为纸荒显出不振"②,1944 年 2 月 28 日,伪满洲国弘报处与"满洲出版协会"采取合刊、减页(版)、停刊等措施,限制伪满洲国境内刊物的用纸情况③。

　　旅大境内的刊物不是主动减少版面,就是被迫与其他刊物合并。一方面,"纸之饥馑,诸材料之腾贵,鉴于此战时体制,《满蒙》削减广告内容之部分"④,"在报纸节约的呐喊声中,各大报社,把星期日的八页或十页的日报,都变成了四页或六页了,这个数目看去,似乎极其微少,但是,你若仔细核计起来,所节约的,决不在少数"⑤,同时在日本政府制定的《新闻版面变更之件》影响下⑥,《大连日日新闻》与《泰东日报》由对开大报改为 4 开 4 版,最后改为 4 开 2 版,其他时事性报纸一律停刊,经济性等类报纸也改为小报⑦。另一方面,原先用来统合报纸的手段也用于杂志⑧,1945 年 5 月,"关东州厅"特高课同时传唤《满洲评论》与《新天地》的负责人,满洲评论社派出的是责任编辑林绿和田中武夫,新天地社派出的是法人代表中村芳法。由于纸张供应紧张资源严重匮乏,《满洲评论》与《新天地》中只能存留下一本刊物,"关东州厅"要求双方自行协商解决。中村芳法叮嘱年轻编辑林绿要为办刊事业奋斗到最后,并主动办理了《新天地》停刊手续,《满洲评论》则维持到日本战败⑨。

---

① 《关于官署发行定期刊行物统制之件》,《政府公报》第 1920 号,1940 年 9 月 18 日。

② 穆文:《满洲杂志界之今昔观》,《电波》,创刊号,1941 年 7 月,第 32 页。

③ 李鸿文、张本政主编:《东北大事记》(下),吉林文史出版社,1987 年,第 1033 页。

④ 「編輯後記」『満蒙』第 19 年第 8 号、1938 年 8 月 1 日、180 頁。

⑤ 《编辑后记》,《商工月刊》,第 4 卷第 6 号,1939 年 6 月 1 日,第 95 页。

⑥ 《新闻版面变更之件》:1.发行早晚刊的新闻社一律停出晚刊;2.早刊及原来统合版,周二刊(周一、周四)二版,其余日出四版;3.四版地方报纸,周二刊(周一、周四)二版;4.依版面变更,用纸配给量以各社实绩为基准,从四月份起重新定量,三月份剩余配给量将为各社保留以作特别非常之用;5.日本新闻会会员以外新闻用纸,将制定特别规定;6.外地及"满洲国"新闻的版面准用内地的标准;7.本件从 3 月 6 日开始实施。

⑦ 张挺编著:《大连百年报纸》,国际文化出版公司,2003 年,第 79 页。

⑧ 「雑誌統合問題と全満ジアナリズム再編成」『満洲評論』第 18 巻第 12 号、1940 年 3 月 23 日、7—9 頁。

⑨ 祝力新:《满洲评论及其时代》,商务印书馆,2015 年,第 42 页。

三、对新闻与出版的人员统制

1938 年《国家动员法》与《"关东州"国家总动员令》颁布后，日本国内与旅大租借地进入"总动员"时期。所谓"总动员"，"就是当战时、事变的时候，为应付武力战，把全国国民的劳力、资源，拿出来集中在一起，为期望获得战胜，由政府加以有统制的运用，好教他发挥最大的效力，再换句话说，就是把全国的、人的资源和物的资源，按战争的需要，完全拿出来，由于政府施以统制，在政府指导下国民各尽其力，就叫作国家总动员"[①]。在"总动员体制"的影响下，新闻与出版方面的各种人员也成为统制的对象。

（一）新闻与出版业者的统制

依据《营业取缔规则》的规定，新闻、杂志及图书的出版与发行在旅大租借地内属于合法的营业方式。依据该规则的规定及日本营业者的惯例[②]，旅大租借地出版、印刷、蓄音器、写真等从业人员纷纷成立各种组合（公会），如"大连印刷业组合"（太田信三）、"满洲书籍杂志商组合"（山县富次）、"关东州印刷同业组合"（太田信三）、"关东州书籍贸易实业组合"（提光藏、槐常藏）、"大连蓄音器商组合"、"全'满'写真机材料商组合"等。[③]这些组合的负责人都为日本人，应该不难保证对日本帝国的忠诚度。虽然它们由业者自由组合，当局一般不事先直接干涉，多于事后要求非公认组合修改规约中"紊乱公共秩序、妨害善良风俗"的条文[④]，但这些团体自觉地配合当局施政，如"关东州书籍贸易组合"表示以"顺应国策""奉献于文化昂扬"与"图书报国"等宗旨[⑤]。即便如此，进入"总动员"时期以后，当局仍然

---

① 雍善耆：《关于国家总动员》，《警友》，第 2 卷第 5 号，1938 年 5 月 1 日，第 58 页。

② 《营业取缔规则》（1927 年 1 月 28 日厅令第 3 号，改正 1931 年第 20 号）第六条第二款"欲设营业者组合时，定其规约及代表者，向关东长官提出申请，受其许可"。

③ 『大連商工名録・昭和二年版』大連商工会議所、1927 年、201 頁；『大連商工案内・昭和十一年版』大連商工会議所、1936 年、178 頁；『大連商工案内・昭和十四年版』大連商工会議所、1939 年、258 頁；『大連商工案内・昭和十五年版』大連商工会議所、1940 年、337 頁。

④ 「トラスト式販売線に 大連署から警鐘 非公認組合の不穏当な規約に 先づ懇談の改正慫慂」『満洲日報』1934 年 2 月 17 日。

⑤ 『満洲日日新聞』1940 年 3 月 21 日、第 7 版；渡辺隆宏「満洲国における書籍雑誌定価販売の開始：満洲書籍配給株式会社設立後の流れ」『メディア史研究』第 35 号、2014 年 2 月、145 頁。

不放心他们的自由发展，开始通过立法控制组合进而统制个体业者①。

1937 年 9 月 14 日，日本天皇敕令第 497 号公布《"关东州"实业组合令》，全文 114 条，由"总则""设立""组合员之权利义务""管理""加入脱退""监督""解散""实业组合联合会""登记"与"附则"等 11 部分组成，表示作为实业的法人向日本驻"满"全权大使提出书面申请，获批后可以组织团体，承担"检查与限制生产、制定价格协议及其他与组合员相关的营业统制""对于组合员营业相关的事项进行指导、调查与研究"等职能，同时授予驻"满"大使直接干预组合内部事务的权力，如"大使认为有预防或矫正营业上弊害之必要时，得命令针对实业组合之必要设施"（第 13 条），"大使认为有预防或矫正营业上弊害之必要时，得命令实业组合之组合员，或虽非组合之组合员但在其组合地区内有组合员资格者，应遵从其组合之统制"（第 14 条）②。

《"关东州"实业组合令》颁布后，旅大出版与印刷组合纷纷依照新法令改组。1940 年 4 月 5 日，"满洲书籍杂志商组合"改组为"关东州书籍贸易实业组合"，设理事 2 人，监事 3 人，组合员共 36 人，出资额 8 万元。同日，"关东州和洋纸贸易实业组合"也得以成立，理事 7 人，监事 3 人，组合员 66 人，出资额 2.475 万元③。同年，"全'满'写真机材料商组合"改组为"关东州写真材料配给实业组合"，浅田新之助任理事长④。1945 年 4 月 21 日，日本政府为了推动"关满"经济一体更加紧密化，修改《"关东州"实业组合令》，强化实业组合的统制功能，将原来所有的实业组合改组为统制组合，出台《"关东州"实业组合整理统合案》，确立以"大组合少数制"为原则，要求州内现存各实业组合急速整理，顺应"关满"经济一体的目标。⑤ 在新闻与出版方面，在成立"关东州纸业统制协会"的基础上，将各组合

---

① 1938 年以前，日本殖民当局仅针对个别行业颁布组合法令，如『関東州水産組合規則』『貸家業組合規則』『関東州及南満洲鉄道附属地金融組合令』等。

② 『関東州実業組合令規集』大連商工会議所、1938 年、44 頁。

③ 「関東州地方待遇職員令中ヲ改正ス・（実業組合ノ指導監督事務等ノ為職員増減）」（A02030198500）『公文類聚・第六十四編・昭和十五年・第五十四巻・官職五十二・官制五十二（関東局五）』国立公文書館。

④ 『大衆人事録・第 14 版・外地・満支・海外篇』帝国秘密探偵社、1943 年、関東州篇 2 頁。

⑤ 「関東州実業組合令ヲ改正ス」『公文類聚・第六十九編・昭和二十年・第六十一巻・産業四・商事二』（A03010259100）国立公文書館。

统合为"关东州书籍贸易实业组合"，与伪满洲国的"满洲书籍配给株式会社"进行业务对接。

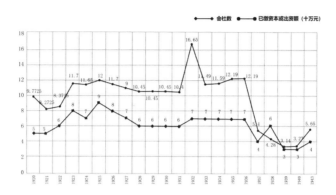

图4—7："关东州"新闻发行业、图书及杂志出版业会社数及资本额

另一方面，日本中央政府与关东局相继颁布《"关东州"临时资金调整令》（1937 年 11 月 9 日敕令第 651 号）、《"关东州"临时资金调整令施行规则》（1937 年 12 月 30 日局令第 127 号）、《"关东州"会社经理统制令》（1941 年 1 月 14 日敕令第 51 号）《"关东州"会社经理统制令施行规则》（1941 年 1 月 15 日局令第 1 号）等，为应对日本提出的"建设国防国家"，限制会社资金利用，统制会社经营，强化会社企业为国家而生产，其中《"关东州"会社经理统制令》对州内会社总数产生较大影响，直接导致减少 45 社[1]。如图4—7所显示[2]，州内新闻发行、图书及杂志出版业会社总数与资本投入 1937 年以后急速下滑，1940 年略有回升后，1943 年又出现大幅度下滑。同时，又颁布了《"关东州"企业许可令》（1943 年 12 月 14

① 偶井正典「関東州会社経理統制令の影響：配当・役員賞与を中心として」『満鉄調査月報』
　第 21 巻 4 月号、1941 年 3 月、176 頁。

② 为了数据具有可比性与延续性，本表统一采用关东厅（局）统计书的资料，其中 1941 年与
　1942 年由于找不到当年关东局统计书，才使用《经济统计月报》的数据（「関東州銀行会社資
　本金現在高」『経済統計月報』第 319 号、1942 年 3 月、20 頁；「関東州銀行会社資本金現在高」
　『経済統計月報』第 328 号、1942 年 12 月、20 頁）；而根据大连商工会议所对"关东州"新闻
　业的统计：1939 年会社 5 家、资本金 939000 元；1941 年会社 4 家、资本金 839000 元（『関東
　州経済年報・昭和十九年版』満日印刷所、1944 年、343 頁）。

日敕令第 925 号）与《"关东州"企业许可令施行规则》（1944 年 2 月 7 日局令第
15 号），对包含印刷业、写真摄影业在内的贸易业与零售业进行严格限制，其中印
刷业（平常含事业主在内从业者在十人以上者）由"关东州厅"长官负责，写真
摄影业由市长或民政署长负责[1]。

（二）新闻与出版记者的统制

正如日本学人所呼吁："在期待战场后方国民思想健全发达方面，言论统制与
操觚业界的净化应为重要之事。"[2]1937 年后，作为"总动员"对象中的一员、操
觚业界主力军的新闻记者，被当局称为之"建国精神的热情体验者"[3]，也陆续被日
"满"当局纳入统制的范畴。

一方面，通过新闻记者协会与恳谈会。大连本地新闻记者与外地驻大连新闻记
者纷纷组成新闻团体，如大连新闻记者协会、中央记者俱乐部、埠头记者俱乐部
（大连水上警察署）、"满铁新闻记者俱乐部"、大连商工记者俱乐部（大连商工会议
所）、"关东州厅记者俱乐部"与"满洲日满评论家协会"等[4]，甚至还成立了"关东
州弘报研究会""关东州弘报研究文化协会"[5]。它们多为小型团体，许多新闻记者同
时参加多个团体，如《满洲日日新闻》的春日、《奉天每日新闻》的藤田、《大阪每
日新闻》的山口同时为"满铁记者俱乐部"与"关东州厅记者俱乐部"的成员[6]。
虽然每个协会的人数并不多，但是它们通过协会组织的数量，尽可能将在旅大的日
"满"记者控制在内，实现引导与监督记者的报道活动范围与报道内容。

伴随日军侵华步伐的加大，各种支持日本对华动武的记者团体陆续产生。"在
卢沟桥事变发生后，'满洲国'及'关东州'新闻及杂志记者，立即结成记者联盟，

---

① 「関東州企業許可令施行規則」『関東州経済年報・昭和十九年版』満日印刷所、1944 年、
　386—387 頁。

② 三宮維「戦時下に於ける銃後国民思想対策と言論統制」『日満経済論壇』第 30 号、1939 年 6
　月 30 日、3 頁。

③ 『満洲行政経済年報・昭和十七年版』日本政治問題調査所、1942 年、28 頁。

④ 由井浜権平『謝恩誌：満洲タイムス廃刊記念』満洲タイムス社、1941 年、201—219 頁。

⑤ 《弘报研究会开干事会议》，《盛京时报》，1943 年 1 月 22 日，第 6 版；《为宣传电气学 开街头
　展览会 弘报研究会新贡献》，《盛京时报》，1943 年 1 月 31 日，第 6 版。

⑥ 由井浜権平『謝恩誌：満洲タイムス廃刊記念』満洲タイムス社、1941 年、212—215 頁。

充当日军后方的支援"①,"以全'满'记者大会参加者组织全'满'记者联盟,本文章报国精神,唤起对'华北事变'以及时局之舆论"②。即 1937 年 7 月 29 日,关东军主导下的"全'满'记者大会"在长春日"满"军人会馆召开,决议支持"第一线皇军",并致以"感谢文"——"吾等在'满'言论报道机关代表五十名,向为时局安定而活跃的贵军将士之决死奋战表以深甚之敬意,时正突然,挂念贵军将士之劳苦,呈以感谢之辞"③;1937 年 8 月 16 日至 31 日,由村田悫麿（满洲日日新闻社社长）与高柳保太郎（泰东日报社社长、"满洲弘报协会"理事）、大石智郎（大同报主干）、大西秀治（国通）四人结成全"满"记者联盟皇军慰问使节团,高柳任团长,前往天津慰问日军与从军记者④。

这些组织从成立到活动都明显有日本侵略者干预的痕迹,绝非记者的自治团体,更应该被视为日本侵略者的帮凶。"全'满'记者联盟"作为统合在"满"记者的组织,受到相当之重视与礼遇。每次开会时,关东军与伪满洲国当局都会参加,如 1938 年 3 月召开第 2 次大会,伪满洲国总务厅长官与关东军参谋长分别发表训词,前者表示"希望诸君今后对'政府'的主旨,要充分谅解,愿各位激励活动与援助为是",后者表示"今后切望各位,明察大局,严尊国策之所向,在坚强之信念下,积极而果敢地向报道大使命迈进,因为时局既是重大,我们必要加以善处,同时在军部方面,今后务必要增加与诸君相接触的机会,以便共同突破时局"⑤。8 月 29 日召开第 3 次大会,"由新参谋长与'满洲国'政府当局间,遂行恳谈,更深切时局认识,以资指导全'满'舆论,参加之新闻及通信社共廿七社,杂志社三社,约五十名"⑥。

更甚者,模仿纳粹德国在军中设置宣传部队,1941 至 1943 年,关东军报道部多次组织由日朝"满"华新闻、通讯记者、摄影、录音、写真、美术、无线电等构成的"临时报道队"⑦,全队分成"报道班""写真班""摄影班""录音班""无线班"

---

① 「北支の戦線慰問より帰りて」『朝鮮及満洲』第 359 号、1937 年 10 月、38 頁。

② 《全满记者联盟派员皇军慰问》,《盛京时报》,1937 年 8 月 15 日号外,第 2 版。

③ 「全満新聞記者大会 第一線皇軍に感謝決議」『日刊新聞時代』1937 年 8 月 3 日、第 2 版。

④ 《全满记者联盟代表赴津慰问皇军》,《盛京时报》,1937 年 8 月 17 日,第 2 版。

⑤ 《训示》,《弘宣半月刊》,1938 年 4 月,第 10 号,第 9、11 页。

⑥ 《全满记者联盟在新京昨开第三回大会》,《盛京时报》,1938 年 8 月 30 日晚刊,第 2 版。

⑦ 『満洲国現勢・康徳十年版』満洲国通信社、1942 年、588 頁。

等五班，作为关东军的"报道战士"，"为昂扬报道精神，达成思想战士之使命"[①]，
其中1943年1月21日至2月1日关东军报道部组织参加"报道演习"的"报道队员"
达300多人[②]。另外，在日本政府的操纵下，"满洲"（40名）与"关东州"（4名）、
日本（38名）、中国关内占领区（21名）、"蒙疆"（4名）等地记者一起参加在广东
召开的"东亚新闻记者大会"，标榜"发扬大东亚建设报道战士的和亲协力"[③]，次年
于长春召开"东亚操觚者大会"，"满洲"代表自封为"报道战士""文笔之战士"[④]，
宣称"凡吾等新闻同志，其当握笔结合，挥笔相交，为大东亚建设之精锐，勇往直
前云"[⑤]。1943年，日本东京再次召开"大东亚新闻大会"，伪满洲国、日本、中华民
国（汪伪）、泰国、菲律宾、缅甸所谓的"六血盟独立国"为首，爪哇、马来亚、
中国香港、婆罗洲、苏门答腊、塞兰岛、西里伯斯岛等地区派代表者共同参加，"大
东亚建设理念之高涨、征战完遂之决心与信念，宣示于中外"[⑥]。

表4—10："东亚新闻记者"大会及参加者

序列	名称	时间	地点	参加者
1	东亚操觚者恳谈会	1940年	东京	日本、泰国、"满洲国"、中华民国（汪伪）、夏威夷、南洋记者（各类参加者合计220名）
2	东亚新闻记者大会	1941年	广州	日本、"满洲国"、中华民国（汪伪）记者
3	东亚操觚者大会	1942年	长春	日本、"满洲国"、中华民国（汪伪）、泰国、印度支那记者（各类参加者合计300名）
4	大东亚新闻大会	1943年	东京	日本、中华民国（汪伪）、"满洲国"、泰国、菲律宾、缅甸、爪哇、马来亚、中国香港、婆罗洲、苏门答腊、塞兰岛、西里伯斯岛

---

① 《期达成思想战士使命 军报道部组见学团视察》，《盛京时报》，1942年2月27日，第4版。

② 「報道の尖兵 画期的な演習」『東京朝日新聞』1943年2月23日朝刊、第4版。

③ 『満洲国現勢·康徳十年版』満洲国通信社、1942年、588頁。

④ 《大东亚操觚者大会参与记》，《麒麟》，第2卷第9号，1942年，第125页。

⑤ 《大东亚操觚者大会特刊》，《上海记者》第3期，1942年，第16页。

⑥ 「いざ、筆陣の結集 あす開く 大東亜新聞大会」『読売新聞』1943年11月16日夕刊、第
2版。

　　旅大内的记者，特别是"满"人记者，除了受到关东局、"关东州厅"等官方机构通过记者协会、俱乐部的控制与影响之外，还会受到来自伪满弘报处的控制。虽然行政上旅大与伪满互不隶属，但是旅大的"满洲"人并未变更国籍，1932年后拥有所谓"满洲国"国籍，故此，大连"满"人记者依然会受伪满弘报处精神上的影响，如伪弘报处主宰的弘报机关联络会议（文书科长会议、检阅联络会议、弘报恳谈会、放送联络会议、新闻映画联络会议等）无处不在。伪弘报处为实现"新闻服务满洲建国"，表示"民间杂志特别是启蒙杂志的育成为今后第一问题，与新闻杂志机关每月举行一次恳谈会"，要求他们"着眼于'国家'宣传"。①

　　1938年7月5—6日，"为提倡社会教育向上，并为明了国内私人经营各杂志之内容起见"，召集伪满及旅大8家杂志社在长春举行座谈会，其中大连商工月刊社长入招。在座谈会里，伪弘报处训词：

　　　　查国家社会之良莠，胥系国民文化程度之高低，而文化宣播，多有仰赖新闻杂志舆论之指导，如斯则国家社会与新闻杂志实有切肤之关系，而新闻杂志贡献国家及社会之功绩，其重且大，有不可轻忽者……而今而后，政府与出版界，务要彻底联络，希勿稍有扞隔！诸位经营上所感受之困难，应随时向政府陈述，政府对于诸位之事业，勿论精神方面而或物质方面，统必予以援助。②

　　通过各种定例会见或恳谈会，实现对新闻记者的精神驯化，使之承担构建"建设性的舆论"③。顺便一提，伪满洲国当局还大力表彰新闻宣传工作人员，如1940年7月15日，以"满洲国"皇帝溥仪名义一次性表彰三十名弘报宣传关系者，如表4—11所显示，表彰对象以日本籍为主，所谓的"满洲国"国籍者不过四人而已，充分体现出日本人优先的殖民心态。

---

① 「文化探题（新闻）」『满洲評論』第20卷9号、1941年3月1日、31頁。

② 《全国出版界业务状态座谈会记录》，《商工月刊》，第3卷第8号，1938年8月1日，第114—115页。

③ 『满洲行政经济年報・昭和十七年版』日本政治問題調查所、1942年、28頁。

表4—11：1940年7月"满洲帝国皇帝"表彰弘报宣传关系者一览表[①]

等级	姓名	任职单位	等级	姓名	任职单位
勋一位柱国章	高柳保太郎	泰东日报社长、"弘报协会"顾问	木杯一组	小野敏夫	英文满报社社长
勋三位柱国章	森田久	"弘报协会理事长、国通"社长		升井芳平	"国通"取缔役
	村田恕磨	满洲日日新闻社社长		汤畑正一	满洲日日新闻社取缔役
	染谷保藏	盛京时报社长		山口源二	满鲜日报社取缔役
勋四位柱国章	菊池贞二	盛京时报取缔役		山本久治	大北新报社社长
	三浦义臣	原"弘报协会"理事		笠神志都延	满洲新闻社取缔役
	里见甫	原"国通"主干		穆方田	盛京时报社论说委员
	大矢信彦	原"弘报协会"理事		井口陆造	英文满报社取缔役
	寒河江坚吾	哈尔滨日日新闻社长		大西秀治	泰东日报社取缔役
	大石智郎	大同报社长		尾本舍次郎	奉天每日新闻社支配人
	实性确成	"弘报协会"庶务课长		姚任	"弘报处"理事
	佐藤武雄	安东新闻社长		王维周	滨江日报社社长
木杯一组	细野繁胜	原满洲日日新闻社取缔役		大本正郎	满鲜日报社代表取缔役
	林显藏	"满映"理事		奥村义信	满洲事情案内所
	米野丰实	满洲日日新闻社取缔役		山口源二	"满鲜日报社"取缔役

另一方面，官方促成新闻记者的养成与认定。时任"满洲弘报协会"理事姚任对"满洲国"新闻记者之使命——"'满洲国'为新兴之'国家'，对于王道主

---

① 「満洲国皇帝陛下弘報宣伝関係者を敘勲」『文化情報』1943 年 4 月 13 日、第 1 版。

义之宣扬，'建国'精神之发挥，国民智识之启迪，及对外关系之宣传等，莫不有赖于新闻记者之努力"。当时也有学者基于《记者法》条文——"记者应体'建国'精神，依公正之判断，遂行其职务"，表示记者"应自觉其尊贵之使命"。由此观之，伪满洲国新闻记者承担的职责不可谓不大。然而，经历中国新闻学教育或新闻训练的"满洲"新闻记者对于何谓"王道主义"，何谓"建国精神"均混沌未知。

基于现实的需要，"满洲弘报协会"成立新闻记者养成所，与当时"建国大学"开设《新闻政策》课程为伪满当局培养管制言论机关的人才不同[①]，"记者养成所"旨在为伪满言论机关培养"满"人记者，1940年2月1日开设，首任所长是姚任，继任松方义三郎、后藤和夫、美浓谷善三郎等，应试者须具备国民学校毕业、日语检定考试二等以上合格及三十岁以下，考试科目分为日语（二三等程度）、汉文、常识、口头试问、身体检查。由于"满映"理事资助2万元的基金，入所者不但无须缴纳学费，且可获得在学期的津贴[②]，每月50元。伴随1940年12月"满洲弘报协会"的解散，1941年1月第2期起改由"满洲国通信社"举办，接受伪满当局补助金，其中第2期2万元、第3期5万元。每期毕业典礼时，关东军报道部、伪满弘报处负责人均出席并发表训话。

从相关的报道来看，"满洲新闻记者养成所"训练日语、汉语、新闻学、新闻论、政治、经济、社会、外交、汉译实习、采访实习、宣传、科学、军事学等[③]，并持续增加社会科学课程，其中第5期特别增加《建国精神》《日本精神》《神学》等意识形态课程[④]。这类课程未曾在日本新闻学院出现，应该是专为"满"人记者所开，实现《记者法》中强调的体认"建国精神"的目标。而"满蒙建国"的本质在于"反华亲日"。但是具体内容无从知晓。既然该所长是姚任，笔者认为可以从他对"满洲国"新闻记者的期待寻求突破口。姚任在1940年出版的新闻学研究著作《实用新闻学》最后一章专门讨论"'满洲国'新闻记者之使命及应有之认识"，具

---

① 田村纪雄「建国大学時代の井口一郎：新聞学から弘報論へ『東京経済大学人文自然科学論集』第127号、2009年3月、137頁。

② 《在养成期内并给津贴》，《盛京时报》，1940年1月9日晚刊，第2版。

③ 《通信记者二期生下月入所训练》，《盛京时报》，1941年1月24日晨刊，第2版。

④ 「満洲記者養成所の現状」『満洲新聞協会報』第7号、1944年9月30日、第4版。

体有三点：

> "满洲"之特殊情势是也，当日俄战争以前俄国之势力，侵入"满
> 洲"，幸有日俄一役，俄国之势力，被日本所驱逐，吾"满洲"地方，始
> 得免于暴俄之蹂躏与吞并，嗣后张氏父子，专政为虐，荼毒人民，一方
> 勾结国共，欲将欧美势力，引入"满洲"，倘无友邦日本仗义兴师，将其
> 打倒，则"满洲"地方，不成为欧美逐鹿之场，即化为苏俄赤化之域。
> 吾人所蒙痛苦，定将不堪设想，欲求今日王道乐土之幸福，讵可得乎，此
> "满"人记者应认识之点一也。
>
> "满洲"比邻苏联，彼邦虎视眈眈，随时以赤化"满洲"为心念，倘
> 无友邦日本，为防共之砥柱，则共产主义之惨祸，早临诸吾人之身，其悲
> 惨痛苦之情形，恐将万劫不复，言念及此，不寒而栗，此"满"人记者应
> 有认识之点二也。
>
> 此次中国事变，结症于蒋政权不明东亚大局，欲利用欧美苏联，抵制
> 日本，其失败乃当然之结果，殊不知日华提携，乃东亚之幸福，对于东洋
> 民族生活上之安定，关系极大，日本所以不惜莫大牺牲，以谋打倒蒋政权
> 者，其用意亦即为此……至日本对于"满洲国"之关系，亦复如是，日本
> 现在极力开发"满洲"之资源，将其运入日本，同时"满洲"之产业，亦
> 因之而趋于发达，国内人民之生活状况，自亦随之以富裕矣，此"满"人
> 记者应事认识之点三也。[1]

从姚氏的表述来看，作为一名合格的"满洲国"新闻记者，必须做到反华反苏
亲日媚日。由此可见伪满洲国的新闻教育已旨在灌输"皇民"式的思想观点，将
"满洲"的新闻记者培养成日本统治中国东北的"协助者"。然而，从现有资料来
看，记者养成所共举办过6期[2]，教职员以日本人为主，培养出的部分学员成为"反
'满'抗日"的参加者，如刘一夫、王世隆、郭墟、李吉恒等。

---

[1] 姚任：《实用新闻学概要》，"满洲国通信社"出版部，1939年，第107—109页。

[2] 「満洲記者養成所の現状」『満洲新聞協会報』第6号、1944年9月20日、第4版；「満洲記者養成所の現状」『満洲新聞協会報』第7号、1944年9月30日、第4版。

表4—12："满洲记者养成所"教职员及学生定员[1]

时间	教职员	报名	招生	毕业
1940.2—12	所长：姚任；主事：饭田台辅；学监：大冢松二；讲师：武藤富男、庄开永、森田久	—	12	11
1941.1—12	所长：姚任；主事：大西秀治；讲师：小石寿夫（法学）、何春魁、安部得太郎	40	10	7
1942.1-12	所长：松方义三郎；主事：大冢松二	235	20	17
1943.1—12	所长：后藤和夫；主事：大冈信雄；学监：垣崎茂一	—	20	16
1944.1—	所长：美浓谷善三郎；主事：村田揽雄；学监：垣崎茂一（专任讲师）；训育：唐新我（专任讲师）；讲师：志生野中佐、小石寿夫、大山彦一、井口一郎、江原又七郎、仓冈克行、安部得太郎、冈田实、大西秀治、美浓谷善三郎、于莲客、季守仁、唐新我、张翎、李雅森、曰井尹胤、垣崎茂一、千原正义	370	20	—
1944.12—	—	200	20	—

关于官方认定记者资格的问题，日本国内时有讨论，但未曾变成现实。然而，依 1941 年 10 月伪满总理大臣颁布的《记者考试令》，在伪满从事宣传业务的记者，即在"满洲国通信社"或新闻社、由文章、通信或图画组成的新报或新闻纸内容从事者，一律须参加"满洲国"记者考试，分笔试与口试两块，笔试主要考察基础学

---

① 「満洲記者養成所の現状」『満洲新聞協会報』第 6 号、1944 年 9 月 20 日、第 4 版；「満洲記者養成所の現状」『満洲新聞協会報』第 7 号、1944 年 9 月 30 日、第 4 版。

术，科目分为基础法（日文版由手岛庸义著《"满洲帝国"基本法释义》，汉文版为尾上正男著《基本法大纲》）、历史、地理、经济、语言（日汉俄语四等程度者，其他外语为中等学校毕业生程度）与作文，合格者参加口试，主要考察应试者的人品及见识。综合来看，伪满记者资格认定不以"技术"与"知识"为足，同时强调"精神"（心神）的重要性，这既是伪满弘报处长对弘报要员的训示[1]，也是日本中央当局对记者教育的期待[2]。

"满洲"记者考试虽名为"满洲国"记者考试，但实为日本国记者考试，甄选效忠于日本国的记者。从考试委员会委员身份来看，1942 年委员共 21 人，日系 15 人，"满"系 6 人，两者差距颇大，"满"系委员不过点缀而已；从考试问题中比例最大的语言题来看，尽管日语与汉语比重相当，但问题的排序不难说明日语优先，同时与 1936 年满洲日日新闻社在日本侧重考查应聘者业务能力相比，"满洲国"记者考试显然更偏重语言能力，即说明掌握日语是通过记者考试的首要条件；从考试合格者身份来看，1941 年总应试者 366 名，第一轮合格者 93 名，日系 39 名，"满"系 54 名，第二轮合格者 73 名，日系 36 名，"满"系 37 名，1942 年合格者 92 名，日系 46 名，"满"系 46 名，1944 年总报名者 633 名（应试者 465 名），日系 129 名，"满"系 504 名，第一轮合格者 84 名，结合当时日本人在伪满总人口占绝对少数的情况来看，日系应试者合格比例之高是不正常的。可见，记者考试虽然名为"满洲国"记者考试，但是实为日本国记者考试。

综合来看，笔者认为由日本操控的记者考试，目的在于筛选出能够真正尽忠于日本的记者，使之成为军国宣传的帮手。这样的新闻记者究竟有多少竞争力不言而喻，"实际今日的记者编辑们，的确是受当局的挟持，很少自己动笔的，把当局发表的东西，一字也不改地登载报纸上，自己仅仅任往返取稿徒步之劳，因此今日的记者，信仰的人少，加以毁谤的人多了"[3]。

总而言之，在日本扩大对华及东亚战争的过程中，旅大租借地作为日本侵略中国乃至图谋东亚地区的兵站基地，其新闻业成为对内舆论动员与对外展开思想战的

---

① 武藤富男：《关于各省弘报事务协议会》《弘宣半月刊》第 49 号，1940 年 10 月 15 日，第 10 页。

② 有山辉雄、西山武典编「積極的な新聞政策私案」『情報局関係資料』第 2 巻、柏書房、2000 年、3—8 頁。

③ 李牧：《我国新闻的今昔观》，《新满洲》，第 6 卷第 5 号，1944 年 5 月，第 13 页。

重要工具。日本殖民当局在新闻与出版结构、新闻与出版经济、新闻与出版人员三方面调整统制策略，确立所谓的"弘报新体制"，减少新闻媒体自由营业的可能性，使之承担起更多的"国策机关"的宣传说教功能，即突出"新闻报国"等法西斯式的媒体策略，进而彻底使传播媒介沦为日本对华侵略战争的帮凶。

第二节
战时新闻检查与新闻统制调整

以经济统制为手段控制管理层面的同时，日本殖民者配以内容限制，从立法层面调整新闻取缔范围，渗透新闻的日常报道，强化新闻服务侵华战争，从实践层面扩建统制机构，保证法规限制内容的实施，彻底清除不利战争宣传的因素，真正实现建设与强化"思想国防"，使新闻媒介得以协助"大东亚战争"的完成。

一、立法上调整新闻取缔范围

中日战争全面爆发以后，正如日人所称："一个敌对的新闻纸相当于十万强敌。"（一個の敵対新聞は十萬の強敵に値す）[1]一方面，日本及其殖民统治地区行政当局基于保护军事机密的理由，通过各军部与行政当局强化对本土与海外殖民统治地区新闻检查的行政管理，另一方面，日本及其殖民统治地区立法当局通过修改法令，强化对新闻、出版及言论的法律责任，使之慑于罚则而不敢轻易施行不利于战争的行为。

（一）严控关乎战争动员的新闻与言论传播

日本发动全面侵华战争以后，新闻行政管理的对象首当其冲是限制军事方面的报道。1937 年 7 月，日本海军省与陆军省制定《新闻揭载禁止事项标准》，该标准

---

[1]「新聞出版物取締に就て」『部報』第 5 号、1937 年 10 月 21 日、6 頁。

直接影响到含旅大租借地在内的各控制地区,"关东局也立即以此作为禁止事项"①。7月31日,日本陆军报道部检阅系根据陆军省第24号令②与《新闻纸法》第27条③制定与公布《新闻记事取缔要领》,分为新闻纸记事取缔的法令、陆军省令的解释、取缔方针及注意事项三部分,其中取缔方针及注意事项标榜:"取缔务必公平、不偏,勿给当事人有差别感",重申新闻纸不得刊登军队的行动及其他军机军略。8月1日,陆军省报道部检阅系又制定了《新闻揭载事项许可判定要领》。

日本陆军省试图通过限制新闻报道的内容,减少舆论对战争的影响。1943年3月4日,日本首相东条英机在众议院战时刑事特别法案委员会答复滨野委员长关于"于战时下一亿国民之协力下,尊重言论之自由,固不待言,愿闻政府之所信"的提问时表示:"为遂行战争,必须昂扬国民之精神,已由本人迭次言明,对战争遂行上有碍之言论,战时下必须严重取缔,自不待言。此外国民之言论,当然力求畅达。"④一语道明日本政府统制言论之意图,所谓的自由只不过是支持战争言论的自由罢了。其限制标准与同时期中国政府制定的《新闻检查标准》相比要详细、烦琐得多。为了与之相配套,日本及包含旅大在内的控制地区又制定《新闻纸检阅标准》《新闻纸军事新闻刊载许可手续》等行政办法,落实新闻纸报道内容以事先检查为原则,一切军事新闻除官方公布以外的刊登均须首先获得批准。由此带来的直接结果是"报纸内容千篇一律,且多捏造事实,变成枯燥无味的东西"⑤。

在"堵"的同时,日本当局也对报纸采取"疏"的策略,一方面,通过规定报道军事新闻可以报道的范围,使得军事新闻的报道始终处于当局可控范围之内,另

① 野田茂:《关东州厅警察部长潮海辰亥的罪行》,《伪满人物》,吉林人民出版社,1993年,第255页。

② 1937年陆军省第24号令:新闻纸法第二十七条ニ依リ当分ノ内軍隊ノ行動其ノ他軍機軍略ニ関スル事項ヲ新聞紙ニ掲載スルコトヲ禁ズ但シ予メ陸軍大臣ノ許可ヲ得タルモノハノ限ニ在ラズ。

③ 《新闻纸法》第27条:陸軍大臣、海軍大臣及外務大臣ハ新聞紙ニ対シ命令ヲ又ハテ軍事若ハ外交ニ関スル事項ノ掲載ヲ禁止シ又ハ制限スルコトヲ得;第40条:第27条ニ依ル禁止又ハ制限ノ命令ニ違反シタルトキハ発行人、編輯人ヲ二年以下ノ禁錮又ハ三百円以下ノ罰金ニ処ス。

④ 《国民言论力求畅达 但严重排击阻止战争遂行者》,《盛京时报》,1943年3月6日,第5版。

⑤ 洪桂己:《台湾报业史的研究》,政治大学新闻学研究所硕士论文,1956年,转引自王天滨:《台湾报业史》,亚太图书出版社,2003年,第32页。

一方面，通过规定如何指导新闻报道，使得报纸彻底沦为军事宣传的工具。《新闻揭载禁止事项》经过 1940 年 10 月、1941 年 4 月修正，《新闻揭载事项许可判定要领》经 1937 年 8 月 8 日、8 月 15 日修正，1937 年 9 月 9 日重新制定，1939 年 7 月 7 日、1940 年 6 月 3 日、1941 年 4 月 7 日再修正，增加报纸可以刊登的内容：

（1）没有暴露军队过去行动、现在及将来的企图之虞，局部记事及写真，如以下所示（但不得窥知兵器材料的性能）：①步兵、战车、骑兵、野炮兵、山炮兵、野战重炮兵、气球、工兵、辎重兵、航空兵、宪兵及各部的活动，但不得出现战车的种类，可仅战车、战车队；②高射炮（限于不展示照准具）高射机关枪、照空灯、听音机、测远机的活动；③装甲列车的活动；④架桥（战车、自动车等重车辆渡桥使用的特种架桥除外）无线、铁道等部队的活动；⑤军用自动车的活动；

（2）大队以上部队番号不得使用，一律用冠以部队长名之部队名。以上场合不得明示部队相互间的指挥系统，但是准关于昭和十三年末前作战之记事写真用兵团（旅团以上）联、大、中、小、分队的名称冠以部队长名；

（3）公开的召集及后方的美谈。限禁载部队番号（含通称号）、部队所在地（含可以推知卫戍地的用语）、召集应召的日时、召集的种类、役中、年龄等，但无碍使用召集、应召、出征等字句；

（4）依（3）进行关于应召者的会面、出发、见送等情况之记事；

（5）部队的出发、通过、见送等情况及与之相关联的各种团体活动，限于抽象表示部队番号、出发、通过、见送之场所（含可以推知卫戍地的用语）及其日时、部队目的地等，但由舰船输送之部队出发、通过、见送情况相关记事写真除外；

（6）有军旗的部队之写真（限于不得暴露某部队的军旗），但昭和十三年以前作战相关内容依（2）无碍使用；

（7）关于个人之召集解除及内地回归之记事写真，依（3）至（5）及（8）无碍揭载，未用某员之类语句，得用召集解除、除队、归乡等语句；

（8）关于回归部队之记事写真，上陆内地港湾后该部队相关记事写真依（3）至（6）无碍揭载，但不得暴露编制装备；

（9）作为交代归还发表之军司令官的记事写真限遵从一般禁止标准无碍揭载；

（10）未记载司令部位置、名称之记事写真，但关于昭和十三年以前作战之事依（2）无碍明示位置、名称；

（11）未暴露少将以上阶级之写真；

（12）战死伤者（除将官）之记事写真，限无碍揭载未涉及一般禁止事项，但：①有关新闻仅限揭载有直接关系之地方战死伤者名；②依原队（留守队亦为原队）提供之报道资料不依特派通信员等之通信；③依本旨未揭载于名簿式之时以百名位为限度分割揭载；

（13）关于铁道职员之记事写真，但为涉及人员数、职务状况、派遣地域及其他军队秘密；

（14）关于遗骨凯旋及伤病兵归还之记事写真，得表示其回归地名，不得明记原队之事；

（15）依通称号部队名（内地、台湾、朝鲜）：①旅团、联队、及依之部队一律依通称号；②得并写卫戌地，不得推测队种及编制与隶属系统或记载于名簿式；③除近卫师团各师团称呼冠以所在地名"东京师团""大阪师团"等；④除非另有说明否则不予发表部队长阶级、氏名，单冠以姓则无碍。

1938年6月12日，日本内阁情报部又制定《新闻指导要领》，通牒关东、朝鲜等各地军部，作为新闻记者报道与编辑新闻的指导，认为"新闻记事对舆论、社会风教影响颇大，鉴于当下时局，新闻业者应承担其重大的公共使命，积极自觉地推动贯彻国策、改善社会风教"，要求编辑对新闻的编辑处理，呈现一种乐观精神，进而提振国民思想、社会风教[1]。

由上资料可见，不论是堵还是疏都均属行政管理层面，固然可以给遵从者提供方便，可以出现方案制定者期望实现的结果。但是，它们对政府反对者缺乏有

---

[1] 「新聞の編集指導要領に関する件」『昭和十三年 密大日記 第6冊』防衛省防衛研究所。

力惩罚。日本政府通过修改法律，强化法律服务于战争，加大刑事处罚力度。1937年8月14日，日本政府法律第72号颁布《军机保护法》，与1899年颁布的《军机保护法》相比，保护范围与处罚力度大幅增加，不准任何人"探知"或"漏泄"属于军事保护内的"作战、用兵、动员、出兵及其他军事秘密的内幕或图书"，"探知或收集军事上的秘密者，处六月以上十年以下之惩役"[1]。10月7日，陆军省令第43号、海军省令第28号分别颁布《军机保护法施行规则》，适用对象及于治外法权者以外任何人，适用区域当然及于日本全土及朝鲜、中国台湾、南库页岛、"关东州"、南洋群岛等地，均以特别法令的形式适用与《军机保护法》内容一致的法令。[2] 同日，陆军省令第44号、海军省令第29号分别颁布《关于"关东州"军机保护之件》，划定"关东州"军机保护区域[3]。相对于1936年1月20日西尾寿造签发的《关东军机密保护问题的指示》，只对涉及出版的规定："要严格执行机密图书使用规则，无关人员不得接触非本人经理事项的秘密，加倍注意防止在书信往来和日常言行中泄露秘密"[4]，《关于"关东州"军机保护之件》列出具体的惩罚标准，更具有操作性，再加上原有的《旅顺港境域》（1906年9月22日）、《旅顺港规则》（1906年9月27日）、《"关东州"防御营造物地带令》（1908年3月6日）、《"关东州"防御营造物地带令施行细则》（1908年4月25日）、《关于"关东州"戒严及征发之件》（1915年5月5日）、《关于"满洲"特别军事地域规定之件》（1936年12月11日）等相关保密规定，旅大租借地的新闻媒体几乎不可能对军事方面做出实质性的报道。

（二）严控关乎社会安宁的新闻与言论传播

在行政管理作出调整的同时，日本及其海外控制地区从法律层面作出新闻服务战争的配套。日本学者认为："现代战不仅是呈现所谓国家总体战样子的武力战，还是战场后方谍报、宣传、谋略的'秘密战'"，"1937年7月，中国事变发生后，违反陆海军刑法所定之造言蜚语的刑法行为将日渐趋多，由其取缔实际所得经验显示，战场后方治安的维持不仅涉及军事事项，痛感有必要取缔如广泛惑乱人心或诱

---

① 「軍機保護法改正其他」『官報』1937年8月14日。

② 刑事法学会编纂『改正軍機保護法釈義』豊文社、1937年、46—47頁。

③ 「関東州ニ於ケル軍機保護ニ関スル件」『官報』1937年10月7日。

④ 徐占江、李茂杰主编：《日本关东军要塞（上册）》，黑龙江人民出版社，2006年，第38页。

发经济混乱之言论"。① 正因如此，为了打赢这场"秘密战"，1941 年日本政府颁布法律第 61 号《刑法改正》，新增"关于安宁秩序的犯罪"，表示"以扰乱人心为目的，散布虚假事实者，处以五年以下惩役或五千元以下罚金""散布诱发银行存款挤兑及其他经济上混乱者，处以七年以下惩役或五千元以下罚金""战时、天灾及其他事变之际，散布虚假事实惑乱人心及诱发经济混乱者，处以三年以下惩役及三千元罚金"。② 1941 年 1 月颁布《新闻纸等揭载制限令》。3 月颁布《国防保安法》，规定对于泄露机密、扰乱经济秩序的行为、言论处以死刑或者无期惩役等重刑。12 月颁布《新闻事业令》《言论、出版、集会、结社等临时取缔法》。1943 年 2 月颁布《出版事业令》。日本紧追英法德等西方国家之后③，确立日本新闻统制法规战时与平时之区别，完全进入战时统制阶段，在此期间，日本臣民的"表现自由"完全被剥夺④。

日本中央政府与关东局以敕令、局令的形式移植日本战时新闻统制法规强化新闻与言论服务战争，以《"关东州"国家总动员令》（1939 年敕令第 609 号）最重要与最具代表性，基于"'关东州'的特殊性"，旅大租借地并未像朝鲜、中国台湾、南库页岛与南洋群岛直接适用《国家总动员法》，在经过关东局一年多的研究与酝酿后⑤，终由以天皇敕令颁布《"关东州"国家动员令》，宣称："《国家总动员法》中

---

① 平出禾『戦時下の言論統制：言論統制法規の綜合的研究』中川書房、1942 年、5—6 頁。

② 「刑法中改正」『官報』1941 年 3 月 12 日。

③ 战时英法德新闻、言论统制法令，英国：《紧急全权（国防）法》（1939 年 8 月 24 日）、《一般国防条例》（1939 年 8 月 25 日）；法国：《新闻杂志及公刊物取缔相关总统令》（1939 年 8 月 24 日）、《新闻杂志及公刊物取缔相关总统令的适用相关总统令》（1939 年 8 月 24 日）、《战时电信事务取缔令》（1939 年 8 月 24 日）、《战时无线电信及无线电话运用取缔令》（1939 年 8 月 24 日）、《对军队及人民士气可能有恶劣影响的情报发布之总统禁止令》（1939 年 9 月 1 日）；德国：《战时及特别军事行动之际特别刑法相关命令》（1938 年 8 月 17 日）、《非常广播措置相关命令》（1939 年 9 月 1 日）（平出禾『戦時下の言論統制：言論統制法規の綜合的研究』中川書房、1942 年、25—31 頁）。

④ 石村善治『現代マスコミ法入門』法律文化社、1993 年、24 頁。

⑤ 1938 年 9 月 4 日，朝鲜京城的『東亞日報』就以「關東州에는 總動員法實施」为题报道，关东局为响应日"满"两国，在"关东州"准备实施的《国家总动员法》将以局令或敕令形式颁布，目前正在研究中。

对帝国臣民的有关规定，准用于居住在'关东州'的非帝国臣民"[1]，完全将旅大地区的中国人与日本侵略战争绑架在一起。其他统制传播媒介的法令有《放送听取无线电话规则》（1937 年局令第 55 号修正、1939 年局令第 93 号修正）、《"关东州"国防保安令》（1941 年敕令第 673 号）、《"关东州"新闻纸等揭载制限规则》（1941 年局令第 128 号）、《"关东州"言论、集会、结社等临时取缔令》（1942 年敕令第 22 号）、《"关东州"战时民事特别令》（1944 年敕令第 657 号）、《"关东州"战时刑事特别令》（1944 年敕令第 658 号），它们共同承担取缔不利于侵华战争的新闻、出版、广播与言论的功能。

与 1937 年以前颁布的新闻法令相比，它们一如既往地将日本禁锢新闻媒体的法令延长到旅大地区，同时又体现出一些新的特点：

第一点，它们以绝对服务战争而进行立法。如表 4—13 所揭示的 1937 年 7 月至 1945 年 8 月旅大租借地新闻相关法令，从颁布或修正的内容与战争的关系来看，除了修正与再次修正的《放送听取无线电话规则》与战争无直接的关系，其他法令的制定绝对地服务于日本对外的侵略战争，日本统治者以战争为借口，立法统制各种媒体传播活动。即便《放送听取无线电话规则》的修正与战争无直接关系，但是由于此时日本与中苏等各国之间进行的"电波战"本质上是一场争夺听众耳朵的战争，该法令在这个时期的实施得到强化，加大取缔所谓的"非法"收听来自中国关内的"怪放送"，其中 1938 年 2 月宣称："最近一般'满'人商民恒有窃听汉口及长沙方面各种怪放送，且更有无智之徒，依窃听所得之无稽消息，发布反日排'满'的逆宣传"[2]，"关东州厅"高等警察课一方面通令市内各警署，着令厉行放送取缔规则，检举"盗听"汉口、长沙等地"逆宣传"的无线电放送的"不良者"，无线电听取机安设者 17 名，关系者百余名[3]，遭到逮捕者全部都是伪满商人，达 30

---

[1] 《国家总动员法》第 50 条的内容：'本法施行相关重要事项（军机相关事项除外）时，为应政府之咨询，设置国家总动员审议会。国家总动员审议会规程由敕令规定。"［本法施行ニ関スル重要事项（軍機ニ関スルモノヲ除ク）ニ付政府ノ咨詢ニ応ズル为国家総動員審議会ヲ置ク。国家総動員審議会ニ関スル規程ハ勅令ヲ以テ之ヲ定ム。］

[2] 《善良放送听取者 须明当局方针》，《盛京时报》，1938 年 3 月 9 日，第 5 版。

[3] 《盗听无电固撒谣言 漠视法规多被检举 事件或将波及全满 善良市民切勿自扰》，《大连特刊》第 181 号，1938 年 3 月 10 日。

余人，名单中有日本投降后担任大连市第一任市长的迟子祥[1]，另一方面对于善良听取者告以取缔规则，以释彼等之恐，以促进无线电放送所负之文化使命[2]；8月，又将取缔对象扩大至在连外国人，逮捕19名收听来自莫斯科、伯力、纽约等地的短波的外国人[3]。

表4—13：1937—1945年旅大租借地新闻相关法令

颁布或修正		法令形式		立法对象		与战争关系	
颁布	9	敕令	5	出版物	1	相关	9
修正	1	省令	3	放送用无线电话	2	无关	2
再修正	1	局令	3	留声机·唱片	0		
				广告	1		
				电影	0		
				言论·出版活动	7		

第二点，它们以最高处罚力度为手段取缔新闻与出版。《"关东州"国家总动员令》第一条："关于'关东州'进行国家动员，除了要依据本令动员之外，还要依据《国家总动员法》，但本法第五十条不在本规定限制内。"[4]1938 年 3 月 31 日颁布的《国家总动员法》第二十条规定："政府在战时之际，因总动员上所必要依敕令所定对于报纸及其他出版物之登载事项，得限制或禁止之。政府对于违反前项之限制或禁止之报纸及其他出版物，凡有妨害国家总动员者，得禁止其发卖及颁布，并得扣押该物及其原版"。第三十九条规定："违反第二十条第一项所规定之限制或禁止者，在报纸则处其发行人及编辑人，在其他出版物则处其发行人及著作人，二年以下之惩役或禁锢或二千元以下之罚金。在报纸除编辑人之外，实际担当编辑者及登载记事署名者，亦准用前项之规定"。第四十条规定："第二十条第二项所规定之扣押处分之执行妨害者，处以六月以下之惩役或禁锢或五百元以下之罚金。"[5]《"关

---

① 《怪放送听取者 警署严行检举 被捕卅余人 严行满商》，《大连特刊》第180号，1938年3月5日。

② 《善良放送听取者 须明当局方针》，《盛京时报》，1938 年 3 月 9 日，第 5 版。

③ "Foreigners Arrested In Kwantung Charged with Listening To Short Wave Radio".The North—China Daily News，1940，8.14.

④ 「関東州国家総動員令」『官報』1939 年 8 月 26 日。

⑤ 「国家総動員法」『官報』1938 年 4 月 1 日。

东州"战时刑事特别令》复制日本《战时刑事特别法》，对"战时以变乱国体及紊乱安宁秩序为目的，宣传严重危害治安之事项者"，"处七年以下之惩役或禁锢"[1]。1937 年前的新闻法令，《出版物命令条项》最高处罚是"取消发行许可"，《普通出版物取缔规则》与《"关东州"输入或移入出版物取缔规则》[2]均是"六个月禁锢"。这种以空前的力度取缔新闻自由，无不体现新闻法制的法西斯特性。

第三点，它们以限制自由为目的取缔新闻与出版。按照《"关东州"国家总动员令》，原本《国家总动员法》第二十条规定的敕令作为"出版物取缔"依据改为关东局令。[3] 在此基础上，与日本政府颁布敕令——《新闻纸等揭载制限令》相对的是，关东局颁布局令——《"关东州"新闻纸等揭载制限规则》，"根据《'关东州'国家总动员令》和《国家总动员法》，对报纸和其他出版物的登载内容予以限制或禁止，可对报纸和其他出版物的发卖及颁布予以禁止，可对其查封和原版扣押"，禁载事项："《国防保安法》第一条上的国家机密[4]；《国家总动员法》及《'关东州'国家总动员令》有关业务的官厅机密；由《'关东州'裁判事务取扱令》所规定的军事上的秘密[5]，由《军用资源秘密保护法》所规定的军用资源秘密"，另外还规定有："对外交方面有重大妨碍之嫌的事项；对外国进行保密的事项；对财政经济的实施上有重大妨碍之嫌的事项；以及其他对国策的推行上有重大妨碍之嫌的事项"等[6]。这些内容无一不与侵华战争相关，查禁它们意味着此时的报纸只有成为宣传

---

① 「戦时刑法特别法中改正」『官报』1943 年 10 月 31 日；「関東州戦时刑事特别令」『官报』1944年 12 月 6 日。

② 1937 年 12 月，"满铁附属地"行政权移交伪满洲国后，"关东州"所有法令名称中的"及南满洲铁道附属地"被去掉。

③ 「一览表」『関東州国家総動員令ヲ定ム』（A02030149400）『公文類聚・第六十三编・昭和十四年・第八十卷・軍事二・国家総動員一』国立公文書館。

④ 《国防保安法》（1941 年法律 49 号）第一条 本法所称之国家机密指国防上必要对外国秘逆的外交、财政、经济及其重要国务关系事项，即下列各号符合者及其表达它们的图书物件：一、御前会议、枢密院会议、阁议或应被看成前项会议的相关事项及其他会议议事；二、帝国议会秘密会议相关事项及其他会议议事；三、为前二号会议做准备的相关事项及其他行政各部主要机密事项。

⑤ 《"关东州"裁判事务取扱令》第一条规定的"民事刑事及非诉讼事项相关依据法令"包含《军机保护法》。

⑥ 顾明义等主编：《大连近百年史》（上），辽宁人民出版社，1999 年，第 524 页。

军国主义的御用工具或帮凶一个出路，正因如此，战前偶尔尚能为中国居民发声的《泰东日报》此时彻底沦为关东军的宣传机器。《"关东州"言论、集会、结社等临时取缔令》以"维护战时治安之安全"为借口，表示"在'关东州'言论、集会、结社之取缔办法，依照《言论、出版、集会、结社等临时取缔法》除了出版以外之条款"①，即表示"为时局相关造言蜚语行为者，处二年以下惩役或禁锢，抑或二千元以下罚金"，"散布时局相关可能惑乱人心者，处一年惩役或禁锢，抑或千元以下罚金"②。甚至战败前夕的 1945 年 8 月 10 日，日本殖民者仍不忘颁布《"关东州"戒严令》③，限制旅大民众的言论与出版。

另外，与朝鲜、中国台湾、南库页岛及南洋群岛等其他日本海外控制地区相比，1937 年以后旅大租借地的新闻统制令形式上相对独立。与中国台湾、南库页岛直接适用《言论、出版、集会、结社等临时取缔法》不同④，旅大租借地施行《"关东州"言论、集会、结社等临时取缔令》、朝鲜施行《朝鲜临时保安令》、南洋群岛施行《南洋群岛言论、出版、集会、结社等临时取缔规则》⑤，尽管后三者的法令都以《言论、出版、集会、结社等临时取缔法》为参照，但是比较具体内容可见，南洋群岛、朝鲜包含了日本母法的全部内容，而旅大租借地却删掉了日本母法的"出版"条款。还有，《国家总动员法》直接适用于朝鲜、中国台湾、南库页岛与南洋群岛，因此依据该法第二十条制定的敕令——《新闻纸等揭载制限令》《新闻事业令》《出版事业令》，也当然直接适用于朝鲜、中国台湾、南库页岛、南洋群岛，它们与日本

---

① 「関東州言論、集会、結社等臨時取締令」『官報』1942 年 1 月 21 日。

② 「言論、集会、結社等臨時取締法」『官報』1941 年 12 月 19 日。

③ 《"关东州"颁布戒严令》，《申报》，1945 年 8 月 12 日。

④ 「行政諸法台湾施行令中改正」『官報』1942 年 1 月 21 日；「言論、出版、集会、結社等臨時取締法ヲ樺太ニ施行スルノ件」『官報』1942 年 1 月 21 日。

⑤ 「朝鮮臨時保安令」『朝鮮総督府官報』1941 年 12 月 26 日；「南洋群島言論、集会、結社等臨時取締規則」『官報』1942 年 3 月 25 日。

的不同仅体现在颁布施行规则的机关不同①，可以说这四个地区战时新闻统制法与日本国内完全一样。然而，由于《国家总动员法》不直接适用于旅大租借地，而另外适用《"关东州"国家总动员令》，第二条特别规定以关东局令代替依《国家总动员法》第十七条、十九条至二十条制定的敕令，因此上述三则敕令均不适用于旅大租借地。之所以 1937 年以后，旅大租借地相对于其他地区的新闻统制令与日本国内形式上的差异性更多，是由于日本殖民统治政策的不同。从 1934 年关东局取代关东厅，旅大租借地的"中央"管辖官厅从统领外地事务的拓务省移至对"满"事务局开始，再到与南库页岛编入内地，中国台湾、朝鲜由内务省管辖不同②，旅大租借地与伪满、汪伪及东南亚各国一样归大东亚省管辖③，旅大与其他地区和日本的关系出现截然相反的发展趋势，旅大越来越表现出"外国化"的倾向，而其他地区越来越表现出"内地化"的倾向，这种变化在此时新闻统制法令体现得淋漓尽致。

二、结构上扩大新闻检查力度

中日全面战争后，日本殖民当局为了使各种媒体成为宣传战的工具，完成建设"思想国防"的任务，颁布各种法规法令加以统制与控制。作为辅助与落实统制法规的新闻检查也随之在结构上得到扩大与强化。

（一）两地合作拓宽检查范围

1937 年 7 月以后，日本为缓和世界各国舆论谴责，"安抚民心"，"促进日'满'

---

① 「新聞事業令施行規則（閣令・省令）」『官報』1941 年 12 月 20 日；「新聞事業令施行規則（府令）」『台湾総督府府報』1941 年 12 月 31 日；「新聞事業令施行規則（府令）」『朝鮮総督府官報』1942 年 6 月 15 日；「言論、出版、集会、結社等臨時取締法施行規則（省令）」『官報』1941 年 12 月 20 日；「言論、出版、集会、結社等臨時取締法施行規則（府令）」『台湾総督府府報』1941 年 1 月 22 日；「出版事業令施行規則（閣令・省令）」『官報』1943 年 2 月 18 日；「出版事業令施行規則（府令）」『台湾総督府府報』1943 年 5 月 21 日；「出版事業令施行規則（府令）」『朝鮮総督府官報』1943 年 5 月 29 日。

② 「行政簡素化及内外地行政一元化ノ実施ノ為ニスル内務省官制中改正」『官報』1942 年 11 月 1 日。

③ 「大東亜省官制」『官報』1942 年 11 月 1 日。

一体，东亚之安定"，终于正式公布已"准备"多年的废除在"满洲国"享有"治外法权"的消息，"移交南满洲铁道附属地行政权"①，关东局所属的"满铁附属地"19个警察署和3347名警察移交伪满警务司。然而，日本出于对伪满的不完全信任，为"关东州"与"满洲国"在警务合作上进一步提供了更多可能性，双方在直接关系到治安与风俗的新闻检查方面的合作更加频繁。

1. 旅大的检查对象涵盖所有信息传播渠道

前文已提到日本朝野都认为宣传战与军事战一样重要。新闻、杂志、广播、电影、通信等媒介，不仅是战争时期对内动员的工具，还是对外攻心的武器。因此，进入战争以后，它们无不一一成为旅大租借地当局的检查对象。根据《陆军大臣对关于地方长官检阅事务的训令》，关于"满洲国"与"关东州"的新闻检查事务，日本语新闻方面由对"满"事务局布置关东局执行，日本语以外的新闻纸由陆军省通知关东军司令部办理②。

1936年9月25日，东条英机在"中央警务统制委员会第四届会议及全'满'各地委员长会议"，表示：

> 此次与军方制定了战时检阅规定，除各警务机关外，应急地综合了通信、税关等机关，确定了有关通信、电影、出版物等检阅机构。本规定在全"满"不但战时要切实执行，在非常时期也是适用的。现在各地依据治安及防谍的需要，虽已与有关机关协力实施，还希望继续指导，以期在实施中符合本规定。现在地方中心检阅部的精神检阅机构还有待于逐渐完备，各机关要切实培养人员，提高技能，以期在战时收到检阅效果。③

---

① "移交附属地行政权"对日本控制旅大租借地无任何影响，在第六十七次帝国议会答辩时，日本当局回答"'关东州'的地位将来变成如何"时表示："'关东州'租借地与附属地行政权法源性质及其他关系大异其趣，即便附属地行政权调整乃至移让，与'关东州'租借权全然无关"，详见『第六十七帝国議会答弁资料 第三辑』。

② 「出版物通信及放送取缔二関スル件通牒」『新聞雑誌其他出版物取缔（検閲）参考资料』天津总领事館警察部、1938年5月1日、21—22頁。

③ 中央档案馆等编：《日本帝国主义侵华档案资料选编·伪满宪警统治》，中华书局，1993年，第77页。

鉴于此，1937 年 1 月，关东军颁布《电报电话信件检阅规定》，采取秘密手段检查电报底稿、窃听电话，拆查信件，以此发现可疑线索，侦察逮捕收发收信人，采取的手段有[①]：

（1）将宪兵、警察派至邮政、电信局检查电报；

（2）在电电会社设监听电话室，派宪兵窃听指定人的电话，或临时插在电话线上，随时窃听通话内容；

（3）秘密开拆信件，检查通信内容。

具体检阅事项参考《邮政检阅月报》中的检阅表，可知内容不外乎是："防谍上要注意的通信、怀疑是流言蜚语的通信、抗日通信、有害于防谍的嫌疑犯的通信、军纪及思想上要注意的通信、因具有不法行为的企图而正在调查的通信、描写国内治安不良的通信、提及满军躲避征兵的通信、告知中国治安状况的通信、不敬的内容、指责政府政策的通信"等等[②]。

1937 年 7 月，关东递信署官制改革，扩充"通信检阅取缔事务"，配置通信副事务官一人，递信书记八人，强化检阅"文书"或"印刷物"，严厉取缔涉嫌"泄露军事、外交"及"危害社会治安"者；同时以"大连放送局施行之二重放送与日本内地相异，专以'满洲国'人为对象"，因此尤须加以"指导监督"与"取缔听取者"，特以充实"放送无线电话监督事务"之人员，增加递信书记二人，最终所要人员："放送听取二人""节目与新闻检阅、野外放送监督、不法实施调查及杂务共四人"，并且加大经费投入[③]。

1939 年，关东递信局监督部设为检阅系、监视系，加强对大连中央放送局与外

---

① 中央档案馆等编：《日本帝国主义侵华档案资料选编·伪满宪警统治》，中华书局，1993 年，第 85 页。

② 尹怀主编：《吉林省档案馆馆藏日本侵华邮政检阅月报专辑》，吉林出版集团有限责任公司，2014 年。

③「関東逓信官署官制中ヲ改正ス·（通信検閲取締事務充実等ノ為職員増員）」『公文類聚·第六十一編·昭和十二年·第三十卷·官職二十八·官制二十八（関東局二）』国立公文書館。

来广播的监督与取缔（表4—14①）。正如有人投书《满洲评论》所言："十年前的九一八事变是在陆上进行。今日的九一八事变有可能在海上进行的预感。事态比起以前更紧迫，周围的敌对内容更加复杂，应有更大的觉悟"②，这种敌对的内容在日本人看来极有可能是通过电波越境而来。

表4—14: 关东递信官署递信局放送检阅取缔配置人员及分担业务

类别	放送无线电话监督	外来放送监听
人员配置	7	1
业务内容	放送内容的检阅（第一、第二、海外） 放送状况的监视（第一、第二、海外） 放送现场的监督、指导（播音室以外的放送） 放送听取无线电话的监督、取缔	外来宣传放送的听取、记录、翻译 外来宣传放送听取事项为情报材料的编辑、颁布 来自各关系厅的情报整理与编纂

1941 年 3 月 6 日，日本政府法律第 49 号颁布同时适用于朝鲜、中国台湾、"关东州"、南库页岛、南洋群岛的《临时邮便取缔令》，规定基于保护国防安全的需要，战时（含备战与事变）得禁止或限制邮件的发送，并授权主管官署检阅邮件。③10 月 16 日，关东局令第 102 号、103 号颁布《关于临时邮便取缔令第一条命令之件》《关于临时邮便取缔令第三条命令之件》，对通信方法与投信申请作出详细规定，前者表示不准寄往国外的邮便物使用"暗号、隐语、秘密墨水、及其他秘密通信方法、私制明信片、二重信封"④，后者表示"邮便物申请人必须于邮便物外部详细且明了载明其居所、氏名"，"邮便官署认为邮便取缔上必要时，可以要求邮便物申请人或受收人，提交译文对记载事项的内容作出说明，必须对寄信人与收信人

① 「関東逓信官署官制中ヲ改正ス·（簡易生命保険事務増加等ノ為職員増減、電信官設置）」（A02030114400）『公文類聚·第六十三編·昭和十四年·第四十七卷·官職四十四·官制四十四（関東局二）』国立公文書館。
② 「壁報」『満洲評論』第 20 卷第 5 号、1941 年 1 月 30 日、32 頁。
③ 「臨時郵便取締令」『官報』1941 年 10 月 4 日。
④ 「臨時郵便取締令第一条命令二関スル件」『官報』1941 年 12 月 10 日。

的真伪作出说明"。① 为了配合取缔令的执行，在原来的邮便检阅官 1 人、邮便检阅官补 27 人（检阅外国邮便发往者 12 人、寄来者 12 人，检阅内国邮便外人者 1 人、嫌疑者 2 人）的基础上，临时增加邮便检阅官 1 人，递信书记 7 人，邮便检阅官补 16 人，通信书记补 9 人。②

2. 伪满当局将检查区域延至旅大地区

伪满洲国成立初期，其境内出版物"新京出版物合同检阅所"统一施行检查，关东厅辖区及从中国关内、日本进口的出版物，统一由大连关东厅检阅事务所施行检查。③ 虽然，双方随时互通联络，如九一八事变之初，长春宪兵队本部联络要求关东厅警务局禁止登载的报道有 203 件之多④，但是都不会将检查延伸至对方辖区。随着各种制度的日益完善，伪满洲国当局陆续将检查区域扩张至旅大地区。

首先，通过外交渠道派驻机构，将行政权力合法延长至旅大地区。诚然，旅大租借地非伪满洲国行政辖区，但是，伪满洲国劫收大连海关后延续大连海关由中日双方共管的协议，伪满洲国在旅大租借地各地设置税关及关卡⑤，即伪满洲国有权委派人员入驻大连检阅通过大连海关流入伪满洲国境内的海外出版物。1937 年 7 月后，伪满当局认为反"满"抗日出版物有大量涌入境内之势。同年 12 月，伪满洲国治安部警察司取代伪奉天省公署警务厅联络员，在大连设置国外驻在员负责"由外国输入的出版物、唱片及映画的检阅及其相关事项""与'关东州'厅警务联络相关事项""特务警察上情报收集相关事项"与"旅券查证相关事项"等。⑥ 1938 年 3 月，伪满洲国在大连市永喜大楼设置警务司大连派遣员事务所（表 4—15⑦），任命审检员常驻大连，全面检查经大连进入伪满洲国的出版物、影片与唱片。

---

① 「臨時郵便取締令第三条命令ニ関スル件」『官報』1941 年 12 月 10 日。

② 「関東局部内臨時職員設置制中ヲ改正ス・（臨時郵便取締令ノ施行ニ関スル事務ノ為職員設置）」（A03010023200）『公文類聚・第六十六編・昭和十七年・第四十七巻・官職四十三・官制四十三（関東）』国立公文書館。

③ 小山栄三『新聞学』三省堂、1935 年、685 頁。

④ 《第二编 新京宪兵队》，《长春文史资料》，1990 年第 2 辑，第 78 页。

⑤ 《大连税关布告第 5 号》，《政府公报》第 76 号，1934 年 6 月 4 日。

⑥ 《治安部警务司分股规程》，《政府公报》第 1039 号，1937 年 9 月 14 日；国防科学会编『満洲帝国防諜関係法規類纂』昭和書籍、1941 年、99 頁。

⑦ 《伪满警察史略》，《长春文史资料》，1992 年第 2 辑，第 15—16 页。

表4—15：伪满洲国大连派遣员事务所机构设置及业务

成立时间	1938 年 3 月	地址	大连永喜大楼五楼
上级领导者	伪满洲国警务司（警务总局）	人员配置	所长 1 人，下属属官、警卫 10 人
主要业务	（1）在"关东州"警察部协助下检查由"关东州"邮寄伪满洲国方面的报刊、影片、唱片等。 （2）搜集政治、经济、思想及其他情报，特别是中共对"满"工作情报。 （3）掌握和控制由"关东州"出入伪满洲国的外侨，特别是苏侨活动日期、思想动态，从中搜集有关情报。 （4）与"关东州"警察部及其他特务机关进行有关业务联络工作。		
备注	所长由原关东局警察小野勘七担任，兼伪满洲国保安局大连出张所所长。		

其次，通过株式会社派出机构，以资本投资的形式实现两地跨境媒介统合与检查。"株式会社满洲弘报协会"成立后设置分会在大连，在"关东州厅高等警察课"协助下，以资本为手段收买与兼并旅大租借地中日英文报社，干预旅大租借地报社的内部事务，尽管此时的满洲日日新闻社与英文满报社总社已北迁伪满洲国，但是它们依然在"关东州"留有分支机构，前者在大连发行《大连日日新闻》（图4—8），后者在大连发行《英文通信》[①]；类似还有"株式会社满洲映画协会"与"满洲蓄音器株式会社"等。

图4—8：1942年"满洲日日新闻社"广告

[①] 大连商工会议所编『大连商工案内·昭和十七年版』满洲日日新闻社印刷所、1942 年、399 页。

1937 年 8 月，伪满洲国政府与"满铁"出资成立的"株式会社满洲映画协会"在大连设立出张所（所长高山熊市），实施旅大租借地境内影片统制分配与影院管理，以伪满洲国与关东局颁布的相关法规为依据，检阅与审查通过大连海关进入伪满洲国境内的电影器材及影片，仅仅 1940 年扣押影片就达 117 件，201657 米[1]。旅大租借地所上映的影片由"满映"统一发行排片。为贯彻与响应"满映"的统制方针，从 1937 年 11 月 1 日起，关东局对租借地境内影片发行实行全面统制，成立电影院联盟，各影院均设一专业人员与"满映业务部"负责发行排片事宜。结果，大连的美国影片公司、办事处、代理店撤走，美片销声匿迹[2]。"在电影院里所看到的，也尽是日本所摄的麻醉影片，以及夸示在华战事的胜利的新闻片。至于欧美影片，那就难得看见"[3]。

在留声机唱片方面，旅大租借地向来由日本国内会社垄断经营，如株式会社日本蓄音器商会、日本ポリドール蓄音器株式会社等在大连设置支店，向中日民众倾销各种类型的唱片。而"满洲蓄音器株式会社"成立于 1939 年 4 月 18 日，总社在长春，经营与配给唱片灌制、唱片制造贩卖、蓄音器制造贩卖、无线电受信器、录音装置等项目，设置大连营业所，将业务扩展至旅大地区。同年在长春成立"满洲音盘配给株式会社"，统制经营唱片相关器材，设置大连支店，由取缔役石渡周治兼任大连支店长。[4]

（二）警军宪合力提高检查投入

中日全面战争以后，日本及其殖民统治地区纷纷编成或强化官方舆论统制机构，尽管旅大租借地未成立像日本内阁情报局（部）、朝鲜中央情报委员会、台湾总督府情报委员会、南洋厅情报委员会那样的独立统制舆论机构，但也在原有的警察部门内扩大建制，使之承担更多的舆论统制角色。

一方面，从"关东州厅警察部"与独立宪兵分队设置"防谍机关联络会议"、

---

[1] 吉林省公安厅公安史研究室、东北沦陷十四年史吉林编写组编译：《满洲国警察史》，内部出版，1990 年，第 365—366 页。

[2] 辽宁省电影发行放映公司，辽宁省电影发行放映学会编：《辽宁电影发行放映纪事 1906—1994》，辽宁省电影发行放映公司，1994 年，第 52 页。

[3] 梦白：《在日统制下的满洲影片公司》，《新闻报》，1939 年 8 月 27 日，第 17 版。

[4]『大众人事录・第 14 版・外地・满支・海外篇』帝国秘密探侦社、1943 年、关东州篇 5 页。

民间结成"爱护联络会议""各设施工场爱护委员会"到"关东州厅警察部"成立"关东州厅中央防谍委员会",专注于特务侦查工作,经常编印各种小册子,分发各警察署指导防谍,搜集防谍资料[①]。另一方面,扩大出版警察的建制,在"关东州"各级殖民机构里,设有专门出版警察限于关东局警务部高等警察课、"关东州厅"警察部高等警察课、大连警察署高等警察系[②],其中1938年"关东州厅"警察部高等警察课下辖情报系、特高系与出版警察系,配置各种人员9名(表4—16[③]),共同执行统制与检查"关东州"内出版物的任务。

表4—16:"关东州厅警察部"高等警察课系配置人员及分担事务

1937 年 12 月高等警察课职员定员	事务官	警部	警部补	通译生
	1	4	3	1
1938 年"关东州厅"警察部高等警察课系别配置人员(经常、临时共计)	系别	警部	警部补	通译生
	情报系	1	1	—
	特高系	2	2	1
	出版警察系	1	—	1
	计	4	3	2

① 《潮海辰玄口供》,《日本帝国主义侵华档案资料选编 东北历次大惨案》(第8册),中央档案馆等合编,中华书局,1989年,第228—229页。

② 『関東局警察の陣容』南満洲警察協会、1937年12月、4、105、112頁。

③ 『警察統計書・昭和十二年』関東州庁警察部、1939年、1頁。「関東局部内臨時職員設置制中ヲ改正ス・(総動員期間計画ノ設定、外事警察機関ノ拡充及気象観測機構ノ強化ノ為職員増置)」(A02030046800)『公文類聚・第六十二編・昭和十三年・第四十一巻・官職三十九・官制三十九(関東局三)』国立公文書館。「関東局部内臨時職員設置制中ヲ改正ス・(外事警察及防護事務拡充等ノ為職員増員)」(A02030115000)『公文類聚・第六十三編・昭和十四年・第四十八巻・官職四十五・官制四十五(関東局三)』国立公文書館。

续表

1939年"关东州厅"警察部高等警察课分课前事务 （课长：事务官1人； 主任：警部1人）	情报系	1. 关于情报搜集事项	警部1人 （主任兼任） 通译生1人 巡查2人 雇员2人
		2. 关于宗教警察事项	
		3. 关于在留禁止处分事项	
		4. 关于庶务事项	
		5. 关于其他本系所属事项	
	思想系	1. 关于思想劳动及社会运动事项	警部1人 （主任兼任） 通译生1人 巡查2人
		2. 关于集会结社及群众运动事项	
		3. 关于劳动争议及劳动团体事项	
		4. 关于劳动者管理事项	
	检阅系	1. 关于出版物检阅事项	警部1人；通译生1人 巡查4人
		2. 关于留声机唱片检阅事务	
	外事系	1. 关于外国人保护管理事项	警部1人 通译生1人 警部补1人 巡查2人
		2. 关于海外渡航旅行证明事项	
		3. 关于通译事项	
		4. 关于外国劳动者管理事务	
	防谍系	1. 关于企划指导事项	警部1人 （主任兼任） 巡查2人
		2. 关于谍报、谍略情报事项	
		3. 关于搜查联络事项	
	特别班	1. 关于积极防谍工作事项	警部1人；警部补1人 巡查2人
		2. 关于防谍搜查事项	
1939年"关东州厅"高等警察课分课后 （课长：事务官； 主任：警部）	情报系	1. 关于情报搜集事项	警部1人 （主任兼任） 通译生1人 巡查2人 雇员2人
		2. 关于宗教警察事项	
		3. 关于在留禁止处分事项	
		4. 关于庶务事项	
		5. 关于其他本系所属事项	
	思想系	1. 关于思想劳动及社会运动事项	警部1人 （主任兼任） 通译生1人 巡查2人
		2. 关于集会结社及群众运动事项	
		3. 关于劳动争议及劳动团体事项	
		4. 关于劳动者管理事项	
	检阅系	1. 关于出版物检阅事项	警部1人 通译生1人 巡查4人
		2. 关于言论要注意人取缔事务	
		3. 关于留声机唱片检阅事务	

随着日本对华及东亚战争的推进，旅大租借地的出版警察机构也出现频繁的调整。1938年10月，应旅大租借地进入总动员时期，日本天皇敕令修正《关东局部

内临时职员设置制》,在关东局与"关东州厅"各级行政机构增加人员配置,经过刷新与扩大的高等警察课,共设外事系、思想系、检阅系、防谍系与特别班,各种人员共 24 人。1939 年 7 月,鉴于"外事警察及防谍警察事务扩充"的需要,经日本天皇批准,调整关东局内临时职员设置,高等警察课外事系独立为外事警察课(下设"第一系""第二系""特别班"),高等警察课专注于舆论统制,其中检阅系增加一项"关于言论要注意人取缔事务"。1940 年 6 月,"关东州厅"警察部高等警察课改组情报课。1942 年 10 月,情报课扩充为特别高等警察课,下设新闻出版系、思想关系系等,与警察署、邮政局等联络,查禁违反日本"国策"的出版物。1944 年9 月,为应对战时无线电通信之防谍,增加关东递信局职员,监测发信与受信机。1945 年,关东局为了强化对八路军的政策,外事警察课临时增置 1 人,该课第三系承担"不稳文书及流言蜚语取缔事项""防谍宣传事项""邮检一般事项",三系之外特设对八路军工作班,配置人员警部 1 人、巡捕 8 人、巡查 4 人,负责"八路军谍报宣传谋略等查检取缔事项"。从 1937 至 1945 年,租借地当局六次增加职员,四次增设与改建官制机构,最终实现通过警察队伍绝对控制新闻传播活动的目的。

在调整州内检查机构之余,"关东州厅"特高课也积极与其他地区谋求合作。1943 年 7 月 22 日,"关东州厅"警察部特高课长古野利秋,与日本内务省警保局检阅课检阅官大石芳、警视厅检阅课第二系长星崎三郎、山口县特高课检阅系长上里护、福冈县特高课检阅系长谷口直人、伪满洲国总务厅弘报处事务官安部得太郎、朝鲜总督府图书课德田事务官等各地 20 余名关系官员,参加在朝鲜总督府举行的"内外检阅协议会",商讨应对战局的出版物检阅工作,表示为排除仇敌英美的思想谋略,被视为"弹药"的新闻、出版物、映画相关的检阅工作,内外地及伪满洲国紧密迅速联络事务应作出调整[①]。

除了行政系统内的警察部门,操控旅大租借地与伪满洲国的关东军参谋部也

---

① 「内外檢閱協議會 本府第四會議室에서」『每日新報』1943 年 7 月 23 日夕刊、1 면。

介入新闻统制。1937 年 8 月 2 日，关东军参谋部第二课第三班扩充为新闻班[1]。改制扩大后的关东军新闻班班长为稻村丰二郎中佐，辅佐官为柴野为亥知少佐、中岛大尉[2]；继任班长柴野为亥知中佐，1938 年 3 月 1 日，柴野氏转任陆军省新闻班，由华北派遣军宣传部新闻、映画部的松村秀逸中佐接任班长[3]。1938 年 7 月 25 日，紧跟日本陆军省新闻班改称陆军情报部，及朝鲜军应思想战、宣传战之需改新闻班为报道班之后[4]，关东军新闻班改称报道班，与华北、华中日军统一名称，以便进行更加紧密的联系。同时，报道班成为参谋部下的独立部门，增加人员配置，1945 年 3 月 20 日调查显示，报道班职员大佐 1 名、少佐 1 名、大尉 2 名、中尉 1 名、少尉 1 名[5]。从战后完成的文献来看，1940 年 7 月 10 日，关东军编成"报道部"，直属于关东军司令部[6]，结合 1941—1943 年的中日朝文报的报道来看，如《读卖新闻》1942 年 7 月 5 日报道："作为关东军报道部长在职一年、尽瘁于报道宣传指导的福山宽邦大佐，今回将转任某要职，后任者是关东军报道部总务班长长谷川宇一中佐，于 4 日被关东军司令部任命"[7]，先后由福山宽邦[8]、长谷川宇一

---

① 《关东军新闻班改称宣传班》，《盛京时报》，1938 年 7 月 26 日晨刊，第 2 版；「關東軍新聞班報道班으로 改稱」『每日申報』1937 年 7 月 26 日朝刊、2 면；「關東軍新聞班 擴充强化」『每日申報』1937 年 8 月 5 日朝刊、2 면；「関東軍司令部一部編成改正の件」『1937 年「満受大日記（密）」度 満洲国戦争準備指導計画 1941 年 5 月 20 日』（C13010305100）防衛省防衛研究所。

② 「関東軍新聞班機構を拡大」『日刊新聞時代』1937 年 8 月 5 日、第 2 版。

③ 『満洲年鑑・昭和十二年版』満洲日日新聞社、1936 年、378 頁。

④ 「朝鮮軍新聞班을 報道班으로 擴大改組 輿論一元化를 期待」『每日申報』1938 年 1 月 18 日夕刊、2 면。

⑤ 『関東軍総司令部将校高等文官職員表』1945 年 3 月 20 日調。

⑥ 「関東軍直轄の部（含第 1 特警無線探査隊）」（C15010488200）、『部隊概況表・其の 3 関東軍直轄・全補給監部・北方・北鮮（千島及び樺太）関係部隊 1952 年 3 月』防衛省防衛研究所。

⑦ 「関東軍報道部長 長谷川中佐新任」『読売新聞』1942 年 7 月 5 日朝刊、第 2 版。

⑧ 「厳たり北の備え 興亜大業への鎮護 関東軍報道部長、福山大佐放送」『東京朝日新聞』1942 年 5 月 8 日朝刊、第 2 版。

担任部长①。

表4—17：关东军新闻班、报道班（部）历任班（部）长一览表②

姓名	任期	军阶	前职	后职
稻村丰二郎	1937.8—1937.12	中佐	关东军第二课第三班长	驻蒙军参谋长
柴野为亥知	1937.12—1938.3	中佐	中国驻屯军司令部附	陆军省新闻班
松村秀逸	1938.3—1938.7	中佐	关东军司令部第二课、华北派遣军宣传部	陆军省情报部长
小林隆	1938.7—1939.3	大佐	上海派遣军宣传	—
川原直一	1939.3—1939.5	大佐	陆军省新闻班、中国大使馆附	陆军省副官
加藤义秀	1939.5—1939.12	中佐	驻瑞典大使馆武官	—
长谷川宇一	1939.12—1941.7	少佐	陆军情报部勤务长	—
福山宽邦	1941.7—1942.7	大佐	内阁情报部委员	—
长谷川宇一	1942.7—1945.8	中佐	关东军报道部总务班长	—

与日本情报部从未公布内部组织一样③，关东军报道部也缺乏官方记录④，无法探知其编成的具体情况。不过，结合日本档案与战时报纸来看，关东军报道班成员人事上直属参谋部，日常与参谋部第二课一起工作⑤，依据1939年5月修正的《关东军勤务令》，关东军参谋部第二课依然负担"关于宣传、谋略事项"，1939年第二课长是步大佐山冈道武，1945年第二课长是步大佐浅田三郎；长谷川宇一中佐担任过报道部总务班长（1941年7月—1942年7月），斋藤弘夫少佐（1942年7月—1943

---

① 《剿匪情况 关东军报道部发表》，《盛京时报》，1938年10月27日晚刊，第2版；「關東軍報道部長에 長谷川宇一少佐（新京）」『東亞日報』1939年12月13日夕刊、1면；《福山报道部长荣转 长谷川中佐继遗席》，《盛京时报》，1942年7月6日，第1版；「北邊守護≒ 完璧─長谷川關東軍報道部長講演」『每日申報』1942年8月7日朝刊、1면；「関東軍報道部発表」『大阪朝日新聞』1939年7月8日；「新世紀の首途 福山関東軍報道部長放送」『満洲日日新聞』1942年2月18、19日；「関東軍報道部長更迭『東京朝日新聞』1942年7月5日朝刊、第1版。

② 综合《盛京时报》《满洲日日新闻》《新京日日新闻》《大同报》《泰东日报》《东亚日报》《每日新报》《东京朝日新闻》《每日新闻》《日刊新闻时代》及日本历史资料中心等的资料。

③ 山本武利编『メディアのなかの「帝国」』岩波書店、2006年、284頁。

④ 笔者翻阅1932至1937年、1939年、1945年的《关东军职员表》均未看到关于报道部机构的设置。

⑤ 『関東軍司令部将校高等文官職員表』1939年4月10日調。

年 8 月）、志生野仁中佐（1943 年 8 月—）担任过报道部报道班长 ①。参考朝鲜、华北、华中等日军报道部的编成 ②，可以推断关东军报道班负责满洲地区的宣传、新闻发布与检阅及情报等统制工作。如表 4—18 显示，关东军报道部每月投入固定经费开展新闻与宣传业务。

表4—18：1945年关东军报道部预算表③

项目	平时费		临时费	合计
	月额	年额	年额	
弘报政策指导费	300	3600	—	3600
弘报宣传机关指导费	600	7200	—	7200
艺文关系指导补助费	500	6000	14000	20000
宣传用材料购入费	—	—	20000	20000
宣传小册费	—	—	20000	20000
《满洲良男》指导费	300	3600	—	3600
预备费用	—	5600	—	5600
合计	1700	26000	54000	80000

不仅如此，甚至隶属军队系统的宪兵队也成为检查出版物的部门。从日本本土到旅大租借地等地，宪兵在出版物检查中承担着重要角色，这一点在 1934 年后由关东宪兵队司令官兼任关东局警务部长的旅大租借地体现得尤为明显。④ 旅大实际控制者南次郎关东军司令官表示："为了监视我政策在满洲的贯彻执行，防止各种阴谋活动，关东军有必要适当地秘密设置检查和安全网。"⑤

日俄战争后，日本在旅顺新市街成立关东宪兵队，隶属东京宪兵司令部，下设旅顺和大连宪兵分队。1925 年 12 月 19 日，关东宪兵队总部移驻奉天。1931 年 9 月 21 日，关东宪兵队升格，成立关东宪兵队司令部，1932 年 6 月 8 日，改隶关

① 「報道隊演習開始」『同盟旬報』第 6 卷第 6 号、1942 年 2 月、55 頁;「時局講演会開催」『満業』第 52 号、1942 年 12 月 15 日、15 頁;《斎藤报道部长荣进中佐转某要职》,《盛京时报》, 1943 年 8 月 6 日，第 3 版。

② 조건「중일전쟁기（1937—1940） 朝鮮軍司令部報道部 의 설치와 조직구성」『韓日民族問題研究』19 집、2010 年、3—8 頁;『陸軍宣伝機關業務報告』大本営陸軍報道部、昭和十二年。

③ 「機密費関係書類（8）」（C14010036200）、『機密費関係綴 昭和二十年』防衛省防衛研究所。

④ 中央档案馆编：《伪满傀儡政权》,中华书局，1994 年，第 31 页。

⑤ 中央档案馆编：《伪满傀儡政权》,中华书局，1994 年，第 74 页。

东军司令部。尽管，"'关东州'的官吏，尤其警察，自（'满洲'）事变以后，和关东军日有距离，宪兵警察，在执行任务时，时有争执"①。但是，1934 年后关东军改变了"关东州"的"巍然独存"，由其司令官兼任驻"满"大使，统管关东局与监督"关东州厅"一切事务，控制整个"满洲"地区，彻底解除了关东军及其隶属的关东宪兵队干预"关东州"内部事务的障碍，实现警军宪统合，关东局警务部长由关东宪兵司令官兼任②。随着日本对外扩张步伐的加快，特别是中日战争全面爆发后，在由军部实际控制各种媒体的体制下③，宪兵在媒体审查中的协助角色越发重要。

一方面，不断完善宪兵检查出版物的依据。1938 年 5 月 5 日，关东军宪兵关东宪兵队司令部与伪满洲国治安部警务司达成《宪兵协助警务机关审查出版物的协议》，对军事有关审检品，由宪兵协助，派宪兵下士官一名，常驻审检股，汇同办理有关业务。④1939 年 4 月 1 日，日本宪兵司令部制定《宪兵图书映画检阅职务规程》，通牒中国台湾、朝鲜、关东等外地宪兵（队）司令官一体执行，宪兵（队）司令官或宪兵队长协力行政当局共同检阅出版、映画、放送、唱片等，"宪兵图书、映画检阅目的，在于使各种命令规则履践适正，军方意图、方针彻底贯彻，与寄予相关长官统率、监督上同步，易于达成明徵国体、拥护军事利益之军队任务"，依据各种内外地现行法令规则，可以作出认可（无条件认许）、禁止（无条件拒否）、限制（发卖、颁布、放送时期范围等附以限制之认可）、修正（全部或一部的形式、内容、论调字句等变改之要求）、削除（不当部分之除去）等处分。⑤

---

① 李念慈：《近代中国史料丛刊续辑 · 817 · 满洲国记实》，文海出版社，1985 年，第 266 页。

② 「関東局警察組織輝く三十年の歴史」『満洲日日新聞』1937 年 12 月 1 日。

③ 中日全面战争时期，"报纸和无线电在形式上虽由内阁情报局来监督指导，然而在情报局中，现役的陆海军军人充当着职员，特别是陆海军的报道部长（如陆军报道部长松村少将，海军报道部金泽少将）是情报局的有力职员。就是说，实质是军部监督指导着报纸和无线电"（刘美玲主编、中央档案馆整理：《日本侵华战犯笔供 中日文本》第 5 册，中国档案出版社，2005 年，第 247 页）。

④ 吉林省公安厅公安史研究室、东北沦陷十四年史吉林编写组编译：《满洲国警察史》，内部出版，1990 年，第 366 页。

⑤ 「憲兵図書、映画検閲執務規程」『秘憲兵令達集』第 2 卷、憲兵司令部編、時間不明、119 頁。

参考日本宪兵司令部使用的《禁止标准》①，当时经过宪兵队与出版警察审阅后的报纸基本没有出现真实而客观的军事新闻的任何可能。事实情况也的确如此，日军所宣称的"大东亚战争"爆发以后，旅大租借地内的所有报纸，不论中文日文，只见日军胜利的消息，天天发布各类"战果"新闻，而关于日军遭受的失败与损失只字不提。对于这些战果新闻，当时普通居民在信件里称："虽然报纸上刊登了很多，但是事实与之相差甚远，对于了解事实的人来说，（报纸内容）很愚蠢。"② 这个例子可以反映出当时经过严格检查后的报纸可能并没有多高可信度。

另一方面，不断完善宪兵检查出版物的机构。1939 年 4 月，鉴于旅大地区反日活动不断增强，大连独立宪兵分队脱离与奉天宪兵队的隶属关系，编成大连临时宪兵队。8 月 1 日，大连临时宪兵队正式更名大连宪兵队本部，承担"思想对策""防谍"与"军事警察"三大任务，下辖大连与旅顺两个分队，同时在本部设特高课、副官室、经理室，其中特高课辖有外勤室和内勤室。外勤室专门成立思想对策、外事、防谍、检阅四班，负责"侦察与镇压抗日爱国者和中国共产党地下组织的活动；调查掌握经济、文化、宗教、新闻出版、学校等团体，从中窃取情报"，"负责邮电检查、出版物和影片检查"等工作③。1942 年 6 月，增加"化学"与"别班"。1944 年 4 月，特高课改为战务课，分为外事防谍班、思想对策一班、思想对策二班、埠头班、戎克班、科学班与特高内勤班，其中思想对策一班负责调查掌握经济、文化、宗教、新闻出版、学校等团体，监视与侦查进步人士的活动等，科学班负责检查邮电、通信、出版物、影片等④。

1940 年 5 月，关东宪兵队司令部制定《思想对策服务要纲》，宣称"担任防范和镇压对日'满'共同防卫上有害的思想策动，特别是共产思想和反日思想，并注意和侦察影响治安的各种迹象，以期在平时和战时都能完满地确保'满洲国'的治安"，表示要对"文艺及著作的动向""流言"等进行秘密侦察。是月，关东宪兵司令部特别成立思想宪兵队，"专掌思想对策业务，并负责有关思想情报、宣传谋略

---

① 「憲兵図書、映画検閲執務規程」『秘憲兵令達集』第 2 卷、憲兵司令部編、時間不明、125 頁。

② 关东宪兵队司令部、中央检阅部：《通信检阅月报（六月）》，《铁证如山 2》，吉林出版集团，2014 年，第 168 页。

③ 顾明义等编：《日本侵占旅大四十年史》，辽宁人民出版社，1991 年，第 83—85 页。

④ 徐广兴：《日本统治大连时期的警特宪机构》，《大连文史资料》第 7 辑，1990 年，第 24—25 页。

及对此的防卫"①，本部设于长春，于大连设置第三分队。大连宪兵不仅直接参与出版物的检查工作，而且还与"关东州高等警察课"在《泰东日报》、"关东州艺文联盟"安插情报人员一样②，将庞大的特务网扩张到报纸与杂志社，在大连日日新闻社、泰东日报社、大连商工月刊社安插大量特务分子，搜集中国新闻记者的思想动态及新闻记事的内容，监视大连中国人所办的《大连商工》月刊杂志记载的动向及记事内容。1941年前后，一批曾在《满洲评论》刊登过文章的日本作者成为关东宪兵队司令部逮捕与审查的对象，认为有宣传共产主义思想的意识。1943年前后，《大连商工月刊》刊登一首描绘大连美丽夜景的抒情诗，引起大连宪兵队特务们的怀疑，认为诗中有暴露大连的机密，有通苏嫌疑，故对投稿者进行了追查，结果发现作者是"满洲国"佳木斯人，更加重了对其怀疑，为此该作者被关进监狱直至日本战败③。甚至，宪兵还将这种监视延伸至投稿于境外出版物的作者。据日人回忆："大连宪兵队里有一个邮件检查班。宪兵扮成邮局职员，在邮局的密室里查找可疑材料。1944年，对于北平发行的报纸评论，偶尔会有反驳的投稿，引起宪兵的注意。宪兵找出投稿者，将其逮捕，作为反'满'抗日分子做了特移处理。"④ 由此可见，自誉为"日'满'人敬仰作为社会守护神而应受到尊敬"的关东宪兵所守护的只不过日本军国利益罢了⑤。

总之，旅大租借地当局为了落实"新闻报国"的目标，服务日军对外开展宣传战的需要，通过调整"立法"，强调战时新闻检查的力度，同时通过"关满"合作与警军宪军合力，扩大媒体控制网，进而企图筑建坚不可摧的"思想国防"。

---

① 中央档案馆等编：《日本帝国主义侵华档案资料选编·伪满宪警统治》，中华书局，1993年，第215、217、228页。

② 顾明义主编：《大连近百年史》上，辽宁人民出版社，1999年，第588页。

③ 傅大中：《关东宪兵队》，吉林教育出版社，1991年，第337—338页。

④ 野田正彰：《战争与罪责》，朱春立译，昆仑出版社，2004年，第198页。

⑤ 三浦三郎「在満我が憲兵の活動」『新京』1933年10月1日、131頁。

第三节
旅大新闻统制的终结与再现

尽管日本在旅大租借地与伪满境内通过各种方法打造"思想国防"战线，企图实现动员日"满"民众全力支援日本的军事侵略，然而，这道战线与日俄战争期间沙俄打造的新闻防线一样，遭到外力挑战而被摧毁。在中国军队的顽强反击下，日本侵略军的失败之势日益明显。1945 年 8 月 8 日，苏联红军对日宣战，直捣关东军大本营，同时，美军先后两次投下原子弹轰炸日本本土。8 月 15 日，日本天皇宣布无条件投降。8 月 22 日，苏军进驻旅大，终结了旅大作为租借地的历史。但是此时的旅大并未完全回归中国，而是处于特殊历史条件下，即"旅大是苏联红军的军管区，既不是国民党统治区，也不同于其他解放区"①。9 月 22 日，日文《大连日日新闻》停刊。10 月上旬，中文《泰东日报》被苏军勒令停刊。10 月 13 日，日本方面宣布废除《"关东州"言论、集会、结社等临时取缔令》。12 月，大连中央放送局移交大连市政府。由此，日本在旅大新闻业及新闻统制彻底结束。不过，在苏军的军事管制下，新闻检查制度卷土重来，由外国势力操控的新闻统制再现于刚摆脱租借地地位的旅大地区，直至新中国成立前夕。

一、苏军接管后重建旅大新闻业

随着日本的战败、苏联红军的接管，旅大地区的新闻事业迎来了转变。

（一）接收与查封日本新闻业

1945 年 8 月 15 日，大连中央放送局播送完日本天皇宣布"终战"的"玉音"放送后即停止播音。8 月 15 日至 22 日一周内，日本工作人员大量焚毁文书档案、稿件资料、技术图纸和经济账目等②。8 月 24 日，驻旅大苏军司令部派员接收大连

---

① 《报纸工作回忆——在大连日报报史座谈会上的发言》，《大连报史资料》，内部出版，1989 年，第 223 页。

② 《学习掌握和运用广播工具——回忆大连电台初建情况》，《大连广播回忆录》第 1 辑，内部出版，1986 年，第 6 页。

中央放送局。12月初，在苏军的主导下，中共大连市委委派康敏庄、白全武、林培信和林针等人以市政府名义接收大连中央放送局，改为大连广播电台。

日本投降后，《大连日日新闻》虽然继续发行，但已不是当日称霸一方的报纸。首先，面临新闻源严重缺乏的问题，勿论从日本，连外电都无法获得，唯有依靠短波收音机获得材料；其次，发行范围缩小，限于一部地域的宅配；再次，新闻纸缺乏，库存量很少。终于经过四十多天的勉强维持，9月22日，已经发行资金不足的《大连日日新闻》在苏军的一道命令下彻底停止发行①。

另外一份日报——《泰东日报》，在日本投降后，作为当时大连唯一的中文报纸，虽然恢复中华民国纪元，但是"亦照旧控制在日本帝国主义分子手里，继续进行反动宣传。他们扣压通讯社发布的裕仁召开御前会议接受投降的新闻；干涉报社中国员工悬挂中国国旗；少数头目私分金库现金等等。直到8月22日，苏联红军根据国际协定和《中苏友好同盟条约》的有关规定进驻旅大，《泰东日报》的日本帝国主义分子才被赶跑。中国员工抓住他们盗走金库现金的违法行为，团结起来斗争了社长、取缔役、编辑局长等头目，并追回了被盗现金，作为'遣散费'分给全体职工"②。之后的《泰东日报》配合苏军维持社会治安的宣传工作③，不过仍被苏军警备司令部于10月初勒令停刊，当月下旬由大连市政府教育局长张致远在苏军少校陪同下接收。

此外，苏军还在大连全市范围内，接收与查封各种印刷与出版机构，被接收的有满洲日日新闻社印刷所、大连教科书图书会社、大阪屋号书店、鲇川洋行纸店、日清印刷厂、东亚印刷株式会社等。

（二）改造与重建大连新闻事业

1945年8月15日以后，日本、朝鲜半岛与旅大地区分别由美苏两军军事占领。美苏两军对这些地区原有新闻事业进行彻底的改造与重建。不过美军与苏军的改造

---

① 富永孝子『大連·空白の六百日』新評論社、1986年、337頁。

② 王佩平、孙宝运主编：《苏联红军在旅大》，大连市史志办公室，1995年，第136页。

③ 以《泰东日报》1945年8月28日为例，该日第二版内容分为：《连市安居如堵 银行电话照旧办理——咸遵警务司令官所命各安所业》《须厉行新生活 切勿轻举妄动以取咎戾》《治安日趋良好 市民自由均可逐渐恢复》《因初改右侧通行 诸车须限制速度 以免发生冲突惹起灾祸》《促进民众自发协力 派员街头宣讲并撒传单》《应节约主食粮》等。

方向截然相反，前者表示要求"新闻界脱离政府"[1]，新闻业脱离于权力机构控制，标榜确立自由竞争的资本主义模式，[2]后者新闻业收归国有[3]，作为政府与政党的宣传喉舌[4]。1945 年 10 月，中共中央东北局派韩光与驻旅大苏军当局交涉时，苏联军警备司令高兹洛夫开门见山表示："广播电台、报纸是宣传舆论工具，要牢牢掌握，你们派个台长与报纸的主编。"[5] 在这种精神的指导下，旅大新闻事业进行彻底改造与重建。

　　首先，中共建立宣传机构。在苏军的支持下，中共新闻事业在接收原日本新闻业的基础上成立。1945 年 10 月 30 日，"十月中已停刊多日"的《泰东日报》改组为大连市政府机关报《新生时报》[6]，编辑部仍由《泰东日报》原班人马组成。教育局长张致远兼任社长，"大政方针由他与苏方协商确定，具体编辑业务由副社长杨华亭（原《泰东日报》编辑次长）负责"，承诺新生之报纸旨在为人民服务，如1947 年 1 月 1 日所主张"今后我们的总的方针，仍然是继续努力和发揭为人民服务的精神""我们的报纸既然成为为广大市民的不可缺少的读物，那么今后无论在内

① 1945 年 9 月 24 日，盟军最高司令官发布标题为《新闻界脱离政府》的命令，主旨在于保障真实而不受统制之国民新闻。9 月 27 日，联合国总司令部外事局发布《对新闻及言论自由之措置》（《联合国管制日本方策》，第 172—173 页）。

② 1945 年 10 月 30 日，在美军指令下，朝鲜军政长官颁布法令第 19 号《民眾幸福에 不利한行為에對한公眾의保護新聞其他出版物의登記》；1946 年 4 月 12 日，法令第 68 号《活動寫真의取締》；5 月 29 日，法令第 88 号《新聞及其他定期刊行物許可에關한件》；10 月 8 日，法令第 115 号《映畫의許可》；1947 年 3 月 20 日，法令第 170 号《報道無線送信》；4 月 23 日法令第 190 号《私設無線電信無線電話許可手數料의改正》（内务部治安局『美军政法令集・1945—1948』1956 年、18—19、65、93—95、222、317、375 页）。

③ 1946 年 8 月 10 日，北朝鲜临时委员会签署《产业、铁道、邮电管理、银行等国有化法令》，规定凡属日本帝国主义、日本人、日本法令所规定及朝鲜民族叛徒所有……文化机关，全部无代价没收，成为朝鲜人民所有，亦即国有。（《北朝鲜주要政策法令选集》，光华书店，1948 年，第 51 页）。

④ 康仁德编『北韓全书：1945—1980』極東問題研究所、1980 年、556—571 页；김인동『北韓의宣傳煽動機構와對内宣傳政策 研究』서울大學校 行政大學院：행정학과、1967 年、68—108 页；李恒九「北傀의 新聞 現況」『北韓』93、1979 年、249—257 页。

⑤ 陆毅主编：《韩光党史工作文集》，中央文献出版社，1997 年，第 303 页。

⑥ 《新生时报社启事》，《新生时报》，1945 年 10 月 30 日，第 1 版。

容或形式方面，都以广大市民为对象"①。1945 年 11 月 1 日，在苏军的支持下，中共大连市委以职工总会名义出版《人民呼声》，利用日本人所办的印刷厂——松浦印刷局排版。1946 年初，《人民呼声》接收苏军管制下的《大连日日新闻》房产与设备，6 月 1 日易名《大连日报》，版面由四开扩为对开，从两版增加至四版，由 3 日刊、隔日刊、周 6 刊发展为日刊。另外还有《民众报》《群众报》等，它们是中共在旅大地区的喉舌，"传播中国共产党的主张"，"在显著位置上，发布市政府的政策、法令和苏军当局的命令、决定，发表时事评论、政论、史实等文章"②，表示"报纸要根据每一时期的具体任务，配合行政上发出的每一个指示和号召，作深入的宣传解释"③，以及宣传诸如"应该对苏联红军致以崇高的慰问与敬意""苏联是中国人民忠实可靠的朋友""红军是人民的解放者"等中苏友好主张④。

大连中央放送局被接收以后，即准备在原有机构的基础上成立大连广播电台。在苏军的要求下，两名擅长俄语的报道记者从伯力挑选⑤。1946 年 1 月 16 日，正式开始播音，使用一个中波频率，开办节目有时事新闻、地方新闻、政令发布、儿童节目、青年节目等，第一篇广播稿《和听众见面的话》中承诺："我们广播的总方针是为人民服务。在这个方针之下，我们要使大家从我们的广播中，听到真实的消息，获得进步的知识，享受正当的娱乐。"⑥1948 年 1 月 16 日，增设短波。该台名称先后使用过大连广播电台、关东广播电台（XGTR），其后相继改名为大连人民广播电台、大连新华广播电台、大连人民广播电台、旅大人民广播电台、大连人民广播电台等。

其次，苏军创办宣传喉舌。苏军进驻旅大后，陆续接收各种新闻机构。这些原本应由中国政府接收的财产，除了部分移交中国人，其他均为苏军所有。如《泰东日报》社的一台印报轮转机、大连中央放送局的一部发射机和一套天线被驻旅大苏军私自转移至旅顺。苏军利用这些设备创办自己的宣传机构。1946 年 8 月 14 日，

① 《迎接 1947 年如何改进我们的报纸》，《新生时报》，1947 年 1 月 1 日，第 1 版。

② 大连市史志办公室编：《城市的接管与社会改造 大连卷》，大连出版社，1998 年，第 8—9 页。

③ 周光：《发刊词》，《人民警察》，1946 年 9 月 25 日，第 1 版。

④ 《发刊词》《人民呼声》，1945 年 11 月 1 日，第 1 版；李必新：《苏联是中国人民忠实可靠的朋友》，《中苏知识》，第 1 期，1946 年 4 月 1 日，第 7—9 页；中苏友好协会：《红军是人民的解放者》，《中苏知识》，第 1 期，1946 年 4 月 1 日，第 10—13 页。

⑤ 『大连·空白の六百日』73 页。

⑥ 董志正主编：《大连四十年 1945—1985》，辽宁人民出版社，1985 年，第 332 页。

苏军指挥部创刊《实话报》，其创刊人与 1898 年沙俄在旅顺的《关东报》一样是现役军人，由苏联武装力量总政治部向苏联共产党中央委员会提出申请，苏共中央书记处理申请后，将此申请提交政治局批准[①]。初为四开四版，隔日刊，后改为周 6 刊，对开二版，以宣传与报道苏联政治、经济与社会状况为主。虽然《实话报》由中苏两方共同选派工作人员，且以中方人员为主（《实话报》出版的五年中，苏方约 20 名，中方 70 多名，苏方人员"除了打字员等少数技术工从民间雇用以外，基本上是现役军人"），但是，"自该报创刊伊始，苏方从人事到编辑，全方面的业务内容，都沿用自身制定的一套制度，从而确保了自身的绝对主导权"[②]。

再次，私人新闻机构完全退出。9 月上旬，泰东日报社中日本人全部退出，中国员工计划将《泰东日报》改为《文化报》，并已准备好"印鉴"与"报头"，只需苏军司令部批准即可。就是因为该名称，苏军司令部认为不好而拒绝《文化报》的出版[③]。而且，与中国军方（1946 年 10 月 16 日）准许日人于下关日侨集中营事务所发行日文晚报《集报》不同[④]，苏军拒绝日侨更多地在旅大地区出现日文刊物。此时留在大连的日本人川上初枝计划发行日语日刊报纸《新星时报》，川上初枝与驻旅大苏军将校们关系密切，通过一名少佐，于同年 11 月初旬计划发行《新星时报》，新闻发行委员会由上田淳一（原《大连日日新闻》编辑局长）、土岐刚、土肥驹次郎一起从《大连日日新闻》时代的论说委员会中某人选择[⑤]。11 月 7 日，创刊号《新星时报》样刊排好，只须经过苏军的检阅即可出版。但是，就在这一检阅环节，因为内容存在问题，结果未通过苏军的检阅而不得出版，川上连同铅板被苏军带走，日本在大连最后的报纸出版计划胎死腹中。

在改造新闻事业之同时，原日本殖民统治时期的新闻工作人员也成为改造对象。《新生时报》的工作人员 90% 以上来自原《泰东日报》，"报社为了使工作人民受到新的教育，提高知识，规定每周组织两次班后集中学习。第一本学习材料就是

① 大连市史志办公室编：《大连实话报史料集》，大连出版社，2003 年，第 444 页。

② 郑成：《国共内战时期东北地方层面上的中苏关系——以旅大地区苏军〈实话报〉为例》，《冷战国际史研究》第 7 期，2008 年 12 月 15 日，第 168、172 页。

③ 于永志：《一点回忆》，《大连报史资料》，内部发行，1989 年，第 223 页。

④ 《中国战区中国陆军总司令部处理日本投降文件汇编》，中国陆军总司令部，1946 年，第 113 页。

⑤ 李相哲『満州における日本人経営新聞の歴史』凱風社、2000 年、194 頁。

'新人生观'，以后又学习时事与形势、新华社社论等"[①]。1946 年 8 月，大连大众书店出版恽逸群《新闻学讲话》，内容包含"什么是新闻""新闻怎样取得""怎样写作和传讯新闻""怎样处理新闻""新闻是怎样指导社会""新闻机关的组织及其他"，以中国共产党人的新闻理论作为改造与再教育新闻工作人员的教材。总而言之，在苏军接管之后的大连新闻媒体系统发生彻底的改变。

二、废除日本法规与确立出版自由

日本投降以后，旅大地区结束了 47 年历史的殖民统治，钳制旅大人民新闻与出版的桎梏彻底解除，保障旅大人民新闻与出版的法规陆续颁布，彻底改变了旅大新闻事业发展的土壤。

（一）控制新闻与出版自由的法规彻底废除

1945 年 8 月 15 日以后，日本在旅大的殖民行政机关并未立即解散。甚至 8 月 22 日苏军进驻旅大以后，"关东州厅"与大连市役所仍然继续维持运转。不过已非听命于日本中央政府的领导，而是完全接受苏军大连警务司令官发布的指令，"要求市民遵守苏军命令"。在"关东州厅"长官等州厅高级官员遭苏军逮捕后，原大连市长别宫秀夫"奉苏军司令部之命，代理'关东州厅'长官职员"[②]。此时，中国陆军总司令部宣布"查伪政府所颁布一切法令规章，亟应完全废止"[③]。同样，在苏军监视下的"关东州"厅官员显然不可能再按照过去殖民时代颁布的法规行事。因此，即便苏军未像美军与国民党在韩国、中国台湾明确颁布废除殖民时期法令的文件[④]，但是

---

① 孙传声：《我在新生时报一段记者生活》，《大连报史资料》，第 259 页。

② 王胜利等主编：《大连近百年史·人物》，辽宁人民出版社，1999 年，第 474 页。

③ 《中国战区中国陆军总司令部处理日本投降文件汇编》，中国陆军总司令部，1946 年，第 205 页。

④ 1945 年 9 月 10 日，在朝鲜美国陆军司令官指令，废除《出版法》等特别法、一般法令等；1948 年 4 月 8 日，朝鲜过渡议会颁布《非必要法令之废止》（필요없는 법령의 폐지），废除《朝鲜不稳文书临时取缔令》《保安法》《朝鲜临时保安令》等法令（『韓國言論年表（1910—1945）』108、111 頁）；1946 年 1 月 19 日，台湾省行政长官公署令废除《言论、出版、集会、结社临时取缔法》《新闻事业令》《出版事业令》《新闻纸等揭载制限令》《台湾不稳文书临时取缔令》等（《台湾省行政长官公署公报》，第 2 卷第 8 期，1946 年）。

过去控制旅大人民新闻与出版自由的法令已然成为一纸空文。10 月 28 日，大连市苏军警备司令官高兹洛夫发布第 11 号命令，要求"大连市役所及各市役所出张所日本行政官尽行退职"[①]，11 月 8 日，大连市政府正式成立，结束由外国政权统治的 47 年历史。

与此同时，此刻在联合国军队监督下的日本政府被迫废除殖民法制[②]，相继废除战时统制新闻与出版的法令，1945 年 10 月 10 日敕令第 575 号废除的法令包含《"关东州"治安维持令》《"关东州"思想保护观察令》，10 月 13 日废除的法令包含《"关东州"言论、集会、结社等临时取缔令》《"关东州"国防保安令》，并削除《"关东州"裁判事务取扱令》中的《"军机保护法"》[③]。这些法令曾经控制旅大民众新闻与出版的恶法彻底告别历史舞台。

（二）保障新闻与出版自由的法律首次颁布

前面章节已多次论述沙俄与日本统治期间，旅大人民遑论实质的新闻与出版自由，就连字面上的法律条文也从未有过。这种空白直到日本投降后彻底改变，主要表现在以下两方面：

一方面，旅大人民享有出版自由等宪法规定的权利。尽管依据《中苏友好同盟条约》，旅大地区暂由苏联红军管制，但是与过去俄日租借地性质完全不同，其主权与治权均属于中国政府，意味着中国政府颁布的法律当然适用于旅大地区。清末以降历届中国政府均未否认中国人民拥有出版自由的权利。即便为一党专政提供法律依据的《中华民国训政时期约法》，也明确表示中华民国公民享有出版自由，甚至国民党一手包办的《出版法》也标榜以保障"出版自由"为宗旨[④]，该法经过《为补充东北及台湾新闻纸杂志发行人暨新闻记者资格一案》（1947 年 10 月）恢复适用于东北地区。这是旅大人民历史上首次毫无争议地享有法律保障的出版自由。

---

① 《大连市警备司令官命令第十一号》，《人民呼声》，1945 年 11 月 3 日，第 1 版。

② 春田哲吉『日本の海外植民地统治の终焉』原书房、1999 年、373—392 页。

③ 「御署名原本・昭和二十年・勅令第五六八号・昭和二十年勅令第五百四十二号『ポツダム』宣言ノ受諾ニ伴ヒ発スル命令ニ関スル件ニ基ク国防保安法廃止等ニ関スル件」（A04017767600）国立公文书馆。

④ 1929 年 8 月，国民党中央执行委员会为制定出版法规起到的立法原则——《出版条例原则》第一条规定："为保障出版自由，防止不正当出版品之流行，应制定出版条例。"

另一方面，旅大中国政府明确表示保障出版自由。1945 年 11 月 8 日，大连市政府成立，公布《施政纲领》，第二条：“保障人民之言论、出版、集会、结社、思想、信仰、身体的自由，一切民主党派均有合法地位。”第六条：“学校、图书馆、剧团及旧社会救济机关，一律登记听候处理，并积极予以整理改造，宣传民主政府的施政方针。”①11 月 24 日，中共大连市委制定《关于对待日人政策的决定》，表示：“一切日人的集会结社、出版报纸、戏剧公演等均须向政府登记呈请备案，对于民主进步的团体应加以保护、协助发展，允许他们向日本人宣传党的政策，进行民主教育。”12 月 1 日，大连市政府公布《对日本侨民施政纲领》，全文共 11 条，其中第七条：“日本侨民的一切言论出版集会结社等，均须到政府备案登记，经政府批准后始予以合理保障。”第八条：“日本人的各种文化机关团体学校，及旧社会救济机关一律登记听候处理，予以改造，彻底肃清法西斯主义、军国主义的余毒及其影响。”②

随着旅大中国政权的日益完善，政府开始颁布各种行政法规，各种媒体及工作人员陆续被纳入管理范畴。1945 年 12 月 2 日，在苏军司令部与大连市政府的主导下，举办新闻记者协会筹备会，表示“加强与统一连市新闻事业，为了建设新的大连而努力”③，选举杨华亭（《新生时报》副社长）、军右（《人民呼声》社长）、张致远（教育局长、《新生时报》社长）、张兴五（《新生时报》记者）等为筹备会委员。1947 年 5 月，关东公署为加强及统一新闻报道工作，批准建立关东通讯社，并委托关东广播电台台长康敏庄暂兼任通讯社社长④。1948 年 10 月，关东公署公布《铸刻印刷暂行管理办法》和《细则》，同年，公布《电影戏剧演影登记条例》。1949 年 3 月 21 日，大连市颁布《大连市剧场电影院及其他娱乐场所管理规则》。3 月 24 日，大连市颁布《关于张贴广告须利用广告塔的通告》。

---

① 大连地方党史编辑室编：《中共大连地方党史资料汇辑》，大连地方党史编辑室，1983 年，第 365 页。
② 大连地方党史编辑室编：《中共大连地方党史资料汇辑》，大连地方党史编辑室，1983 年，第 367 页。
③《举办新闻记者协会筹备会》，《人民呼声》，1945 年 12 月 5 日。
④《文化广播台》，《大连青年》，第 8 期，1947 年 5 月 15 日，第 9 页。

三、苏军对旅大新闻与出版的控制

日本投降以后，在废除旧法与颁布新令的情况下，旅大新闻事业的发展环境理论上得到彻底改观。然而，在苏联红军的实际控制下，大连市政府承诺的保障出版自由不能得到有效落实，旅大新闻事业依然受到各种控制。这种毫不逊色租借地时期的媒介控制主要表现在以下两点：

第一点，报刊的出版，要经苏军的批准，办报方针和宣传内容，也要尊重苏军的意见。中共地方党组织的机关报，不能以党报面貌出现，而要以其他名义如职工会的名义发行。在不挑战苏军控制的情况下，旅大中共政权做出各种调整与努力，最大限度地发挥新闻与出版的宣传功能。1946 年 11 月 3 日，中共旅大地委通过关于目前宣教工作的决定，"根据旅大地区是苏军管制区，文字宣传尤须严格照顾苏军外交关系，新闻报导应紧紧掌握适合群众要求，不违反政策，有一定分寸，不为反动派利用作为借口破坏我们，同时，为少受文字限制，发挥更大的宣传效能，今后应大大提倡有组织的口头宣传，口头宣传可多着重反美反蒋及宣传我党为人民服务，文字宣传则可着重一般性的时事宣传及民主建设方面的宣传"①。

第二点，施行新闻检查制度，要求每日出版前送交苏军报刊检查部审阅。与1945 年 9 月 27 日国民政府颁布《废除出版检查制度办法》——规定"新闻检查除军事戒严区一律废止"不同②，1945 年至 1948 年苏军在中国的旅大地区毫不避讳地施行事先检查。例如，1945 年 12 月 5 日《人民呼声》第 3 版的头条报道就因为不适合苏军要求，在印刷时被临时撤下而开天窗出版，这被大连报史研究者称为"在大连报史上尚属首次"③。同时，有人回忆称："同我在报社工作时的情况相比，苏方是远远更为重视广播电台工作的。工作开始时，李必新少校（苏籍华人）亲自来电台审查每天的广播节目与新闻广播稿，过了一段时间李必新因为工作忙来不了，就

---

① 大连市史志办公室编：《中共大连地方组织文献选编 1926—1949》，中共党史出版社，2009 年，第 102 页。

② 中国第二历史档案馆编：《中华民国史档案资料汇编 第 5 辑 第 3 编 文化》，南京：江苏古籍出版社，1999 年，第 223 页。

③ 张挺编著：《大连百年报纸》，国际文化出版公司，2003 年，第 91 页。

由电台把材料送到苏军司令部给他看"①。

苏军的新闻检查颇为随意。一方面，缺乏对检查官的权力限制。"当时苏军政治机关对报纸抓得很严，每日出版的报纸，都需经苏军派来的专人审查，都要在头一天成版打出大样，交他逐字审阅。他不同意发表的文稿，当即撤掉，换成的新稿件，经他看过认可才能发，有的稿件他还亲自动笔修改。三次被责令收回的报纸，都是未按他们审定的大样印发出去的"②。

另一方面，缺乏具有操作性的明确检查标准，仅仅依据"严防有碍苏联外交政策与不利于中苏友好的文字出现"等十分含糊宽泛的表述③。正因如此，中国报纸负责人常与苏军检查官员发生不愉快。"(《人民呼声》) 报道内容与报道方法，常常与苏军报刊检查部门的意见不一致或不完全一致。因此报纸排版后，有些稿件还要改写，有的还要撤掉，致使报纸有时不能按时印刷发行。个别时候，由于苏军报刊检查部门坚决不同意已排版的某篇稿件而开了天窗。有一次还勒令停刊一天。"④

根据当时报人的回忆，苏军的新闻检查主要针对与政治立场相关的稿件，总体要求是："在宣传上要以地方自治面貌出现，不得暴露在旅大有共产党，也不得攻击国民党蒋介石"⑤，例如"对通讯社电稿的采用，除新华社、塔斯社外，还要用中央社和西方通讯社的稿子。文中'蒋管区''蒋军'都要改成'国统区''国民党军'。不能点名指责蒋介石，讲话要注意分寸和方式，共产党发动的革命活动有的不能见报，等等"⑥。由于旅大在苏军管制下，除了《实话报》，其他新闻机构均属由中共领导，由此可以说明苏军的新闻检查旨在压制中共通过新闻机构公开表现出的政治诉求。

随着中国共产党领导的解放战争不断取得胜利，苏联红军逐渐解除对旅大地区的军事管制。在此背景下，苏军的新闻检查于1948年下半年完成取消⑦，标志着旅

---

① 大连日报社编：《大连报史资料》，内部出版，1989年，第250页。

② 沈西牧：《忆旅顺民众报》，《大连报史资料》，内部出版，1989年，第266页。

③ 陆毅主编：《韩光党史工作文集》，中央文献出版社，1997年，第363页。

④ 大连日报社编：《大连报史资料》，内部出版，1989年，第219页。

⑤ 夏振铎：《苏联红军进驻旅大十年》，《中共党史资料》第43辑，中共中央党史研究室编，中共党史出版社，1992年，第139页。

⑥ 方汉奇：《中国新闻事业通史》(第二卷)，中国人民大学出版社，1996年，第1255页。

⑦ 陆毅主编：《韩光党史工作文集》，中央文献出版社，1997年，第370页。

大地区的新闻事业进入中共领导时期。1949 年 10 月 1 日，中华人民共和国成立，12 月 1 日，中共旅大区党委再次出台《关于确定各机关单位对党报工作的责任的决定》。1951 年 9 月，苏军宣传喉舌——《实话报》停刊。旅大新闻业彻底结束了受外国势力控制的历史，进入完全由中国政府领导的新时期。

小结

1937 年 7 月 7 日以后，日本侵略者全面越出东北三省，将军事战争扩大到全中国乃至整个东亚地区，此时日本在旅大租借地的新闻统制进入调整与崩溃期。为了动员作为日本兵站基地的旅大租借地的中日民众支援日本对华侵略战争，日本统治者调整新闻统制策略，以动员与统合为主题，突出媒介与战争的关系。

一方面，标榜"新闻报国"，对新闻与出版进行结构统合、经济统制与人员统制，首先，通过收买与整合新闻媒体机关、调整官制弘报行政机构、成立特别国策组织等手段，实现统合旅大租借地内外的新闻业，控制旅大租借地内外的思想传播；其次，通过增加新闻与出版的相关税收、统制新闻用纸的数量与价格等手段，强化新闻统制的战时色彩，迫使旅大租借的新闻业履行更多协助战争的任务；最后，通过整理实业组合、控制资金流通，组织官方背景的记者组织，促成官方的记者认定与记者养成等手段，动员与统制新闻与出版的从业人员参与日本的对外战争。另一方面，诉求于"筑建思想国防"，从立法上调整新闻取缔范围，颁布战时新闻统制法令，以限制自由为目的，以最高处罚为手段，控制战场前线与大后方传播战争相关的内容，从结构扩大新闻检查力度，重整新闻统制机构，覆盖所有的信息传播渠道，通过"关满"合作、警宪合力最大可能地壮大统制新闻媒体的队伍，企图使各种媒体成为完成"大东亚共荣圈"的"协助者"。

与前三个时期的新闻统制相比，1937 至 1945 年的新闻统制的最大特点为战时色彩。诚然这种战时新闻统制在当时全世界范围内非属个案[1]，但是日本在旅大租借

---

[1] 平出禾『戦時下の言論統制：言論統制法規の綜合的研究』中川書房、1942 年、25—31 頁；China Year Book，1945.pp.811—821.Mott，Frank Luthe.Journalism in Wartime.American Council on Public Affairs（Washington，D.C.），1943.Davis，Elmer Holme.War Information and Censorship.American Council on Public Affairs Washington，D.C.

地的战时新闻统制的法西斯色彩更为明显。为了将新闻媒体变成战争动员的武器、对外军事侵略的马前卒，日本统治者颁布最严厉的新闻法令，建立更多的官方统制机构，投入更多的警军宪人员，覆盖更多的信息渠道，实现对人与机构的完全控制。最终，随着日本的战败与苏军的进驻，日本在旅大的新闻统制彻底崩溃。此后，重建后的旅大新闻业经历一段苏军统制时期，才正式回归中国人民的怀抱，在中国共产党的领导下，媒体管理模式得以更新，逐步确立中国共产党党报体制。

结 语

　　1898 年至 1945 年，中国的旅大地区作为沙俄与日本的租借地，被日俄视为侵占东北、图谋中国的根据地，沙俄视旅大为实施"黄俄罗斯"计划的据点，日本视旅大为实施"大陆政策"的据点。两国为了将旅大变成其"殖民地"甚至"领土"，先后创建报社、杂志社、电报局、出版社、通讯社、电影院与广播电台等各种现代传播媒介，鼓吹"黄俄罗斯"或"经营'满洲'"，沦为殖民统治的工具。本书主要探讨旅大租借地的新闻统制，即俄日殖民统治者管理与控制新闻业的措施与效果，以时间为脉络，纵向勾勒旅大作为租借地 47 年新闻统制的历史，同时横向比较同为日本殖民统治地区的东亚各地区的新闻统制，试图厘清新闻统制与殖民、战争之间的关系。本书共六章，除去导言与结语，正文主体内容四章，分为萌芽与试验期、创建与确立期、扩展与深化期、调整与终结期进行论述。

　　通过纵向梳理旅大租借地 47 年的新闻统制历史，本书得出以下几方面的结论：首先，指出旅大作为租借地的 47 年历史，其新闻统制始于沙俄，发展于日本，终结于苏俄。旅大作为俄日对东北文化渗透、经济掠夺、武力入侵的切入点。俄日两国统制旅大媒体的手段与目的并无本质不同。两者凭借完全"统治权"的获得，以本国及其殖民地区新闻统制经验为借鉴，在旅大颁布各种法令，施行严厉的新闻控制，并借助警察队伍的强制力量，确保新闻统制有效地开展，进而使新闻媒体彻底沦为维系殖民统治的工具。同时，借助军事力量，旅大租借地的新闻统制被复制至东北各地，开始了东北新闻业不同时期大半或全部由俄国或日本势力所控制的 47 年历史，使得东北新闻史成为中国新闻史中颇具特殊性的一部分。

　　另一方面，由于殖民统治的时间长度不长，沙俄并未来得及确立完整法律体系，处于试验阶段的新闻统制尚未完全发挥出旅大作为据点的辐射功能。沙俄在旅大的新闻统制相对后来的日本新闻统制，的确比较幼稚，尚处于萌芽与试验阶段，但是它为后来日本的新闻统制奠定了基础，作为旅大新闻统制的起点，其研究价值不言而喻。与之相比，日本击垮沙俄利用新闻统制打造的舆论防线，取代沙俄在旅大的新闻业，利用 40 年的时间，完整地确立新闻统制模式，完善各种统制机构，打造专属旅大的统制经验，并且借助关东军之力，成功地向旅大租借地以外的地区输出经验。这 40 年的时间里，旅大租借地的新闻业从起步到发展再到衰落，可谓是日本殖民者统制的结果。进一步来看，旅大租借地新闻统制从创建与确立期到扩展与深化期，再到调整与崩溃期，同步于日本统治旅大与侵略中国东北的历史，由此既可以体现新闻统制的殖民性，又可以彰显新闻统制的侵略性。

其次，指出日本在旅大租借地实施的新闻统制史是日本殖民地新闻史不可或缺的一部分。在确认旅大租借地的新闻统制以日本经验为蓝本的前提下，笔者比较旅大租借地与同受日本殖民统治的中国台湾、朝鲜、南库页岛、南洋群岛的新闻统制，发现彼此之间具有颇高相似性，不仅都由日本新闻法制移植与改造而成[1]，而且彼此之间也存在横向移植与借鉴，各殖民统治地区之间最高长官的横向流动，带来新闻统制经验的横向扩散，如关东军司令官（兼关东长官）南次郎转任朝鲜总督后，虽然曾表态朝鲜没必要实施"满洲"一样的新闻统制[2]，但最终还是违背诺言，在朝鲜实施起"满洲"式的新闻统制。旅大租借地新闻统制从日本及中国台湾等地移植而来，又向伪满洲国及日本在华其他占领地等进行输出，这个过程俨然是日本殖民统治史研究中的"帝国史"视角下的"统治样式的迁移"与"统治人才的环流"又一例证。

同时，旅大与朝鲜、中国台湾、南库页岛及南洋群岛相比，其新闻统制具有鲜明的独特性。一方面体现在统制目的，1931 年以后，关东军的介入为租借地的新闻统制调整内容提供借口与动力，新闻业从"经营'满洲'"的"国策机关"变成

---

① 关于日本帝国主义与殖民地间的新闻统制经验移植，并非绝对由作为"中心"的日本向作为"边缘"的殖民地作单向移植，有时也会出现由"边缘"向"中心"的逆向移植，如日本在旅大租借地与伪满洲国实施通信社、新闻社统制而成立"满洲弘报协会"，可以视为日本国内进行全面新闻统制的"试验场"（关于"满洲"新闻统合对日本新闻统合的影响的研究，详见里见脩『新聞統合：戦時期におけるメディアと国家』109 至 111 頁）。

② 「人事異動은 段落 新聞統制는 不必要 釜山에서 行한 南督總談」『每日申報』1937 年 7 月 8 日夕刊、1 면。

"建设新天地"的"弘报机关"，使之在服务日本利益的前提下，还要维系作为"新天地"的"满洲国"的安全，与朝鲜半岛、中国台湾的新闻统制完全服务于"内（日）鲜""内（日）台"一体化也明显不同①。另一方面体现在统制内容，与其他殖民地直接实施日本新闻法不同，旅大租借地依然维系着作为独立法域的独特性，当然这并非日本独厚旅大租借地，只不过是借此"满洲特殊性"而彰显"满洲国"的"独立国家地位"之伎俩而已，更进一步体现出旅大新闻统制服务于殖民统治的工具性。

再次，指出沙俄与日本统制旅大新闻的历史是中国近代新闻史中一段信息主权彻底沦丧的屈辱史。旅大租借地的新闻统制之所以屈辱，并非在于其手段，而是在于其目的。不论是从中国新闻史还是世界新闻史而言，新闻统制都并非特例，通过各种统制，使媒介服务于国家利益与社会利益，进而凸显新闻媒体的正面功能，这是一国治理本国境内新闻媒体的主要表现，可谓是一国自主享有信息主权的象征。然而，旅大作为租借地的特殊性与俄日企图通过旅大侵略中国，使得旅大租借地的新闻统制扭曲为维系殖民统治与开展侵略战争的工具及武器，进而使得中国在旅大地区的信息传播领域的主权彻底丧失。颇为讽刺的是，沙俄的新闻统制由日本终结，日本的新闻统制又由苏联终结，它们争夺的背后无不透露出中国的悲哀。中国的这段屈辱史并未随着日本的战败而终结。经历苏军短暂的管制时期，在新中国成立前夕旅大新闻事业才彻底摆脱外国的控制。日俄利用被统制的媒体奴化中国人的历史不应被国人所淡忘，尤其是在日本部分人士至今否认"南京大屠杀"，诬蔑是中国政府捏造出来的，某种程度上这是日本战时新闻统制的余毒，当时日本国内及其殖民统治地区媒体在当局的统制下对"南京大屠杀"一事掩而不报，直到战后才陆续报道出来，然而这却成为日本部分人士否认"南京大屠杀"的借口，如记者出身的铃木明宣称几乎没有"同时代第一手资料"②，因此，揭露日本统制新闻历史的意义显而易见。同时，在历史的观照下，在媒介全面国际化的今天，中国必须谨记"信息主权"曾经被外国势力侵占而带来的危害，坚守"信息主权"不容他国侵犯

---

① 金泰贤『朝鮮における在留日本人社会と日本人経営新聞』神戸大学博士論文、2011 年；李承機『台湾近代メディア史研究序説：植民地とメディア』東京大学博士論文、2004 年。

② 铃木明『『南京大虐殺』のまぼろし』『諸君』1972 年 4 月号；转引自步平主编：《中日历史问题与中日关系》，团结出版社，2015 年，第 332 页。

的理念[①]，"国家对信息享有保护、管理和共享的权力"[②]，时刻提防西方国家操控互联网渗透中国信息传播的野心。

最后，指出旅大租借地新闻统制是近代东亚新闻史的重要一环。参照"全球史"/Global History（或"新世界史"/New World History；日文翻译为「新しい世界史」/「グローバル・ヒストリー」）的观点，中国近代新闻史是世界媒介史的一环，是"小地方与大世界双向反射"的结果，既要求强调局部地方（"小地方"）的发展乃是与之关联的外部世界（"大世界"）变迁的结果，又要指出局部地方的发展对外部世界的影响。笔者不敢断言中国新闻史可以作为一部世界新闻史来写，但是以"大范围的互动研究"来考察东亚新闻史是可以成立的[③]。近代东亚各地区新闻业彼此交叉的现象颇为明显，新闻业没有明确的地域边界，这既是东亚各地区新闻业交流热络的表征，即新闻业在东亚不同地区存在明显的关联（connection），为东亚各国传统新闻史以时间为脉络的研究模式提供一种横向的新闻史空间的思考，也是东亚个别强国（沙俄、日本）以武力为后盾强行进入其他国家与地区的表征，旅大先后沦为俄日两国的租借地，成为日俄两国在中国经营新闻业的主要地区。俄日两国通过各种统制，将旅大租借地的新闻业变成对中国大陆实施各种侵略的工具。类似的新闻统制也在朝鲜半岛、中国台湾及南洋群岛出现过。正因如此，某种程度上东亚近代新闻史是一种侵略与反侵略的历史，在日本右翼分子至今否定战争罪行的当下，书写这段二战期间日本政府通过统制媒体掩盖罪行、美化战争的历史对于东

---

① 习近平：《弘扬传统友好 共谱合作新篇——在巴西国会的演讲》《人民日报》，2014 年 7 月 18 日，第 3 版。

② 刘连泰：《信息技术与主权概念》，《中外法学》，2015 年第 2 期，第 519 页。

③ 关于"全球史"的观点参照刘新成教授的论述，刘教授指出全球史的新意在于：第一，否定了"国家本位"，以"社会空间"，而不是"国家"作为审视历史的基本单元。第二，关注大范围、长时段的整体运动，开拓新的研究领域。第三，重估人类活动与社会结构之间的关系。第四，从学理上破除"欧洲中心论"。第五，重新审视地区史和国别史。详见刘新成，《中文版序言》，《简明新全球史》，[美]杰里·本特利（Jerry H.Bentley），[美]赫伯特·齐格勒（Herbert F.Ziegler），[美]希瑟·斯特里兹（Heather E.Streets）著，北京大学出版社，2009 年；近年来，"全球史"（「新しい世界史」/「グローバル·ヒストリー」）也流行于日本，已有许多学者借用"全球史"的视角解析东亚史（東アジア史），如由羽田正教授编著的『グローバルヒストリーと東アジア史』（東京大学出版会、2016 年）。

亚各国学者而言责无旁贷①。同时，尽管旅大租借地的日本式新闻统制属于整个中国大陆近代新闻史极小的一部分，但却是日本、韩国（朝鲜）、中国台湾近代新闻史的主要内容，对于前者而言是贯穿近代史的"战争与媒介"主题的表征，对于后两者而言是"帝国日本与殖民地媒介"主题的表征。由此可见旅大租借地的新闻统制可谓是东亚地区近代新闻史相似程度最高的一部分内容——东亚地区近代新闻发展共通的历史，在中日韩三国提议书写东亚共同历史的今天，旅大租借地的新闻统制史有着非常重要的个案价值，即通过对旅大租借地新闻统制的研究可以看到东亚各地区彼此间新闻媒体发展的重叠的一面，"在交叉处重新发现历史"②，书写真正意义上的东亚新闻史，既不是日本新闻媒体在东亚的扩展史，也非中日韩等国新闻史的简单拼凑。笔者期望本书的研究能为推动东亚新闻史的研究提供一些帮助。

---

① 日本对东亚媒介史的研究，关于近代媒介史主要放在日本"帝国史"的视角下展开，相关研究如『メディアのなかの「帝国」』『日本の植民地支配と検閲体制』『戦争・ラジオ・記憶』等，它们有明显的日本中心论的色彩，即将东亚媒介史书写成一部日本媒介（マス・メディア）在东亚的扩展史，相比之下，具有跨地区视角的主要体现在战后的东亚媒介研究，如『日中韓の戦後メディア史』『メディア文化と相互イメージ形成：日中韓の新たな課題』。同样，韩国学者虽然也有对近代东亚媒介史（언론 발달사）的探讨，如「韓・中・日 近代 初期 新聞의 比較 研究」（金明愛『저널리즘연구』第 4 号、1974 年），但主要将目光放在当下东亚媒介的互相理解或对抗方面，如「동북아 언론의 이해: 한, 중, 일 언론의 갈등사례 보도를 중심으로」（김성해，심두보『東亞 研究』第 58 号、2010 年）「일본과 중국 언론인들의 반한류 인식」（김은준，김수정『한국콘텐츠학회논문지』第 6 号、2016 年）等。
② 葛兆光：《在"一国史"与"东亚史"之间》，《中国文化研究》，2016 年冬之卷，第 8 页。

参考文献

一、中文相关文献

（一）报纸、杂志

《泰东日报》（大连）、《满洲报》（大连）、《盛京时报》（沈阳）、《顺天时报》（北京）、《大公报》（天津）、《申报》（上海）、《商工月刊》（大连）、《大同文化》（大连）、《大同报》（长春）、《新文化》（大连）、《政府公报》（长春）、《弘宣半月刊》（长春）、《旬报》（长春）、《新青年》（长春）、《青年文化》（长春）、《兴亚》（长春）、《新满洲》（长春）。

（二）年鉴、法律、史料汇编等

1. 泰东日报社编：《大连要览》，大连：泰东日报社，1917年。

2. "满洲国通信社"编：《"大满洲帝国"年鉴》，长春："满洲国通信社"，1944年。

3. "满洲产业调查会"编：《"满洲国政"指导综览》，长春："满洲产业调查会"，1944年。

4. 大连日报社编：《大连报史资料》，内部发行，1989年。

5. 苏长春主编：《辽宁新闻志资料选编》（第1—2册），内部发行，1990年。

6. 刘哲民主编：《近现代出版新闻法规汇编》，上海：学林出版社，1992年。

7. 解学诗等：《满铁档案资料汇编》，北京：社会科学文献出版社，2011年。

8. 月刊满洲社编：《伪满洲国期刊汇编》，北京：中国线装书局，2008年。

9. 吉林省图书馆伪满洲国史料编委会编：《伪满洲国史料》，北京：全国图书馆文献缩微复制中心，2002 年。

10. 吉林省档案馆、中共吉林省委党史研究室、东北沦陷十四年史总编室编：《关东军文件集》，长春：吉林大学出版社，1995 年。

11. 大连市史志办公室编：《大连市志·公安志》，北京：方志出版社，2004 年。

12. 大连市史志办公室编：《大连市志·人物志》，北京：中央文献出版社，2002 年。

13. 大连市史志办公室编：《大连市志·报业志》，大连：大连出版社，1998 年。

14. 辽宁省地方志编纂委员会办公室主编：《辽宁省志·出版志》，沈阳：辽宁科学技术出版社，1999 年。

15. 辽宁省地方志编纂委员会办公室主编：《辽宁省志·广播电视志》，沈阳：辽宁科学技术出版社，1998 年。

（三）专著、编著、译著等

1. 凌其翰编：《出版法》，上海：申报新闻函授学校，1936 年。

2. 榛村专一著、袁殊译：《新闻法制论》，上海：群力书店，1937 年。

3. 顾明义等编：《大连近百年史》，沈阳：辽宁人民出版社，1999 年。

4. 顾明义等编：《日本侵占旅大四十年史》，沈阳：辽宁人民出版社，1991 年。

5. 若槻泰雄著、赵自瑞等译：《日本的战争责任》，北京：社会科学文献出版社，1999 年。

6. 倪延年：《中国报刊法制发展史》，南京：南京师范大学出版社，2006 年。

7. 黄瑚：《中国近代新闻法制史论》，上海：复旦大学出版社，1999 年。

8. 马光仁：《中国近代新闻法制史》，上海：上海社会科学院出版社，2007 年。

9. 殷莉：《清末民初新闻出版立法研究》，北京：新华出版社，2007 年。

10. 林子仪：《言论自由与新闻自由》，台北：月旦出版社有限公司，1993 年。

11. 王洪钧：《新闻法规》，台北：允晨文化实业股份有限公司，1984 年。

12. 满史会著、东北沦陷十四年史辽宁编写组译：《满洲开发四十年史》，内部发行，1988 年。

13. 吴旅燕、张闯、王坤：《伪满洲国法制研究》，北京：中国政法大学出版社，2013 年。

14 郭铁桩主编：《日本殖民统治大连四十年史》，北京：社会科学文献出版社，2008 年。

15. 沈殿忠主编：《日本侨民在中国》，沈阳：辽宁人民出版社，1993 年。

16. 吉林省公安厅公安史研究室、东北沦陷十四年史吉林编写组编译：《满洲国警察史》，内部出版，1990 年。

17. 中国东北沦陷十四年史总编室、日本殖民地文化研究会编：《伪满洲国的真相 中日学者共同研究》，北京：社会科学文献出版社，2010 年。

18. 钟放：《伪满洲国的法治幻象》，北京：商务印书馆，2015 年。

19. 黑龙江日报社新闻志编辑室：《东北新闻史》，哈尔滨：黑龙江人民出版社，2001 年。

20. 傅大中：《关东宪兵队》，长春：吉林教育出版社，1991 年。

21. 霍燎原、潘启贵：《日伪宪兵与警察》，哈尔滨：黑龙江人民出版社，1996 年。

22. 刘利民：《列强在华租借地特权制度研究》，长沙：湖南人民出版社，2011 年。

23. 史丁：《日本关东军侵华罪恶史》，北京：社会科学文献出版社，2005 年。

24. 李充生编著：《旅大的今昔》，南京：拔提书局，1947 年。

25. 长春铁路分局工人理论组、吉林大学历史系编写组编：《沙俄与旅大租借地》，长春：吉林人民出版社，1978 年。

26. 程维荣编：《旅大租借地史》，上海：上海社会科学院出版社，2012 年。

（四）学位论文、期刊论文

1. 詹行煦：《旅大租借地》，武汉：国立武汉大学法学院政治系毕业论文，1933 年。

2. 李娜：《满铁对中国东北的文化侵略》，长春：吉林大学博士学位论文，2009 年。

3. 赵建明：《近代辽宁报业研究（1899–1949）》，长春：吉林大学博士学位论文，2009 年。

4. 祝力新：《〈满洲评论〉及其时代》，长春：东北师范大学博士学位论文，2012 年。

5. 谷胜军：《〈满洲日日新闻〉研究》，长春：东北师范大学博士学位论文，2014 年。

6. 张贵：《东北沦陷 14 年日伪的新闻事业》，《新闻研究资料》，1993 年第 1 期。

7. 何兰：《日本对伪满洲国新闻业的垄断》，《现代传播》，2005 年第 3 期。

二、日文相关文献

（一）报纸、杂志

『官報』（東京）、『朝鮮総督府官報』（京城）、『台湾総督府府報』（台北）、『官報』（東京）、『満洲日日新聞』（大連／奉天）、『満洲日報』（大連）、『出版警察月報』（関東庁警務局）、『関東州貿易統計』（大連）、『満洲評論』（大連）、『朝鮮出版警察月報』（京城）、『朝鮮及満洲』（京城）、『満日調査通報』（大連）、『満蒙』（大連）、『関東庁調査彙報』（大連）、『出版警察報』（東京）、『出版警察資料』（東京）、『新京日日新聞』（新京）、『新京』（新京）、『満蒙事報』（新京）、『日本及日本人』（東京）

（二）档案资料

1.『南満洲鉄道附属地行政権並司法権ニ関スル雑件 第一巻』（A—4—4—0—1—001）外務省外交史料館。

2.『各国ニ於ケル出版法規並出版物取締関係雑件』（N—2—2—0—5）外務省外交史料館。

3.『新聞雑誌出版物等取締関係雑件 第一巻』（1—3—1—4—001）外務省外交史料館。

4.『関東都督府政況報告並雑報』（第一巻至第二十巻）外務省外交史料館。

5.『関東州及南満洲鉄道附属出版物令』（2A—12—10—D612）国立公文書館。

6.『各国宣伝関係雑件／満洲国対内外宣伝関係 第三巻』（A—3—1—0—3_1_003）外務省外交史料館。

7.『諸外国ニ於ケル放送事業調査関係一件』（F—2—3—2—8）外務省外交史料館。

8.『各国共産党関係雑件／満洲国ノ部／南満特委関係 第一巻』（I—4—5—2—1_22_3_001）外務省外交史料館。

9.『各国共産党関係雑件／満洲国ノ部／南満特委関係 第二巻』（I—4—5—2—1_22_3_002）外務省外交史料館。

（三）年鉴、法律与史料汇编等

1. 関東州民政署官房『関東州民政署法規提要』大連：満洲日日新聞社、1906年。

2. 関東州民政署官房『関東州民政署法規提要・続編』大連：満洲日日新聞社、1906 年。

3. 関東都督府官房文書課『関東都督府法規提要』大連：満洲日日新聞社、1907—1911 年。

4. 関東都督府官房文書課『関東都督府統計書』大連：満洲日日新聞社、1907—1919 年。

5. 関東長官官房文書課『関東庁統計書』大連：満洲日日新聞社 / 満洲日報社、1911—1933 年。

6. 関東長官官房文書課『関東庁統計要覧』大連：満洲日日新聞社 / 満洲日報社、1922—1933 年。

7. 関東局官房文書課『関東局統計要覧』大連：満洲日報社 / 満洲日日新聞社、1933—1938 年。

8. 関東都督府『関東都督府例規類纂』大連：満洲日日新聞社、1911—1913、1917 年。

9. 関東州庁警察部『警察統計書』大連：満洲日報社 / 満洲日日新聞社、1930—1937 年。

10. 関東局官房文書課『関東局要覧』大連：満洲日日新聞社、1935—1941 年。

11. 関東長官官房文書課『関東庁要覧』大連：満洲日報社、1923—1934 年。

12. 関東庁警務局警務課『関東庁警務要覧』大連：満洲日日新聞社、1922 年。

13. 日本放送協会『ラヂオ年鑑』東京：日本放送出版協会、1931—1945 年。

14. 日本電報通信社『新聞総覧』東京：日本電報通信社、1911—1941 年。

15. 新聞研究所『日本新聞年鑑』東京：新聞研究所、1921—1941 年。

16. 東京書籍商組合『出版年鑑』東京：東京書籍商組合、1928—1939 年。

17. 日本出版協同『日本出版年鑑』東京：日本出版協同、1943—1948 年。

18. 日本読書新聞社『雑誌年鑑』東京：日本読書新聞社、1941—1942 年。

19. 外務省通信局『領事館令集』東京：元真社、1916 年。

20. 小林次郎『新聞関係法規：昭和九年八月一日現在』大阪：朝日新聞社、1934 年。

21. 南満洲警察協会編『関東局警察の陣容』新京：満日印刷所新京支所、

1937 年。

22. 国務院総務庁弘報処『弘報関係法規集』新京：国務院総務庁弘報処、1941 年。

23. 満洲国司法部法務司『満洲国司法資料』新京：川口印刷所、1933 年。

24. 満洲国法制研究会『満洲国警務全書』東京：春陽堂、1939 年。

25. 内務省警保局『新聞紙及出版物取締法規沿革集』東京：内務省警保局、1925 年。

26. 国務院法制処『満洲国法令輯覧』新京：満洲行政学会、1943 年。

27. 読売新聞社編輯部『新聞雑誌書籍 出版者に必須な法規解説』東京：読売新聞社、1934 年。

28. 内務省警保局『出版及著作関係法令集』東京：日本新聞協会，1936 年。

29. 内務省警保局『泰亜集会出版条例彙纂』東京：内務省警保局，1888 年。

30. 南満洲鉄道株式会社総務部資料課編輯『関東庁ノ法廷ニ現ハレタル支那ノ民事慣習彙報』（上巻、下巻）大連：南満洲鉄道株式会社総務部資料課、1934 年。

31. 大同印書館編輯部編『満洲帝国現行法令類纂』新京：大同印書館、1941 年。

32. 関東憲兵隊教習対研究室編纂『満洲帝国日訳警察関係法規』東京：大学書房、1938 年。

33. 『関東庁行政権ノ附属地ニ及ホス範囲調：諸法規類』大連：満鉄経済調査会、1930 年。

34. 南満洲鉄道株式会社編『満洲に於ける言論機関の現勢』大連：満洲日日新聞社、1926 年。

35. 『満蒙年鑑』大連：満洲日日新聞社、1925—1931 年。

36. 『満洲年鑑』大連 / 奉天：満洲日日新聞社、1932—1945 年。

37. 満洲国通信社『満洲国現勢』新京：満洲国通信社、1933—1942 年。

38. 『統計摘要』大連：大連民政署、1911、1912 年。

39. 満洲事情案内所『在満主要会社要覧』東京：大日本印刷株式会社、1939 年。

40. 『関東州に於ける地方行政』大連：関東州庁内務部地方課、1935—1943 年。

41. 『出版法規総覧』東京：文芸社、1929 年。

42. 大連民政署『大連要覧』大連：満洲日日新聞社、1928 年。

43. 旅順民政署『旅順要覧』大連：満洲日日新聞社、1923 年。

44. 旅順民政署『旅順事情』大連：満洲日日新聞社、1923 年。

45.『満洲新聞雑誌総覧・昭和 2 年』『満洲公論』第 6 巻第 10 号附録、1927 年。

46. 中村明星『（満洲 朝鮮）新聞雑誌総覧』大連：新聞解放満鮮支社、1929 年。

47. 中村明星『動く満洲言論界全貌』大連：新聞解放満鮮支社、1936 年。

48. 中村明星『（満洲 朝鮮）新聞現勢・第 2 版』大連：新聞解放満鮮支社、1937 年。

49.『満洲放送年鑑・第 1 巻・第 2 巻』『日本植民地文化運動資料』（10）東京：緑蔭書房、1997 年復刻。

50.『大東亜地域新聞雑誌総覧』東京：興亜総本部調査部、1945 年。

51.『外務省警察史』東京：不二出版社、1996—2001 年。

52. 内川芳美編『マス・メディア統制』東京：みすず書房、2004 年。

（四）专著、编著、译著等

1. 松本君平『新聞学：欧米新聞事業』東京：博文館、1899 年 12 月。

2. 外務省『ダルニー事情・1904 年』東京：外務省印刷、1904 年 2 月 2 日。

3. 外務省調査『露国絶東行政一斑』東京：外務省印刷、1904 年。

4. 足立北鴎『野蛮ナル露国』東京：集成堂、1904 年。

5. 笹川潔『大観小観』東京：弘道館、1906 年。

6. 営口軍政署『営口軍政志』東京：小林出張所、1907 年。

7.Штейнфельд Н. Русское дело в Маньчжурии. С XVII века до наших дней. Харбин,1910.（福田直彦訳『満洲ニ於ケル露国ノ事業』外務省政務局、1918 年）

8. 南満洲鉄道株式会社『露国占領前後に於ける大連及旅順』大連：満洲日日新聞社、1911 年。

9. 溝淵孝雄『関東州ニ於ケル司法』京都：京都法学会、1913 年。

10. 上田恭輔『露西亜時代の大連』東京：大阪屋号書店、1924 年。

11. 矢野太郎編『露治時代ニ於ケル関東州』大連：関東庁、1931 年。

12. 矢野太郎編『露治時代（明治三十五・六年）ニ於ケル大連市』大連：関東庁、1931 年。

13. 関東庁庶務課調査係『千九百年千九百一年ニ於ケル関東州統治状況ニ関スル「アレキセーフ」総督ノ上奏文』大連：関東庁庶務課調査係、1931 年。

14. 佐佐木惣一『日本憲法要論』東京：金刺芳流堂、1932 年。

15. 末木儀太郎『満州日報論』東京：日支問題研究会、1932 年。

16. 関東庁『関東庁施政二十年史』大連：満洲日日新聞社、1926 年。

17. 関東局『関東局施政三十年史』東京：凸版印刷株式会社、1936 年。

18. 井上謙三郎『大連市史』大連：大連市役所、1936 年。

19. 満蒙事情講習会『輝く満洲帝国の現勢』東京：軍人会館出版部、1935 年。

20. 由井浜権平『謝恩誌：満洲タイムス廃刊記念』大連：満洲タイムス社、1941 年。

21. 小島新生編『出版新体制』東京：タイムス出版社、1941 年。

22. 山崎丹照『外地統治機構の研究』東京：高山書院、1943 年。

23. 『新聞新体制の理論と実際』東京：帝国大学文学部新聞研究室、1943 年。

24. 平出禾『戦時下の言論統制：言論統制法規の綜合的研究』東京：中川書房、1942 年。

25. 小山栄三『新聞学』東京：三省堂、1935 年。

26. 土屋正三『出版警察法大要』東京：大学書房、1928 年。

27. 生悦住求馬『出版警察法概論』東京：松華堂書店、1935 年。

28. 関東庁逓信局『満洲電信電話概況』『参考資料』第 1 号、1932 年 8 月調。

29. 有光金兵衛『出版及著作に関する法令釈義』東京：大同書院、1926 年。

30. 蛯原八郎『海外欧字新聞雑誌史』東京：大誠堂、1934 年。

31. 蛯原八郎『海外邦字新聞雑誌史』東京：学而書堂、1936 年。

32. 伊藤正徳『新聞五十年史』東京：鱒書房、1943 年。

33. 警察思潮社編著『不穏文書臨時取締法要義』東京：警察思潮社、1936 年。

34. 光行壽『新体制下の新聞構想』東京：第一公論社、1940 年。

35. 中村哲『植民地統治法の基本問題』東京：日本評論社、1943 年。

36. 『宣伝の研究』（宣伝参考資料 第一輯）新京：国務院総務庁弘報処、1937 年。

37. 『各国の宣伝組織』（宣伝参考資料 第二輯）新京：国務院総務庁弘報処、

1937 年。

38. 並和亮『世界放送戦 電波の戦場』東京：山海堂、1944 年。

39. 水野正次『ドイツ的戦略とは：戦争と謀略・宣伝』名古屋：名古屋新聞社、
1940 年。

40. 水野正次『総力戦と宣伝戦：ナチス思想謀略の研究』東京：新民書房,
1941 年。

41. 引間功『戦時防諜と秘密戦の全貌』東京：大同印書館、1942 年。

42. 高梨菊二郎訳著『国家宣伝とジアナリズム統制』東京：野田書房、1937 年。

43. 外務省情報部『各国情報並啓発関係官庁』東京：外務省情報部、1937 年。

44. 宮本吉夫『放送と国防国家』東京：日本放送出版協会、1942 年。

45. 柳沢恭雄『検閲放送：戦時ジャーナリズム私史』東京：平河工業社、
1995 年。

46. マーカー・ゲーリー（Marker Gary）、白倉克文訳『ロシア出版文化史——
十八世紀の印刷業と知識人』東京：成文社、2014 年。

47. 宮脇淳子『真実の満洲史』東京：ビジネス社、2013 年。

48. 千田稔、宇野隆夫共編『東アジアと「半島空間」：山東半島と遼東半島』
東京：思文閣出版、2003 年。

49. 里見脩『新聞統合：戦時期におけるメディアと国家』東京：勁草書房、
2011 年。

50. 中村喜代三『近世出版法の研究』東京：日本学術振興会、1972 年。

51. 中園裕『新聞検閲制度運用論』大阪：清文堂出版、2006 年。

52. 内川芳美『マス・メディア法政策史研究』東京：有斐閣、1989 年。

53. 清水英夫『マス・メディアの法と倫理』東京：学陽書房、1987 年。

54. 松井茂記『「マス・メディアと法」入門』東京：弘文堂、1988 年。

55. 松井茂記『マス・メディア法入門』東京：日本評論社、1994 年。

56. 松村正義『日露戦争と日本在外公館の「外国新聞操縦」』東京：成文社、
2010 年。

57. 中下正治『新聞にみる日中関係史：中国の日本人経営紙』東京：研文出
版、1996 年。

58. 石村善治『現代マスコミ法入門』東京：法律文化社、1993 年。

59. 李相哲『満州における日本人経営新聞の歴史』東京：凱風社、2000 年。

60. 山本武利編『メディアのなかの「帝国」』東京：岩波書店、2006 年。

61. 貴志俊彦、川島真、孫安石編『戦争・ラジオ・記憶』東京：勉誠出版社、2006 年。

62. 貴志俊彦『満洲国のビジュアル・メディア：ポスター・絵はがき・切手』東京：吉川弘文館、2010 年。

63. 岡村敬二『満洲出版史』東京：吉川弘文館、2012 年。

64. 梅村卓『中国共産党のメディアとプロパガンダ：戦後満洲・東北地域の歴史的展開』東京：御茶の水書房、2015 年。

65. 鶴見祐輔『後藤新平伝』東京：京屋印刷所、1943 年。

66. 斎藤良二『関東局警察四十年の歩みとその終焉』東京：関東局警友会事務局、1981 年。

67. 富永孝子『大連・空白の六百日』東京：新評論社、1996 年。

（五）学位论文、期刊论文

1. 金圭煥『植民地下朝鮮における言論および言論政策史』東京大学博士論文、1959 年。

2. 李錬『日本統治下の朝鮮における言論統制』上智大学博士論文、1991 年。

3. 李相哲『中国東北地方（旧満州）における日本語新聞の研究』上智大学博士論文、1995 年。

4. 李承機『台湾近代メディア史研究序説：植民地とメディア』東京大学博士論文、2004 年。

5. 朴仁植『日本の朝鮮支配における政治・言論研究』山口大学博士論文、2007 年。

6. 高瑩瑩『コロニアル都市青島の近代新聞業 1898—1922』神戸大学博士論文、2008 年。

7. 金泰賢『朝鮮における在留日本人社会と日本人経営新聞』神戸大学博士論文、2011 年。

8. 白戸健一郎『満洲電信電話株式会社のメディア史的研究』京都大学博士論

文、2014 年。

9. 高媛「租借地メディア『大連新聞』（1920—1935 年）の軌跡」『東京大学大学院情報学環社会情報研究資料センターニュース』第 18 号、2008 年 3 月。

10. 高媛「租借地メディア『大連新聞』と『満洲八景』」『ジャーナル・オブ・グローバル・メディア・スタディーズ』第 4 号、2009 年 3 月。

11. 佐藤勝矢「満州事変勃発前後の『満洲日報』に関する一考察——国策会社・満鉄の機関紙の論調の変化とその背景」『日本大学大学院総合社会情報研究科紀要』第 10 号、2010 年 2 月。

12. 清水亮太郎「満洲国統治機構における宣伝・宣撫工作」『戦史研究年報』2014 年 3 月。

13. 西原和海「満洲における弘報メディア——満鉄弘報課と『満洲グラフ』のことなど」『国文学』第 51 巻第 5 号、2006 年 5 月。

14. 古川隆久「日本統治下の大連市政：市制の変遷を中心に」『横濱市立大学紀要 . 人文科学系列』第 10 号、2003 年 3 月。

15. 水内俊雄「植民地都市大連の都市形成：1899—1945」『人文地理』第 37 巻 5 号、1985 年。

16. 山本有造「近代日本帝国における植民地支配の特質」『法政大学経済学会』2006 年 3 月。

三、朝鲜文相关文献

（一）报纸、杂志

『皇城新聞』（漢城）、『毎日申報』（京城）、『朝鮮中央日報』（京城）、『東亞日報』（京城）

（二）专著、编著

1. 大韓民國國會圖書館，『韓國言論年表：1911—1945』，서울：國會圖書館，1973 년。

2. 鄭晉錫，『日帝下韓國言論鬪爭史』，서울：正音社，1975 년。

3. 金圭煥,『日帝의 對韓言論・宣傳政策』, 서울: 二友出版社, 1976 년.

4. 崔起荣,『光武新聞紙法에 關한 研究』, 서울: 서강대학교, 1980 년.

5. 李海暢,『韓国新聞史研究』, 서울: 成文閣, 1983 년.

6. 尹千述編著,『韓國新聞百年誌』, 서울: 韓國言論研究院, 1983 년.

7. 車培根,『中國近代言論史』, 서울: 서울大學校出版部, 1984 년.

8. 車培根,『中國前近代言論史』, 서울: 서울大學校出版部, 1984 년.

9. 차배근,『중국 근대 언론 발달사: 1815—1945 (中國近代言論發達史)』, 서울: 서울대학교출판문화원, 2008 년.

10. 李錬,『日帝下의 朝鮮中央情報委員會의 役割: 情報宣傳과 言論統制政策을 中心으로』, 서울: 西江大言論文化研究所, 1993 년.

11. 한기형,『미친 자의 칼 아래서』, 서울: 소명출판, 2017 년.

（三）期刊论文、学位论文

1. 鄭晋錫,「滿州의 한국어 言論史 연구: 滿洲日報 (1919) 에서 滿鮮日報 (1945) 까지」,『신문연구 여름 통권』제 47 집, 1989 년.

2. 서재길,「'제국'의 전파 네트워크와 만주의 라디오 방송」,『한국문학연구』제 33 집, 2007 년 12 월.

3. 홍수경,『만주국의 사상전과 만주영화협회』, 서울: 연세대학교 대학원, 2007 년.

4. 강희주,『만주국의 선전전과 라디오 방송』, 서울: 연세대학교 대학원, 2010 년.

5. 全京先,「中國東北에서 의 滿鐵의 情報宣傳活動」,『中國史研究』제 69 집, 2010 년.

6. 全京先,「만주국 정보선전정치의 중추, 총무청 홍보처」,『역사와 경계』제 74 집, 2010 년.

7. 全京先,「만주국의 선선선과 라디오 방송」,『만수연구』제 10 집, 2010 년 12 월.

8. 全京先,『전시체제 하 滿洲國의 선전정책』, 부산: 부산대학교 대학원, 2012 년.

9. 全京先,「중일전쟁 발발 전후 滿洲國의 선전전」,『中國近現代史研究』제

57 집, 2013 년。

10. 全京先,「만주국의 신문통제와 滿洲弘報協會」,『대구사학』제 113 집, 2013 년。

11. 全京先,「太平洋戰爭期滿洲國의 宣傳政策」,『中國史研究』제 82 집, 2013 년。

12. 全京先,「태평양전쟁기 만주국에서의 문화통제: 작가동원을 중심으로」, 『中國史研究』제 92 집, 2014 년。

13. 全京先,「리튼조사단의 來滿과 만주국의 대외선전」,『역사와 경계』제 93 집, 2014 년。

14. 장신,「1920 년대 조선의 언론출판관계법 개정 논의와 '조선출판물령'」, 『韓國文化』제 47 집, 2009 년。

四、英文相关文献

（一）杂志

Contemporary Manchuria（Dairen）; *The University of Missouri Bulletin*（Missouri）
The China Review（Shanghai）

（二）年鉴、专著等

1.*Human bullets（Niku-dan）:a soldier's story of Port Arthur*,Tadayoshi Sakurai,Translated from the Japanese by Masujiro Honda and Alice M. Bacon,Tokyo:Teibi Publishing co.,1917.

2.*International Privalries in Manchuria:1689-1922*, by Paul Hibert Clyde,Ohio: Ohio State University Press,1928.

3.*The Kwantung Government,its Functions & Works*,The Kwantung government,November 1929.

4.*Kwantung Leased Territory*, the Manchuria daily news,Dairen,1929.

5.*The Manchuria Year Book,1931*, Uchiyamshita-cho,kojimachi-ku,Tokyo,1931.

6.*The Manchuria Year Book,1932-1933*, The Japan Times Printing Office Kafuracho,Ushigome–ku Tokyo,1933.

7.*The Manchuria Year Book,1934,* The Kenkyusha Printing Office Kafura–cho,Ushigome–ku Tokyo,1934.

8.*The Kwantung Government,its Functions & Works 1934,* Kwantung Government,1934.

9.*Manchoukuo Gives Birth to New Culture:Questions and Answers,*by The Manchuria Daily News,1940.

10.*Travel in Manchoukou 1941,*Printed and Pub. by The Manchuria daily news,1941.

11.*The International Legal Status of the Kwantung Leased Territory,*by C. Walter Young,1931.

12.*The Development of Japanese Journalism,*by Kanesada Hanazono,Osaka Mainichi,1924.

13.*The Directory of Manchoukuo 1938,*The Orient Publishing,1938.

14.*The Chinese Year Book.,1936–1937,*Chinese Year Book Pub.Co.Shanghai,China,1937.

15.*The Japan Year Book 1934,*by The Foreign Affairs Association of Japan,1934.

16.Williams,Walter.*A New Journalism in a New Far East.The University of Missouri Bulletin,*Vol.29,No.45.1928,Dec.1.

17.Martin,Frank L.*The Journalism of Japan.The University of Missouri Bulletin,*Vol.19,No,10.1918.

18.Williams,Walter.*The World's Journalism.The University of Missouri Bulletin,*Vol.16,No,6.1915,Feb.1.

19.Mott,Frank Luthe.*Journalism in Wartime,* American Council on Public Affairs（Washington, D.C.）,1943.

20.*China Handbook,1937–1943,*Published by The Chinese Ministry of Information（Chungking）,1943.